DER KÖNIGSSPIEGEL

Konungs skuggsjá

Die Andere Bibliothek

Begründet von Hans Magnus Enzensberger

DER KÖNIGSSPIEGEL

Konungs skuggsjá

Fahrten und Leben der alten Norweger
Aufgezeichnet im 13. Jahrhundert

Aus dem Altnorwegischen übersetzt
und mit einem Nachwort versehen von Rudolf Meissner

Bereichert mit einer Einleitung von Sverre Bagge,
übersetzt aus dem Norwegischen von Thomas Esser

Illustriert mit Holzschnitten aus dem 16. Jahrhundert

EINLEITUNG

von Sverre Bagge

Aus dem Norwegischen
übersetzt von Thomas Esser

»Die Welt hat nun ein so hohes Alter, daß kaum Dinge geschehen können, für die sich nicht früher geschehene Beispiele finden können.« (Der Königsspiegel, S. 283)

Sollte der *Königsspiegel* ungefähr im Jahr 1250 geschrieben worden sein, wie allgemein vermutet wird, war die Welt seinem Verfasser zufolge damals 5254 Jahre alt. Die im mittelalterlichen Westeuropa verbreitetste Vorstellung verlegte die Schöpfung der Welt nämlich auf das Jahr 4004 v. Chr. Die Geschichte der Welt teilte man in sechs Zeitalter ein, die den sechs Schöpfungstagen entsprachen – der Ruhe am siebten Tag entsprach die Ewigkeit. Das sechste Zeitalter beinhaltete die Zeit zwischen Christi Geburt und Jüngstem Gericht – das daher kurz bevorstehen musste. Entsprechend übersichtlich und endlich war auch die Welt. Die Erde bildete das Zentrum des Universums, Sonne, Mond und die fünf bekannten Planeten kreisten auf festen Bahnen um sie herum. Die äußere Grenze bildete der Fixsternhimmel, und darüber lag der geistige Himmel, in dem Gott und die Engel wohnen. Innerhalb dieser begrenzten Welt konnte man sich kaum grundlegende Veränderungen vorstellen; Gegenwart und Zukunft waren lediglich Verlängerungen der Vergangenheit. Die sechs Zeitalter lassen sich daher nicht mit der modernen Auffassung von Geschichte vergleichen, die darauf beruht, dass Gesellschaft und Kultur in ständigem Wandel seien und alles, was hypothetisch geschehen könne, noch nicht geschehen sei, und dass wir daher nicht oder nur im begrenzten Maße aus der Geschichte lernen könnten.

Im nationalromantischen Norwegen des 19. und Anfang des 20. Jahrhunderts konnte man voller Stolz den

Königsspiegel als Ausdruck dessen betrachten, wozu Norweger des Mittelalters in der Lage waren. Heutzutage ist der Bedarf, sich der Errungenschaften der Geschichte rühmen zu können, nicht mehr ganz so groß, vor allem einer so fernen Zeit. Warum ist der *Königsspiegel* dennoch eine lohnende Lektüre?

Interessant sind heute nicht die Gemeinsamkeiten, sondern die Unterschiede: das fremde Weltbild und das schillernde Bild einer uns fremden Gesellschaft, die das Werk vermittelt. Im *Königsspiegel* trifft der Leser auf eine ferne Welt, aber auch auf ein Individuum, einen intelligenten Menschen, der vor gut 770 Jahren unter völlig anderen Voraussetzungen als unseren versuchte, Dasein, Gesellschaft, Kultur, Geschichte und Politik zu verstehen. Den *Königsspiegel* zu lesen kommt einer Reise in ein fremdes Land gleich, in dem der Leser eine ihm fremde Gesellschaft und ihm fremde Menschen vorfindet. Der Kontakt mit der Andersartigkeit lehrt ihn auch etwas über ihn selbst. Das Selbstverständliche ist nicht mehr so selbstverständlich. Ab und zu bringt ihn die Reise dazu, Dinge zu ändern, aber auch wenn dies nicht geschieht, wird er dennoch gelernt haben, sich von außen zu betrachten und Klarheit über seine Werte und Traditionen zu erlangen. Die Reise in die Welt des *Königsspiegels* hat dem Leser darüber hinaus noch etwas anderes zu bieten. Sie handelt nämlich nicht von einer fernen Kultur, die immer schon fremd war, sondern von seiner eigenen Kultur, so wie sie vor langer Zeit war. Und so trifft der Leser vielleicht auch auf Gemeinsamkeiten, Fingerzeige in Richtung heutiger Gesellschaften und Kulturen, oder er erhält einen Eindruck davon, wie weit sich heutige Menschen im Laufe der Jahrhunderte von dem entfernt haben, was für Menschen des Mittelalters selbstverständlich war. So gesehen hat auch der *Königsspiegel* etwas

Klassisches; der Leser kann den Gedanken des Verfassers über die Gesellschaft, öffentliche Macht und die Rechtsordnung folgen und ihn dabei beobachten, wie er sich zu Prinzipien hervortastet, die heutzutage selbstverständlich, damals aber revolutionär waren.

Inhalt

Der *Königsspiegel* handelt von einem Sohn, der seinen Vater auf der Suche nach Erkenntnis und Weisheit aufsucht. Im Prolog erzählt der Sohn, dass er viele Menschen auf Irrwegen wandeln sieht und die Hilfe des Vaters dazu erbitten möchte, diesem Schicksal zu entgehen und die »Hauptwege des rechten Verhaltens« zu finden. Im Gespräch mit seinem Vater lernt er die verschiedenen Stände und ihre Tätigkeiten und Bräuche kennen, zunächst die Kaufleute, dann König und Gefolge und zuletzt Klerus und Bauern. Dieses Gespräch möchte er anschließend in einem Buch niederschreiben, das er *Speculum regale* oder *Königsspiegel* nennt, »weil darin ebenso bestimmt über das Verhalten der Könige wie anderer Leute geschrieben wird« (S. 90).

Das heute vorliegende Werk besteht nur aus drei Teilen, Kaufleute, Gefolge und König. Der erste Teil, der Abschnitt über die Kaufleute, beginnt damit, was der Vater »das Fundament [...], das Anfang aller Weisheit ist« (S. 93) nennt, nämlich Gottesfurcht. Dem folgen zahlreiche Ratschläge sowohl moralischer als auch gewerbsmäßiger Art darüber, wie Kaufleute sich für ihre Reisen ausrüsten sollen, zu Essen, Getränken und Kleidung, wie sie mit anderen Menschen verkehren und kaufen sowie verkaufen sollen. Bald darauf geht das Gespräch zu Naturkundlichem und Geographischem über. Der Sohn möchte lernen, wie die Welt beschaffen ist, und der Vater erklärt ihm den Gang der Sonne über das Himmelsgewölbe und verschiedene astronomische Phänomene. Nach diesen komplizierten Ausführungen möchte der Sohn zu etwas Erheiterndem übergehen, und das Gespräch wendet sich den äußersten Ländern im offenen Meer, Irland, Island und Grönland, und den dortigen wundersamen Lebewesen und Phänomenen zu. Der erste Teil besteht überwiegend aus Exkursen dieser Art.

Der zweite Teil beginnt damit, dass der Sohn erzählt, er könne sich gut vorstellen, nach einer Weile als Kaufmann in den Dienst am Königshof einzutreten, und bittet den Vater um Ratschläge für eine solche Karriere. Das Gespräch beginnt damit, wie das Gefolge des Königs organisiert ist und wie es sich zu verhalten hat. Daran anschließend lernt der Sohn, wie er sich dem König nähern soll, wenn er um Aufnahme in das königliche Gefolge bittet. Unter Rückgriff darauf, was der Vater zu einem früheren Zeitpunkt über die vielen unmoralischen und alles andere als höfischen Menschen im Gefolge erzählt hat, geht das Gespräch auf die Ursachen der Krise ein, in der sich das Land zu diesem Zeitpunkt befindet. Der Vater vergleicht die Situation mit einer Missernte, die allerdings nicht die tatsächliche Ernte, sondern die Menschen und ihre Sitten betrifft. Der Teil über das Gefolge schließt damit, wie sich der gute Gefolgsmann benehmen soll. Die Ratschläge sind teils Anleitungen für konkrete Tätigkeiten wie etwa das Kriegshandwerk, teils sind sie moralischer Natur. Der Vater erläutert das Wesen der Tugenden und ihr Verhältnis zueinander und beschließt seine Ausführungen mit biblischen Beispielen über Menschen, die ihren Herren treu und ergeben gedient haben, als Vorbilder für einen guten Gefolgsmann.

Der dritte und umfangreichste Teil ist dem König gewidmet. Er beginnt und endet mit einigen Überlegungen über die große Macht des Königs und seine über alle anderen Menschen erhabene Stellung, »denn er trägt den Namen Gottes selbst und sitzt auf dem höchsten Richterstuhl auf Erden« (S. 272). Hauptsächlich behandelt dieser Teil, wie der König die Frage, mit dieser Macht umzugehen hat: indem er gerechte Urteile spricht. Der Verfasser instruiert den König in diesem Abschnitt darin anhand einiger alttestamentarischer Beispiele, die Gottes gerechte Urteile betreffen. Zuletzt geht das Gespräch auf die Grenzen der königlichen Rechtsprechung und damit auf das Verhältnis zwischen Königtum und Kirche ein oder, um in der Sprache des *Königsspiegels* zu bleiben, zwischen dem königlichen und bischöflichen Schwert.

Abfassungszeit und Verfasser

Der *Königsspiegel* ist in einer Reihe Handschriften und Fragmenten überliefert, sowohl isländischen als auch norwegischen. Die älteste vollständige Handschrift datiert vermutlich auf das Jahr 1275. 1768 erschien in Kopenhagen die von dem Isländer Hálfdan Einarsson begonnene und von Jón Eiríksson, einem weiteren Isländer, fertiggestellte erste gedruckte Ausgabe. Aus dieser Zeit stammen auch die ersten wissenschaftlichen Arbeiten über das Werk, von dem Herausgeber Jón Eiríksson und zwei Jahre zuvor von einem anderen Isländer, Hannes Finnsson. Beide hielten es für wahrscheinlich, dass das Werk aus dem 12. Jahrhundert stamme, aus der Regierungszeit des norwegischen Königs Sverrir Sigurðarson (1177–1202, Jón Eiríksson) oder früher (Hannes Finnsson). Diese Datierung wurde später von Rudolf Keyser übernommen, der 1848 den *Königsspiegel* neu herausgab. Bereits 1867 datierten jedoch N.M. Petersen und Otto Blom das Werk auf das 13. Jahrhundert, was seitdem die gängige Auffassung ist.

Die Datierung auf die Mitte des 13. Jahrhunderts platziert den *Königsspiegel* in eine Zeit, die oft als Norwegens Blütezeit im Mittelalter angesehen wird. Auf die Reichseinigung ganz Norwegens zu einem einzigen Königreich im 11. Jahrhundert folgte zunächst eine Zeit des inneren Friedens und danach eine Reihe innerer Konflikte und Thronstreitigkeiten, die nur von kurzen Zeiten des Friedens unterbrochen wurden (1130–1240). Trotz der offensichtlichen Auflösungserscheinungen des Reiches trugen die Bürgerkriege jedoch zu einer stärkeren Zentralisierung bei. Die Kirche wuchs zu einer selbständigen politischen Macht heran – was zeitweise zu einer Verschärfung der Konflikte geführt hatte – und eine Zentralregierung wurde um den König herum eingerichtet, ausgehend von den während der Bürgerkriege herausgebildeten Gruppen. Unter König Sverrir (Regierungszeit 1177–1202) wurde eine ständige Regionalverwaltung eingerichtet; das Land wurde in rund 50 Verwaltungsbezirke eingeteilt, denen jeweils ein königlicher Repräsentant vorstand. Schrittweise wurde auch die Zentralverwaltung straffer organisiert, so trugen etwa hohe Staatsbeamte die Verantwortung für zahlreiche Angelegenheiten, und der Einsatz der Schrift sollte den Willen des Königs im gesamten Reich publik machen. Nach der Aussöhnung zwischen Anhängern von König Sverrir, den Birkebeinern, und der Gegenpartei, den Baglern, im Jahre 1217 wurde eine einheitliche Reichsaristokratie im Gefolge des Königs eingerichtet. Die königliche Gerichtsbarkeit wurde unter Hákon Hákonarson (Regierungszeit

1217–1263) und seinen Nachfolgern ausgebaut, und unter Hákons Sohn Magnús mit dem Beinamen *lagabœtir* (»Gesetzesverbesserer«) wurde eine umfassende Gesetzesreform vollzogen. Die alten Regionalgesetze wurden zu einem gemeinsamen Gesetz für das ganze Land zusammengefasst, *Landsloven* (»Landesgesetz«), für die Städte, das königliche Gefolge und Island wurden darüber hinaus eigene Gesetze ausgearbeitet.

Zu Beginn seiner Regierungszeit musste Hákon Hákonarson die Macht mit seinem Konkurrenten bei der Königswahl 1217–1223 teilen, mit Skúli Bárðarson, einem Jarl und späteren Herzog, der die Macht über ein Drittel des Landes ausübte. Nach Skúlis Aufstand und Fall 1239–1240 hatte Hákon hingegen keine innenpolitischen Feinde mehr und konnte seine volle Aufmerksamkeit der Außenpolitik widmen. Er fügte Island und Grönland dem norwegischen Königreich hinzu und wollte, wenn auch vergeblich, die Hebriden sowie die Isle of Man gegen schottische Angriffe verteidigen. Er griff in innenpolitische Konflikte in Dänemark mit der Absicht ein, die Herrschaft über den Küstenabschnitt im Süden in Richtung Schonen zu erlangen. Hákon unterhielt diplomatische Beziehungen in ganz Europa und sogar zum Sultan von Marokko. Seine Tochter vermählte er mit einem spanischen Prinzen. Seine Europaorientierung zeigt sich auch auf kultureller Ebene. Er veranlasste große Bauprojekte und ließ u.a. die Håkonshalle in Bergen als würdige Königsresidenz in europäischem Stil errichten, außerdem zahlreiche fremdsprachige Schriften, sowohl religiöse Werke wie Teile des Alten Testaments als auch weltliche Literatur wie französische Romane über höfische Ritter und romantische Liebe, übersetzen. In diesem Zusammenhang wurde auch bereits 1226 der berühmteste Liebesroman des Mittelalters, *Tristan und Isolde*, aus dem Französischen ins Altnordische übersetzt. Diese Übersetzung ist die älteste vollständig bewahrte Fassung des Stoffes.

Der *Königsspiegel* zeigt in vielerlei Hinsicht eine Nähe zum Umfeld Hákon Hákonarsons, was das Interesse an Gelehrsamkeit sowohl bezüglich der Natur als auch der Heiligen Schrift und insbesondere auch seine politische Botschaft betrifft. Wie wir noch sehen werden, gibt uns das Werk Einblicke in das große Staatsbildungsprojekt der norwegischen Monarchie im 13. Jahrhundert.

Bereits 1766 wurde ein Versuch unternommen, den Verfasser des *Königsspiegels* zu identifizieren, und seitdem wurden mehrere Vermutungen geäußert. Die größte Zustimmung erhielt Fredrik Paasches Vorschlag von 1926, der Erzbischof Einar Smjórbak Gunnarsson (Amtszeit 1255–63) wäre der Verfasser. Einar war ein glühender Anhänger einer Monarchie mit einem einzigen König als Alleinherrscher. Als Erzbischof hätte er die nötige Bildung haben können, um ein solches Werk wie den *Königsspiegel* zu schreiben. Spätere Untersuchungen haben indes gezeigt, dass die Ausführungen des *Königsspiegels* über das Verhältnis von König und Kirche kaum von einem Erzbischof hätten verfasst werden können. Im Gegenteil steht der *Königsspiegel* sprachlich und inhaltlich einer antiklerikalen Streitschrift aus der Zeit König Sverrirs um ca. 1200 sehr nahe, *Oratio contra clerum Norvegiæ*, bekannt unter dem volkssprachlichen Titel *En tale mot biskopene* (»Rede gegen die Bischöfe«). Daher ist es naheliegend, ein und dieselbe Person als Verfasser beider Werke zu vermuten, wie es Finnur Jónsson 1920 getan hat. Der zeitliche Abstand zwischen beiden lässt diese Vermutung allerdings als unwahrscheinlich erscheinen, wenn nicht sogar als unmöglich. Die Ähnlichkeiten beider

Texte lassen sich außerdem leicht anhand von Einflüssen und demselben Entstehungsmilieu erklären.

Wahrscheinlich wird die wahre Identität des Verfassers des *Königsspiegels* nie bekannt werden. Es existieren keine Quellen, die sie verraten könnten, und die übliche Methode, um einen Verfasser zu identifizieren, der Quervergleich zu anderen Texten, ist in diesem Fall nicht anwendbar, da alle in der Forschung diskutierten in Frage kommenden Verfasser keine weiteren Schriften hinterlassen haben. Daher sind alle Identifizierungsversuche reine Spekulation, der eine nur so gut wie der andere. Über den Hintergrund des Verfassers lässt sich jedoch einiges sagen. Er muss einerseits wegen seines zeitgemäßen gelehrten Wissens über die Naturkunde, andererseits wegen seiner Kenntnisse der Bibel und der Theologie ein Mann mit beträchtlichem Wissen und höchstwahrscheinlich ein Geistlicher gewesen sein. Außerdem hat er augenscheinlich im Umfeld des Königs gelebt und es gut gekannt. Daher liegt es nahe, ihn in der Gruppe der Geistlichen am Königshof zu vermuten. Diese Geistlichen hatten zahlreiche Aufgaben: Sie waren Seelsorger und feierten die Heilige Messe für den König und sein Gefolge, sie hatten aber auch verschiedene administrative Funktionen wie Buchhaltung und das Aufsetzen von Schriftstücken. Sie hatten vermutlich auch einen Anteil an der literarischen Produktion am Hofe. Dass ein Geistlicher in diesem Milieu ein Werk wie den *Königsspiegel* verfasst haben könnte, vielleicht sogar im Auftrag des Königs, erscheint daher plausibel.

Im Prolog schreibt der Verfasser, er wolle anonym bleiben, damit niemand die im *Königsspiegel* dargelegten Inhalte aus persönlicher Abneigung gegenüber demjenigen, der ihn verfasst hat, verschmähe. Hatte er vielleicht zahlreiche Feinde oder war er eine umstrittene

Person am königlichen Hof? Oder vielleicht eher ein Außenseiter? Und könnte uns dies als Hinweis dienen, wer er war? Mittelalterliche Prologe sind eigentlich keine Orte, an denen man auf der Suche nach Erhellendem über Einzelpersonen und deren Hintergrund fündig wird, da sie üblicherweise ausgesprochen konventionell sind. Die Äußerung hier ist nicht so konventionell wie eine andere, mit der der Verfasser den Leser darum bittet, falsche Behauptungen, über die er im *Königsspiegel* stolpert, zu korrigieren, man kann sie aber ebenfalls auf gleiche Art verstehen, nämlich als eine Art Bescheidenheit und als Ausdruck eines kollektiveren Verständnisses von Autor und Werk als dem heutigen. Üblicherweise sind mittelalterliche Werke anonym überliefert, vor allem in den nordischen Ländern. Daher besteht für den Verfasser eigentlich kein Grund dazu, ausdrücklich darzulegen, weshalb er anonym bleiben möchte. Dass er es dennoch tut, könnte eine Art Koketterie und ein Hinweis darauf sein, dass er tatsächlich Feinde hatte. Indem er es tut, weist er darüber hinaus auf einen wichtigen Punkt hin: Es ist nicht seine eigene Lehre, die er darlegt, sondern eine allgemeine, tatsächlich die einzig richtige Lehre. Seine Demut schlägt so in Stolz und Autorität um. Der Verfasser ist Teil eines großen »Wir«. Er kann sich autoritär äußern, weil er weiß, dass er recht hat. Deshalb spielt sein eigentlicher Name keine Rolle. Wie so viele andere mittelalterliche Verfasser will der Verfasser des *Königsspiegels* nicht originell sein, er will nicht seine eigenen, sehr persönlichen und subjektiven Meinungen ausdrücken. Er versteht sich als ein bloßes Werkzeug von etwas Höherem als er selbst, nämlich der ewigen Wahrheit. Ebenso wie die Welt begrenzt ist und die meisten Dinge, die hypothetisch geschehen können, bereits geschehen sind, wurde die Wahrheit ein für allemal für alle Menschen gefunden, und die Gelehrten können sie demütig, aber auch stolz vermitteln.

Welcherart Werk ist der *Königsspiegel* und woher hat der Verfasser sein Wissen erhalten? In der modernen Forschung ist *Fürstenspiegel* eine übliche Bezeichnung für Lehrbücher, die Herrscher darin unterrichten sollen, wie sie zu leben und ihr Land zu regieren haben. Einige dieser Werke datieren auf die karolingische Zeit im 9. Jahrhundert. 1159 fügte Johannes von Salisbury mit seinem an den englischen König Heinrich II. gerichteten *Policraticus* der Gattung einen weiteren Titel hinzu. Dabei handelt es sich um eine große Kompilation, die eine Reihe Themen behandelt, u. a. Belehrungen für den König, wie er herrschen soll, neben einzelnen Erörterungen über die Gesellschaft und ihren Aufbau. Dieser Stoff wurde bei Gelegenheit von zahlreichen anderen Fürstenspiegelverfassern übernommen und weiterbearbeitet. Der Hauptzweck dieser Spiegelliteratur war die moralische Belehrung des Königs. Eine neue Epoche in der Geschichte der Fürstenspiegel brach mit Thomas von Aquins *De regno* (»Über die Herrschaft der Fürsten«) von ungefähr 1265/66 an. Thomas wurde von Aristoles' *Politik* beeinflusst, die kurz zuvor ins Lateinische übersetzt worden war, und er war der Erste, der systematisch unterschiedliche Herrschaftsformen diskutierte und so seine Belehrung des Königs auf einer erheblich exakteren Theorie der Gesellschaft als in früheren Fürstenspiegeln fußen ließ.

Sehr wenige dieser Werke tragen allerdings das Wort Spiegel selbst im Titel. Daher deutet der Titel des *Königsspiegels* keine Verbindung zur europäischen Fürstenspiegelliteratur an. Darüber hinaus deutet auch nichts darauf hin, dass der Verfasser einen einzelnen Titel dieser Gattung kannte oder sogar davon beeinflusst wurde. Er könnte dennoch eine Kenntnis der Gattung gehabt und sich in Grundzügen von ihr beeinflussen lassen haben. Denn auch im *Königsspiegel* spielt die moralische Belehrung des Königs eine wichtige Rolle, und zahlreiche Ratschläge sowie die biblischen Beispiele sind dieselben, die in anderen Fürstenspiegeln erwähnt werden. Ähnlich wie der *Policraticus* weist er allerdings einen facettenreicheren Inhalt als die meisten anderen Fürstenspiegel auf. Wie wir noch sehen werden, beschäftigt sich der *Königsspiegel* viel mehr mit der Gesellschaft und ihren Strukturen sowie mit staatsrechtlichen Fragen, als es in den früheren Fürstenspiegeln der Fall war, allerdings ohne dabei von Aristoteles beeinflusst worden zu sein.

Daher kann eine gewisse Verbindung zwischen dem *Königsspiegel* und der europäischen Fürstenspiegelliteratur nicht ganz ausgeschlossen werden. Eine solche Verbindung könnte allerdings auch nur in geringem Maße als Erklärung für die tatsächliche Gestalt des *Königsspiegels* dienen. Können uns vielleicht andere Quellen und Literaturgattungen einer solchen Erklärung näherbringen?

Was den Titel betrifft, so geht Spiegel als Metapher schon auf die Antike zurück. Als Buchtitel wird er aber erst ungefähr um das Jahr 1100 üblich, vor allem bei Erbauungsliteratur wie *Speculum ecclesiæ* (»Kirchenspiegel«) oder *Speculum virginum* (»Jungfrauenspiegel«). Wie im Prolog des *Königsspiegels* wird die Spiegelmetaphorik in diesen Werken in moralischer Bedeutung verwendet: Der Leser soll sich selbst im Verhältnis zum Idealbild, das das Werk vermittelt, im Spiegel betrachten und daraus lernen. »Spiegel« im Titel eines Werkes findet man im Mittelalter aber auch in Werken, die kompilatorisch mannigfaltiges Wissen in komprimierter und übersichtlicher Form darstellten, ähnlich einem Spiegel, der eine Umgebung wiedergibt, die viel größer ist als er selbst. Ungefähr zur selben Zeit, in der der *Königsspiegel* niedergeschrieben wurde, wurden in Paris mehrere solcher Spiegel über die Natur, die Geschichte und die christliche Lehre unter der Leitung des gelehrten Dominikaners Vincent von Beauvais verfasst. Diese beiden Bedeutungen von Spiegel können jedoch auch gemeinsam auftreten. So, wie die Metapher im Prolog verwendet wird, liegt eine Verbindung zu den vielen erbaulichen »Spiegeln« nahe, wie sie aus der Zeit vor dem *Königsspiegel* überliefert sind. Eine direkte Verbindung zu einem einzelnen Werk herzustellen fällt hingegen schwer. Der Verfasser hat zweifellos zahlreiche ausländische Werke verschiedener Art gekannt, die Kenntnis jedoch so frei verwendet, dass es schwierig ist, direkte Vorbilder oder auch nur Einflüsse nachzuweisen.

Hauptsächlich sind die Quellen des *Königsspiegels* weit verbreitete Werke, die man als Handbücher bezeichnen könnte. Für die naturkundlichen Abschnitte nennt der Verfasser ältere Werke von Papst Gregor dem Großen (ca. 540–604, Papst 590–604), Erzbischof Isidor von Sevilla (ca. 560–636) und Beda Venerabilis (674–735), einem Mönch aus Jarrow in Northumberland. Die Morallehre zu Beginn des ersten Teils wurde stark von den *Disticha Catonis* beeinflusst, einer im Mittelalter und bis ins 18. Jahrhundert sehr verbreiteten Sammlung moralischer Vorschriften. Sie wurden dem römischen Schriftsteller und Politiker Cato dem Älteren (234–149 v. Chr.) zugeschrieben, stammen tatsächlich aber erst aus dem späten dritten oder frühen vierten Jahrhundert n. Chr.[1] Der Verfasser des *Königsspiegels* hat außerdem große Kenntnisse der Heiligen Schrift, vor allem des Alten Testaments, außerdem muss er die gängigsten Bibelkommentare gekannt haben. Zwei Werke der »neueren« Literatur des 12. und 13. Jahrhunderts hat er mit Sicherheit gekannt. Das eine ist ein Buch über Indien (vgl. S. 120). Der Verfasser weist im *Königsspiegel* auf eine Version dieser Schrift hin, die nicht vor Mitte des 13. Jahrhunderts existiert haben kann. Das andere Werk ist die *Historia Scholastica*, die Petrus Comestor, Kanzler der Universität von Paris, ungefähr um 1180 verfasst hat. Die Information, dass die Schlange beim Sündenfall das »Angesicht eines Mädchens« (S. 277) hatte, taucht zuerst bei Petrus Comestor auf. Auch andere Aspekte bei der Beschreibung des Sündenfalls deuten auf eine Beeinflussung durch Petrus' Werk hin. Darüber hinaus ist es wahrscheinlich, dass der Verfasser Schriften des französischen Naturphilosophen Wilhelm von Conches (um 1080/90–nach 1154) gelesen hat (vgl. S. 35). Außerdem muss er eine oder mehrere Versionen der Allegorie der vier Schwestern gekannt haben, die Gott bei seinem Urteil über die Menschen nach dem Sündenfall unterstützen (vgl. S. 276 ff.). Welche Version genau, lässt sich nicht sagen, weil der Verfasser seine Vorlage eigenständig verarbeitet hat.

Nichts, was wir über den Hintergrund des Verfassers wissen, deutet darauf hin, dass er besondere Kenntnisse im Ausland erworben haben könnte. Seine Art des Nachdenkens und die Anwendung seiner Fertigkeiten und seines Wissens sowohl auf theologischem als auch auf naturkundlichem Gebiet zeigen hingegen, dass er ein Mann von hoher Intelligenz, an intellektuelle Fingerübungen gewöhnt, gewesen sein muss. Seine Überlegungen sind außerdem auch ein Fingerzeig darauf, dass er mehr Quellen gekannt haben könnte, als er direkt angibt. Üblicherweise begnügt er sich mit knappen und indirekten Hinweisen, sodass man seine tatsächlichen Quellen nur schwerlich identifizieren kann. Ihm ist auch eher daran gelegen, zugunsten seiner Ansichten zu argumentieren als mit seiner Bildung zu prahlen. Auf diese Weise erscheint er tatsächlich als eigenständiger, als er im Prolog zu sein behauptet.

Die Weisheit und das gute Leben

Im Prolog wird der moralische Inhalt als Hauptzweck des *Königsspiegels* dargestellt. Dies wurde jedoch angesichts des vorliegenden Textes mit seinem vielschichtigen Inhalt bezweifelt. Ludvig Holm-Olsen hat u.a. auch aus diesem Grund behauptet, dass der Prolog eine spätere Hinzufügung sein müsse und dessen Verfasser die Spiegelmetaphorik missverstanden habe, die vielmehr auf den enzyklopädischen Inhalt abziele.

Die Ursache der Gewissenszweifel des Sohnes im Prolog liegt in seinen Überlegungen zu den vielen »íþróttir« des Menschen. Das altnordische Wort »íþrótt« entspricht etymologisch dem norwegischen »idrett«, was »Sport« bedeutet, geht aber inhaltlich weit über die heutige norwegische Bedeutung hinaus, indem es etwa ganz allgemein Fähigkeit, Fertigkeit oder Können bedeutet, auch in geistiger Hinsicht, so etwa in wissenschaftlichen Disziplinen wie Grammatik und Rhetorik. In der Übersetzung wird es mit »Lebenstätigkeiten« wiedergegeben, was etwas irreführend sein kann, weil wir im 13. Jahrhundert keine Gesellschaft vorfinden, in der die Menschen nach Tätigkeiten oder Berufen wie heutzutage eingeteilt sind. In diesem Begriff schwingt jedoch auch mehr mit, als durch die Betrachtungen der menschlichen Tätigkeiten durch den Sohn und sein Urteil über sie, nämlich dass die meisten Menschen sie schlecht beherrschten, nahegelegt wird. Betrachtet man »íþróttir« im Lichte des gesamten *Königsspiegels*, liegt es nahe, den Begriff mit den einzelnen Ständen in Verbindung zu bringen. Die Menschen sollen unterschiedlich »íþróttir« lernen und beherrschen, je nachdem wo sich ihr Platz in der Gesellschaft befindet. So wird der Begriff später im Prolog verwendet, wenn der Sohn darüber berichtet, dass er gelernt habe, welche Sitten und Gebräuche zu jedem »íþrótt« gehören, Kaufmann, König und Mächtige, Geistliche und Bauern. Eines sei ihnen allen gemeinsam, nämlich zuallererst Gottesfurcht, die Grundlage und Fundament sei. Von diesem Fundament ausgehend wird die Morallehre auf verschiedene Weise für die unterschiedlichen Stände und »Tätigkeiten« entwickelt, was sich auch im Prolog niederschlägt, wenn der Verfasser auf den Titel des Werkes zu sprechen kommt. Da sagt der Verfasser, dass der König sich der besten Sitten befleißigen und ebenso auf die seiner Untertanen achtgeben müsse. Grundsätzlich gelten für alle Menschen die gleichen Sitten, daher könnten auch einfache Menschen vom Werk des Verfassers lernen.

Die Unterschiede sind stellenweise rein »beruflicher« Art. Der Kaufmann muss einiges über den Handel erlernen, was für einen Gefolgsmann uninteressant ist. Der Gefolgsmann wiederum muss das Kriegshandwerk erlernen und sich in der Rechtsordnung und der Organisation des Gefolges auskennen, was wiederum für den Kaufmann unnötig ist. In ein und derselben Morallehre gibt es aber auch große Unterschiede. Den Kaufmann mahnt der Verfasser zu moralischem Verhalten der grundlegenden Art. Er solle allen gegenüber freundlich und guter Laune sein und auf sein Wort achtgeben. Und er solle sich von Dirnen, Glücksspiel und Trinkgelagen fernhalten. Diese Ratschläge stehen gleichberechtigt neben berufsspezifischen Ratschlägen über das Segeln, wie man Handel treibt und wie man sein Vermögen verwalten soll.

Die Ratschläge an den Gefolgsmann sind stellenweise von gleicher Art. Der Verfasser geht hier aber über die Belehrung des Kaufmanns dergestalt hinaus, dass er das Wesen der Moral selbst und das Verhältnis der verschiedenen Tugenden zueinander diskutiert. Die Tugenden des Gefolgsmannes seien dreierlei: »Mannvit« (»Mannesklugheit«), gute Sitte und höfische Art, auch wenn diese drei Tugenden eigentlich auf dasselbe hinauslaufen. In diesem Abschnitt legt der Verfasser diese Tugenden in umgekehrter Reihenfolge im Vergleich zur Einführung ausführlicher dar, im Großen und Ganzen anhand von Beispielen. Die Beispiele zur höfischen Art fassen vieles von dem zusammen, was zuvor über die Sitten und Gebräuche des Gefolges gesagt wurde (vgl. S. 249 ff.): wie man verschiedene Menschen anspricht, wie man sich angemessen kleidet, wie man sich bei Tisch benimmt usw. »Gute Sitte« beinhaltet größtenteils dieselben allgemein-moralischen Ratschläge wie die, die an den Kaufmann gerichtet wurden. »Mannesklugheit« hingegen, die zuletzt erörtert wird, ist Gegenstand einer umfassenderen Diskussion. Niemand könne sich der Tugenden, die zuvor genannt wurden, ohne »Mannesklugheit« befleißigen, die demzufolge zu einer grundlegenden moralischen »Einsicht in alle Sitten« führt. Der Gefolgsmann soll aber nicht nur moralische Erkenntnis im Allgemeinen haben, er solle ebenso Einsicht in die besonderen Tugenden und Fertigkeiten haben, die von einem Gefolgsmann erwartet werden. »Mannesklugheit« wird so zu einer grundlegenden Erkenntnis, die dem Gefolgsmann ermöglicht, sich Moral im allgemeinen und die höfische Etikette im besonderen Sinn und zusätzlich jene Lebensweisheit anzueignen, wie sie sich für ein hochrangiges Mitglied der Gesellschaft geziemt: die Fähigkeit, bei Versammlungen zu reden und gerechte Urteile zu fällen, Kenntnis der Gesetze, zu wissen, wann man geben und wann man um etwas bitten soll, eine grundlegende Gelassenheit, die sich weder von Erfolg noch von Misserfolg beeinflussen lässt und somit das moralische Rückgrat bildet, das jemanden dazu in die Lage versetzt, eine Beförderung durch den König oder andere mächtige Personen hinzunehmen, ohne übermütig zu werden.

Im Schlussteil des Werkes, der von den Tugenden des Königs handelt, unternimmt der Verfasser den entscheidenden Schritt vom »Spiegel für jedermann« zum »Königsspiegel«. Dass der König alle Tugenden beherzigen und alle Laster meiden soll, die zuvor genannt wurden, verstehe sich von selbst, und auch der Verfasser findet es nicht weiter erwähnenswert und geht daher nicht näher darauf ein. In der Abhandlung über den König werden die Morallehre und die »Berufsanleitung« eins. Der König ist nicht nur für seine eigenen Sitten, sondern auch für die aller Untertanen verantwortlich, und dieser Verantwortung solle er gerecht werden, indem er gerechte Urteile fälle. Auf diese Weise solle er Gott nachahmen. Und so wird Gott selbst als Vorbild für den König anhand einer Reihe alttestamentarischer Beispiele für seine Urteile angeführt. Gott gleich solle der König wachen, wenn andere schlafen, und dabei über Weisheit und Gerechtigkeit nachdenken. Und an Stelle einer Darlegung der Einzeltugenden und ihres Verhältnisses zueinander tritt die personifizierte Kardinalstugend, die Weisheit, selbst auf – artverwandt, aber nicht identisch mit der »Mannesklugheit« des zweiten Teils des *Königsspiegels* – und hält eine lange Rede, die Gegenstand der königlichen Kontemplation sein soll. »Der Hymnus der Weisheit«, der zu großen Teilen auf Abschnitten des Alten Testaments beruht, behandelt die wesentlichen

Prinzipien von Gottes Herrschaft über das Universum. Und ebendiesen Prinzipien soll der König bei seiner Herrschaft über das Volk folgen (vgl. S. 51 ff.). Vor diesem Hintergrund kann es kaum einen Zweifel daran geben, dass sich die moralische Botschaft wie ein roter Faden durch das gesamte Werk zieht, nicht nur durch den Prolog.

Im Vergleich des *Königsspiegels* mit älteren Werken der altnordischen Kultur über Moral und Lebenswandel tritt die Originalität des Werkes klar zutage – auch wenn der Verfasser Gegenteiliges behauptet. Die *Hávamál* (»die Sprüche des Hohen«), eine Sammlung eddischer Strophen, die zumindest teilweise aus vorchristlicher Zeit stammen, handeln davon, wie man im Leben erfolgreich ist, Gefahren aus dem Wege geht und von anderen Menschen gemocht wird. Die älteste überlieferte altnordische Schrift über christliche Moral stammt aus der ersten Hälfte des 12. Jahrhunderts und ist eine Übersetzung des Werkes *De virtutibus et vitiis* (dt. »Über Tugenden und Laster«), um 800 von Alkuin verfasst, einem der hervorragendsten Gelehrten am Hofe Karls des Großen. Alkuins Werk verfolgt ein völlig anderes Ziel als die *Hávamál*. Es handelt von der Gottesfurcht, die Beginn aller Weisheit sei, und den Tugenden, die man beherzigen, und den Lastern, denen man aus dem Weg gehen solle. Diese Morallehre ist im Wesentlichen für alle Menschen, ungeachtet ihres Standes, gleich und richtet sich auf die ewige Erlösung und nicht auf ein glückliches Leben auf Erden.

Anhand seiner Lehre über die Gesellschaft und ihre Stände vereint der Verfasser des *Königsspiegels Hávamál* und Alkuin. Seine praktischen Ratschläge sind teilweise von der gleichen Art wie die der *Hávamál*. Sowohl der Kaufmann als auch der Gefolgsmann wollen bei ihren jeweiligen Tätigkeiten erfolgreich sein und von anderen Menschen geschätzt werden – beides ist eng miteinander verwoben. Die praktischen Ratschläge hingegen zielen nicht darauf ab, wie das Individuum erfolgreich sein kann, sie haben die Gesellschaft und ihren Aufbau zum Ziel. Die Hofetikette sollte man nicht nur beherrschen, um nicht zum Gespött zu werden, sondern sie ist auch ein Distinktionsmerkmal, um die Elite der Gesellschaft vom Rest der Bevölkerung unterscheiden und somit die soziale Hierarchie aufrechterhalten zu können, die nach Meinung des Verfassers Teil der rechtmäßigen Ordnung der Welt ist. Auf diese Weise werden auch die praktischen Ratschläge ein Teil der Morallehre. Hier befasst sich der Verfasser mit hochaktuellen Fragen. Ein Teil des königlichen Programms sah vor, den Adel enger an seinen Dienst zu binden und Regeln und Normen zu entwickeln, die den innerständischen Zusammenhalt stärken und so die Kluft zur übrigen Bevölkerung vergrößern sollten. Ein Abschnitt befasste sich auch damit, europäische Gebräuche im Norden einzuführen, damit Könige und mächtige Personen in anderen Ländern sehen konnten, dass der norwegische König und sein Gefolge ebenso kultiviert und höfisch waren wie sie selbst.

So löst sich auch das Problem des Verhältnisses zwischen der allgemeinen und der standesspezifischen Moral. Die Stände existieren nicht ihrer selbst wegen, sondern sollen eine harmonische Gesellschaft im Einklang mit der rechtmäßigen Ordnung der Welt sicherstellen. Der aristokratische Prunk, die Hofetikette und das Ausüben der Macht gegenüber Schwachen werden so zu einem Teil der christlichen Moral. Die Trennung von Innerem und Äußerem sowie Dies- und Jenseitigem vereint wesentlich allgemeine christliche Moral mit der weltlichen Ständehierarchie. Vor Gott seien zwar alle Menschen gleich, die äußeren Unterschiede, die auf Erden unter den Menschen existieren, seien dennoch Ausdruck von Gottes Wille.

Dieser Gedanke kommt am deutlichsten im Abschnitt über den König zum Ausdruck. Gegenüber den Menschen sei er Gottes Repräsentant und halte die größte irdische Macht in Händen. Gegenüber Gott sei er allerdings ein armer Sünder, der in größter Demut hervorzutreten habe. Gegenüber den Menschen dürfe er sich nicht demütig verhalten und solle an seiner Macht festhalten und stolz und prächtig auftreten. In seinem Inneren, gegenüber Gott, solle er dem christlichen Demutsideal entsprechen, in Übereinstimmung mit dem Gefolgsmann, der Dienst an Gott und der Gesellschaft tue, der von ihm verlange, dass er sich seiner eigenen Macht bewusst sei und sie mit allen zur Verfügung stehenden Symbolen der Macht und Würde zur Schau stelle, die der Stellung des Gefolgsmannes in der Gesellschaft entsprächen. Diese Aufgabe verlange auch von ihm, am Hofleben teilzunehmen und dessen Spielregeln zu kennen – jenes Hofleben, das von christlichen Moralisten ansonsten gerne als leer und inhaltslos sowie als Gefahr für die Seele angesehen wird. Im Inneren aber solle der Gefolgsmann, wie der König, demütig sein. Nach außen hin solle er ebenfalls demütig gegenüber denjenigen sein, die über ihm stehen, vor allem gegenüber dem König. Er solle außerdem einen »inneren Kosmos« besitzen, der von äußeren Erfolgen und Rückschlägen unbeeinträchtigt ist, was der Verfasser als eines der Beispiele für »Mannesklugheit« anführt.

Die Veränderungen der Morallehre von Alkuin bis zum *Königsspiegel* haben ihre Ursache in einer gemeineuropäischen Tendenz im Hochmittelalter. Einerseits trat in Norwegen und in anderen Ländern eine ständische Ordnung der Gesellschaft klarer zutage. Andererseits entwickelte die Kirche eine Ethik, die in größerem Maße auch die besonderen Lebensumstände der Laien zu berücksichtigen und sie in die eigentliche christliche Gemeinschaft zu integrieren versuchte. Im Frühmittelalter war die Vorstellung weit verbreitet, man müsse Mönch oder Nonne sein, um ein wahrhaft christliches Leben zu leben. Nur im Kloster könne man darauf hoffen, die Tugenden zu beherzigen, die Alkuin und andere Moralisten beschrieben. Laien mussten sich, so gut sie konnten, von den schlimmsten Sünden fernhalten, der Kirche und den Armen Gaben geben und auf dem Totenbett ihre Sünden bereuen. Ab Ende des 11. Jahrhunderts hingegen versuchte die Kirche, in größerem Maße Laien für die christliche Sache zu gewinnen und darzulegen, wie jeder einzelne Stand seinen jeweils eigenen Beitrag dazu leisten könnte. Mittels des Aufrufs zu Kreuzzügen und des Ritterwesens wurde auch der weltliche Adel dazu aufgerufen, seine Waffen in den Dienst der Kirche und des Christentums zu stellen. Mit Hilfe der Lehre der christlichen Ehe unterstrich die Kirche die positiven Werte der Familie und das Verhältnis zwischen Mann und Frau, auch wenn sie weiterhin ein enthaltsames Leben als besser und höherwertiger ansah. Die Lehre der drei Stände, Priester, Krieger und Bauern, die im 11. und 12. Jahrhundert fest etabliert war, unterstrich dabei, dass auch der geringste Stand, Bauern und die gewöhnlichen Leute, mit seiner Arbeit zum Wohl der ganzen Kirche und der Gesellschaft beitrug.

In den *Hávamál* ist die Ehre der höchste Wert und das Wichtigste, das ein Mensch nach seinem Tod hinterlassen kann:

»Besitz stirbt,
Verwandte sterben,
man selbst stirbt ebenso;
ich weiß eines,
das niemals stirbt:
ein Urteil über jeden Toten.«[2]

Dieselbe Denkweise ist oft in der Sagaliteratur anzutreffen, stellenweise mit direkten Anspielungen auf die *Hávamál*. Wenn der Vater dem Sohn im *Königsspiegel* die Bedeutung des Nachruhms erklärt, knüpft er unmittelbar an die *Hávamál* an (vgl. S. 256). Die Ehre sei das Wichtigste, das ein Mensch besitze, und das wichtigste Vermögen, das er hinterlasse. Welchen Ruf ein Mensch hinterlässt, ist selbstverständlich davon abhängig, welche Taten er vollbracht hat. Auch in christlicher Zeit befasste man sich nicht nur mit der Unsterblichkeit im jenseitigen Leben, sondern auch mit jener, die auf dem Nachruhm gründete. Hier wird, auf dieselbe Weise wie in den *Hávamál*, was andere Menschen über Menschen denken, zum Gradmesser des eigenen Tuns. Der Unterschied bestand aber darin, dass in den *Hávamál* aller Menschen nach dem Tod gedacht wird, während im *Königsspiegel* dies nur den wenigen Auserwählten zuteilwird. Dieser Unterschied spiegelt vermutlich die verschiedenen Gesellschaften wider, eine regionale Gesellschaft, in der jeder den anderen kennt, in den *Hávamál* und eine landesweite Ständegesellschaft im *Königsspiegel*, in der sich der Abstand der allgemeinen Bevölkerung zur Elite vergrößert hatte. Dieses Standesbewusstsein ist zudem noch christianisiert worden, auch wenn es dennoch die vorchristliche Ehr- und Selbstbehauptungsmoral der Gesellschaft fortführt. Nach der Christianisierung traten prächtige Grabmäler an die Stelle der großen Grabhügel auf Gehöften, in ihnen kamen dennoch dieselben Werte zum Ausdruck. Auf entsprechende Weise diente die Sagaliteratur dazu, den Königen und Mächtigen eine irdische Unsterblichkeit zu verschaffen, die in Übereinstimmung von *Hávamál* und *Königsspiegel* die wahre Lebensaufgabe des Menschen darstelle.

Auch im *Königsspiegel* sind Spannung und Kompromiss zwischen der Moral des Christentums und den heidnischen *Hávamál* zu spüren, auch wenn die Ständelehre des Werkes die beiden weithin zu einer höheren Einheit vereinigt. Zusätzlich zur Gottesfurcht, die das Fundament der Weisheit bilde, müsse der Einzelne die standesspezifischen Benimmregeln erlernen, die auf diese Weise auch eine moralische Dimension bekommen. Auch wenn alle Menschen in einem gewissen, sehr abstrakten Verständnis vor Gott gleich seien, sei es dennoch Gottes Wille, dass es auf Erden Hierarchien gebe, damit jeder in dem Stand verbleibe, der ihm zugedacht sei, wie es im *Königsspiegel* heißt. Allein dem König stehe es zu, jemanden zu befördern. Daher ruht die Morallehre des *Königsspiegels* auf einer Lehre der Gesellschaft und ihrer Ordnung. Moral geht in Politik über. Diese beiden Größen waren im Mittelalter nicht scharf voneinander abgegrenzt.

Die Ständeordnung

Im Prolog führt der Verfasser des *Königsspiegels*, wie wir gesehen haben, vier soziale Gruppen an – Kaufmann, König und Gefolge, Geistliche, Bauern. In der Fassung, in der das Werk überliefert ist, fehlen die Abschnitte über Geistliche und Bauern, darüber hinaus werden Gefolge und König entgegen der Einteilung im Prolog in verschiedenen Abschnitten behandelt, das Gefolge im zweiten und der König im dritten. Im Prolog haben wir daher mit vier sozialen Gruppen zu tun, im Werk selbst aber mit fünf. Diese Diskrepanz hat man damit zu erklären versucht, dass der Prolog unecht sei, also nicht vom Verfasser des *Königsspiegels* selbst stamme (vgl. S. 19), oder das Werk unvollendet sei. Letzteres ist wohl am wahrscheinlichsten, eventuell in Kombination damit, dass der Prolog bei einer Revision und Erweiterung einer früheren Version des *Königsspiegels* entstanden sein könnte. Beide Alternativen, vier bzw. fünf soziale Gruppen, unterscheiden sich von der in Europa üblichen Einteilung in drei Stände, von der das Werk dennoch beeinflusst ist. Zwar gibt es auch andere Beispiele für eine Vierteilung, bei der Bauern und Kaufleute eine eigene Gruppe bilden, sie sind aber zumeist jünger als der *Königsspiegel*. Daher drängt sich die Frage auf, welchen Grund es für die Einteilung gab, die im *Königsspiegel* vorliegt.

Für die Beantwortung der Frage lohnt zunächst ein Blick auf den »Kaufmann«: Ist seine Stellung im *Königsspiegel* ein Ausdruck dessen, dass Handel einen besonders gewichtigen Anteil an der norwegischen Wirtschaft hatte oder Mitte des 13. Jahrhunderts wichtiger als davor geworden war? Handel war einerseits im Mittelalter für Norwegen wohl wichtiger als für andere Länder, in erster Linie, weil Teile des Landes bereits im 13. Jahrhundert von Getreideimporten aus dem Ausland abhängig waren. Andererseits gab es zu dieser Zeit keinen professionellen Kaufmannsstand in Norwegen, der Außenhandel betrieb. Der Kaufmann des *Königsspiegels* gehört auch nicht zu dieser Art Kaufmann. Er ist vielmehr ein adeliger Reisender, der auch Ländereien besitzt. Sein gesamtes Leben wolle er nicht als Kaufmann verbringen, der nächste Karriereschritt sah vor, in den Dienst des Königs zu treten. Obwohl er offensichtlich auch Geld mit seiner Kaufmannstätigkeit verdienen wollte, ist ein wichtiger Beweggrund für die Aufnahme seiner Tätigkeit, die Welt zu bereisen und neue Völker und ihre Sitten und Gebräuche kennenzulernen. Grundsätzlich war es in ganz Europa damals üblich und akzeptiert, dass der Adel Handel trieb, vorzugsweise mit den Abgaben der Lehnsleute. Abgesehen von Italien und vielleicht noch Flandern und den Gebieten entlang des Rheins war es hingegen völlig unüblich, dass junge Adelige selbst mit ihren Waren umherzogen. Der adelige Alltag verlangte, dass man sich vor allem aristokratischen Tätigkeiten wie Krieg, Jagd und Verwaltung widmete und den Gewerben der gewöhnlichen Leute fernblieb. So gesehen legt der *Königsspiegel* Zeugnis darüber ab, dass der Adel in Norwegen eine weniger exklusive Gruppe als in den meisten anderen damaligen Ländern war.

Die entscheidende Frage in diesem Zusammenhang ist dennoch keine berufsmäßige. Sie zielt vielmehr auf den sozialen Rang ab, den der Kaufmann in der Gesellschaft bekleidete. Gehörte er dem Adel oder der Allgemeinheit an oder finden sich im *Königsspiegel* keine derartig klaren Abgrenzungen? Die Antwort gibt der zweite Hauptteil des Werkes, der dem Gefolgsmann gewidmet ist. Darin versucht der Vater seinen Sohn davon zu überzeugen, wie vorteilhaft und ehrenvoll ein Dienst im Gefolge des Königs sei. Dennoch ist der Sohn zunächst nicht vollkommen überzeugt:

> »Welchen Vorteil erwarten sich die im Dienste des Königs, die sowohl großes Vermögen wie guten Familienstand besitzen, daß sie sich zum Dienste des Königs nur mit dem Namen eines Hausmanns verpflichten. Warum erhalten sie nicht die Würde des Namens, daß sie Gefolgsleute heißen, oder

> warum leben sie nicht daheim nach ihren Verhältnissen, wie andere Bonden tun.« (S. 194)

Für diese Frage handelt sich der Sohn eine zarte Rüge des Vaters ein, immerhin die einzige im ganzen *Königsspiegel*: »Das scheint mir nicht sehr klug von dir gefragt zu sein«. Der Vater erkennt jedoch auch, dass sein Sohn tatsächlich unwissend ist, und hebt zu einer ausführlichen Antwort an, deren Kern darin besteht, dass alle Menschen im Reich dem König denselben Dienst schuldeten und daher der Dienst am Königshof ein exklusives Privileg sei. Der Vater resümiert:

> »Nun, wenn jedermann dem Könige gegenüber zum Dienst verpflichtet ist, der in seinem Reiche lebt, wo sollte da nicht einem jeden verständigen Menschen es von großer Bedeutung dabei erscheinen, daß er in vollem Maße den Schutz des Königs und seine Freundschaft genießt, [...] lieber, als daß er ein Bauer gescholten werde, immer unter der Leitung eines andern zu stehen und dabei die gleichen Pflichten wie sonst zu haben?« (S. 195)

Vater und Sohn sind davon überzeugt, dass derjenige, der nicht im Dienst des Königs steht, nur ein »Bonde«, ein freier Bauer ist und daher nur der Königsdienst Rang und Namen in der Gesellschaft verleiht. Die Antwort des Vaters ist ein weiterer Schritt in diese Richtung. Derjenige, der nicht im Dienst des Königs steht, sei nicht nur ein »Bauer«, sondern ein im Original »kotkarl«, d.h. jemand, der in einer Hütte lebt, ein Häusler (kot entspricht dem dt. »Kate/Kote« und dem englischen »cottage«, der Übs.), und damit auf der untersten sozialen Stufe.[3]

Und so platziert der Vater auch den Kaufmann, indem er dessen Stand klar von dem des Gefolgsmannes trennt. Der Kaufmann gehöre prinzipiell zur selben Gruppe wie die Bauern und die Allgemeinheit, trotz des guten Essens, der edlen Kleidung und der guten Manieren, um die er sich gemäß den Ratschlägen des Vaters bemühen solle. Wäre der *Königsspiegel* entsprechend dem Plan, der im Prolog skizziert wird, vollendet worden, würden Anfang und Ende des Textes Gruppen auf demselben sozialen Niveau thematisieren. Dass die Kaufleute eine eigene soziale Gruppe bilden, liegt zum einen daran, dass ihre Reisen der Aufhänger für den naturkundlichen Abschnitt darstellen, der den Großteil des Kaufmannsteils beansprucht, zum anderen, um dem Verfasser die Möglichkeit zu geben, über die Rekrutierung zum königlichen Gefolge zu schreiben und so herauszustellen, dass das Verhältnis zum König entscheidend für die soziale Stellung eines Menschen in der Gesellschaft sei.

So ergibt sich ein enger Zusammenhang zwischen den beiden Erweiterungen, die der Verfasser der traditionellen Dreiteilung der Stände hinzufügt. Der König tritt aus der Ständeordnung heraus und bildet einen eigenen Stand, weil er eigentlich derjenige ist, auf den diese ganze Einteilung zugeschnitten ist. Der Prolog scheint anzudeuten, dass der Verfasser ursprünglich vorgehabt hatte, den König zusammen mit dem weltlichen Adel zu behandeln. Aber auch in dem Zusammenhang ist der Platz des Königs eindeutig: Der Adel definiert sich ausschließlich über den Dienst beim König. Der König selbst befindet sich eindeutig auf derselben Seite wie der weltliche Adel. Indem der Verfasser den König aus der weltlichen Aristokratie herausnimmt und ihm einen eigenen Platz zuweist, liegt die Vermutung nahe, dass er ihn zwischen weltlicher und geistlicher Aristokratie platzieren wollte. Dieser Abschnitt endet mit dem Verhältnis zwischen König und der Geistlichkeit und hätte vielleicht auf einen geplanten, aber nicht mehr realisierten Abschnitt über Letztere übergehen können. Und so hat der König seinen Platz, genauso wie in der *Rede gegen die Bischöfe*, zwischen weltlichem und geistlichem Adel, als Herrscher über beide.

Die Natur

Mittels der Lehre über die Ständeordnung verknüpft der Verfasser des *Königsspiegels* Moral- und Gesellschaftslehre dergestalt, dass Moral, Fertigkeiten und Berufstätigkeit verschiedene Seiten derselben Medaille sind. Der Gedanke, dass Moral die Grundlage von Rang und Ordnung bildet, führt im nächsten Schritt zum naturkundlichen Abschnitt. Das dort vermittelte Wissen scheint zunächst am wenigsten zur moralischen Botschaft des Verfassers im Prolog zu passen. Wie können das grönländische Eis, Wale und Fische im Polarmeer und der Lauf der Sonne über den Himmel Teil des Wissens sein, das der Gottesfurcht entspringt? Die Annahme einer grundlegenden Ordnung der Schöpfung vereint jedoch Natur- und Gesellschaftslehre. Die Natur ist von Gott erschaffen und wird durch ihn gelenkt. Daher ist das Wissen über die Natur ein Teil des Wissens über Gott.

Der Verfasser geht vom gelehrten Bild der Welt des Mittelalters aus, das im Großen und Ganzen von antiken Naturphilosophen abstammte. Ihm ist bewusst, dass die Erde kugelförmig ist, und er bemüht das Bild eines Apfels neben einer Kerze, um den Unterschied zwischen warmen und kalten Gegenden auf der Erde zu erklären. Er stellt sich allerdings auch vor, im Einklang mit gängigen Ansichten, dass sich die gesamte Landmasse ganz oben auf der Erdkugel befände. Dieser Gedanke ist ein Kompromiss zwischen der gelehrten Auffassung der Antike, dass die Erde eine Kugelform besitze, und der zufolge der Bibel scheibenförmigen Erde. Weil die »Scheibe« aber auf einer Kugel liege, könne sie nicht völlig flach sein. Diese Krümmung der Scheibe könne daher, auf ähnliche Weise wie im heutigen Weltbild, den Unterschied zwischen warmen und kalten Landstrichen erklären. Die Sonne ziehe ihre Bahn über den höchsten Punkt der Kugel, dort, wo in unserem Weltbild der Nordpol liegt, wo man jedoch im Mittelalter die heißesten Länder vermutete. Die Bahn der Sonne sei diesem Teil der Erde am nächsten. Vom nördlichen Teil hingegen, der zuunterst der Krümmung liege, also dort, wo heutzutage der Äquator ist, sei die Bahn der Sonne am weitesten entfernt.

Zusätzlich zur Krümmung der Erde gab es jedoch noch eine andere Erklärung für die Temperaturunterschiede, die sich ebenfalls aus antiker Vorstellung speist und von Isidor von Sevilla übernommen wurde. Im Himmel gebe es ihr zufolge fünf gewölbte Ringe, einen in der Mitte, unter dem es so heiß ist, dass alles darunter verbrennt. Zu beiden Seiten des mittleren Rings befinden sich zwei Ringe mit gemäßigtem Klima. Und jeweils ganz außen sind zwei kalte Ringe. Der Verfasser des *Königsspiegels* vermutet, dass der mittlere Ring die Wegstrecke der Sonne sei, und ermöglicht so die Vereinbarkeit dieser Theorie mit der vorherigen über die Krümmung der Erde. Allerdings würde nach dieser Theorie die Äquatorregion unbewohnbar werden. Der Verfasser imaginiert also die bekannte und bewohnte Welt als Gürtel zwischen einem sengend heißen und einem frostigen Gürtel. Und zu diesem bewohnten Gürtel gebe es ein entsprechendes Gegenstück auf der anderen Seite des Äquators. Im Gegensatz zu »unserer« Welt wird es dort kälter, je weiter man nach Süden gelangt, und »wenn Menschen ebenso nahe jenem kalten Wege auf der südlichen Seite wohnen wie die Grönländer auf der nördlichen, da halte ich es für sicher, daß der Nordwind ebensowarm zu ihnen kommt wie der Südwind zu uns« (S. 173 f.).

Damit äußert der Verfasser allerdings einen ketzerischen Gedanken. Falls nämlich die beiden gemäßigten Zonen von einem unpassierbaren Gürtel voneinander getrennt sein sollten, würde die Behauptung, dass es dort ebenfalls eine Menschheit geben könnte, der kirchlichen Lehre widersprechen. Die Kirche behauptet, dass alle Menschen von Adam und Eva abstammten und deren Erbsünde übernommen hätten. Daher konnte es demzufolge keine weitere Menschheit neben »unserer« geben. Zu Beginn des 14. Jahrhunderts wurden Petrus von Abano, Professor für Medizin in Padua, und Cecco d'Ascoli, Astronom in Bologna, von der Inquisition dafür verbrannt, dass sie die Existenz einer solchen Menschheit behauptet hatten. In früheren Zeiten scheint es dennoch eine größere Toleranz gegenüber solchen Gedanken gegeben zu haben. In der Literatur des 12. und 13. Jahrhunderts wird diese Frage mehrfach diskutiert, und es wird zumindest angedeutet, dass die Länder auf der anderen Seite des Gürtels bewohnt sein könnten. Der Verfasser des *Königsspiegels* sagt jedenfalls nicht ausdrücklich, dass es dort Menschen gebe. Er beschäftigt sich lediglich mit der generellen Frage, verwahrt sich aber auch nicht gegen diese Möglichkeit. Vermutlich ist er an dieser Stelle von dem französischen Denker Wilhelm von Conches beeinflusst, der im 12. Jahrhundert eines der Werke über die Natur verfasst hat, die die größte Verbreitung fanden. Auch Wilhelm sagt nicht ausdrücklich, dass sich andere Menschen auf der anderen Seite befänden, sondern begnügt sich, ähnlich wie der Verfasser des *Königsspiegels,* mit dem generellen Sachverhalt.

Darüber hinaus liefert der Verfasser keine systematische Beschreibung der Welt. Nach der grundlegenden Erörterung der Zeiteinteilung und dem Lauf der Sonne über die Erdkugel geht er dazu über, die nördlichen Meeresgebiete und die an sie angrenzenden Länder zu beschreiben. Der Vater kommt so dem Wunsch des Sohnes nach etwas Erheiterndem nach, nachdem dieser sich nach den schwierigen Erörterungen zu Beginn zunehmend ermattet fühlte. Da das Folgende bereits so als Exkurs abseits des Hauptthemas charakterisiert wurde, besteht gar nicht erst der Bedarf, es unter dem Gesichtspunkt der moralischen Erörterungen des Prologs zu betrachten. Dennoch wird allmählich klar, dass der Verfasser auch in diesem Teil die Gelegenheit ergreift, seine fundamentalen Anliegen zu artikulieren.

Der kurzweilige Exkurs behandelt drei Länder: Irland, Island und Grönland sowie das sie umgebende Meer. Die Reihenfolge der Länder unterscheidet sich von Handschrift zu Handschrift, die soeben erwähnte scheint aber die ursprüngliche zu sein. Die Auswahl der thematisierten Länder mutet etwas ungewöhnlich an, da ihr eigentlich die Kaufleute und ihre Fahrten zugrunde liegen sollten. Unter den praktischen Ratschlägen an den Kaufmann findet sich auch derjenige über das richtige Verhalten in einer fremden Stadt. Ihm wird geraten, Sprachen zu lernen, vor allem jene, die ihn am weitesten brächten, nämlich Latein und Französisch. An der Stelle wird unausgesprochen angedeutet, dass die Handelsfahrten den Kaufmann und seine Waren nach Süden führen würden. Neben den anderen nordischen Ländern waren wohl England, die Niederlande und Nordfrankreich die wahrscheinlichsten

Ziele für norwegische Kaufleute des 13. Jahrhunderts. Daher waren Kenntnisse des Französischen besonders hilfreich, nicht nur in Frankreich und dem französischsprachigen Teil der Niederlande, sondern auch in England. Die englische Oberschicht sprach auch Mitte des 13. Jahrhunderts noch immer Französisch. Von den drei erwähnten Ländern des *Königsspiegels* dürfte Island der wichtigste Handelspartner gewesen sein. Hauptsächlich waren es norwegische Kaufleute, die Handelswaren nach und aus Island brachten. Das traf zwar auch auf Grönland zu, es kam aber nicht oft vor, dass es jemanden dorthin verschlug. Handelsreisen nach Irland wurden zwar auch unternommen, allerdings in weitaus geringerem Maße als zu anderen Teilen der britischen Inseln.

Daher kann der Auswahl der Länder nicht die Wichtigkeit für einen Handelsbesuch des Kaufmanns zugrunde gelegen haben. Vielmehr wird der Grund des Verfassers für ihre Erwähnung darin zu suchen sein, dass sie die äußersten bewohnten Gebiete seines Teils der Welt darstellten. Mit Ausnahme von Irland waren die Länder und Gebiete, die er beschreibt, größtenteils für die gelehrte europäische Tradition, mit der der Verfasser selbst vertraut war, unbekannt. Und nicht nur das: Diese Länder konnten auch einen Beitrag dazu leisten, das Bild der Welt und des Kontinents der gelehrten europäischen Tradition zu erweitern.

Die Forschung hat zuweilen den Irland-Abschnitt als den schwächsten Teil des gesamten Werkes angesehen, weil er nur wenig geographisches Wissen vermittelt und größtenteils Erzählungen über Wunder und Heilige enthält. Es deutet nichts darauf hin, dass der Verfasser selbst je in Irland gewesen ist, und das meiste, das er erzählt, ist auch aus anderen Quellen bekannt. Ob seine Quellen eher schriftlicher oder mündlicher Natur waren, wurde hingegen viel diskutiert. Im Gegensatz zum Abschnitt über Irland gehören die Abschnitte über Island und Grönland, nach Meinung der Forschung, jedoch zu den besten des *Königsspiegels*. In ihnen glänzt der Verfasser mit eigenem Wissen. Er behauptet zwar nicht, diese Länder selbst bereist zu haben, es ist aber offensichtlich, dass er Menschen gekannt haben muss, die dort gewesen waren und ihm detaillierte und zuverlässige Informationen über sie gegeben hatten. Was Island betrifft, hat der Verfasser nur wenig über das Land selbst zu berichten. Das Wichtigste sind die Vulkane und die heißen Quellen, die er, ebenso wie den Ätna auf Sizilien, für Eingänge in die Hölle hält. Nach ein wenig weiterer Diskussion über Island beendet der Vater diesen Abschnitt: »Es kommen mir nicht mehr Dinge in den Sinn, die dort in dem Lande der Erwähnung wert sind« (S. 140), zur großen Enttäuschung moderner Historiker, die gerne eine zeitgenössische Schilderung von Land und Leuten des mittelalterlichen Islands gehabt hätten. Dass der Verfasser, von Vulkanen und Ähnlichem einmal abgesehen, nicht weiter auf Island eingeht, muss darin begründet sein, dass es zeitgenössischen Norwegern als nicht besonders fremd vorkam. Der Abschnitt über Grönland, das sowohl ferner als auch andersartiger war, fällt dementsprechend auch ausführlicher aus. Über die Menschen, die dort leben, sagt er nur, dass sie zwar kein Getreide anbauen, dafür aber dennoch gut von Fisch, Wild und Viehhaltung leben könnten. Hauptsächlich berichtet er über das Land und seine Natur. Wegen der zahlreichen Landtiere, Hasen, Rentiere und Eisbären hält der Verfasser es für sehr wahrscheinlich, dass Grönland ein Festland sei, da es solche Tiere nicht auf Inseln gebe, ohne dass sie jemand dorthin gebracht hätte. In der gelehrten Diskussion darüber gab es zwei Hauptmeinungen: Entweder war Grönland eine Insel oder aber ein Teil Asiens. Da der Verfasser den Gedanken verwirft, dass Grönland eine Insel sein könnte, vertrat er wahrscheinlich die zweite Meinung. Sein Schweigen in dieser Frage könnte jedoch auch bedeuten, dass er nicht ohne weitere Untersuchungen das Land in das tradierte Weltbild einbauen wollte.

Bei seiner Schilderung von Island und Grönland steht der Verfasser vor der Herausforderung, in den gelehrten Kreisen wenig bekannte Phänomene mit Hilfe des etablierten, gelehrten Weltbilds zu erklären. Eines dieser Phänomene ist das Nordlicht. Der Sohn fragt, woher es kommen könne, der Vater deutet mehrere mögliche Antworten an. So könne das Nordlicht der Widerschein der Sonne sein, wenn sie sich unter der Erde befinde, oder Schein des Feuers, das die Erde umgibt und das man, da man so weit draußen »am äußersten Rande der Welt nach Norden« sei, deshalb sehen könne. Damals hielt man es für plausibel, dass sich die vier Elemente, aus denen alles bestand – Feuer, Wasser, Luft und Erde –, in reiner Form nebeneinander um den Erdball herum befänden. Das Nordlicht könne aber auch seine Ursache in dem Schimmer haben, den die gewaltigen Eismassen ausstrahlen. Wenige Gelehrte hatten Kenntnisse über die Länder am äußersten Rand der Welt, und der Verfasser des *Königsspiegels* leistet damit einen eigenständigen Beitrag zur zeitgenössischen Diskussion, auch wenn er selbst keine eindeutige Antwort geben kann.

Die Schilderungen des Tierlebens in den Nordmeergebieten – zahlreiche Wal- und Robbenarten – sind eine Mischung aus offensichtlich fabelhaften Legenden, vermutlich aus ausländischen Quellen, und relativ präzisen und nüchternen Beschreibungen von Arten, die man leicht als uns heute bekannte Arten identifizieren kann. Bei den Beschreibungen der letzteren Art wird man wohl davon ausgehen können, dass der Verfasser auf eigene Beobachtung oder zumindest auf Informationen aus Gesprächen mit Menschen zurückgreifen konnte, die diese Gegenden bereist oder dort Fischfang betrieben hatten. Zoologische Klassifikationen nimmt der Verfasser nicht vor, er betrachtet die Tiere unter einem pragmatischen, menschlichen Gesichtspunkt: Sind sie gefährlich für Menschen und sind sie genießbar? Wale werden als eine Art Fisch klassifiziert, weil man sie auch in der Fastenzeit essen dürfe. Robben seien zwar auch beinahe eine Art Fisch, ihr Verzehr in der Fastenzeit aber untersagt.

Der Verfasser hört jedoch nicht bei der Beschreibung der Natur auf, er möchte sie auch erklären. Die Begriffe »Eigenart« und »Kraft« sind dabei von besonderer Bedeutung. Die »Eigenart« des Nordlichts sei es, allmählich heller zu werden, je dunkler die Nacht wird, und umgekehrt. Die »Eigenart« eines Gletschers sei es, kalte Winde zu erzeugen. Der Ursprung allen Feuers liege in der »Kraft«. Die »Kraft« der Sonne sei in der Nähe des Äquators stark, weit im Norden schwächer. Diese vermeintlichen Erklärungen für diese Phänomene sind nach heutigem Verständnis wenig befriedigend. Praktisch bedeutet es schließlich, dass die Dinge sind, wie sie sind, aufgrund der ihnen innewohnenden Eigenschaften, oder mit anderen Worten: Sie sind, wie sie sind, weil sie sind, wie sie sind. Was in diesem Zusammenhang stillschweigend vorausgesetzt wird, ist die Lehre der vier Elemente. Alle Dinge auf der Welt sind aus ihnen zusammengesetzt, und die Art, wie sie aus den Elementen zusammengesetzt sind, bestimmt ihre Eigenart. Aus heutigem Gesichtspunkt kann diese Sicht nicht als wissenschaftlich bezeichnet werden, sie ist aber dennoch ein klares Zeugnis dafür, dass der Verfasser und seine Zeitgenossen bestrebt waren, »weltliche« und »rationale« Erklärungen für Naturphänomene zu finden.

Dies schlägt sich ebenfalls darin nieder, wenn sich der Verfasser den Grenzen solcher Erklärungsversuche nähert, dem Übernatürlichen. Gott könne in Einzelfällen die geltenden Naturgesetze außer Kraft setzen und direkt in die Natur eingreifen. Bei der Beschreibung der Vulkane auf Island stellt der Verfasser die Frage, ob sie sich aus der »Natur des Landes« oder aus einer übernatürlichen Ursache heraus erklären lassen. Nachdem er die verschiedenen möglichen Erklärungen gegeneinander abgewogen hat, favorisiert er einen übernatürlichen Ursprung. Vulkane beinhalteten »totes Feuer«, das im Gegensatz zu gewöhnlichem, »lebendigem Feuer« auch »tote Dinge« wie etwa Steine verbrennen könne. Und weil in der Hölle alles tot sei, sei dieses Feuer wahrscheinlich das Höllenfeuer. Als argumentative Stütze beruft er sich auf Papst Gregor den Großen, der auf ähnliche Weise dargelegt hat, dass der Ätna auf Sizilien einer der Eingänge zur Hölle sei und von dort das Höllenfeuer an die Oberfläche gelange. Die Vulkane seien eines der Zeichen, die Gott den Menschen als Warnung vor der Existenz der Hölle gegeben hat, damit sie so leben, dass sie niemals dorthin gelangen.

In unserem Zusammenhang ist es von entscheidender Bedeutung, dass der Verfasser eine bewusste Trennung zwischen dem Natürlichen und dem Übernatürlichen trifft, im Einklang mit der Trennung, die ab dem Beginn des 12. Jahrhunderts deutlicher bestand. Nicht jedes einzelne Ereignis war gleich ein Wunder, das fromme Menschen als Zeichen für Gottes Wirken interpretieren konnten. Dabei musste es sich schon um ein Ereignis handeln, für das es keine natürliche Erklärung gab oder das zu unwahrscheinlich war, um reiner Zufall zu sein. Im Großen und Ganzen sei die Natur mit Hilfe der menschlichen Vernunft erklärbar. Stoße diese Vernunft ab und zu auf Unerklärliches, erkenne sie Zeichen von Gottes Wirken.

So erhält die Natur eine moralische Dimension; sie enthält Zeichen, die Gott für die Menschen hinterlassen hat, und sie weisen auf denselben Gegensatz zwischen Gut und Böse hin, den der Verfasser im Prolog aufgreift. Irland sei eines der besten Länder der Welt, sowohl in natürlicher als auch in übernatürlicher Hinsicht, während Island wegen der Eingänge zur Hölle als Abschreckung und Warnung eines der schlimmsten sei. Beide Länder seien jedoch Beweise für Gottes Wirken in der Natur. Die vielen Heiligen und Wunder in Irland seien Zeichen seiner Gegenwart. Auf Island wiesen nicht nur die Eingänge zur Hölle böse Menschen auf die zu erwartende Strafe hin. Sie seien auch ein Hinweis darauf, dass Gott letztendlich auch die bösen Kräfte lenke. Der Sohn wundert sich nämlich darüber, dass das Feuer unter Island, das dazu in der Lage ist, Stein zu verbrennen, nicht ganz Island verbrenne. Der Vater antwortet, dass Gott die bösen Kräfte nur bis zu einem gewissen Punkt gewähren lasse, so wie er es im Buch Hiob gemacht habe, in dem Gott dem Teufel klare Grenzen gesetzt habe, wie weit er Hiob in Versuchung führen dürfe. Auf diese Art setze Gott auch dem Teufel in Bezug auf Menschen klare Grenzen.

Das von Sinn und Zweck erfüllte Universum

Das Weltbild des *Königsspiegels* unterscheidet sich vom heutigen grundlegend. Das heutige Universum ist reine Natur, losgelöst von allen menschlichen Zusammenhängen, und die Erde ist nur ein kleiner Punkt in einem Sternennebel. Die heutige Kenntnis des Universums basiert auf mathematischen Modellen und physikalischen Gesetzmäßigkeiten, die im Großen und Ganzen nur wenig mit der Art zu tun haben, wie Menschen Natur im Alltag erfahren. Im Vergleich ist das Universum des *Königsspiegels* und des Mittelalters allgemein klein und übersichtlich. Und es hat vor allem Sinn und Zweck. Es wurde von einer höheren Intelligenz, nämlich Gott, um der Menschen willen geschaffen. Wenigstens stellenweise können die Menschen die Gesetze erkennen, die diese Intelligenz festgelegt hat, um das Universum zu lenken, und diese Gesetze sind von ähnlicher Art wie diejenigen, die auch die menschliche Gesellschaft steuern. Sie haben mit Ordnung und Chaos, Nutzen und Schaden, Gut und Böse zu tun. Das Universum ist moralisch nicht neutral. Seine Regelmäßigkeit und seine harmonische Verfasstheit sind Zeichen des Schöpfers. Daher ist es weise, die Natur zu studieren. Die Natur enthält auch Zeichen von Gott an die Menschen, teils buchstäblicher, teils allegorischer Art. Sie ist Gottes Buch, das fromme und weise Menschen lesen können.

Auch wenn nichts im naturkundlichen Abschnitt des *Königsspiegels* direkt auf umfassende Gelehrsamkeit oder auf den Kontakt mit führenden Kreisen des 12. oder 13. Jahrhunderts hindeutet, verweist dennoch die gesamte Denkweise auf die Renaissance des 12. Jahrhunderts, die das Studium der Natur, der Logik, der Philosophie und des antiken Erbes erneuerte und in den Schulen in Paris ihren Anfang nahm, um sich von dort aus über ganz Europa auszubreiten. Der Verfasser ist sich oft nicht sicher, wägt verschiedene Möglichkeiten ab und lässt den Vater einräumen, keine gesicherte Erklärung für solche Phänomene wie das Nordlicht oder die Kälte auf Grönland zu haben, da es ihm an Informationen fehle, auf die er sich stützen könne. Der Mensch müsse vielmehr selbst Untersuchungen anstellen und versuchen, sich zwischen mehreren Möglichkeiten zu entscheiden. Der Verfasser sieht die Natur vor allem als geordnetes System an, das der Mensch kraft seiner Vernunft analysieren und verstehen könne. In Grundzügen wurde diese Analyse bereits in der gelehrten Tradition, die auf die Antike zurückgeht, vollzogen. Der Verfasser versucht jedoch, das zeitgenössische Wissen durch eigene Beobachtungen seines Teils der Welt zu erweitern, der bis dahin nur selten Gegenstand von Untersuchungen gewesen war, und reflektiert darüber, wie dieses Wissen in das tradierte Weltbild eingegliedert werden könnte.

Natur und Gesellschaft

Der Gedanke der geordneten Natur kommt am deutlichsten in dem Abschnitt zum Ausdruck, der sich mit dem Verhältnis von Regelmäßigkeiten und offensichtlichen Zufällen befasst. Sonne, Mond und die Planeten bewegen sich regelmäßig in festen Bahnen und verursachen so Nacht und Tag sowie Sommer und Winter in festem Rhythmus. Wie aber, so fragt der Sohn, verhielten sich wechselnde Wetterbedingungen und die verschiedenen Bewegungen des Windes zu diesem geordneten Rhythmus? Werden sie auch von der Bewegung der Sonne verursacht? Die Antwort des Vaters besteht aus einer poetischen Schilderung des Verhältnisses der Sonne und der Winde zueinander – aus literarischer Sicht einer der Höhepunkt des *Königsspiegels* – gefolgt von einer technischen Erklärung der Einteilung von Stunden und Tag und der Länge der Tage in den Breitengraden, in denen sich der Verfasser aufhält.

»Die Sonne hat ein pflichtenreiches Amt, denn sie soll die ganze Welt belichten und erwärmen, und es erfreuen sich die verschiedenen Gegenden der Welt ihrer Annäherung […]. Wenn sie beginnt, mit ihren warmen und hellen Strahlen im Osten zu erscheinen, da lüftet zuerst der Tag dem Ostwinde die silbrigen Brauen und das freundliche Antlitz.« (S. 104)

Bei ihrem Lauf über das Himmelsgewölbe schicke die Sonne den Winden, den »Gebietern«, die sich auf die acht Himmelsrichtungen verteilen, ihre Strahlen. Die Winde versöhnen sich und sorgen für Frieden und Harmonie in der Welt. Dann seien die Meere ruhig, und man könne sie befahren, die Fische laichten, Luft und Erde erwärmten sich, die Vögel bauten Nester und bekämen Nachwuchs, Bäume und Wälder würden grün. Dieser Zustand halte bis zum Herbst an, in dem die Sonne ihre Kraft verliere und zwischen den »Gebietern«, den Winden, Streit ausbreche. Als Folge davon kämen Sturm und Kälte auf, die es unmöglich machen, die Meere zu befahren.

Trotz der poetischen Sprache beschreibt der Verfasser die Natur als System, in dem einzelne Teile von anderen abhängig sind. Entscheidend sei die Sonne, die darüber bestimme, ob unter den Winden Freund- oder Feindschaft herrsche. Deren Verhältnis zueinander sei ausschlaggebend für die Temperaturen und anderen Wetterverhältnisse, die an Land und auf See herrschen. Dieses System sei von Gott geschaffen worden, und er halte es auch aufrecht, selbst wenn Gott nicht der unmittelbare Grund all dessen sei, was in der Natur geschehe. Das System steuere sich selbst, auf Grundlage von Gesetzen, die Gott geschaffen habe. So werde die Natur zu einem Objekt für die menschliche Vernunft, und verständige Menschen können – und sollten – sich um ein tieferes Verständnis ihrer Gesetze und Wirkungsweisen bemühen.

Dieses Verständnis benötigen sie nicht zuletzt, wenn sie die Gesellschaft führen sollen. Im berühmtesten Abschnitt des *Königsspiegels*, dem Missjahresgleichnis[4], schildert der Verfasser die Gesellschaft auf dieselbe Art wie die Natur. Ein Missjahr der Ernte sei ein fürchterliches Unheil. Noch schlimmer allerdings, schreibt der Verfasser, sei ein Missjahr der Bevölkerung selbst oder am allerschlimmsten, »wenn ein Mißjahr in die Sitten, den Verstand, das Verhalten derer kommt, welche die Leitung des Landes in Händen haben.« (S. 217) Solche »Missernten« könnten auf viele Weisen entstehen. Die üblichste sei der Tod eines Königs, der mehrere Söhne habe, wenn im Anschluss die schlechte Entscheidung getroffen werde, die Königsmacht unter diesen aufzuteilen:

> »Die Kleinkönige, die das Reich zerrissen haben, die zerreißen auch gleich nach ebenso vielen Seiten die Bestrebungen des Volkes, welches das Land bewohnt, der hohen wie der niedrigen Leute, und jeder von diesen Herrschern sucht Freunde an sich zu ziehen, wie er nur kann.« (S. 220)

Dies führe zu Missgunst, Feindschaft, Misstrauen und großem Unrecht in den Reichen der Kleinkönige:

> »Aber wenn es vorkommt, daß einer dieser Herrscher Unsitten in seinem Reiche bestrafen will, da flüchtet man in den Schutz eines andern Herrschers [...]. Der, zu dem sie fliehen, gewährt ihnen Aufnahme mehr aus Streitlust als aus Milde«. (S. 222)

Dies führe wiederum dazu, dass Recht und Ordnung missachtet, Ehen gebrochen, Bauern und gewöhnliche Leute eigennützig und aufsässig und böse Menschen, die Verbrechen verüben, auf dieselbe Weise wie ehrenvolle Menschen gerächt würden. In letzter Konsequenz führten Unsitte, Gesetzlosigkeit und Neid zwischen den Mächtigen zu einem offenen Bürgerkrieg, der so lange andauere, bis Gott meine, die Menschen für ihre Sünden genug gestraft zu haben, und sie wieder unter Herrschaft eines Alleinherrschers stelle.

Ein alleinregierender König sorge also für Frieden und Harmonie, während eine Reichsteilung zu Unruhen und Bürgerkrieg führe. Die Rolle des Königs im Missjahresgleichnis kann daher mit der Rolle der Sonne in der Beschreibung der Jahreszeiten verglichen werden. Wenn die Sonne viel Kraft habe und ihre Strahlen ihr Ziel erreichten, herrsche Frieden zwischen den acht Herrschern, den Winden, was wiederum für Fruchtbarkeit und Ernten sorge. Schwindende Sonnenkraft hingegen verursache Streit unter den Herrschern, was Sturm und Kälte zur Folge habe. Wenn man pedantisch sein möchte, könnte man darauf hinweisen, dass es bei genauem Vergleich mehrere Sonnen in der Natur geben müsse, was nicht der Fall sein kann. Die Parallelen zwischen starker und schwacher Königs- und Sonnenmacht sind jedoch auch so offensichtlich. Geteilte Königsmacht sei mit schwacher Königsmacht gleichzusetzen, bei der die Könige nicht mehr über den streitenden Kontrahenten stünden, sondern Allianzen mit Menschen eingehen müssten, die sie stützten, unabhängig davon, ob diese gerecht seien oder nicht. Wie bei der Allegorie von Sonne und Wind liegt auch hier eine schrittweise Entwicklung zugrunde. Eine Reichsteilung führe zu Krieg und Konkurrenz unter den Kleinkönigen, was zur Folge habe, dass sich jeder einzelne von ihnen mit ungerechten Männern verbünde, was wiederum zum allgemeinen Zusammenbruch von Recht und Ordnung führe. Zuletzt wendeten sich die Bösen gegen diejenigen, die ursprünglich dafür verantwortlich gewesen seien, eben die Kleinkönige, und ein offener Bürgerkrieg sei das Ergebnis.

Die rechtmäßige Ordnung der Welt

Es ist offensichtlich, dass der Verfasser an dieser Stelle polemisiert. Er bezieht in der damaligen Thronfolgedebatte klar Stellung gegen »den schlechten Rat«, mehrere Könige nebeneinander zu wählen. Mit seinem Gleichnis über Missernten verfolgt er darüber hinaus ein weiteres Ziel. Er schildert nicht nur Chaos, Krieg und Unglück im Allgemeinen als Folge von Reichsteilungen, er zeichnet ebenso ein genaues Bild einer Gesellschaft, die grundlegend anders verfasst ist als diejenige, die er favorisiert. Das Problem besteht im Zusammenbruch der öffentlichen Rechtsordnung. Schwinde die Macht des Königs, gebe es keine Autorität oberhalb der zerstrittenen Gruppen, die Recht sprechen, Konflikte basierend auf unabhängigen Kriterien lösen und Mord und Totschlag sowie andere Verbrechen gegen die öffentliche Ordnung bestrafen könne. In der vorherigen Gesellschaft existierte eine solche Instanz schlicht nicht. Zur Zeit des norwegischen Königs Hákon Hákonarson sollte sie eingeführt werden, was der Verfasser des *Königsspiegels* vehement unterstützt.

Die Sagaliteratur und zum Teil auch die älteren Gesetzestexte basieren auf einem völlig anderen gesellschaftlichen System. In diesem war der König Primus inter pares, Politik und Rechtswesen lagen Konkurrenz und das Schmieden von Allianzen zwischen einigermaßen gleichgestellten Herrschern zugrunde. Für die im *Königsspiegel* geschilderte Situation, dass Mörder, Verbrecher und andere, die bei einem der Herrscher in Ungnade gefallen waren, die Flucht zu einem anderen Herrscher im Reich ergreifen, finden sich zahlreiche Beispiele in der Sagaliteratur.

Der *Königsspiegel* schildert Missernten, die als direkte Erklärung dafür genannt werden, warum der König dazu genötigt wird, Menschen mit schlechter Moral in sein Gefolge aufzunehmen, als generelles Phänomen, für das es augenscheinlich zahlreiche Beispiele gebe und mit dem man sich bis zu einem gewissen Grad abfinden müsse. Ebenso wie die Kaufleute, die von den Land- und Meerestieren lernen müssen, mit den wechselnden Jahreszeiten umzugehen, müsse ein Gefolgsmann in Zeiten des Aufruhrs oder Bürgerkriegs das Beste aus der Situation machen und sich den Herrscher erwählen, der am gerechtesten sei und das größte Anrecht auf den Thron habe, und ihm treu dienen.

Der Wechsel von schlechten und ertragreichen Jahren bei Land und Bevölkerung sei selbstverständlich nicht so regelmäßig und ohne Einfluss des Menschen wie der von Sommer und Winter. Die Menschen hätten es in der Hand, schlechte Jahre zu verhindern, indem sie eine Reichsteilung unter mehreren Thronerben verhinderten. Ein Alleinherrscher sorge für Frieden, mehrere Könige nebeneinander führten zwangsläufig zu Unruhen und Bürgerkrieg. Die rechtmäßige Ordnung der Welt setze eine starke Königsmacht voraus, die über allen Parteien stehe und jedem das gebe, was ihm zustehe, wie es in der zeitgenössischen Rechtslehre hieß. Im Missjahresgleichnis bedient sich der

Verfasser einer ähnlichen Geschichtsauslegung wie in der Allegorie der Sonne und der Winde. Geschichte ist ein stetiger Wechsel von Ordnung und Chaos von ähnlicher Art, wie wir ihn in der Natur vorfinden, auch wenn beide einander nicht in so regelmäßigen Abständen ablösen. »Ordnung« bedeute lediglich, wie die Gesellschaft nach Gottes Vorstellung hätte sein sollen und wie sie ursprünglich gewesen sei. Unter diesen Voraussetzungen fertigt der Verfasser in knapper, allegorischer Form eine Gesamtdarstellung der norwegischen Bürgerkriegszeit an. Sein Hauptanliegen dabei ist aber nicht ein Verständnis der Vergangenheit. Das Missjahresgleichnis ist ein leidenschaftlicher Appell an die Situation seiner eigenen Zeit. Es ist ein Beispiel für die strikte Trennung von Gut und Böse, wie sie der *Königsspiegel* schon zu Beginn anhand der Allegorie der »Irrwege« präsentiert. Diese Wege führten in Chaos und Unglück, es führten aber auch Wege aus dieser Situation heraus. Im Interesse des Verfassers liegen vor allem die Dinge, wie sie sein sollten, und nicht, wie sie einst waren. Der Gegenentwurf zum Bild aus Chaos und Auflösung im Missjahresgleichnis ist nicht die Ordnung, die den schlechten Jahren vorausgegangen war und auf die an zahlreichen Stellen angespielt wird, sondern die Vorstellung der Ordnung, die die Grundlage für jegliche menschliche Gesellschaft bilden und deren Realisierung nun vollzogen werden solle. Der dritte Abschnitt des Werkes, über den König, beschäftigt sich damit. Das Bild des Königs ist daher der positive Gegenentwurf zur negativen Schilderung im Missjahresgleichnis, auf ebenjene Art, wie die Schilderung des Sommers zu Beginn des ersten Teils der Schilderung des Winters an dessen Ende entspricht.

Die öffentliche Autorität

Der dritte Teil des *Königsspiegels* beginnt damit, dass sich der Sohn auf ein noch höheres Niveau als ohnehin schon begibt. Er bittet den Vater, ihm weiterhin mit Wohlwollen und Gelassenheit Rede und Antwort zu stehen, damit er nicht nur über das Gefolge des Königs unterrichtet ist, sondern auch noch etwas über den König selbst und seine Sitten zu hören bekommt. Im Folgenden fügt der Vater seiner Beschreibung des Königs eine tiefergehende Schilderung hinzu und zeigt anhand mehrerer Beispiele, welches hohe Amt er innehat. Er bekleide ein so hohes Amt, dass er über Leben und Tod eines jeden Menschen in seinem Reich bestimme. Er könne töten oder auch leben lassen, wen er wolle. Er repräsentiere Gottes eigene Erhabenheit auf Erden und sitze auf dem höchsten Richterstuhl, denn Gott habe der Bibel zufolge den Menschen das Verfügungsrecht über die Erde übertragen, während er selbst im Himmel herrsche. Gehorsam oder Ungehorsam gegenüber dem König seien daher mit Gehorsam oder Ungehorsam gegenüber Gott gleichzusetzen. Im folgenden Dialog zeigt der Vater anhand einer genauen Analyse von Gottes gerechten Urteilen im Alten Testament die entsprechend hohen Forderungen in Bezug auf Weisheit und Gerechtigkeit auf, die an den König gestellt werden. Zusätzlich zu den Ratschlägen an den König führt der Verfasser sein Plädoyer für eine öffentliche Gerichtsbarkeit aus dem Missjahresgleichnis weiter aus. Am Schluss zeigt er, wie der König nach seinem Tod vor Gott Rechenschaft darüber ablegen muss, wie er sein Amt ausgeübt hat – der König könne, mit anderen Worten, nicht von Menschen gerichtet werden. In diesem Zusammenhang kehrt der Verfasser zu seiner Pointe aus dem Gleichnis zurück.

Die Strafe treffe nicht nur den ungerechten König, der seine Rechtsgewalt missbraucht habe, sondern auch – und dies wird besonders hervorgehoben – den schwachen König, der der Autorität seines Richterstuhls und seines Amtes nicht entsprechen konnte. Anhand der Beispiele für einen guten Gefolgsmann und Königsdiener vervollständigt der Verfasser im Schlussteil das Bild des erhabenen und alleinherrschenden Königs. Dabei sei der Sklave Josef, der seinem Herrn gegenüber immer gehorsam gewesen sei, ein nachahmenswertes Vorbild für den guten Königsdiener. Der Verfasser sagt deutlich, dass Gott selbst der Urheber sei, wenn der König jemanden in seinen Dienst berufe, »denn in seiner [Gottes] Hand liegt Sinn und Herz der großen Herren, ihnen einzugeben, daß sie Männer erheben mit Ehrung und Rang, so wie sein Wille ist« (S. 257).

Zu allen diesen Ausführungen finden sich Parallelen in anderen zeitgenössischen europäischen Werken. Das Mittelalter hatte das Konzept des Königtums von Gottes Gnaden aus dem Neuen Testament adaptiert und zusätzlich Teile der spätrömischen Kaiserideologie übernommen. Auch die Kirche hatte ein Interesse an einem starken König, der bis zu einem gewissen Grad Recht und Ordnung garantieren konnte. Der gesamte *Königsspiegel* geht jedoch noch weiter darin, die Macht des Königs zu betonen, als zeitgenössisch üblich war, er diskutiert keine Abwandlungen oder Einschränkungen seines Königskonzepts oder gar einen Gegenentwurf. Der König des *Königsspiegels* lässt vor diesem Hintergrund an zeitgenössische arabische oder byzantinische Alleinherrscher oder spätere absolutistische Herrscher wie Ludwig XIV. von Frankreich (1643–1715) denken.

Solcherart Herrscher stellten ihre Macht auf drastische Weise zur Schau. Neben dem arabischen Kalifen stand der Henker mit erhobenem Schwert, bereit denjenigen augenblicklich zu enthaupten, den der Herrscher töten wollte. Diejenigen, die eine Audienz wünschten, mussten zuvor zahlreiche Instanzen durchlaufen und zuletzt vor dem erhabenen Herrscher auf dem Bauch kriechen. Am Hofe Ludwigs XIV. folgte alles einem detaillierten Regelwerk, und der König selbst war Mittelpunkt des Universums, das aus dem Hofstaat bestand. Niemand durfte in seiner Anwesenheit sitzen, und seine Morgen- und Abendtoiletten bestanden aus sorgfältig arrangierten Ritualen, bei denen die mächtigsten Männer des Reiches darum wetteiferten, ihm die verschiedenen Kleidungsstücke reichen oder von ihm entgegennehmen zu dürfen.

Auch der *Königsspiegel* beschäftigt sich mit der Hofetikette. Im zweiten Teil erklärt der Vater ausführlich, wie man sich dem König zu nähern, wann man um Aufnahme ins Gefolge ersuchen, und später, wie man sich dem König gegenüber zu verhalten habe. Auch hier ist der König der Mittelpunkt des Universums, und die Regeln zielen darauf ab, ihm Respekt zu zollen. Der Vater ist sichtlich über diejenigen verärgert, die diese Regeln nicht befolgen – und von denen es zu viele gebe.

Beschäftigt man sich mit den konkreten Regeln, ergibt sich ein anderes Bild. Der Verfasser führt aus, dass man sich dem König vorsichtig nähern müsse und, das habe er in Gesprächen mit Leuten erfahren, die ihn kennen, zu einem passenden Zeitpunkt, wenn er guter Laune sei. Der Verfasser betont ebenso, dass man dem König Respekt und Ehrerbietung entgegenbringen solle. Der Wunsch, den Respekt für den König in konkreten Regeln zum Ausdruck zu bringen, ist zweifellos im *Königsspiegel* vorhanden. Der Inhalt der Regeln selbst deutet jedoch darauf hin, dass dieser Respekt in der Realität nicht besonders groß gewesen sein kann. Selbst in unserer demokratischen Zeit würde niemandem einfallen, daran zu erinnern, sich nicht über den Tisch des Königs zu lehnen, wenn man mit ihm spricht – ganz davon zu schweigen, dass erst gar kein Einlass gewährt worden wäre, wenn der König zu Tisch ist. Zu allem Überfluss hat der Sohn große Verständnisprobleme mit zwei der weiteren Regeln des Vaters, nämlich dass man den König im Plural ansprechen und vor ihm die Kopfbedeckung abnehmen solle. Die Anwendung des Plurals als Höflichkeitsform war zu dieser Zeit etwas relativ Neues. Sowohl in Sagas als auch in anderen Quellen der ersten Hälfte des 13. Jahrhunderts gibt es bei solchen Gelegenheiten einen Wechsel zwischen Singular und Plural. Dass solche Anredeformen vermehrt benutzt werden, ist ein klarer Ausdruck für eine hierarchischere Gesellschaft, ebenso wie die Abschaffung solcher Anreden im heutigen Norwegen Ausdruck einer egalitäreren Gesellschaft ist, in der sich soziale Ungleichheiten auf andere Weise zeigen. Vor jemandem den Hut zu ziehen und abzunehmen war ein offensichtlicher Ausdruck der Unterwerfung, um dessen Bedeutung man auch im 13. Jahrhundert wusste. Täte man dies unter gewöhnlichen Menschen, stünde man als Dummkopf da, sagt der Sohn. Daher fühlt sich der Vater dazu genötigt, dem Sohn zu erklären, dass der König kein gewöhnlicher Mensch und der Umgang im Gefolge ein anderer als draußen auf dem Land sei.

Der *Königsspiegel* vermittelt so ein klares Bild von der Diskrepanz zwischen der ins Unendliche überhöhten Stellung des Königs, die der Verfasser schildert, und den üblichen Ansichten seiner Zeitgenossen. Doch damit nicht genug: Er deutet auch an, geringere Ambitionen im Namen des Königs zu haben, als einige seiner weitreichendsten Äußerungen andeuten könnten. Wozu dienten sie dann?

Das Problem, das sich hinter den Behauptungen des *Königsspiegels* über den König als Abbild Gottes auf Erden, über den absoluten Gehorsam ihm gegenüber und dessen Recht, über Leben und Tod zu entscheiden, verbirgt, ist prinzipiell dasselbe, das in unserer Zeit mittels der Lehre von der Souveränität des Staates zu lösen versucht wird. Was gibt bestimmten Menschen das Recht, Dinge zu tun, die, wenn sie gewöhnliche Bürger täten, als Verbrechen angesehen würden, wie z. B. Menschen ihre Freiheit und in manchen Ländern sogar ihre Leben zu nehmen oder Häuser und Straßen auf anderer Leute Eigentum zu bauen? Mit welchem Recht darf der Staat von seinen Bürgern Steuern und sie selbst zum Wehrdienst einziehen oder ihre Kinder zum Schulgang zwingen? Und mit welchem Recht untersagt er Bürgern, auf ihrem Besitz zu bauen oder Warenimporte mit hohen Zöllen zu versehen? Die meisten Bürger kümmern sich nicht sonderlich um solche Probleme, sondern erkennen das Recht des Staates an, bei diesen Angelegenheiten einzuschreiten, auch wenn sie über hohe Steuern und behördliches Klein-Klein stöhnen oder diskutieren, wie weit der Übergriff des Staates auf den Bürger reichen sollte. Die Grundlage für das Recht des Staates auf diesen Gebieten ist die Lehre vom souveränen Staat, dessen Beamten und Diener anders als gewöhnliche Leute sind, in Kombination mit der demokratischen Lehre, dass der Staat eigentlich aus uns allen besteht und dass seine Repräsentanten dazu berechtigt sind, gemeinsame Interessen zu wahren.

Im Mittelalter existierte keine irgendwie geartete Lehre über souveräne Staaten. Im *Königsspiegel* und anderen Schriften wurden aber einige der grundlegenden

Probleme angesprochen. In Wahrheit ist das Hauptproblem des *Königsspiegels* das Verhältnis zwischen Bürgern und dem Repräsentanten des Staates. Wozu ist dieser Repräsentant, der König, in der Lage zu tun, was kein anderer kann? Die zentrale Frage, die über das Recht, Leben zu nehmen, wird auf andere Weise gestellt, als es zur heutigen Zeit der Fall wäre. Heutzutage ist es eine Selbstverständlichkeit, dass Privatpersonen nicht das Recht dazu haben, andere zu töten. Diskutabel erscheint lediglich, ob der Staat dieses Recht haben sollte. Im Umfeld des *Königsspiegels* ist es unstrittig, dass der König das Recht zu töten haben sollte, das Problem besteht vielmehr darin, dass es niemand anders außer dem König haben dürfe. Dieses Problem wird in Gleichnis über die schlechten Jahre diskutiert, in dem die Missernten, laut Verfasser, dazu führen, dass die Leute das Recht in die eigene Hand nehmen und Rache für Totschläge ausüben, was zu früheren Zeiten, und zum Teil auch noch zur Zeit des *Königsspiegels*, tatsächlich geltendes Recht gewesen war. Im dritten Teil des Werkes, der den König thematisiert und in dem der Verfasser erklärt, wie dieser gerecht zu urteilen habe, kommt er auch detailliert auf die Todesstrafe zu sprechen und versucht darzulegen, dass sie notwendig sei, um eine geordnete Gesellschaft zu erschaffen und Menschen davon abzuschrecken, Verbrechen zu begehen, und dass sie in Wahrheit auch dem Verbrecher selbst zugute komme, weil eine Strafe in diesem Leben vor einer Bestrafung im Jenseits bewahre. Auf entsprechende Weise müssen die Aussagen über Gehorsam gegenüber dem König vor dem Hintergrund einer Gesellschaft verstanden werden, in der jeglicher Gehorsam und Unterwerfung als Demütigung für freie Menschen angesehen wurde. »Ich diene dir am besten, wenn ich dir freiwillig diene«, lässt Snorri

Sturluson Erlingr Skjálgsson zum König in seiner Saga über Olaf den Heiligen sagen. Ein mächtiger Mann konnte zwar dem König große Dienste erweisen, aber nur wenn er dafür entsprechend entlohnt wurde. Der Dienst eines freien Mannes basierte auf Gegenseitigkeit und Freundschaft, nur ein Knecht oder ein Mann von niederer Herkunft diente, weil es seine Pflicht war.

Die absolutistischen Aussagen des *Königsspiegels* über die Macht des Königs sind daher kein Diskussionsbeitrag zur Machtverteilung in einer bestehenden Gesellschaft, sondern Argumente für die Errichtung einer Zentralregierung, deren Herrscher keine Einzelperson, sondern ein Repräsentant dieser Zentralregierung sei, der ein von Gott begründetes Amt bekleide. Im Gegensatz zu früheren Gesellschaftsentwürfen, wie sie z. B. in der Sagaliteratur erwähnt werden, trennt der Verfasser zwischen öffentlich und privat, zwischen Person und Amt. Daher liegt in der Lehre über den König im *Königsspiegel* eine Keimzelle für den modernen Entwurf eines souveränen Staates.

Gottes- und Königsurteile

Im Missjahresgleichnis verdeutlicht der Verfasser des *Königsspiegels* die Bedeutung der Gerichtsbarkeit. Schlechte Jahre zögen Chaos nach sich, in dem die Leute das Recht in ihre eigenen Hände nähmen und niemand die Rechtsprechung respektiere, die allein dem König und seinen Leuten zustehe. Vor diesem Hintergrund ist es nicht überraschend, dass sich der Verfasser im dritten Teil, über den König und seine Sitten und Gebräuche, hauptsächlich mit dessen Aufgaben im Dienst der Gerechtigkeit beschäftigt. Überraschend hingegen ist, dass der Verfasser zu glauben scheint, der König solle sich hauptsächlich darum kümmern, Einzelpersonen zu richten, und mehr noch, dass die Diskussion darüber, inwiefern der König diese Aufgabe ausführen solle, größtenteils in Form langer Ausführungen einiger Beispiele für Gottes Urteile im Alten Testament erfolgt. Wiegt hier das Urteil des Theologen schwerer als das des Politikers und Gesellschaftstheoretikers? Gleitet der Verfasser hier völlig ins Enzyklopädische ab? Hans E. Kinck, der den *Königsspiegel* für das beste Beispiel für den kulturellen Verfall aufgrund des europäischen Einflusses im 13. Jahrhundert hält, bezeichnete diesen Teil des Werkes als »unerträgliches Geschwätz«. Kinck hat sich jedoch nie die Mühe gemacht zu untersuchen, was der Verfasser mit seinem »Geschwätz« erreichen wollte. Spätere Untersuchungen haben gezeigt, dass es sich dabei in Wahrheit um eine stringente Diskussion handelt, die auf eine Schlussfolgerung hinauslaufe.

Das erste und ausführlichste Beispiel betrifft Gottes Urteil über Adam und Eva nach dem Sündenfall, welches er zusammen mit vier Schwestern spricht, den »göttlichen Jungfrauen«. Die Schwestern heißen Wahrheit, Friedfertigkeit, Gerechtigkeit und Barmherzigkeit. Diese allegorischen Schilderungen stammen eigentlich aus der jüdischen Bibelexegese, mit Ursprung in Psalm 85,11: »Es begegnen einander Huld und Treue;/Gerechtigkeit und Friede küssen sich.« Sie werden von christlichen Theologen im 12. Jahrhundert übernommen und tauchen seitdem in zahlreichen Berichten über den Sündenfall auf. Im Bericht des *Königsspiegels* symbolisieren die Schwestern die gegensätzlichen Aspekte, die der Urteilende zu vereinen versucht. Obwohl die Schwestern gegensätzliche Eigenschaften des Urteilenden repräsentieren, fällen sie weitgehend dasselbe Urteil. Gott habe Adam und Eva mit Sterblichkeit gedroht, sollten sie seine Gebote missachten, und mit ihrer Sünde hätten sie diese Strafe verdient. Daher seien Adam und Eva aus dem Paradies vertrieben und in ein mühevolles und anstrengendes Leben geschickt worden, an dessen Ende der Tod stehe, auch wenn sie die Hoffnung auf Erlösung und Vergebung hätten.

Der König solle so urteilen, dass die Schwestern einer Meinung sind, so wie Gott nach dem Sündenfall. Sie sind jedoch nicht immer einer Meinung. Es komme vor, dass das gesamte Urteil von den strengen Schwestern gesprochen wird, zuweilen auch von den gnädigen. Und es könne sogar passieren, dass es den gnädigen Schwestern gelinge, dass ein schon gesprochenes Urteil revidiert werde. Zahlreiche Beispiele für diese verschiedenen Arten von Urteilen kulminieren in einer klareren Formulierung der Urteilsgrundlage: Der Richter müsse das Innere betrachten, nicht das Äußere. Selbst für den Fall, in dem zwei Menschen sich auf gleiche Weise versündigt haben, könnten zwei grundverschiedene Urteile gefällt werden, weil sie unterschiedliche Gründe für ihr Vergehen gehabt haben könnten: Was bei dem einen Trotz und Übermut war, könnte beim anderen Schwäche gewesen sein. Und vor allem sei entscheidend, ob sie Reue zeigten oder nicht. Abschließend muss der Richter nicht nur die Handlung und die Umstände berücksichtigen, sondern auch die grundlegende Persönlichkeit des Sünders. Auch rechtschaffene Menschen könnten sündigen, und dann müssten sie mild beurteilt werden und die Gelegenheit erhalten, ihre Sünde wiedergutzumachen. Böswillige und reuelose Menschen hingegen müssten hart bestraft werden, selbst wenn ihre Sünde für sich genommen nicht so schwerwiegend sei.

Der *Königsspiegel* tritt hier als Repräsentant einer neuen Tendenz in der Rechtsprechung auf, die eher die

Absicht der Handlungen als die Handlungen selbst betrachtet, was ungefähr dem entspricht, was man »subjektiven Schuldbegriff« nennt. Die inneren und tieferen Absichten der Menschen haben eine größere Beachtung gefunden, ähnlich wie in der kirchlichen Moraltheologie, was sich u.a. in der Beichte äußert. Dieser Gedanke wurde deutlich und zugespitzt von dem großen Philosophen und Theologen Petrus Abaelardus (1079–1142) artikuliert, indem er behauptete, derjenige, der in guter Absicht handele, sei ohne Schuld, wie es bei Judas der Fall war, als er den Erlöser verriet. Im Verbund mit einigen anderen Äußerungen zur Subjektivität und der Gefühlswelt in der damaligen Kultur hat dies einige Forscher dazu bewogen, von der »Entdeckung des Individuums« im 12. Jahrhundert zu sprechen.

Es besteht kein Zweifel daran, dass Absicht und innere Haltung eine wichtigere Rolle im *Königsspiegel* und später im *Landslov* (1274–1277), dem von König Magnús Hákonarson mit dem Beinamen »Gesetzesverbesserer« erlassenen norwegischen Landrecht, spielen als in früheren Gesetzen und in der Sagaliteratur. Die ursprüngliche Rechtsordnung, die der Verfasser des *Königsspiegels* im Missjahresgleichnis so harsch ablehnt, zielte auf Kompensation, nicht auf Strafe ab. Wurde ein Mensch getötet, erhielt die Familie eine Entschädigung, entweder in Form von Rache oder Bußgeld. Die Absicht des Mörders spielte keine Rolle. Der Schaden verringerte sich dadurch schließlich nicht. Das neue Rechtssystem, im *Königsspiegel* und im *Landslov*, basiert hingegen auf der Annahme, das Verbrechen sei ein Bruch mit Gott oder der gesellschaftlichen Ordnung. Der böse Wille des Verbrechers müsse bestraft werden, als Warnung und Abschreckung für andere Verbrecher und als Wegweiser zu Reue und Buße. Diese Auffassung von Strafe vertritt der Verfasser des *Königsspiegels* in seinen Ausführungen zur Todesstrafe (vgl. S. 344 f.). Die logische Voraussetzung für das neue System ist die Ersetzung von Buß- durch Körperstrafen. Langfristig setzte sich diese Entwicklung durch, wenn auch in größerem Maße nicht vor dem 17. Jahrhundert. Von einzelnen Ausnahmen abgesehen blieben Bußen das ganze Mittelalter hindurch die üblichen Strafen.

Was weiterhin verwunderlich wirkt bei der Diskussion über Strafen im *Königsspiegel*, ist, dass sie ausschließlich thematisiert, wie der König ein Urteil über Einzelpersonen fällt. Die konkrete Situation, auf die der Verfasser abzielt, beschäftigt sich mit den Fällen, in denen es darum ging, ob sich jemand rechtmäßig in einem Land oder Reich aufhalten dürfe. Gemäß den neuen Gesetzen, die der König im 13. Jahrhundert einführte, musste ein Mörder den König persönlich aufsuchen und um Gnade bitten, wenn er einer Ächtung, was Friedlosigkeit und Verlust des Vermögens bedeutet hätte, entgehen wollte. Der König würde dann die näheren Umstände des Mordes oder Totschlags einschätzen. Ausgehend von dieser Einschätzung würde der König entscheiden, ob der Mörder im Land in Frieden wohnhaft bleiben dürfe und, falls es so wäre, welche Buße er bezahlen müsse. Neben solchen Fällen fungierte der König dem *Landslov* und anderen Quellen zufolge als oberste Berufungsinstanz, auch wenn in der Praxis wenige Fälle bekannt sind, in denen der König selbst als Richter auftrat. Zumeist trat er seine Befugnisse an andere ab. Es ist möglich, dass es in der Zeit von Hákon Hákonarson anders war als zuvor. Dennoch liegen nur wenige Urteilssprüche aus dieser Zeit vor. Denkbar ist aber auch, dass der Verfasser von ausländischer und kirchlicher Tradition beeinflusst war, in denen es üblicher war, den König persönlich als Richter anzuführen.

Judikative und Legislative waren im Mittelalter nicht scharf voneinander abgegrenzt. Die großen Gesetzesrevisionen, die ins *Landslov* und weitere Beschäftigungen mit den Gesetzen in den 1270er-Jahren mündeten, wurden schon zur Regierungszeit Hákon Hákonarsons angestoßen. Vor diesem Hintergrund mutet es merkwürdig an, dass der *Königsspiegel* den König nicht ausdrücklich als Gesetzesgeber beschreibt. Indirekt geschieht es jedoch, indem er betont, dass der König die »heiligen Gesetze« respektieren müsse, was zeigt, dass sie nicht mit den Gesetzen des Landes identisch sind. Als Gottes Repräsentant auf Erden sei der König dazu verpflichtet, Gottes Gesetzen und nicht irgendwelchen von Menschen auf einem Thing beschlossenen Gesetzen zu gehorchen. Ebender Verweis auf ewige, von Gott selbst aufgestellte Gesetze ließ den König als selbständigen Gesetzesgeber auftreten, unabhängig von der Autorität der Thingversammlung. In der Praxis legten die Könige dennoch für gewöhnlich ihre Gesetzesvorschläge dem Thing zur Ratifizierung vor, sie konnten sich aber darauf berufen, dass das, was sie vorschlugen, nicht ihr eigener Einfall gewesen sei, sondern von Gott für alle Zeit festgesetzt worden war.

Die beiden Schwerter

Im *Königsspiegel* besteht ein präziser Zusammenhang zwischen der Morallehre, der Lehre der Ständeordnung und der Lehre über den König als Richter. Der Verfasser ist ein Verfechter der – was er als solche empfindet – rechtmäßigen Ordnung der Welt, in der jeder seinen festen Platz habe und in der der König in Gottes Namen herrsche und dafür sorge, dass alle Mitglieder der Gesellschaft das bekämen, was ihnen standesgemäß zustehe, und dass diejenigen, die die Gesellschaftsordnung nicht respektieren wollten, ihre gerechte Strafe erhielten. Diese Gesellschaftsordnung, die der Verfasser herbeizuschreiben versucht, setzt eine starke Königsmacht voraus, die nicht von Freundschaften und Allianzen mit Bauern und anderen Mächtigen abhängig ist, wie es der König zuvor gewesen war, sondern ihre Autorität von Gott selbst erhält. Der König ist Gott auf Erden, der Gesalbte, dem das Volk gehorchen soll. Wenn er von Rechts wegen auf den Thron gelangt sei, dann sei er auch unantastbar, was sich aus den Beispielen, in denen David Saul verschont, obwohl Saul ihm nach dem Leben trachtete (vgl. S. 365 f.), ergibt.

Im Mittelalter war jedoch der König nicht der Einzige, der Anspruch darauf erhob, die Gesellschaft zu leiten. Die Kirche hatte ebenfalls diesen Anspruch. Aufgrund seiner nachdrücklichen Schilderung des Königs als Gottes Repräsentant zeigt sich der Verfasser in Wahrheit aufgeschlossen gegenüber einem kirchlichen Versuch, die Königsmacht zu dominieren. Wenn der König der Gesalbte des Herrn ist, hat er dann nicht seine Macht von der Kirche erhalten, die schließlich diejenige ist, die dem König erst diese Würde verleiht? Dies behaupteten jedenfalls Kirchenvertreter im Zusammenhang mit der Krönung von Magnús Erlingsson 1163 bzw. 1164, dem ersten gekrönten und gesalbten König Skandinaviens. Als Hákon Hákonarson 1247 von einem römischen Kardinal gekrönt und gesalbt wurde, nach langen Verhandlungen mit dem Papst um eine Ausnahmegenehmigung wegen seiner unehelichen Geburt, pochten die Bischöfe erneut auf jene Privilegien, die König Magnús Erlingsson ihnen als Gegenleistung für die Krönung eingeräumt hatte. Als die Kirche den König zum Gesalbten erklärte und ihn so gegen jegliche Unsicherheit abgesichert hatte, die die Königswürde früher mit sich gebracht hatte, hatte sie da nicht auch das Recht auf Privilegien und auf die Bestimmung der Grenzen zwischen der geistlichen und der weltlichen Macht?

Dieses Problem wird im *Königsspiegel* wieder aufgegriffen. In der Einleitung zum dritten Teil heißt es: »Denn Gott selbst nennt den König seinen Gesalbten, und jeder König, der volle königliche Würde besitzt, heißt mit Recht der Gesalbte des Herrn.« (S. 274) Das griechische »Christós« bedeutet »Gesalbter«, und »Gesalbter des Herrn« ist eine direkte Übersetzung des lateinischen »Christus Domini«, das in Bibelübersetzungen und der Liturgie Anwendung findet. Es ist selbstredend auch ein Hinweis auf Christus selbst. Die Bibelstelle, auf die der Verfasser anspielt, ist wahrscheinlich Jesaja 45,1: »So spricht der Herr zu Kyrus, seinem Gesalbten, / den er an der rechten Hand gefaßt hat.« Die Pointe ist, dass die Stelle auf einen heidnischen König verweist, der daher keine jüdische oder christliche Salbung empfangen haben konnte. Daher sei der König der Gesalbte des Herrn, auch ohne Zutun der Kirche. Das kirchliche Gegenargument bestand darin, dem Alten Testament keine Gültigkeit mehr für das Verhältnis zwischen weltlicher und kirchlicher Macht zubilligen zu wollen, denn durch Christus' Kommen in die Welt habe Gott selbst die Macht über die Menschen an sich genommen und an die Päpste übergeben.

Der Verfasser des *Königsspiegels* ist sich über die Gefahr dieser Argumentation jedoch im Klaren und trifft Vorsichtsmaßnahmen. Der Sohn formuliert das Problem wie folgt:

> »Ihr erwähntet, und das scheint mir verständlich, daß der König einen erhabenen Namen zu seiner

> Würde und Ehre von Gott selbst empfangen habe, aber das kann mir nicht deutlich vor meinen Augen werden, warum Gott selbst sich einem irdischen König zinspflichtig machte, da, wie ich meine, er doch höher als alle anderen Könige stehen sollte, denn er herrscht sowohl über das himmlische wie über das irdische Reich.« (S. 272f.)

In seiner Antwort hebt der Vater hervor, dass sich Gott, als er auf die Erde herabgestiegen sei, als Gast benommen habe. Indem er Christus Zins an den Kaiser bezahlen ließ, zeigte Gott, dass er nichts den irdischen Königen fortnehmen wolle, »und er erfüllte die Worte, die David gesprochen hatte: ›der Herr herrscht über das Himmelreich, aber in Wahrheit hat er den Menschensöhnen das irdische Reich gegeben‹.« (S. 273) Gott habe also mit seinem Herabsteigen auf die Erde die weltlichen Machtverhältnisse nicht verändert, und nicht, weil er nicht konnte, sondern weil er nicht wollte. Daher sei das Alte Testament weiterhin für das Verhältnis zwischen der geistlichen und weltlichen Macht maßgeblich. Psalm 115,16 bringe die Machtverteilung zwischen Gott und den Menschen zum Ausdruck: »Der Himmel ist der Himmel des Herrn, / die Erde aber gab er den Menschen.« Dass Gott den Menschen die Herrschaft über die Erde anvertraut habe, verweise auf die Schöpfung, die der Verfasser des *Königsspiegels* in einem anderen Zusammenhang behandelt. Gott habe den Menschen nach seinem Bilde erschaffen und ihm die Herrschaft über die restliche Schöpfung übertragen. Diese beiden Sätze hingen eng zusammen, denn indem der Mensch herrsche, ähnele er Gott, der der Herrscher der Welt sei. So sei auch der König Gott ähnlicher als andere Menschen. Dies ist eine alte Sichtweise, die auf die Spätantike zurückgeht und im Spätmittelalter weit verbreitet war. Wenn der Verfasser des *Königsspiegels* sagt, der König repräsentiere Gottes Würde und sei Gottes Abbild auf Erden, entspricht dies deutlich dieser Ansicht.

So versucht der Verfasser des *Königsspiegels*, die kirchlichen Versuche einer religiösen Legitimation des Königsamts, die auf eine kirchliche Vormachtstellung abzielen, zu widerlegen. Er verfolgt aber auch offensiv ein eigenes Ziel. Es war nicht genug für den König, unabhängig von der Kirche zu werden. Er wollte selbst, in größerem oder kleinerem Umfang, die Kontrolle über sie erlangen. Die Kirche war reich und mächtig, und der König trachtete danach, ihre Einnahmen, ihr Ansehen und ihre Kontrolle über die Bevölkerung für seine Ziele zu nutzen. Unter anderem war es dem König wichtig, Einfluss auf die Wahl der Bischöfe und anderer kirchlicher Ämter zu nehmen, sowohl um Geistliche für seinen Dienst einzusetzen, um das Gefolge zu belohnen, als auch um sicherzustellen, dass solche mächtigen Männer ihm gegenüber loyal waren. König Sverrir Sigurðarson (1177–1202) stritt den größten Teil seiner Regierungszeit mit der Kirche um solche Fragen. Während dieses Streits verfasste einer seiner Anhänger die *Rede gegen die Bischöfe*, die sehr weit darin ging, die Vormachtstellung des Königs gegenüber der Kirche zu behaupten. Der Verfasser des *Königsspiegels* verwendet zu einem großen Teil die Argumentation der *Rede gegen die Bischöfe*, auch wenn er stellenweise gemäßigter argumentiert und gleichzeitig die Begründungen den geänderten Problemstellungen Mitte des 13. Jahrhunderts anpasst.

Bei den Beispielen für die Urteile des Königs bedient sich der Verfasser viele Male dergestalt in der Bibel, dass sie als Argument für die Ansicht des Königsamts im Gegensatz zur Kirche benutzt werden können. Ganz am Ende des Werkes gleitet die Diskussion allmählich zum Verhältnis zwischen Königsmacht und Kirche über. Ausgangspunkt sind zwei Beispiele: Salomos Absetzung des »Bischofs« Abiathar[5] und sein Befehl, den Heeresführer Joab im Tempel zu töten. Abiathar und Joab hatten einen Aufstand gegen David angezettelt, indem sie versuchten, Adonias, Salomos Halbbruder, anstelle von Salomo zum König wählen zu lassen. Insofern verdienten sie ihre Strafe, aber hatte der König auch das Recht, einen Bischof abzusetzen? Und haben nicht alle, auch die schlimmsten Verbrecher, ein Recht auf kirchliches Asyl bzw. Asyl im Tempel? Diese Beispiele sind der Auftakt einer prinzipiellen Grenzbegehung zwischen den Befugnissen des Königs und des Bischofs. Beide hätten ihre Macht direkt von Gott erhalten, und beide hätten ihre jeweiligen Aufgaben zu erledigen, symbolisiert durch die zwei Häuser, die zwei Stäbe und die zwei Schwerter. Im Haus des Königs stehe der Richterstuhl, was bedeute, dass der König die höchste Gerichtsinstanz auf Erden sei. Im Haus des Bischofs stehe ein Altar, an dem die Menschen ihre geistige Nahrung erhielten. Die eigentliche Herrschermacht stehe daher dem König zu. Er sei es, der urteilen und strafen könne, während der Bischof lediglich die Sakramente verwalte. Die Schwerter und die Stäbe – die beiden Symbole werden abwechselnd bemüht – deuten immerhin an, dass auch der Bischof eine Strafmöglichkeit hat. Das Schwert des Bischofs schneide jedoch nur, wenn es rechtmäßig geschwungen werde, da es auf das Gewissen der Menschen ziele und auf deren Schicksal im nächsten Leben Auswirkungen habe. Das Schwert des Königs hingegen schneide immer, egal ob es gerecht oder nicht geschwungen wird. Nur der König könne nämlich physische Strafe anordnen.

Teilweise ist der Verfasser an der Stelle im Einklang mit der traditionellen Kirchenlehre. Es war Geistlichen verboten, Blut zu vergießen, sei es in Kriegen oder indirekt durch die Verhängung von Todes- oder Körperstrafen. Die Schlussfolgerungen des Verfassers gehen aber erheblich über das hinaus, was die Kirche je hätte gutheißen können. An keiner Stelle billigt er dem Bischof eine Rechtsbefugnis zu. Sein Stab und sein Schwert dürften nur für die Verteidigung des Altars genutzt werden, was so verstanden werden kann, dass er die Rechtsbefugnisse der Kirche auf »das innere Forum« begrenzen möchte, also auf Beichten und Buße, genau jene Fälle, in denen Menschen freiwillig, von ihrem Gewissen getrieben, die Kirche aufsuchen, um ihre Sünden zu bereuen. Die mittelalterliche Kirche bestand jedoch auf erheblich größeren Rechtsbefugnissen. Sie unterhielt eigene Gerichte, die für zahlreiche Rechtsangelegenheiten zuständig waren, u. a. für Ehen, legitime Geburten, sexuelle Verbrechen, Testamente, Eide und den Bruch von Fasten- und Feiertagsbestimmungen. Die Kirche konnte gegen Menschen sowohl für Verstöße gegen gesetzliche Bestimmungen der Kirche Klage erheben als auch in Konflikten, in denen die Parteien ihre Angelegenheit der kirchlichen Gerichtsbarkeit unterstellt hatten, Urteile fällen. Und da die Gerichtsbarkeit im Mittelalter eine wichtige Quelle der Macht und des Geldes war, konkurrierte die Kirche auf diesem Gebiet mit dem König. Außerdem forderte die Kirche, dass Geistliche nur von kirchlichen Gerichten verurteilt werden dürfen, unabhängig davon, wie die Anklage lautete.

Mit seinen grundlegenden Gedanken und konkret mit seinen Beispielen kritisiert der Verfasser des *Königsspiegels* diese Ansicht. Was das Urteilsrecht über Geistliche betrifft, sagt er geradeheraus, dass Salomo nicht nur das Recht darauf gehabt habe, Abiathar abzusetzen, sondern ihn wegen seiner Beihilfe zum Aufruhr gegen Salomo und seinen Vater David sogar zu töten. Abiathar habe kein Recht dazu gehabt, einen König einzusetzen, sondern sei selbst von David auserwählt und berufen worden. Der König könne also, mit anderen Worten, den Bischof wählen, während der Bischof bei der Wahl des Königs kein Mitspracherecht habe. Das zweite Beispiel, Joabs Tötung im Tempel, bezieht sich offensichtlich auf das Recht auf kirchliches Asyl. Es wurde darauf hingewiesen, dass die Erwähnung dieses Beispiels von einem zeitgenössischen Ereignis beeinflusst sein könnte. Jarl Skúli wurde im Augustinerkloster Helgeseter erschlagen, in dem er nach einem gescheiterten Putschversuch gegen Hákon Hákonarson im Jahr 1240 Zuflucht gefunden hatte. Diese Möglichkeit ist nicht auszuschließen, auch wenn der Verfasser offenbar andere und wichtigere Absichten hatte.

Er verteidigt Salomos Handeln mit einer merkwürdigen Begründung: Salomo habe das Recht dazu, alle aufgrund der »heiligen Gesetze« zu richten, unabhängig davon, wo sie sich befänden, also habe er auch das Recht gehabt, Joab am Altar töten zu lassen. Es wäre allerdings eine Sünde gewesen, wäre Joab vom Altar fortgeschleppt und dann erschlagen worden. Diese Erklärung ist buchstäblicher Unsinn, in allegorischer Bedeutung erschließt sich aber ihre Bedeutung. Und so will sie der Verfasser offensichtlich auch verstanden wissen, wenn er kurz darauf fortfährt mit dem, was er »eine lange Erklärung [...], die mehr einer Glossierung gleicht als der rechten Ausführung einer angefangenen Erzählung« (S. 389) nennt und in der er das Konzept der »zwei Häuser« einführt. In diesem Zusammenhang müssen die Häuser als Zuständigkeitsbereiche verstanden werden: die bischöfliche Verwaltung der

Sakramente gegenüber der königlichen Gerichtsbarkeit. Unabhängig davon, wo sich der König tatsächlich aufhalte, in der Kirche oder wo auch immer, fällt es in seinen Zuständigkeitsbereich, Urteile zu fällen und Strafen anzuordnen. Auf diese Weise argumentiert der Verfasser, dass der König der eigentliche Richter sei, sowohl von Geistlichen als auch von Laien, vollkommen unabhängig von ihren Verfehlungen.

Der Verfasser des *Königsspiegels* artikuliert die weitgehend gleiche Sichtweise auf das Verhältnis von Königtum und Kirche wie die *Rede gegen die Bischöfe*, auch wenn er es nicht ganz so direkt äußert und darüber hinaus sorgfältiger die zumindest prinzipielle Gleichstellung zwischen den beiden Mächten hervorhebt. Er spricht die gleichen, zahlreichen Streitfragen an wie die Bischofswahl und die Besteuerung kirchlicher Güter. Die Frage nach der Gerichtsbarkeit nimmt im *Königsspiegel* jedoch einen weitaus wichtigeren Platz ein. Die Gerichtsbarkeit sei die wichtigste Aufgabe des Königs, und die zentrale Stellung des Königs wird vom Verfasser sowohl gegen diejenigen, die das Recht in die eigene Hand nehmen wollen, als auch gegen die konkurrierende Gerichtsbarkeit der Kirche verteidigt. Erneut stellt der Verfasser eine hochaktuelle Frage. Die Gerichtsbarkeit und ihre Zuständigkeit wurden nicht lange nach Verfassen des *Königsspiegels*, nämlich ab den 1270er-Jahren, zur zentralen Streitfrage zwischen König und Kirche.

Komposition und Darstellungsform

Bisher wurden zahlreiche Themen des *Königsspiegels* angesprochen: Ethik, Naturkunde, Gesellschaft und die Macht des Königs, das Verhältnis zwischen König und Kirche. Trotz der breit gefächerten Inhalte ist das Werk jedoch keine Enzyklopädie. Auch das Wissen über Natur und Gesellschaft hat eigentlich ein moralisches Ziel, nämlich Einblick in die rechtmäßige Ordnung der Welt und wie Menschen leben sollen zu geben. So könne, so heißt es im Prolog, nicht nur der König, sondern jeder andere auch sich selbst im Werk wie in einem Spiegel anschauen und seine eigene Moral und die der anderen betrachten. Für den König liegt die moralische Verantwortung nicht nur darin, seine eigenen Sitten zu verbessern, sondern dafür zu sorgen, dass die gesamte Gesellschaft nach Gottes Vorstellung strukturiert sei.

Dieser übergeordnete Zweck des Werkes ist jedoch nicht klar ersichtlich. Der *Königsspiegel* unterscheidet sich in dieser Hinsicht von der *Rede gegen die Bischöfe*, die einen klar polemischen Zweck hat und in der Einzelargumente dergestalt zu einem großen Ganzen zusammengefasst werden, dass sich die größtmögliche logische und rhetorische Wirkung einstellt. Der *Königsspiegel* unterscheidet sich noch mehr von der scholastischen Quaestio, die just im 13. Jahrhundert entwickelt wurde und deren Struktur aus Punkten und Unterpunkten besteht, die, und das ist besonders wichtig, argumentativ logisch verknüpft werden. Die Komposition des *Königsspiegels* hingegen kann man eher als poetisch bezeichnen. Sie versucht den Anschein zu erwecken, ein tatsächliches Gespräch wiederzugeben. Auch wenn es immer der Vater ist, der die Lehrinhalte vorträgt, begnügt sich der Verfasser nicht damit, dem Sohn nur genaue Fragen in den Mund zu legen, sondern vermittelt ebenso dessen Reaktionen auf die Antworten des Vaters. Der Sohn artikuliert Einwände gegen die Gedanken des Vaters, weist auf unklare Punkte hin und drängt ihn zuweilen dazu, auf einzelne Fragen genauer einzugehen. Für heutige Historiker sind die Fragen des Sohnes oft wertvoller als die Antworten des Vaters. Anhand der Fragen lässt sich nämlich abschätzen, welche Thesen des Vaters im Einklang mit zeitgenössischen Meinungen stehen und welche kontrovers sind. Wenn der Sohn nicht verstehen kann, warum vermögende und hoch angesehene Leute einer Dorfgemeinschaft freiwillig dem König auf der niedrigsten Stufe der Rangordnung dienen, als Knecht, wird man annehmen dürfen, dass dies anderen Zeitgenossen ebenfalls unverständlich gewesen sein dürfte. Und als der Vater ausführlich den Unterschied zwischen öffentlicher Strafe und privater Rache erklärt und darlegt, warum der Richter die jeweilige Schuld unter Einbeziehung der Absicht hinter der Tat berücksichtigen muss, erhält der Leser einen Eindruck davon, dass dies wohl neue und bis dahin unbekannte Gedanken im Norwegen des 13. Jahrhunderts waren. Ebenso verweist die Verwunderung des Sohnes über die Ehrerbietung, die man dem König gegenüber erweisen müsse, auf eine Diskrepanz zwischen dem fast gottähnlichen Rang, der dem König im *Königsspiegel* zugeschrieben wird, und der zeitgenössischen Realität.

Ein Gegenstück zur Darstellungsform des *Königsspiegels* findet sich im theologischen Lehrbuch *Elucidarius* vom Anfang des 12. Jahrhunderts, das in Katechismusform geschrieben ist, in dem die Fragen kurz und knapp formuliert sind und nur dazu dienen, genau diejenigen Antworten zu provozieren, die eine präzise Darstellung der christlichen Lehre beinhalten. Dieses Werk war weit verbreitet und lag auch in einer Übersetzung ins Altnordische vor. Der Verfasser des *Königsspiegels* hat den *Elucidarius* sicherlich gekannt und sich auch daran orientiert, auch ohne ihn tatsächlich nachzuahmen.

Im *Königsspiegel* folgt das Gespräch zwischen Vater und Sohn einem logischen Aufbau, es beinhaltet aber auch klare Brüche. An einzelnen Stellen werden diese Brüche geradezu als Exkurse bezeichnet. Das deutlichste Beispiel einer solchen Abschweifung vom Hauptthema findet sich im ersten Teil an der Stelle, an der der Sohn ermattet ist von tiefsinnigen und ernsten Gedankengängen über den Wechsel der Jahreszeiten und den Vater darum bittet, sich bei etwas Erheiterndem erholen zu dürfen. So wird der Abschnitt über die Sonne und die Winde (vgl. S. 44 ff.) von einem längeren Exkurs, der den größten Teil des ersten Drittels des *Königsspiegels* ausmacht, in zwei Hälften geteilt: Zu Beginn werden Frieden und Harmonie im Sommer behandelt, am Schluss das Ende der Harmonie durch die Stürme im Winter. Dieser »geteilte« Abschnitt muss als Kernstück des ersten Drittels aufgefasst werden, was auch die poetische Bildsprache andeutet. Der Verfasser bedient sich drastischer rhetorischer Mittel, nicht als Zierde, sondern um die Wichtigkeit des darin Vermittelten zu unterstreichen.

Im zweiten Drittel entspricht diesen Ausführungen, wie zuvor schon erwähnt wurde, das Missjahresgleichnis (vgl. S. 46 f.), in dem dasselbe Phänomen in der Gesellschaft wie die Seestürme in der Natur angesprochen wird. Auch dieser Abschnitt unterscheidet sich von den ihn umgebenden, und er teilt das zweite Drittel ungefähr in der Mitte. Im Missjahresgleichnis trifft der Leser lediglich auf die Schattenseiten der gesellschaftlichen Entwicklung. Als positives Gegenstück könnte der gesamte dritte Teil fungieren, der die Herrlichkeit des Königs schildert und ihm vorschreibt, wie er sein hohes Amt auszuüben hat, das Gott ihm übertragen hat. Ein besonderer Abschnitt im dritten Teil hebt sich jedoch deutlich vom Rest ab: der »Hymnus der Weisheit«. In diesem Passus tritt die personifizierte Weisheit auf und beschreibt ihren Anteil an der Schöpfung und wie sie auch alles, was gut und edel auf Erden sei, steuere. Dieser Passus teilt mit einigen anderen die Diskussion über Urteile in der Mitte. Er tritt so aus seinem unmittelbaren Zusammenhang heraus. Der »Hymnus der Weisheit« ist ebenfalls in poetischer und feierlicher Sprache mit zahlreichen biblischen Anspielungen und Zitaten verfasst. Die Weisheitslehre der früheren Teile wird abschließend weitergeführt (vgl. S. 7f.): Während in den früheren Teilen dem Kaufmann und dem Gefolgsmann jeweils die unterschiedlichen Aspekte der Weisheit erklärt werden, tritt hier die Weisheit selbst vor dem König auf und fasst alles zusammen, was zuvor über die moralische Ordnung der Natur und ihren Zusammenhang mit der Gesellschaft gesagt wurde.

Diese Komposition erinnert an eine Struktur, die vor allem in den französischen Romanen der damaligen Zeit Verwendung fand und auf Französisch *entrelacement* (dt. etwa »Einflechtung«) genannt wird. Bei dieser Technik werden mehrere Erzählstränge dergestalt parallel erzählt, dass eine Erzählung eine andere unterbricht, vor allem an dramatischen und spannenden Stellen. Die Absicht ist jedoch nicht nur, Spannung zu erzeugen und die Gesamtkomposition kunstfertiger erscheinen zu lassen, sondern zwischen den Erzählungen bestehen oftmals Analogien, indem sie von ähnlichen Problemen handeln oder ähnlichen moralischen Belehrungen Ausdruck verleihen. So wechselt auch der *Königsspiegel* zwischen zahlreichen Erzählungen, die das Wissen des Verfassers, argumentativ zusammenhängende Abschnitte und strategische Teile illustrieren, die den gleichförmigen Strom des Gesprächs unterbrechen, aber wegen ihres inneren

Zusammenhangs auch dazu beitragen, die vielfältigen Inhalte des *Königsspiegels* zu einer Einheit zu machen.

Grundsätzlich ähnelt die Argumentationsstruktur der in der *Rede gegen die Bischöfe*, und beide dürften von den zeitgenössischen Gedanken der Scholastik und der Rechtslehre beeinflusst sein. Während die herkömmliche Rechtswissenschaft oder die Scholastik das Hauptaugenmerk auf die Argumentation legt und sich damit begnügt, nur genau das anzuführen, was für die Schlussfolgerung notwendig ist, hat die Erzählung im *Königsspiegel* zweifellos einen Selbstwert. Der Verfasser will unterhalten, nicht nur überzeugen, oder vielleicht eher: Er schreibt für ein Publikum, das sich nicht überzeugen lässt, ohne unterhalten zu werden. Die Erzählungen tauchen in verschiedenen Zusammenhängen auf. Im Laufe der Diskussion über Gerichtsurteile spricht der Verfasser mehrere Punkte an, auf die er später zurückkommt, u.a. im kirchenpolitischen Zusammenhang.

Diese Verwendung von Beispielen erinnert an die Predigtform, die Bettelorden (Franziskaner und Dominikaner) im 13. Jahrhundert anfingen zu verwenden. Statt Texte detailliert zu kommentieren, verwendeten sie dramatische und anschauliche Erzählungen als Beispiele und leiteten aus ihnen verschiedene Deutungen ab. Eine kleine Sammlung solcher Erzählungen, wenn auch ohne begleitende Predigt, aus dem Besitz des norwegischen Dominikaners Jón Halldórsson, der später Bischof von Skálholt auf Island wurde (1322–39), ist überliefert. Die Erzählungen sind dramatisch und teils phantastisch, welche theologischen oder religiösen Inhalte sie vermitteln sollten, ist jedoch nicht ohne Weiteres verständlich. Vermutlich wurden sie in verschiedenen Zusammenhängen verwendet, so wie die Beispiele im *Königsspiegel*.

Diese Verwendung von Beispielen im *Königsspiegel* lässt stellenweise auch an den *Policraticus* des Johannes von Salisbury denken (vgl. S. 15), in dem die Argumentation ebenfalls von eindrücklichen Erzählungen unterstützt wird. Und sogar mehr als nur unterstützt: Die Erzählungen neigen nämlich dazu, sich von den Argumenten, zu deren Unterfütterung sie eigentlich angeführt werden, zu emanzipieren. Im *Policraticus* ist das noch mehr der Fall als im *Königsspiegel*. Nichts deutet darauf hin, dass der Verfasser des *Königsspiegels* den *Policraticus* gekannt haben könnte. Die Ähnlichkeit rührt eher von Gattung und Komposition her als vom konkreten Text selbst. Unter intellektuellem und argumentativem Gesichtspunkt verortet sich der Verfasser des *Königsspiegels* hier eher im 12. als im 13. Jahrhundert. Wenn wir ihn in das spätere Jahrhundert platzieren, befindet er sich lediglich in der Peripherie der eigentlichen gelehrten Kultur der damaligen Zeit. Er hat zwar gewisse Grundzüge der scholastischen Argumentation aufgegriffen, er ist jedoch kein Vollblutintellektueller, wie sie im 13. Jahrhundert in den Universitäten anzutreffen sind. Im 13. Jahrhundert schritt die Entwicklung in Europa voran, klarer zwischen Belletristik und Fachliteratur zu unterscheiden. Erstere beinhaltete oftmals volkssprachliche dramatische Erzählungen über Krieg, Heldentaten und – vor allem – Liebe. Fachliteratur hatte einen nüchternen Stil, wurde auf Latein verfasst, üblicherweise in einer trockenen und abstrakten Art, und beschäftigte sich vor allem mit Theologie, Philosophie – im breiten Verständnis des Mittelalters, in dem sie auch das enthielt, was man als Einzeldisziplinen bezeichnet – oder Rechtswissenschaft. Der *Königsspiegel* ist von dieser Trennung nur wenig geprägt und hat in dieser Hinsicht mehr mit dem 12. als dem 13. Jahrhundert gemeinsam. Diese Charakteristik ist nicht unbedingt dem Verfasser selbst geschuldet, da sie auch auf sein Schreibmilieu zurückgehen könnte. An Hákon Hákonarsons Hof dominierte die Volkssprache und nicht das Lateinische, auch wenn sowohl Hákon als auch seine Nachfolger des Lateinischen mächtig waren. Der größte Teil der Literatur hatte erzählenden Charakter. So gesehen könnte man sagen, dass die Belletristik die literarische Produktion dominierte. Gleichzeitig war man aber auch an Gelehrsamkeit interessiert, solange sie eine einigermaßen seichte und unterhaltende Form hatte und inhaltlich nicht allzu weit vom alltäglichen Leben und seinen Bedürfnissen entfernt war. Der Verfasser des *Königsspiegels* hat es daher verstanden, sein Werk an das Publikum anzupassen, für das er schrieb.

In der älteren Forschung war es üblich, streng zwischen einem gelehrten bzw. »florissanten« und einem volkstümlichen Stil zu unterscheiden. Der gelehrte Stil war fremd und lateinischen Ursprungs, der volkstümliche basierte auf der Alltagssprache. Der Unterschied zwischen beiden Stilen bildet die Grundlage für Hans E. Kincks bissige Satire *Storhetstid* (1922, dt. etwa »Blütezeit«) über das Milieu am Hof Hákon Hákonarsons. Kinck zufolge wurde dort die Stilsicherheit und wortkarge Würde der Sagaliteratur durch den Import ausländischer Stilkonventionen – »es war Latein auf die Pupille gelangt« – zerstört und durch eine blumige, wortreiche und rhetorische Ausdrucksweise ersetzt, für die der *Königsspiegel* das beste Beispiel sei. Die heutige Forschung hat einen nuancierteren Blick darauf. Sowohl der Saga- als auch der gelehrte Stil seien Kunstprodukte und wiesen jeweils die gesamte Breite an Stilmitteln auf, die damaligen Verfassern zur Verfügung stand. Was den *Königsspiegel* betrifft, besteht kein Zweifel daran, dass er sprachlich von lateinischer

Stilistik beeinflusst ist. Es handelt sich dabei nicht um direkte Kopien, sondern vielmehr um die selbständige Aneignung eines rhetorischen Stils, der zur damaligen Zeit große Bewunderung hervorgerufen haben dürfte. Dass heutzutage häufig eher weniger mehr ist, ist an und für sich keine Kritik am Verfasser des *Königsspiegels*. Ihm gebührt, vielmehr als ihn der Zerstörung der klassischen altnordischen Prosa zu bezichtigen, Anerkennung für sein breit gefächertes stilistisches Register.

So besteht z. B. der Hymnus der Weisheit (vgl. S. 326 ff.) aus überaus wirkungsvollen rhetorischen Effekten und blumiger Sprache. Vor allem die vielen, oftmals zusammengesetzten und ungewöhnlichen Adjektive sind ein Anzeichen für den »florissanten Stil« des Verfassers: »nichts schuf Gott ohne meinen geschicktklugen Beistand«, »[ich] durchmaß mit meinen Schritten den ganzen Ball der runden Erde« (S. 328). Ein deutliches rhetorisches Mittel des Textes ist der Gebrauch von Kontrasten: »Denn zusammen wogen wir ab die Leichtigkeit der Luft und das Gewicht der Erde und hängten den schweren Erdball in der leichten Luft [...]«, »das ganze Tageslicht« und »das nächtliche Dunkel«, »die Fittiche der stürmenden Winde« und »freundlich sprach ich, als ich der schweigenden Windstille süße Rede lehrte«. Alliterationen, benachbarte Wörter haben denselben Anlaut, finden sich ebenfalls, so z. B. »die leichte Luft« und »die Höhe des Himmels« (S. 327 f.). Sie sind auch im volkstümlichen Stil ein übliches Stilmittel. Im Vergleich zu lateinischen Texten ist die Syntax zumeist einfach. Aber auch hier finden sich ähnliche Kontrasteffekte im Wortschatz: »Wir geboten der glänzenden Sonne, das ganze Tageslicht mit ihren hellen Strahlen zu schmücken, und dem veränderlichen Mond befahlen wir, das nächtliche Dunkel mit blassem Schimmer zu erhellen.« (S. 327) Hier bedient sich der Verfasser der rhetorischen Figur, die Chiasmus genannt wird, nach dem griechischen Buchstaben Chi (χ), der wie ein Kreuz aussieht. Im ersten Satz steht das Subjekt »Wir« zuerst, im zweiten Satz das Objekt »dem veränderlichen Mond«, so dass die Wortstellung in den beiden Sätzen kreuzweise angeordnet ist. Der Hymnus der Weisheit basiert auf zahlreichen Texten des Alten Testaments, die eigenständig verwendet werden. Von Stilblüten ausländischer Texte kann nicht die Rede sein, es handelt sich vielmehr um Naturschilderungen voller visueller Kraft und Facettenreichtum, die die Schönheit der Schöpfung und ihre Spannungen abbilden, Spannungen, die dank Gottes Weisheit in einer höheren Einheit aufgehen. Gleichzeitig entspricht die Rhetorik dem feierlichen Thema, es handelt sich schließlich um eine der zentralen Passagen des *Königsspiegels*. In den erzählenden Abschnitten, z. B. den drei Erzählungen über die Demut, die belohnt wird, am Ende des zweiten Teils (vgl. S. 254 ff.), liegt ein einfacherer Stil vor. Der Verfasser versucht, eine dramatische Spannung zu erzeugen und dabei die Erzählung selbst wirken zu lassen. Die moralischen Belehrungen kommen teilweise in Antworten, teilweise in den darauffolgenden Kommentaren zum Ausdruck.

Moral, Politik und Propaganda

Der Verfasser beginnt sein Werk mit der Schilderung der vielen Menschen, die auf Irrwegen wandeln, weitab der »rechten Hauptwege«, und die auf verschiedene Arten in der Ödnis zugrunde gehen. Diese Schilderung bildet den düsteren Hintergrund für seine eigene Botschaft. Er will den Menschen den rechten Weg weisen, damit sie dem furchtbaren Schicksal derer, die auf Irrwegen wandeln, entgehen, ein gutes Leben auf Erden leben und die Erlösung im Jenseits erlangen können. Der *Königsspiegel* wird von einem moralischen Ernst getragen. Am Anfang kommt dieser Ernst kurz und knapp darin zum Ausdruck, dass die Grundlage der Weisheit die Furcht vor Gott sei, später wird dies auf vielfältige Weise das ganze Werk hindurch vertieft. Die Morallehre zielt nicht nur auf den einzelnen Menschen ab, sondern wird in einer umfassenden kosmischen Ordnung verankert. Auch die Natur sei von Sinn erfüllt und habe eine moralische Botschaft. Sie lehre die Menschen, vor allem den König, wie sie ihre Gesellschaft einzurichten haben. Sie zeige ebenfalls, wie die Ordnung, der Kosmos, ständig von Chaos bedroht sei. Sobald die Sonne unter den Horizont sinkt, breche der Krieg unter den Winden aus, das Meer sei nicht mehr schiffbar und die Erde höre auf, fruchtbar zu sein. Während das sanfte, harmonische Irland zahlreiche Zeichen von Gottes Gegenwart vorzuweisen habe, herrschten auf dem düsteren und fernen Island der Teufel und die Hölle. Ein Trost liege darin, dass Gott auch über das Chaos gebietet und es nicht zulasse, dass es den Kosmos verschlinge.

Innerhalb der Gesellschaft sei diese Gewissheit nicht so sicher. Dort seien die Menschen selbst verantwortlich und müssten alles in ihrer Macht Stehende unternehmen, um das Chaos daran zu hindern auszubrechen. Das richtige Mittel dazu sei ein starker und gerechter König, der allen das zusichert, worauf sie ein Anrecht hätten, und der Verbrecher und Störenfriede bestrafen könne. Daher laste auf dem König und dem ihn umgebenden Gefolge eine große Verantwortung, was am Ende des *Königsspiegels* besonders deutlich hervorgehoben wird, wenn der König zitternd und voller

Angst vor Gottes Gericht steht und Rechenschaft über seine Taten ablegen soll. Hier wird die Verbindung zu den »Irrwegen« des Prologs geknüpft. Ist er auf ihnen oder doch auf dem rechten Hauptweg gewandelt? Und nicht zuletzt: Hat er alles in seiner Macht Stehende getan, um auch seine Untertanen dazu zu bringen, auf dem rechten Hauptweg zu gehen? So wird das Werk zum Spiegel sowohl für den König als auch für jedermann. Jeder einzelne Mensch trage Verantwortung für sein eigenes Leben, seine Moral und seine ewige Erlösung. Dennoch leben die Menschen in einer Gesellschaft, die vom König angeführt wird. Daher trage der König eine besondere Verantwortung für alle seine Untertanen, eine Verantwortung, für die er insbesondere Weisheit und Einsicht benötige, um ihr gerecht zu werden.

»Die Welt hat nun ein so hohes Alter ...«. Was der Verfasser seinen Lesern vermitteln möchte, sind ewige Wahrheiten. Daher bemüht er Beispiele aus der gesamten Geschichte der Welt. Sowohl die Schöpfung als auch der Tag des Jüngsten Gerichts sind Teil des *Königsspiegels*. Weil der König Gottes Stellvertreter auf Erden sei, müsse er ihm beim Herrschen über sein Reich nacheifern. Die Vorbilder des Königs seien daher Gottes Urteile in der frühen Geschichte der Menschheit, jener Zeit, »als es noch möglich war, Gott selbst zu fragen, wie es nach seinem Willen sein sollte« (S. 316), wie es der Verfasser ausdrückt. Das Haupt- und Urbeispiel ist der Sündenfall. Es sei ein gutes Beispiel für den König, weil der Sündenfall die vielen komplizierten Abwägungen illustriere, die der Richter beachten müsse. Darüber hinaus ist der Sündenfall auch ein wichtiges Beispiel, weil er die grundlegenden Bedingungen für die Welt und die Menschen bis zum Jüngsten Gericht festlege. Jegliche Disharmonie und drohendes Chaos in Natur und Gesellschaft hätten ihren Ursprung im Sündenfall. Er zeige auch, welche fürchterliche Sünde Ungehorsam sei – als Abschreckung und Warnung für alle, die später einen Aufstand gegen den König anzetteln wollen. Adams und Evas schlimmstes Verbrechen sei nicht gewesen, den Apfel vom Baum der Erkenntnis zu essen, sondern gegen das Gebot, das Gott ihnen persönlich auferlegt hatte, verstoßen zu haben. Zugleich weise die Erzählung auf ein Gegenmittel gegen die Folgen ihrer Sünde hin: harte Arbeit, Strafe für Verbrechen, die Herrschaft des Mannes über die Frau und des Herrschers über die Untertanen.

Die ewige und unveränderliche Lehre des *Königsspiegels* ist gleichzeitig hochaktuell. Gute und schlechte Jahre in der Moral der Menschen und des Landes wechselten sich auf dieselbe Weise wie in der Natur ab, und gerade nun sei das Land dabei, sich aus einer tiefen Krise bestehend aus Bürgerkrieg und Chaos herauszuarbeiten. Der Verfasser versteht, dass tiefgreifende und konkrete Maßnahmen notwendig sind, um die Krise zu überwinden, die Bevölkerung von den Irrwegen fernzuhalten und sie auf den rechten Weg zu führen. Die Thronfolge müsse dergestalt geregelt sein, dass es nebeneinander niemals mehr als einen König gebe. Die Königsmacht müsse gestärkt werden, private Fehden und Konflikte müssten der öffentlichen Gerichtsbarkeit weichen, die mit strenger, objektiver Gerechtigkeit zu urteilen habe, zugleich aber auch die Persönlichkeit und Gesinnung des Verbrechers berücksichtigen müsse. Die Ständeordnung müsse aufrechterhalten werden, sodass jeder den ihm zustehenden Platz einnehme und die Sitten und Gebräuche befolge, die seinem Stand zugehörig seien.

Der Verfasser kann mit gutem Grund behaupten, dass die Lehre, die er vermittelt, nicht seine eigene, sondern die objektive Wahrheit sei, die alle klugen Menschen kennen. Man sollte hinzufügen: Nicht die objektive Wahrheit, sondern die, an die die gelehrte Elite, jedenfalls die des Milieus um den König zur damaligen Zeit, glaubte und die sie in hohem Maße als gegeben erachtete. Die Wahrheit jedoch ist groß und umfassend und kann auf zahlreiche Weise artikuliert werden. Hier beweist der Verfasser des *Königsspiegels* seine Originalität. Er hat eine klare Vorstellung davon, wie Veränderungen in der Gesellschaft aussehen sollten, die seines Erachtens gerade in seinem Land zu seiner Zeit nötig seien, und er trägt die Argumente vor, die dies untermauern. Er ist dazu in der Lage, sein Werk dergestalt zusammenzustellen, dass die universellen Zusammenhänge, an denen er interessiert ist, nicht nur generelle Behauptungen bleiben, sondern die Gesamtstruktur durchdringen. Anhand von Rissen im geschlossenen Weltbild des Verfassers kann der Leser auch einen flüchtigen Blick auf alternative Auffassungen und Inkonsequenzen im Denken des Verfassers erlangen.

Auf diese Weise zeigt die Reise in den *Königsspiegel* dem lesenden Reisenden eine ferne und fremde Welt, in der vieles selbstverständlich war, was er heute kaum für möglich hielte. Es könnte ihn zum Nachdenken darüber anregen, was er für selbstverständlich hält und welche Gründe er hat, daran zu glauben. Die Reise in die Welt des *Königsspiegels* zeigt uns auch ein Individuum, das ausgehend von dem für den Leser fremden Weltbild gegen konkrete Probleme seiner eigenen Gesellschaft kämpft. Sowohl im Kampf selbst als auch vielleicht in einzelnen dieser Probleme, die der Verfasser thematisiert, kann sich der Leser selbst auch bis zu einem gewissen Grad wiedererkennen. Wir glauben an die Gleichheit der Menschen und an das

Recht des Einzelnen, seinen Weg durch das Leben zu gehen, nicht an eine ewige Ordnung und an eine hierarchische, von einem König an Gottes Stelle geführte Gesellschaft. Aber der Unterschied zwischen Privatpersonen und öffentlichen Institutionen sowie die Bedeutung der Absicht für das Strafmaß und die Bewertung von Handlungen gehören zum Vermächtnis des *Königsspiegels*. Trotz der heutigen individuellen Freiheit und der freien Entfaltung der Persönlichkeit leben wir in Wahrheit in einer weitaus restriktiveren Gesellschaft hinsichtlich der Handlungsspielräume des Individuums als der Verfasser des *Königsspiegels*. Der Gegensatz zwischen Ordnung und Chaos in der Gesellschaft ist heutzutage genauso strikt wie im 13. Jahrhundert, auch wenn wir glücklicherweise in einer Gesellschaft leben, in der die zugrunde liegende Ordnung eine Selbstverständlichkeit ist.

So weit die Reiseerlebnisse des Autors der Einleitung. Nun ist der Leser an der Reihe, sich auf den Weg zu machen.

ANMERKUNGEN DES ÜBERSETZERS

1 Dieser Abschnitt ab »Die Morallehre ...« fehlt im Original, wurde aber auf Wunsch von Sverre Bagge in dieser Ausgabe hinzugefügt.

2 Vom Übersetzer aus dem altisländischen Original übersetzt.

3 Die deutsche Übersetzung unterschlägt dies, indem dort nur »Bauer« steht, der Passus wurde hier aber dennoch so übersetzt, wie er im Original auftaucht, auch wenn dieser Punkt in der vorliegenden Übersetzung nicht nachvollziehbar ist.

4 Im Original steht »úáran«, »Nichtjahr, Unjahr«. Die Bedeutung ist eigentlich nur »schlechtes Jahr«, vor allem nach Missernten, aber nicht ausschließlich. Da der Text den Begriff Missernte auf die Gesellschaft anwendet, steht hier, im Einklang mit der Meissner-Übersetzung, »Missjahr«, damit es semantisch nicht auf Landwirtschaft und Ernte eingegrenzt ist.

5 In der Schreibweise wohl ziemlich ungebräuchlich (eigentlich »Abjatar«), so steht er aber in der Meissner-Übersetzung, daher hier diese Schreibweise.

KONUNGS SKUGGSJÁ

I

Als ich mir alle Lebenstätigkeiten vor das Auge des Geistes stellte und mit Nachdenken alle Eigenarten jeder Lebenstätigkeit prüfte, da sah ich, daß viele sich abmatteten auf den Irrwegen, die von den rechten Hauptwegen abführten in die Irrsale der Verkehrtheiten, und daß alle die sich verloren in unwegsamen Tälern, die auf den Pfaden gingen, welche besonders in die Tiefe führten; denn sie wurden schwach von der langen Mühsal des durchlaufenen Weges und hatten nicht die Steigekraft, wieder hinaufzukommen, fanden auch nicht die Richtwege, die sie hätten zu den Hauptwegen des rechten Verhaltens führen können.

Diese Menge schien mir auf verschiedene Weise zugrunde zu gehen: einige aus Unwissenheit, da die Irrwege so vielfach betreten waren, daß sie die gangbarsten zu sein schienen, und es dachten die unwissenden Leute, das seien die Hauptwege, weil sich auf ihnen die größte Menge befand. Andere aber gingen zugrunde aus Trägheit und Gleichgültigkeit. Einigen schien es zu einsam, andere Wege zu gehen als die, welche die meisten einschlugen. Einige erfuhren Verhöhnung und Spott, wenn sie allein ihren Weg nahmen. Andere wieder trieb der Trotz und böse Gesinnung mit Begierden verschiedener Art. Als ich nun die Mißachtung des rechten Verhaltens und das Verderben der Mißachtenden erkannt hatte, da überlegte ich mir, welchen Weg ich einschlagen sollte, daß ich zwar nicht mich einsam auf dem Wege befände, den ich gehen würde, doch aber auch nicht die Pfade einschlüge, auf denen ich die meisten verkommen sah, damit mir nicht die Steigekraft versagte, wenn ich begehren sollte umzukehren.

Weil nun mein Vater noch lebte und mir wohlgesinnt war, nahm ich mir vor, lieber seinen Rat einzuholen, als daß ich meinen Entschluß mit vorschneller Überlegung faßte, der ihm nicht gefallen könnte. Und ich lief schnell zu meinem Vater und offenbarte ihm mein ganzes Anliegen. Und weil mein Vater ebenso klug wie gutwillig war, so fand ich ihn in guter Stimmung, sobald er hörte, daß es mein Anliegen war, mich über das rechte Verhalten zu unterrichten, und er erlaubte mir, nach allem zu fragen, wie ich wollte, nach dem Wesen des rechten Verhaltens und der Besonderheit jeder Lebenstätigkeit. Er verhieß mir, bei jeder Lebenstätigkeit, nach der ich fragen würde, über die Art mich zu unterrichten, wie man sich am besten in ihr zu verhalten hätte, und versprach, mir zur Vorsicht die Irrwege zu weisen, auf die zunächst die meisten geraten, die von den Hauptwegen des richtigen Verhaltens abweichen, ebenso verhieß er mir, die gangbaren Richtwege aufzuzeigen für solche, die von den Irrpfaden zu den Hauptwegen zurückkehren wollen.

Zunächst begann ich meine Rede mit der ersten Frage über die Tätigkeiten der Kaufleute und ihre Zustände. Nach Abschluß dieser Rede mit ihren Fragen und den erteilten Antworten, da erkühnte ich mich in Rede und Fragen und stieg hoch auf in der Besprechung von Lebenstätigkeiten, denn ich begann nun zunächst zu fragen und Bescheid zu suchen über die Verhältnisse des Königs und anderer großer Herren und ihrer Gefolgsleute und Diener. Auch unterließ ich es durchaus nicht zu fragen über die Lebenstätigkeiten der Geistlichen und ihr Verhalten. Doch ich beendete damit mein Fragen, daß ich die Rede brachte auf die Lebenstätigkeit der Bonden und der großen Menge derer, die das Land bebauen, auf ihr Verhalten und ihre Art.

Während ich ausreichende und kluge Antworten aus dem Munde meines Vaters erhielt über alle Dinge,

Nordischer Schlitten, bedrängt von Wölfen

nach denen ich fragte, da waren ansehnliche und verständige Männer zugegen, die mein Fragen und seine klugen und wahrhaften Antworten anhörten: diese baten darum, daß ich unsere ganze Unterredung niederschreiben und in einem Buch zusammenfassen sollte, damit nicht im Augenblick diese Unterhaltung verloren sei, sobald wir geschwiegen hatten, daß sie vielmehr vielen später zu einer nützlichen Ergötzung würde, die nicht das Vergnügen von uns selbst haben konnten, bei dem Gespräch zugegen gewesen wären und es angehört hätten.

Ich tat nun auch nach ihrer Bitte und ihrem Rat und vertiefte mich gründlich in alle Reden mit nachdenklicher Erinnerung und faßte alle diese Reden in einem Buche zusammen, nicht nur zur Ohrenlust und einem kurzen Vergnügen für die, welche es anhören würden, vielmehr zu mannigfaltigem Nutzen für alle die, welche mit rechter Aufmerksamkeit dieses Buch aufnehmen und dem allen gut nachkommen, was in dem Buche geboten wird. Das Buch ist so beschaffen, daß man darin Wissen und Unterhaltung finden dürfte, und es wird doch ein großer Gewinn sein, wenn das wohl verstanden und befolgt wird, was in dem Buche geschrieben steht. Aber der, welcher volles und rechtes Verständnis hat, wird gewahr werden, daß ein Buch, welches (nähere) Erklärung geben soll, ausführlicher sein müßte als eines, das (einfach) niedergeschrieben wird.

Dem Buche ist aber ein schöner Name gegeben, denn es heißt ›Speculum regale‹, doch nicht aus Hochmut dessen, der es geschrieben hat, sondern deshalb, damit es denen, die es anhören, um so anziehender erscheine, daraus zu lernen, und zweitens, weil jeder, der sich über gute Sitten oder höfisches Wesen unterrichten will oder über gefällige und wahrhafte Redeweise, es dort in dem Buche finden und erschauen kann, so wie man so manche Bilder und allerlei Zierwerk in einem reinen Spiegel erschaut. Und deshalb heißt es ›Spiegel des Königs‹, weil darin ebenso bestimmt über das Verhalten der Könige wie anderer Leute geschrieben wird; er ist ja der Höchste dem Namen nach, und er hat sich der besten Sitten zu befleißigen mit seiner Gefolgschaft und allen den Männern seines Dienstes, damit alle anderen Leute an ihnen ein gutes Vorbild haben für Besonnenheit, gutes Benehmen und alles sonstige höfische Verhalten. Jeder König soll in diesen Spiegel schauen; zuerst auf sein eigenes Verhalten sehen und dann auf das aller derer, die unter ihm stehen, alle die ehren, die gutes Verhalten zeigen, und diejenigen mit Strenge zu gutem Verhalten erziehen, die es sich nicht aneignen können ohne Furcht. Aber wenn auch gerade der Name dafür gewählt ist, daß es ›Spiegel des Königs‹ genannt wurde, so ist das Buch doch für alle bestimmt mit gleichem Recht, gleichsam als Almende, denn jedem steht es frei hineinzusehen, wer will, und zu erschauen, was er eben will, was das

Verhalten aller anderen angeht oder sein eigenes. Das meiste wird er darin finden, und ich meine, daß er nicht zu den Leuten ungehörigen Verhaltens gerechnet werden wird, wenn er dem allen wohl nachkommt, das er darin finden wird und was für sein Verhalten in Betracht kommt, wes Standes oder Namens er immer sei.

Wenn nun jemand begehrt und Verlangen trägt, dies Buch anzuhören oder sich anzueignen (zu lesen), da ist es (für ihn) nicht notwendig, in Erfahrung zu bringen den Namen dessen oder was für ein Mann der war, der dies Buch verfaßt hat und schreiben ließ, damit es nicht so komme, daß jemand das abweist, was man zum Nutzen darin finden kann, entweder aus Hohn oder Neid oder irgendwelcher Feindseligkeit gegen den, der es verfaßt hat.

Aber darum möchte ich gern bitten, was wohl alle gewähren können, daß die, welche das Buch anhören, es genau mit Nachdenken und rechter Einsicht prüfen, ob sich Dinge finden, die für das Buch notwendig zu sein scheinen und vorher nicht darin vorgebracht sind, entweder über die Art des richtigen Verhaltens oder über verständige und angemessene Redeweise; da mögen sie in guter Anordnung Zusätze machen; ebenso auch, wenn sich Dinge darin angeführt finden, die dem Buche zum Schaden zu dienen scheinen, und wo meine Kurzsichtigkeit zuviel gesagt hat, da mögen sie das mit wahrer Einsicht streichen und meiner Unwissenheit mit gutem Willen aufhelfen und meine Arbeit mit Wohlwollen für mich werten; denn ich habe nicht aus Hochmut gearbeitet, vielmehr aus gutem Willen gegenüber allen denen, die solche Kenntnis zu bedürfen und zu begehren glauben.

Und als ich ging, meinen Vater aufzusuchen wegen dieser Fragen, von denen ich eben gesprochen habe, da belehrte ich alle mit dem ersten Worte, indem ich ihn begrüßte, wie es für jeden sich ziemt, seinen Vater zu begrüßen oder anzureden.

II

DER KAUFMANN UND SEEFAHRER

Sohn: Guten Tag, Herr! Ich habe Euch so aufgesucht, wie es sich für einen gehorsamen und bescheidenen Sohn ziemt, sich an einen liebevollen und angesehenen Vater zu wenden, und ich will Euch darum bitten, daß Ihr die Geduld habt, das anzuhören, was ich Euch gern fragen möchte, und die Gefälligkeit, auf das Gefragte mit Wohlwollen zu antworten.

Vater: Da du mein einziger Sohn bist, so gefällt es mir wohl, daß du mich oft aufsuchst, denn wir hätten wohl über viele Dinge zu reden, und ich will gern anhören, was du gefragt haben willst, und auf die Fragen Antwort geben, die mir mit Verstand gestellt werden.

Sohn: Ich höre jedermann betreffend Eure Klugheit ein Zeugnis ablegen, das ich für wahr halte, daß es kaum einen klügeren Mann in diesem Lande gibt, als Ihr seid in aller Weisheit, denn Eure Entscheidung erstreben alle, die mit schwierigen Sachen zu tun haben. Ferner höre ich, wie es war, als Ihr Euch bei Königen aufhieltet, daß in Eurem Munde alle Landesfürsorge lag, sowohl Gesetzentscheidung als Sühnevergleiche und kluger Rat aller Art. Weil ich nun Euer berechtigter Erbe in bezug auf das Vermögen bin, da möchte ich auch gern einen gewissen Erbanteil von Eurer Klugheit bekommen, und ich möchte, daß Ihr mich belehrtet von den Buchstaben und den Anfängen aus, damit ich von Euch in den Stand gesetzt werde, die ganze Schrift Eurer Manneseweisheit zu lesen und so Euern Spuren zu folgen; denn ich möchte glauben, wenn ich Euch verliere, werden viele sich darauf verlassen, daß

Ihr mich belehrt haben werdet entsprechend Eurer Sinnesart.

Vater: Diese Worte anzuhören gefällt mir wohl, ich bin auch willig zu antworten. Es ist mir ein großer Trost, daß ich dazu ein ansehnliches Hab und Gut hinterlasse, damit mein rechter Sohn es nach mir genießen soll. Denn ich würde kaum den als meinen Sohn ansehen, auch wenn ich ihn erzeugt hätte, der ein Tor wäre. Und wenn du Mannesweisheit erwerben willst, da will ich dir das Fundament weisen, das Anfang aller Weisheit ist, so wie ein Hauptweisheitslehrer es ausgesprochen hat: das ist der Anfang der Weisheit, den allmächtigen Gott zu fürchten. Doch soll man ihn nicht fürchten wie einen Feind, vielmehr mit der Furcht der Liebe, so wie der Gottessohn den belehrte, der ihn fragte, was der Anfang der Gesetze sei. Gottes Sohn verwies ihn auf die Schrift, die so lautete: Liebe du Gott von deinem ganzen Herzen und aus aller deiner Kraft und allem deinem Vermögen. Man soll Gott über alles lieb haben, aber Gott fürchten jedesmal, wenn man unrechter Dinge begehrt, und das unrechte Begehren um Gottes willen doch aufgeben, wenn man auch der Menschen halber imstande ist, daran festzuhalten. Wenn du also wissen willst, was der Anfangsgrund oder das Fundament zur Aneignung der Weisheit sei, so ist einzig dies der wahre Anfang und nichts anderes. Und wer sich dies aneignet und erlangt, dem geht wahre Weisheit und alles Gute nicht verloren.

Sohn: Dies ist gewiß ein liebevoller Rat, so wie er von Euch zu erwarten ist, und dabei gut und leicht anzueignen für jeden, der das Glück für sich hat. Aber es werden doch viele Dinge dazukommen müssen, die zu den Lebenstätigkeiten gehören, wenn jemand klug heißen soll.

Vater: Dies ist der Ursprung aller guten Dinge und

Gotisches Alphabet

der Anfangsgrund. Von den Anfangsgründen (den Buchstaben) aus werden alle Bücher verstanden, und es ist um so besser, je mehr Berufstüchtigkeit sich damit verbindet, denn von der Bewährung im Berufe wird der Mann klug, in welchem Stande er dann immer leben will, ob er nun lieber ein Mann des Königs sein will oder ein Bonde oder ein Kaufmann.

III

VERHALTEN AN HANDELSPLÄTZEN

Sohn: Weil ich nun im beweglichsten Alter bin, so habe ich Lust, von Land zu Land zu reisen, denn ich getraue mich nicht, die königliche Gefolgschaft aufzusuchen, ehe ich zuvor die Sitten fremder Männer kennengelernt habe. Dies also ist mein Wunsch, außer Ihr schlagt mir einen andern Rat vor.

Vater: Obgleich ich mehr ein Mann des Königs gewesen bin als ein Kaufmann, so will ich doch diese Tätigkeit vor dir nicht herabsetzen, denn diese erwählen sich oft die besten Männer. Aber es kommt sehr darauf an, ob jemand eben denen gleicht, die rechte

Wie man ohne Geld Ware gegen Ware tauscht

Kaufherren sind, oder denen, die sich den Namen des Kaufmanns zulegen und doch nur Krämer oder gar Betrüger sind, unredlich verkaufen und kaufen.

Sohn: Es würde mir wohl anstehen, denen zu gleichen, die achtenswert sind, denn das würde schlimmer aussehen, als man erwartet, wenn Euer Sohn denen gleichen sollte, die sich übel gebaren. Aber wie es mir auch ergehen mag, ich möchte doch gern, daß Ihr mich mit der Lebensweise der Männer bekannt macht, die in diesem Berufe als musterhaft gelten.

Vater: Der Mann, der ein Kaufmann sein soll, muß sich mancher Lebensgefahr aussetzen, manchmal auf dem Meere, manchmal in heidnischen Ländern und fast immer unter fremden Völkern. Stets muß er daran denken, sich dort richtig zu verhalten, wo er sich befindet. Auf dem Meere muß er rasche Entschlossenheit und starken Mut haben. Aber wenn du dich in Handelsplätzen befindest oder wo du immer bist, da zeige dich gesittet und gefällig, das macht den Mann beliebt bei allen guten Leuten.

Gewöhne dich daran, am Morgen früh auf zu sein,

und gehe gleich zuerst zu der Kirche, wo es dir am passendsten erscheint, dem Gottesdienst beizuwohnen, und dort nimm teil an allen Horen, höre die Messe gleich nach der ersten Hore und bete unterdessen für dich deine Psalmen und Gebete, die du kannst. Nach dem Gottesdienst gehe du aus und schaue dich um in deinem Handel. Und wenn dir der Handelsverkehr in dem Orte unbekannt ist, da achte du sorgfältig darauf, wie die sich in ihren Geschäften verhalten, welche die größten und besten Kaufleute genannt werden. Darauf sollst du auch achtgeben bei aller Ware, die du einkaufst, daß sie durchaus unverdorben und fehlerfrei und vorher untersucht ist, ehe du den Kauf endgültig abschließt. Und bei allen Geschäften, die du eingehst, habe du immer einige zuverlässige Leute bei dir, die dafür Zeugen sind, wie dieses Geschäft abgeschlossen wurde. Nun sollst du in deinem Handel tätig sein bis zu dem Vormittagsmahl oder bis zum Mittag, wenn es eben notwendig ist, und dann gehe zu deinem Essen. Deinen Tisch sollst du ordentlich zurichten mit weißem Tuch und reiner Speise und gutem Getränk. Versorge dich gut für deinen Tisch, wenn du es einrichten kannst. Und nach dem Essen tue eins von beiden, ruhe dich eine kurze Zeit aus oder sonst gehe eine Zeitlang aus und suche Unterhaltung und schaue dich um, was andere gute Kaufleute treiben oder ob irgendeine neue Ware in der Stadt eingetroffen sei, die einzuhandeln dir notwendig ist. Und wenn du in deine Herberge zurückkehrst, da untersuche deine Waren, damit sie nicht nachher Schaden leiden, nachdem sie in deinen Besitz gekommen sind. Wenn aber in deiner Ware Verderbnisse entstehen und du diese Ware verkaufen sollst, da verheimliche es niemals dem Käufer, zeige ihm die Fehler, die sich darin finden, und ihr mögt dann euer Geschäft abschließen, wie ihr könnt; da heißt du nicht ein Betrüger. Setze auch alle deine Waren zu gutem Preise an und doch so, daß man sie annehmen kann, und nicht übertrieben, da heißt du nicht ein Krämer.

Gewißlich aber sollst du daran denken, daß zu jeder Zeit, in der du dich frei machen kannst, du nicht vergißt, etwas zu lernen; vor allen Dingen aus den Rechtsaufzeichnungen, denn die Erfahrung lehrt, daß an Klugheit alle denen nachstehen, die aus Büchern sich Weisheit aneignen, sie haben die meisten Beweise für ihre Kenntnisse, die am besten sich gebildet haben. Mache dir alle Rechtsaufzeichnungen bekannt, und wenn du nun ein Kaufmann sein willst, da sollst du mit keinem anderen Rechte dich so vertraut machen wie mit dem Kaufstadtrecht. Wenn du mit den Gesetzen vertraut bist, da wirst du nichts Ungesetzliches erdulden müssen, wenn du mit einem Gleichgestellten einen Rechtshandel hast, und kannst in allen Prozessen dich nach dem Gesetz verantworten. Aber wenn ich auch nun vor allem über Rechtswissen rede, so wird doch niemand vollkommen einsichtig, wenn er nicht gutes Verständnis und guten Sinn für alle Verhältnisse zeigt, je nach dem Orte, wo er sich befindet. Wenn du also vollkommen in deinen Kenntnissen werden willst, da lerne du alle Sprachen und vor allem Latein und Französisch, denn diese Sprachen sind am weitesten verbreitet, doch sollst du deshalb deine eigene Sprache nicht vernachlässigen.

IV

Sohn: Gott lohne es Euch, Herr, daß Ihr Euch so liebevoll als Vater erweist und mir alles Notwendige bekannt macht. Möchte ich nur das Glück haben, es festzuhalten, nachdem ich mir es angeeignet habe. Aber wenn Ihr meint, daß noch einiges Notwendige außer dem Vorgetragenen übrig ist, so will ich gern mit Aufmerksamkeit zuhören.

Vater: Es gibt noch einiges, das man in dieser Darlegung nicht beiseite lassen darf, und so ist es wohl recht, mit einigen Worten die Rede abzuschließen, wenn du es willst. Gewöhne dich immer daran, so unverzagt als möglich zu sein, doch ohne deine Gesundheit zu gefährden. Gewöhne dich daran, nie mürrisch zu sein, denn ein mürrischer Sinn ist immer krankhaft. Vielmehr sei immer freundlich und gefällig, gleichgestimmt und nicht launisch. Sei selbst rechtschaffen und belehre jeden im guten, der es von dir annehmen will, halte dich immer an die Besten zum vertrauten Umgange. Hüte sorgfältig deine Zunge und wisse, daß dies ein vorsorglicher Rat ist, denn deine Zunge kann dir Ehre erwerben und deine Ehre verderben. Wenn du zornig wirst, so sprich wenig und nicht mit hastigen Worten, denn ein einziges Wort kann das in Hast aussprechen, wenn man sich nicht in acht nimmt, was man dann mit Gold möchte erkauft haben, daß es unausgesprochen geblieben wäre. Ich kenne auch keine Genugtuung, obgleich so manche sie suchen, bei der jemand sich selbst weniger fördert, als wenn er mit einem anderen böse Worte wechselt in einem Streit, den man mit seinesgleichen hat. Das sollst du auch als sicher wissen, daß es keine bessere oder stärkere Kraft gibt, als daß man seine Zunge wohl in Gewahrsam hält vor Mundschwüren oder bösen Worten gegen einen andern, vor Geschwätz oder allem andern Mißbrauch. Wenn dir Kinder beschert werden, so laß dein Kind nicht ohne Unterricht aufziehen, denn dann ist am ersten zu erwarten, daß jemand selbst nach Mannesklugheit oder Kenntnissen strebt, sobald er über sich selbst zu bestimmen hat, wenn er schon einige Einsicht in seiner Jugend hat, solange er unter der Zucht steht.

Dann gibt es Dinge, vor denen du dich hüten sollst wie vor dem Teufel selbst, das sind Sauferei und Spiel, Dirnen, Zänkereien und Würfeln mit Einsätzen, denn auf diesem Fundament baut sich das größte Unglück auf, und kaum einer kann lange ohne Fehl oder Sünde leben, der sich nicht vor diesen Dingen hütet.

ZURICHTEN DES SCHIFFES

Mache dich genau bekannt mit der Belichtung der Luft und dem Gang der Gestirne des Himmels, dem Wechsel der Tageszeiten und der Einteilung des Horizonts und lerne wohl verstehen, wie die Unruhe des Meeres ab- oder zunimmt, denn das ist ein wertvolles Wissen und muß von denen verstanden werden, die Seefahrer sein wollen. Mache dich auch gewandt im Rechnen, denn dessen bedürfen die Kaufleute besonders.

Wenn du dich an einem Orte befindest, wo Beauftragte des Königs oder eines andern Gebieters sind, der dort die Herrschaft über das Land hat, wo du bist, so gewinne sie dir zu Freunden. Und wenn sie irgendein notwendiges Aufgebot im Namen des Landesherren erlassen, da sei du bereitwillig zu allen Aufgeboten und Auflagen, damit du nicht Kleines festhältst und dabei Großes einbüßt. Nimm dich auch in acht, daß nicht königliche Gefälle in deinen Beutel kommen, denn du weißt nicht, ob nicht der begehrlich wird, der die Sache in die Hand nimmt (für den König), und es ist mißlicher, nachher sich auf Bitten zu verlegen, als von Anfang an genau zuzusehen.

Bleibe niemals lange auf deiner Ware sitzen, wenn du sie zum angemessenen Preise loswerden kannst, denn das ist des Kaufmanns rechte Weise, beständig einzukaufen und dann schleunigst weiterzuverkaufen.

Wenn du deine Handelsfahrt über See anstellen sollst und ein eigenes Schiff hast, da teere dein Schiff wohl zur Herbstzeit und laß es unter dem Teer den

Gestalt und Art eines nordischen Schiffs

Winter über stehen, wenn es angeht. Aber wenn das Schiff so spät auf die Rollen kommt, daß man es nicht im Herbst mehr teeren kann, so teere es zu Beginn des Frühlings und laß es dann gut trocknen. Habe auch immer an guten Schiffen Anteil, oder sonst nimm dir keinen Anteil. Halte auch dein Schiff anlockend, da stellen sich gute Leute dazu ein, und es wird dann mit tüchtiger Mannschaft versehen. Mache auch immer dein Schiff klar zu Anfang des Sommers und fahre während der besten Sommerszeit und habe immer tadellosen Segelbedarf auf deinem Schiffe und bleibe niemals zu Herbstzeiten lange auf der See, wenn du selbst es zu bestimmen hast. Beachte wohl alle diese Dinge, da ist zu hoffen, daß alles gut geht mit Gottes Gnade.

Das sollst du auch immer dir vornehmen, daß dir kein Tag vergeht, ohne daß du irgend etwas lernst, was dir nützlich ist, wenn du klug heißen willst, und tue nicht denen gleich, denen es eine Unehre dünkt, daß ein anderer ihnen Dinge mitteilt und lehrt, bei denen ein großer Gewinn ist, wenn man sie erlernt. Laß es dir vielmehr stets eine große Ehre sein, dich zu bilden und zu lernen, wenn du wirklich weise heißen willst.

Es gibt da noch Kleinigkeiten, die man in acht nehmen muß. Jedesmal, wenn du in See gehst, da nimm du zwei- oder dreihundert Ellen Wadmel mit dir an Bord, die zur Ausbesserung des Segels dienen mögen, wenn es notwendig wird, viele Nadeln und genügend Fäden oder Segelbänder; wenn es auch nebensächlich scheint, so etwas zu erwähnen, so tritt doch oft der Bedarf dafür ein. Viele Nägel mußt du auch immer mit dir an Bord haben, und zwar so große, wie für das Schiff passend sind, das du grade hast, sowohl Spieker als Nietnägel. Gute Lotleinen, Zimmermannsbeile, Hohlmeißel und Bohrer und alle andern Werkzeuge, die zur Schiffsarbeit nötig sind. Alle diese Dinge, die ich nun genannt habe, die sollst du nicht vergessen, an Bord mitzuführen, wenn du auf Handelsfahrten aussegelst und dir selbst das Schiff gehört.

Und wenn du zu einem Handelsplatz kommst und du dort verweilen sollst, da suche dir eine Herberge bei dem Hauswirt, den du als friedfertigsten und beliebtesten sowohl unter den Stadtbürgern wie den Königsmannen erkundest. Halte dich immer anständig mit Tisch und Kleidern, wenn du die Mittel dazu hast, nimm dir niemals streitsüchtige oder beschwerliche

Leute zur Tischgemeinschaft oder Gesellschaft, sei du selbst so friedfertig wie möglich, aber doch nicht so, daß du dir Kränkungen oder schwere Schmähungen aus übergroßer Scheu gefallen läßt. Und wenn notwendige Veranlassungen dich zu einem Streite zwingen, da sei du nicht hastig zur Rache, bevor du siehst, daß sie ausgeführt werden kann und da trifft, wo es recht ist. Und du sollst nicht drauflosfahren, obgleich du siehst, daß du etwas nicht durchführen kannst, suche du deine Genugtuung zu erlangen, wenn es auch später sei, außer der Gegner biete sie dir an, so daß du damit wohlgeehrt bist.

VERWENDUNG DES GEWINNES

Wenn dein Vermögen in den Handelsreisen reichlich anwächst, da lege es an mit Handelsgemeinschaft in Orten, wo du selbst nicht hinkommst, doch sei umsichtig in der Wahl der Gesellschafter. Immer sollst du den allmächtigen Gott und die Heilige Jungfrau Maria einen gewissen Anteil mit dir in der Handelsgemeinschaft haben lassen, ebenso den Heiligen, den du besonders um Fürbitte anrufst. Verwalte das Gut gewissenhaft, das die heiligen Personen mit dir haben, und führe es immer getreulich zu den Stellen ab, für die es von Anfang an gelobt war. Wenn du ganz großes Gut in Handelsfahrten erworben hast, da teile es in drei Teile, lege ein Drittel in Handelsgemeinschaft an mit den Männern, die immer in guten Handelsplätzen wohnen, zuverlässig sind und den Handel vollkommen verstehen. Und zwei Drittel verteile du auf verschiedene Stellen und Handelsreisen. Da ist am wenigsten zu besorgen, daß alles zusammen verlorengeht, wenn dein Gut gleichzeitig an verschiedenen Stellen sich befindet, vielmehr ist zu erwarten, daß es an einigen erhalten bleibt, wenn auch oft Gefährdung des Vermögens eintreten kann. Und wenn du siehst, daß durch die Handelsreisen dein Vermögen in vollem Ernst groß geworden ist, da nimm du zwei Teile heraus und lege sie in gutem Lande an, denn diese Art des Vermögens scheint doch am ehesten sicher zu sein, ob jemand es nun selbst genießen kann oder seine Nachkommen. Und dann kannst du tun, was dir gut scheint, mit dem dritten Teil, dich weiter an Handelsfahrten beteiligen oder, wenn du willst, das Ganze in Land anlegen. Doch wenn du länger dein Gut für Handelsfahrten verwenden willst, so höre damit auf, selbst in See zu gehen und auf Kauffahrten von Land zu Land, sobald dein Vermögen zu voller Größe angewachsen ist und du die Sitten der Menschen erforscht hast, so wie es dir gut scheint. Aber halte sie alle wohl im Gedächtnis, die du kennenlernst, ob sie nun gut oder schlecht sind. Gedenke an alle die schlechten Sitten, um dich davor zu hüten, aber alle guten Sitten mache zur Gewohnheit, dir selbst zum Nutzen und allen denen, die von dir lernen wollen.

V

Sohn: Das ist gewiß notwendig für jeden, der sich in solchen Dingen unterrichten will, über die Ihr nun gesprochen habt, das Vorgetragene gut zu verstehen und getreu im Gedächtnis zu bewahren. Ihr habt nun kurz vorher in Eurer Rede einige Dinge erwähnt, die mir nicht ganz deutlich sind und über die ich bei mir doch versucht habe, ins klare zu kommen, nämlich die Belichtung der Luft und die Unruhe des Meeres. Ihr hieltet mich an, es zu erlernen, und nanntet es Weisheit, wenn es erlernt würde; so verstehe ich es doch nicht, ehe ich es mir genauer erklären höre. Auch weiß ich keinen weisen Meister, der ebenso bereitwillig sein wird, mich über diese Dinge zu belehren, als gerade Euch. Deshalb will ich mit

Eurer Erlaubnis Euch bitten, daß Ihr weiter über diese Sache sprecht und ich etwas besser darüber unterrichtet werde, wieso die Belichtung der Luft abnimmt oder zunimmt, über den Gang der Himmelsgestirne, über den Wechsel der Tageszeiten, über die Einteilung des Horizonts und besonders über die Unruhe des Meeres, was der Grund seiner Laune ist, wieso es manchmal sich in so großer Freundlichkeit weist, daß man gern mit ihm spielen möchte das ganze Jahr hindurch, und dann wieder zeigt es so großen Zorn und Tücke, daß es Gut und Leben derer bedroht, die sich mit ihm einlassen. Nun meinte ich, daß die Sonne ihren Lauf nach einer vorher festgestellten Ordnung durchführe und daß dies also die Aufregung des Meeres nicht veranlassen könne. Wenn Ihr nun gewillt seid, diese Dinge mir genauer zu erklären, so wollte ich gern mit Aufmerksamkeit zuhören.

Vater: Das will ich wohl tun, so wie ich es gehört habe aus dem Munde erfahrener Männer und es mir am wahrscheinlichsten erscheint nach dem Verstande, den mir Gott gegeben hat. Die Sonne hat ein pflichtenreiches Amt, denn sie soll die ganze Welt belichten und erwärmen, und es erfreuen sich die verschiedenen Gegenden der Welt ihrer Annäherung; und wiederum geht ihr Lauf so, daß sie sich zeitweise von den Gegenden entfernt, denen sie sich zeitweise nähert.

DIE ACHT WINDE IM SOMMER

Wenn sie beginnt, mit ihren warmen und hellen Strahlen im Osten zu erscheinen, da lüftet zuerst der Tag dem Ostwinde die silbrigen Brauen und das freundliche Antlitz. Und dann wird er gekrönt mit goldenem Glanz, und er schmückt sich mit seinem ganzen Freudenkleid, läßt Sorgen fahren und schmerzliche Seufzer, zeigt sein freundliches Antlitz seinen Nachbarn zu beiden Seiten und heißt sie froh mit ihm zu sein in seiner Heiterkeit und von

Die Strahlen der Sonne

den winterlichen Sorgen zu lassen. Er schickt auch einen leuchtenden Strahl dem Westwinde ins Antlitz, um ihm die Botschaft seiner Freude und Heiterkeit zu übersenden. Das gebietet er auch dem Westwinde, daß er sich mit dem gleichen Gewande für den Abend schmücken soll, wie der Ostwind am Morgen hatte. Und mit zunehmendem Tage und zur vorbestimmten Zeit, da prunkt der Südostwind mit seinem eben ergriffenen Gewande und sendet einen wärmenden Strahl mit freundlicher Botschaft dem Nordwestwinde ins Antlitz. Aber am Mittag zeigt der Südwind sich gestärkt mit dem Reichtum der Wärme und sendet heiße Freundesgaben dem Nordwinde, erwärmt ihm sein kühles Antlitz und bietet es allen seinen Nachbarn an, sich aus der Fülle seines Reichtums zu versorgen. Aber wenn der Tag sich neigt, da übernimmt der Südwestwind den weichenden Glanz und die warmen Strahlen mit fröhlichem Antlitz und verbreitet von sich aus Frieden und Versöhnung nach beruhigtem Zorn. Er gebietet den starken Wogen und den steilen Sturzseen, sich zu besänftigen und ihre Kraft zu mindern, er ruft den Wachstum fördernden Tau hervor zu voller Eintracht mit seinen Nachbarn, bläst sanft mit warmem Hauch dem Nordostwind ins Antlitz, wärmt die windkühlen Lippen und taut die reifkalte Stirn und die gefrorenen Wangen auf. Und wenn der Abend anbricht, da zeigt der Westwind seine leuchtende Stirn über dem freundlichen Antlitz, schmückt sich prächtig in abendlicher Schönheit so wie zu einem Festabend, gebietet dem Ostwinde mit den gesendeten Strahlen, daß er sich bereit mache für das kommende Fest am nächsten Morgen. Aber wenn die Sonne untergegangen ist, da beginnt der Nordwestwind, seine schönen Brauen zu erheben, und zeigt mit erhobener Braue allen seinen Nachbarn an, daß er das helle Sonnenlicht in seiner Obhut habe. Darauf führt er den Schatten herauf über das Antlitz der Erde und verkündet das allen, daß nun die Zeit der Ruhe nahe ist nach der Mühe des Tages. Aber um Mitternacht, da greift der Nordwind in den Lauf der Sonne ein und leitet sie durch ödes Gebirge zu einsamen Küsten, breitet dichten Schatten aus mit gekrümmtem Rücken, verhüllt sein Antlitz mit dem Wolkenhelme und entbietet allen, daß er zur Hut gerüstet ist für seine Nachbarn mit nächtlicher Wache, damit sie ungestörte und sanfte Ruhe genießen nach des Tages Hitze. Er bläst auch leise mit kühlem Munde dem Südwinde ins Antlitz, damit er besser die starke Hitze am nächsten Tage ertragen kann. Er fegt auch das Antlitz des Himmels rein, indem er die Wolken verjagt, damit bei wiederkehrendem Lichte die Sonne leicht ihre warmen Strahlen mit hellem Glanz nach allen Richtungen senden könne. Und wenn der Morgen kommt, da öffnet der Nordostwind die geschlossenen Wimpern und läßt einen schiefen Blick umhergehen, wie um zu schauen, ob es Zeit sei aufzustehen. Aber dann, wie gesättigt vom Schlaf nach genossener Ruhe, schlägt er rasch die leuchtenden Augen auf und führt den lichten Tag herauf als einen schönen Jüngling und rechten Vorläufer für alle Wohnstätten und verkündet als gewiß, daß nun gleich nach ihm das flammende Rad, die leuchtende Sonne kommen wird, und gebietet allen, wohl bereit zu sein. Aber nun geht die Sonne auf und versendet ihre Strahlen nach allen Richtungen, den geschlossenen Bund zu erproben, und zieht dann ihres vorbestimmten Weges, so wie vorher gesagt wurde. Wenn nun vollkommener Friede geschlossen ist unter diesen Gebietern, die eben genannt wurden, da ist gut zu fahren in jedem ihrer Gebiete, wo man immer fahren will. Da schließt das Meer jeden starken Sturm aus und glättet dort die Wege, wo man vorher vor großen Wellen und hoher See nicht fahren konnte, und die Küsten bieten dann an vielen Stellen Häfen, wo vorher keine Anlegemöglichkeit war. Solange dieser Friedensschluß gilt, da ist also gute Fahrt zu erwarten, für dich und für jeden andern, der sein Schiff will fahren lassen oder selbst von Land zu Land reisen in den Gefahren des Meeres. Es wäre zu verlangen und auch notwendig, gut Bescheid zu wissen, wann die gefährlichen Zeiten eintreten, in denen man nicht fahren soll, oder wann die Zeiten eintreten, in denen man alles wagen kann; denn vernunftlose Geschöpfe achten auf diese Zeiten aus ihrer Natur heraus, ohne Vernunft dazu zu brauchen. Die Fische ohne Menschenverstand wissen sich in den Tiefen des Meeres zu verbergen, wenn im Winter die Stürme am heftigsten sind. Aber wenn es dem Ende des Winters zugeht, da suchen sie mehr die Nähe des Landes auf und sind fröhlich miteinander wie nach überstandener Sorge. Und wenn sie Rogen bekommen haben und der Frühling zunimmt, da gießen sie ihren Rogen aus, bringen eine große Menge junger Fische hervor und vermehren so ihre

Geschlechter, jeder nach Zugehörigkeit und Art. Es ist das eine treffliche Voraussicht der unvernünftigen Geschöpfe, sowohl sich vor dem kommenden Sturm im Winter zu schützen, als daß sie dann ihre Nachkommenschaft im Anfang des Frühlings aussetzen, damit sie das stille Wetter im Sommer genießen und sich an den weiten Küsten in gutem Frieden Nahrung suchen kann, sich auch so durch den Sommer stärken, daß sie genügende Kraft im kommenden Winter hat, sich in den kalten Tiefen unter den anderen Fischen zu bergen.

VERHALTEN DER TIERE IM WINTER UND SOMMER

An jenem Friedensbund erfreut sich ebensowohl die Luft wie das Gewässer, denn wenn der Frühling zunimmt, suchen die Vögel die Höhe der Luft auf mit schönen Gesängen und freuen sich über den Bund, den jene Gebieter gerade geschlossen haben, wie über eine bevorstehende Festzeit und sind so glücklich, als wenn sie einer großen und bedrohlichen Gefahr in dem Zwiste unter den Gebietern entgangen wären. Dann bereiten sie sich Nester auf der Erde und bringen dort junge Vögel hervor, jeder nach seiner Art, und vermehren so ihre Geschlechter und nähren sie während des Sommers, so daß sie sich selbst versorgen können im Winter darauf. Die Erde selbst freut sich dieses Friedensschlusses, denn sobald die Sonne beginnt, ihre heißen Strahlen über das Antlitz der Erde zu breiten, da läßt die Erde die froststarren Wurzeln der Pflanzen auftauen. Sie läßt dann hervorgehen duftende Gräser in smaragdener Farbe und zeigt sich froh mit festlicher Lust in der jungen Schönheit des grünen Schmuckes, und sie bietet fröhlich allen ihren Kindern Nahrung, denen sie vorher wegen der winterlichen Not sie versagen mußte. Die Bäume, die vorher mit froststarren Wurzeln und matthängenden Zweigen dastanden,

Die große Kälte des Nordens

bringen nun ihr grasgrünes Laub hervor und freuen sich, daß die Sorge der winterlichen Not überstanden ist. Die unreinen Geschöpfe und das Gewürm beweisen ihren menschlichen Verstand und ihre Einsicht damit, daß sie die jeweilig passende Zeit wählen für die Vermehrung ihres Geschlechts und das Verlassen ihrer Verstecke. Ebenso geben sie auf die Zeit acht, wenn sie vor der Kälte fliehen sollen und der sturmvollen Not des Winters und sich deshalb unter Steinen verbergen oder in den großen Höhlen oder tiefen Erdlöchern bis zu der Zeit, wenn es der richtige Augenblick ist, wieder hervorzukommen. Die wilden Tiere, die auf den Bergen leben oder in den Wäldern, die verstehen wohl die rechte Zeit zu wählen, mit empfangener Frucht zu gehen, während der Winter am kältesten ist, bis sie ihre Jungen, wenn das frische Gras und der warme Sommer kommt, herausbringen können. Es gibt ein kleines Insekt, Ameise genannt. Sie kann verständigen Leuten viel Lebensklugheit lehren, ob es nun Kaufleute oder Bonden sind, ja auch Königen ebenso wie Geringeren. Sie lehrt die Könige, wie sie Burgen und Schlösser bauen sollen, und ebenso lehrt sie die Bonden und den

Kaufmann, ob es eilig ist oder zu welcher Zeit sie ihre Tätigkeit betreiben sollen, denn wer die rechte Einsicht hat und genau auf das Verhalten der Ameise achtet, der kann vieles beobachten und sich zum Nutzen ziehen. Alle andern Tiere, ob es nun reine oder unreine sind, die erfreuen sich dieser Zeit und suchen so ihre Nahrung während des warmen Sommers mit aller Voraussicht, daß sie ohne Furcht alle Gefahr der winterlichen Not überstehen können. Nun bringt der Friedensbund unter diesen acht Winden alle Freundlichkeit der Luft oder des Landes hervor, ebenso die Bewegung des Meeres, auf das Gebot und nach der geheimnisvollen Kunst dessen, der von Anfang an bestimmte, daß es so immer bestehen sollte, bis er selbst befehlen würde, daß eine Veränderung eintrete. Wenn du nun meinst, nach einer Sache nicht gefragt zu haben, da magst du jetzt weitere Fragen über alles, was du willst, an mich richten.

VI

EBBE UND FLUT

Sohn: Weil ich glaube, richtig gehandelt zu haben, indem ich nach diesen Dingen gefragt habe – denn ich habe dafür so schöne Antworten bekommen –, muß es mich reizen, mit Eurer Erlaubnis mich noch weiter zu erkundigen über das Wachstum des Sonnenlichtes oder des Mondes oder der Meeresströmungen oder der Flut, wie schnell oder in welchem Maße sie wachsen oder abnehmen. Da ich nun grade das auf der Zunge habe, was sich vor allem auf den Beruf der Seefahrer bezieht, so meine ich, daß diese Dinge von ihnen wohl mit Nutzen zur Kenntnis genommen werden, ihren Kurs mit Einsicht zu bestimmen. Und weil ich selbst beabsichtige, mich in dieser Tätigkeit zu versuchen, da wollte ich gern, daß Ihr mir etwas von diesen Dingen erklärt, nach denen ich eben gefragt habe, wenn es angeht.

BEWEGUNG DES MONDES UND DER SONNE

Vater: Bei den Dingen, von denen du eben gesprochen hast, ist nicht überall gleich schnelles Wachsen und Abnehmen. Der Meeresstrom verstärkt seinen Lauf in sieben Tagen und einer halben Stunde des achten, und es wird da an jedem siebenten Tag Flut anstelle der Ebbe, denn um den siebenten Teil wächst er, sobald er anfängt zuzunehmen, und in derselben Weise nimmt er ab in andern sieben Tagen; er beginnt gleich, sich zurückzuwenden für andere sieben Tage und sich zu vermindern und um soviel langsamer, als immer zu den sieben eine halbe Stunde des achten Tages hinzukommen soll. Aber über diese Stunden kann ich dir wohl angeben, wie lang sie sein können, denn es sollen vierundzwanzig Stunden in zwei Taghälften, Tag und Nacht, sein, während die Sonne sich um acht Horizontabschnitte bewegt, und in genauer Rechnung ist es so, daß es drei Stunden des Tages sind, in denen die Sonne einen Horizontabschnitt durchmißt. Aber der

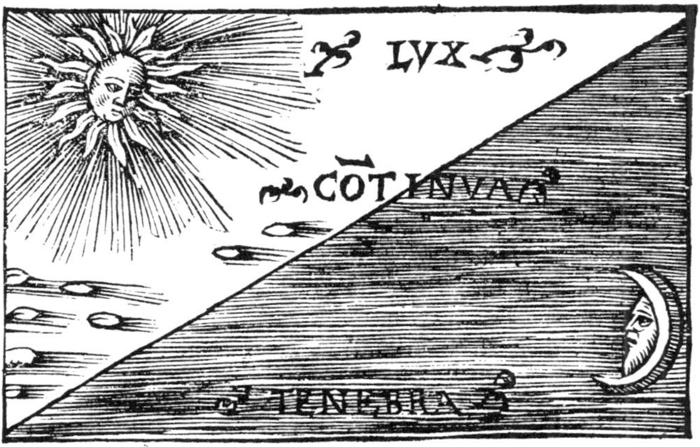

Licht und Dunkelheit, Lux und Tenebra

Mond vollendet seinen Lauf im Zunehmen in fünfzehn Tagen weniger sechs Stunden und derselben Weise nimmt er ab, bis dieser Lauf vollendet ist und der nächste beginnt, und es kommt deshalb immer so zusammen, daß die Ströme während des Neumonds besonders heftig und die Ebben besonders stark sind. Aber wenn der Mond halb angewachsen ist, da sind alle Ströme am schwächsten und ebenso die Ebben. Bei Vollmond sind die Ströme besonders heftig und die Ebben besonders stark, aber bei halb abnehmendem Mond, da sind die Ströme und Ebben am schwächsten. Diese Dinge können die Kaufleute wegen des schnellen Verlaufs kaum beobachten, denn der Mond bewegt sich so rasch entweder auf- oder absteigend, daß man deshalb kaum nach seinem Lauf die Horizontabschnitte bestimmen kann. Aber die Sonne läßt sich deshalb beobachten, weil sie ihren Lauf im Auf- und Absteigen langsamer vollführt, und so kann man nach ihrem Lauf gut alle Horizontabschnitte bestimmen. Sie steigt auf in 180 und zweieinhalb Tagen und drei Stunden, und derselben Weise sinkt sie abwärts, und sie hat also ihren ganzen Lauf vollendet im Auf- und Absteigen in 300 Tagen, das Hundert zu 120 gerechnet, fünf Tagen und sechs Stunden. In jedem vierten Jahre sind es 300 (360) und sechs Tage, und es heißt das ein Schaltjahr, denn das Jahr hat einen Tag mehr als sonst; jene Stunden werden zusammengerechnet zu zwei Taghälften, einer Nacht- und einer Tageshälfte. In den Büchern werden alle Hunderte zu zehn mal zehn gerechnet und es ergibt dann die richtige Rechnung dreihundertundsechzig und sechs Tage, jedesmal wenn es ein Schaltjahr ist, aber zwischen den Schaltjahren, da sind es nur fünf Tage und sechs Stunden und so viele Tage der übrigen Rechnung, wie ich eben gesagt habe.

Stecken zur Vermessung des Himmels Lauf und der Jahreszeit

Was deine Frage wegen des Wachstums der Sonne betrifft, wie man sie am sichersten beobachten kann, so kann das kaum so genau erklärt und gesagt werden, daß gar nichts Irriges dabei wäre, denn die Sonne nimmt nicht an allen Orten der Welt gleich schnell zu. Doch kann ich es dir so gut mitteilen, wie ich es in der Darlegung der Männer gefunden habe, die eingehend darüber gehandelt haben, und wie es am ehesten für wahr zu halten ist. Ich sagte dir, wie viele Stunden in den beiden Tageshälften sind, und gab dir vierundzwanzig an, ferner bestimmte ich dir die Länge jeder Stunde durch den Hinweis, daß drei Stunden vergehen, während die Sonne einen Horizontabschnitt durchwandert. Nun gibt es noch andere kleine Zeitabschnitte, Ostenta genannt, von denen sechzig eine jener Stunden ausmachen, die ich eben erwähnte. Es scheint mir nun am wahrscheinlichsten, daß, so nördlich wie wir uns befinden, die Sonne um fünf dieser kleinen Zeitabschnitte während des Tages und um soviel weniger als sechs zunimmt, als man ein Zwölftel von diesem kleinen Zeitabschnitt abzieht. Und das scheint mir am wahrscheinlichsten über die Erstarkung der Sonne, daß sie wächst drei Viertel von diesen Zeitabschnitten nach Osten und nach Westen, und um ein Viertel zur Höhe des Himmels aufsteigt. Diese Beobachtung mag südlich von uns irrig sein, denn nördlich von uns nimmt die Sonne schneller zu und südlich langsamer, als ich eben angegeben habe, und der Unterschied wird um so größer, je südlicher man kommt.

VII

DER TAG UND DAS JAHR

Sohn: Mit Eurer Erlaubnis will ich mich in dieser Sache noch genauer unterrichten, denn ich verstehe sie nicht ganz. Ihr erwähntet, daß nördlich von uns die Sonne schneller zunehme, wo doch fast kein Sommer ist und die Kraft des Winters so gewaltig, daß es nur einen Schatten von Sommer zu geben scheint und wo an vielen Orten Schnee und Eis wie im Winter so den ganzen Sommer hindurch liegt, zum Beispiel in Island oder Grönland. Ich erfahre aber über die südlichen Länder, daß es da keine Wintersnot gibt und die Sonne dort immer im Winter warm ist wie hier bei uns im Sommer, und es wächst dort alles im Winter, obgleich die Sonne mindere Kraft hat, das Korn sowohl wie alle andern Erdgewächse. Aber im Sommer kann die Erde die Hitze der Sonne nicht ertragen, und es wächst weder Korn noch Gras wegen der Glut, und es bereitet ihnen der Sommer ebenso große Not wegen der Hitze wie uns der Winter wegen der Kälte, ich meine Länder wie Apulien oder mehr noch Palästina. Wenn Ihr nun sagtet, die Sonne nehme schneller hier im Norden zu, so kann ich das nicht verstehen, denn jene haben die gleiche Kraft der Sonne im Winter wie wir im Sommer und um so größere im Sommer, als da alles Erdgewächs verdorrt wegen der übergroßen Hitze, und es scheint mir das am wahrscheinlichsten, daß dort das Zunehmen der Sonne größer ist, wo ihre Kraft größer ist. Wenn Ihr mir dies nun so erklären könnt, daß ich es einsehe, da würde ich gern zuhören und wohl achtgeben.

ZU- UND ABNAHME DES LICHTES

Vater: Etwas Kleines will ich zunächst in dieser Sache vorbringen, über die ich nun sprechen will, und sehen, ob dir das zum Verständnis helfen wird, da es dir so zweifelhaft scheint, ob es dir gelingen wird. Nimm du eine brennende Kerze und setze sie in einen beliebig großen Raum, so ist anzunehmen, daß sie dem ganzen innern Raum Licht gibt, mag er auch groß sein, wenn es durch keinen Gegenstand verhindert wird. Aber wenn du einen Apfel nimmst und hängst ihn gleich neben die Flamme, so nahe, daß der Apfel heiß wird, dann wird er fast die eine Hälfte des Raumes in Schatten legen oder noch mehr. Aber wenn du ihn gleich an der Wand aufhängst, da wird er infolgedessen nicht heiß, und die Kerze erleuchtet den ganzen Innenraum, und es entsteht kaum soviel Schatten an der Wand, wo der Apfel hängt, als die Hälfte des Apfels beträgt. Nun sollst du daraus verstehen, daß der Erdkreis kugelförmig ist und nicht an allen Orten der Sonne gleich nahe. Und da, wo der gewölbte Ring der Bahn der Sonne am nächsten kommt, da wird es dort am allerheißesten, und die Länder sind zum Teil unbewohnbar, die ihren ungebrochenen Strahlen grade gegenüberliegen. Aber die, welche so liegen, daß die Sonne sie trifft mit schrägen Strahlen, diese Länder kann man wohl bewohnen, doch sind die einen heißer als andere, denn einige liegen ihrem Lauf und Weg näher, aber die runde Biegung der Kugelform bringt einen tiefen Schatten hervor, wo es der Sonne am nächsten ist, sobald die gebogene Rundung vor den Schein der Sonne treten kann. Und doch wird es immer dort am heißesten, wo es ihr am nächsten ist. Nun gebe ich dir das zu, daß Apulien heißer ist oder gar Palästina als hier unser Land im Norden, aber es gibt doch Gegenden, die noch viel heißer sind als jedes der beiden. Denn es gibt auch Gegenden, die völlig unbewohnbar sind infolge der Hitze. Doch habe ich zuverlässig erfahren, daß dort tiefe Nacht eintritt, dunkel sowohl wie sehr lang, wenn die Sonne am höchsten steht, und daraus kannst du entnehmen, daß sie dort langsamer zunimmt und niedersteigt, je größer ihre Kraft und Stärke ist und sie näher steht; denn da ist lange Nacht im Sommer, wenn sie am höchsten steht, und langer Tag im Winter, wenn sie am tiefsten steht. Nun will ich dir das ganz genau erklären, so daß du es vollkommen verstehen kannst. Das weißt du, daß hier im Winter bei uns ein kurzer Tag und eine kurze Bewegung der Sonne ist, so daß die Sonne keinen längeren Weg macht, als daß sie einen Horizontabschnitt durchläuft, und doch nur dort, wo die Kraft der Sonne noch ganz gut ist. Aber an manchen Orten ist es so, daß man sie in einem großen Teile des Winters überhaupt nicht sehen kann, vor allem in Halogaland, wovon wir nicht nur Kunde gehabt, sondern es auch oft und genau mit unsern Augen beobachtet und erprobt haben. Denn das wissen wir als sicher, von da ab, wenn der 10. November eintritt, bis der 10. Januar kommt, wird es niemals so heller Tag auf den Lofoten oder bei Andarnes in Halogaland, daß man nicht die Sterne am Himmel deutlich sehen kann zur Mittagszeit ebenso wie um Mitternacht. Auch wenn dann der Tag sich so zu erhellen beginnt, daß man die Sterne nicht mehr sehen kann, so ist es doch an den meisten Orten, von denen wir eben sprachen, so, daß man die Sonne bis zum 23. Januar nicht sehen kann. Von da ab beginnt der Tag so schnell länger zu werden und die Bewegung der Sonne zuzunehmen, daß von der Zeit ab, wenn der 6. April eintritt, der Tag nicht aufhört, bis der 18. September kommt, und es ist also in der ganzen Zwischenzeit alles ein Tag, so daß er in dieser ganzen Zeit niemals unterbrochen wird. Nun kannst du als sicher annehmen, daß, wenn auch die Sonne in den südlichen Ländern, von denen wir vorher sprachen, heißer ist, da nimmt sie doch weniger zu im Aufsteigen, wo eine tiefe Nacht ist, lang und dunkel, mitten im Sommer, und es keine Zeit gibt in allen zwölf Monaten, wo der Tag nicht zu Ende geht. Hier aber in Halogaland, wovon wir sprachen, ist kein Tag im Winter und sieht man die Sterne mitten am Tage, wo er am hellsten sein sollte, und dann, wenn der Tag zu wachsen beginnt, da wächst er so schnell, daß schon im Frühling es anfängt heller Tag in allen Nächten zu werden, was anhält, bis ein großer Teil des Herbstes vergangen ist. Nun ist noch eine Tatsache übrig, die dir ganz klar werden wird: du weißt, daß an diesen selben Orten in Halogaland, wenn der 15. Mai kommt, die

Die Abgötterei von Sonne und Mond

Sonne ebenso hell zu scheinen beginnt in der Nacht wie am Tage und daß sie weder in der Nacht noch am Tag untergeht, sondern immer in derselben Weise scheint sowohl an Helligkeit und sonst, wenn nicht Wolken ihren Glanz verdecken, bis zum 25. Juli. Die Sonne in Halogaland ist nur mäßig warm, und es ist doch nur eine geringe Zeit im Sommer, daß sie ausreichende Hitze hat; aber doch verbleibt sie längere Zeit, wie ich eben gesagt habe, mit ihrer leuchtenden Scheibe und hält so lange den lichten Tag, wie ich angegeben habe; das geschieht nirgendwo in südlichen Ländern, obgleich sie dort heißer ist. Nun beweisen diese Dinge, daß die Sonne hier weiter absteht, denn hier ist es kälter als dort. Aber betreffend ihre Zunahme ist erweislich, daß sie hier schneller zunimmt, da sie hier gleich hell in der Nacht wie am Tage scheint, dort aber nimmt sie langsamer und weniger zu, da die Nacht dort immer ihre Zeit hat, sowohl in Dunkelheit als in Länge, sowohl im Sommer wie im Winter.

VIII

Sohn: Nun verstehe ich dies so gut, daß ich dem nicht widersprechen mag, daß die Sonne dort viel schneller und stärker zunimmt im Aufsteigen, wo fast kein Tag ist im Winter und eine solche Fülle des Sonnenlichtes im Sommer, daß sie in der Nacht ebenso hell scheint wie am Tage, fast den ganzen Sommer über. Und ich sehe ein, daß sie dort um viel weniger zunimmt, wo der Tag im Winter lang ist und die Sonne einen großen Weg macht und heiß ist, aber die Nacht im Sommer lang und dunkel. Die Kaufleute müssen das genau wissen und den Unterschied entsprechend den Meeren, wo sie sich befinden, abschätzen, ob diese nun im Süden oder im Norden liegen. Es scheint mir, daß ich mich nicht länger über diese Sache zu erkundigen brauche, und glaube genügende und wahrhaftige Antworten erhalten zu haben.

Weil wir uns nun mit ernsthaftem Gespräch ermüdet haben, wollen wir uns in unserem Gespräch eine Zeitlang mit unterhaltenden Fragen ausruhen, und ich will Euch bitten, mir gefällig zu sein, wenn ich auch nach einigen Dingen frage, die nicht so notwendig sind wie andere, die bedeutenden Nutzen bringen, und daß Ihr mir Antwort gebt, denn mein Sinn ist manchmal nicht weniger auf Unterhaltung gerichtet als auf das Notwendige. Es kann auch sein, daß es als Ruhepause nach langem Gespräch erscheint, wenn eine Frage in dem Gespräch vorgebracht wird, die den Sinn etwas erheitert. So will ich nun in meinen Fragen das Gespräch auf unterhaltende Dinge bringen, soweit Ihr es billigt und erlaubt.

Vater: Ich erwarte, daß du nur darnach fragen wirst, worin keine Torheit liegt, denn du hast bisher nur Fragen gestellt, die mir ganz passend erschienen, und so magst du immerhin meinetwegen nach einigen Dingen fragen, wie du willst, denn es wird uns freistehen, eine Frage niederfallen zu lassen, wenn sie nicht passend zu sein scheint.

Sohn: Da ich nun die Erlaubnis habe, mir in unterhaltendem Gespräch Auskunft zu verschaffen, so glaube ich nur allzuwenig erfahren zu haben über Irland, Island und Grönland, über die Wunder, die dort sind, zum Beispiel die wundersamen Feuer oder die seltsamen Gewässer, die Arten der Fische und die Ungeheuer, die sich in den umgebenden Meeren bewegen, über die Eisverhältnisse im Meer und auf den Ländern, über das, was die Grönländer Nordlicht nennen, und die Wasserberge, die sich in der grönländischen See bilden.

EINE SCHRIFT ÜBER DIE WUNDER INDIENS

Vater: Ich bin nicht besonders geneigt, über die Wunder zu sprechen, die sich hier im Norden bei uns finden, und der Grund dafür ist etwas Geringfügiges; es ist die Gewohnheit einer gewissen zahlreichen Art von Menschen, das zu bezweifeln, was sie nicht mit Augen gesehen haben, und das meiste davon für erlogen zu erklären. Es ist für mich eine üble Sache, die Rede auf etwas zu bringen, wobei ich nachher ein Lügner genannt werden soll, obgleich ich sicher weiß, daß es wahr ist, teils was ich mit Augen gesehen, teils worüber ich jeden Tag diejenigen befragen kann, die es gesehen und untersucht und die Gewißheit haben, daß es wahr ist, und von denen ich weiß, daß sie darin nicht gelogen haben. Ich erwähne deshalb dieses Bedenken, weil vor einiger Zeit eine kleine Schrift hierher in unser Land gekommen ist, die angeblich in Indien verfaßt worden ist und über Indien handelt; in dem Buche wird angegeben, daß sie an den griechischen Kaiser Emanuel gesandt wurde. Die meisten nun, die sich das Buch anhören, sagen, daß es unmöglich und nichts als Lüge sei, was in dem kleinen Buche berichtet wird. Wenn wir aber sorgfältig in unsern Ländern nachforschen, da gibt es hier wohl nicht weniger Dinge, als dort beschrieben sind, die ebenso wunderbar oder noch wunderbarer in andern Ländern erscheinen dürften, wo solche Dinge nicht gesehen worden sind und man keine Beispiele dafür hat. Nun erklären wir deshalb Dinge für erlogen, weil sie hier nicht gesehen worden sind und wir auch nicht eher davon gehört haben, als wie sie hier in diesem Buch aufgezeichnet sind. Dieses kleine Buch ist weit verbreitet und immer angezweifelt und für unwahrhaftig gehalten worden, und es scheint mir die weite Verbreitung für den Verfasser keine besondere Ehre zu sein, wenn allezeit das für Lüge erklärt wird, was darin geschrieben ist.

IX

WUNDERBARES IN NORWEGEN

Sohn: Es ist mir ungewiß, wie weit unser Gespräch sich verbreiten wird in unsern Tagen oder später, ich will aber doch an meinem Wunsche festhalten, daß wir länger zur Unterhaltung von den Dingen reden, die nach unserer Ansicht in andern Ländern wunderbar erscheinen dürften und von denen wir doch hier durchaus wissen, daß sie nicht erlogen sind. Ich meinesteils will nicht sagen, daß ich großes Mißtrauen gegen das Buch hege, das (angeblich) in Indien verfaßt wurde, wenn auch manches Wunderbare darin erzählt wird, denn hier bei uns sind viele Dinge, die dort wunderbar erscheinen dürften, wenn unser Gespräch gegen alles Erwarten so weit im Fluge dringen sollte, uns hier aber durchaus nicht wunderbar vorkommen. Wenn ich aber über etwas erstaunen darf, das dort erzählt wird, so scheint mir nicht das geringste Wunder zu sein, daß kleine Menschen die großen Flugdrachen zähmen können, die dort im Gebirge oder in den Wildnissen leben, so daß man auf ihnen, wie das Buch davon spricht, reiten kann, wohin man will, wie auf Pferden; während mir diese Tiere so wild und giftig geschildert sind, daß es für den Menschen eine Unmöglichkeit ist, in ihrer Nähe zu sein, geschweige sie in Dienst zu nehmen und zu zähmen.

DAS SKILAUFEN

Vater: Sowohl solche und viele andere Dinge werden dort erzählt, die wunderbar erscheinen, und viele äußern ihren Zweifel darüber. Es scheint mir also nicht notwendig zu sein, die dort beschriebenen Dinge mit denen zusammenzustellen, die hier bei uns sind und dort ebenso wunderbar erscheinen werden

Jagd auf Skiern

wie jene uns hier, von denen du sprachst. Denn das möchte doch wohl möglich sein, Tiere oder andere Lebewesen zu zähmen, wenn sie auch grimmig und schwer zu behandeln sind. Aber das wird jenen als ein größeres Wunder erscheinen, wenn man erfährt, daß es Leute gibt, die Hölzer oder Bretter so zu zähmen wissen, daß jemand, der nicht schneller auf den Füßen ist als andere, wenn er nur seine Schuhe anhat oder barfuß ist – sobald er sich die Bretter unter die Füße schnallt, die acht oder neun Ellen lang sind, da besiegt er die Vögel im Flug oder die Windhunde im Lauf, die am schnellsten laufen können, oder das Rentier, das doppelt so schnell ist wie der Hirsch. Es gibt ja eine große Anzahl Menschen, die so schnell auf den Skiern sind, daß sie in einem einzigen Lauf neun Rentiere oder noch mehr mit ihrem Speer erlegen. Nun wird dies schwer glaublich und wunderbar erscheinen in allen Ländern, wo die Leute nicht wissen, durch welche Kunst und Gewandtheit es möglich ist, bloße Bretter zu solcher Geschwindigkeit zu bringen, daß oben im Gebirge nichts, das an die Erde gebunden ist, hoffen kann, einem Manne im Lauf und in der Geschwindigkeit zu entgehen, der die Bretter an den Füßen hat. Aber sobald er die Bretter von den Füßen ablegt, da ist er nicht schneller als andere. Doch dort, wo man hieran nicht gewöhnt ist, da wird man kaum einen hurtigen Mann finden, dem nicht alle Geschwindigkeit verlorenzugehen scheint, wenn ihm solche Hölzer, von denen ich gesprochen habe, unter die Füße geschnallt werden. Wir jedoch kennen diese Sache gut und haben in jedem Winter die Möglichkeit, sobald Schnee liegt, genug Leute zu sehen, die sich auf diese Kunst verstehen. Ich habe nun kurz vorher einiges erwähnt, das in den meisten andern Ländern für höchst wunderbar gehalten werden mag, da es durchaus gegen die Natur ist, die den meisten andern Ländern eignet, nämlich den Wechsel der beiden Tageshälften, denn hier scheint die Sonne gleich hell und gleich schön mit der gleichen Wärme ebensowohl während der Nacht wie am Tage während eines großen Teils des Sommers.

DAS BIRKEDALS-MOOR

Wunderbar wird auch erscheinen hier im Lande Möre das sogenannte Birkedalsmoor, weil jedes Holz, das hineingeworfen wird und drei Jahre darin liegt, zu Stein wird und seine Holznatur verliert. Denn wenn es ins Feuer geworfen wird, da glüht es dann wie ein Stein, während es früher als Holz brannte, und ich habe viele Steine gesehen und in den Händen gehabt, die zur Hälfte Holz waren, so weit sie aus dem Moore herausgeragt hatten, zur andern Hälfte, die unten im Moore gesteckt hatte, aber Stein. Nun mag das wunderbar erscheinen, denn das Moor liegt in einem Walde, wo genug Baumwuchs ist von aller Art, und sie leiden keinen Schaden, während sie im Wachstum sind, aber sobald sie gefällt sind und trocknen und in das Moor geworfen werden, da verwandeln sie sich zur Art des Steins und verlieren die Holznatur.

X

ISLAND

Sohn: Alle diese Dinge sind mir bekannt, denn sie sind hier im Lande, und ich habe sie alle gesehen, aber jene sind mir alle unbekannt, die sich in Grönland oder Island oder Irland befinden oder in den anliegenden Meeren, denn davon habe ich nur reden hören.

DIE WALE

Vater: Im Meere um Island ist meiner Meinung weniges der Erinnerung oder der Besprechung wert außer den Walen, die sich dort im Meere finden, und sie sind von sehr verschiedener Art und Größe.

Die Wale, die *hnydingar* heißen und am zahlreichsten sind, haben eine Länge von zwanzig Ellen. Einige von ihnen werden auch so klein, daß sie nicht länger sind als zehn Ellen und dazwischen, jeder nach seiner Größe. Und diese Fische haben weder Zähne noch Barten und sind weder für Schiffe noch für Menschen gefährlich, sie fliehen eher vor den Fängern und werden öfters zu Hunderten zusammen an Land getrieben und sind da eine reichliche Nahrung für die Menschen, wo sie in Menge gejagt werden.

Walfische und andere Meeresungeheuer

Dann gibt es noch andere kleine Walarten, wie die *hnisa*, die nicht länger wird als fünf Ellen, oder *leiptr*, der nicht länger wird als sieben Ellen.

Es gibt eine Walart, die man *vognhvalr* nennt. Sie werden nicht länger als zwölf Ellen, und sie haben Zähne nach ihrer Größe etwa so wie Hunde und zeigen die gleiche Schärfe gegen andere Wale wie Hunde gegen (andere) Tiere. Denn sie sammeln sich in Scharen und greifen große Wale an, und wo ein großer Wal für sich allein ist, da beißen sie ihn und ermüden ihn so lange, bis er den Tod davon hat. Es kann auch sein, daß er öfters eine große Anzahl von ihnen mit starken Schlägen in seiner Abwehr tötet, bevor er stirbt.

Dann gibt es zwei Walarten, von denen die eine *andhvalr* heißt und die andere *svínhvalr*. Sie werden nicht länger als fünfundzwanzig Ellen, wenn sie am größten sind. Diese Fische sind für Menschen nicht eßbar, denn das Fett, das von ihnen fließt, kann der Mensch bei sich nicht verdauen und auch kein anderes lebendes Wesen, das es genießt, denn es läuft einfach hindurch und ebenso auch durch Holz, ja auch, wenn es Horn ist, kann es schwerlich drin gehalten werden, wenn es eine Zeitlang darin steht.

Ferner gibt es noch einige Walarten, über die man wenig zu sagen braucht, *hrafnhvalr* und *hvítingr*. Letztere heißen so, weil sie schneeweiße Farbe haben, aber alle andern Walarten sind schwarz, außer daß an einigen (helle) Flecken sind, sowie am *skjaldhvalr* oder am *geirhvalr* oder am *bardhvalr*. Alle diese Walarten, die ich eben genannt habe, sind gut zu essen und ebenso manche andere.

Dann heißt eine Walart *fiskreki* (Fischtreiber), der den Menschen wohl am meisten nützlich ist, denn er treibt aus der hohen See auf das Land zu Heringe und andre Fische aller Art, und er hat dabei eine so wundersame

Natur, daß er Menschen und Schiffe zu schonen weiß und ihnen Heringe und allerhand Fische zutreibt, als sei er dazu verordnet und gesandt von Gott und als sei es sein pflichtmäßiges Amt, solange immer die Fischer in friedlicher Weise ihren Fang betreiben. Aber wenn sie in Zwist geraten und sich schlagen, so daß Blut vergossen wird, da ist es, als merke es dieser Wal, und er schwimmt dann zwischen dem Land und den Fischen und treibt sie allesamt fort und von den Fischern in die hohe See hinaus, ebenso wie er sie vorher ihnen zugetrieben hatte. Und dieser Wal ist nicht länger als dreißig Ellen und ist für Menschen wohl eßbar, wenn es erlaubt wäre, ihn zu jagen. Aber es ist verboten, auf ihn Jagd zu machen oder ihn zu verletzen, weil er den Menschen immer großen Nutzen bringt.

Und dann gibt es eine Walart, die *búrhvalr* heißt, diese Wale haben Zähne, nicht größer, als daß man daraus große Messerhafte oder Spielsteine herstellen kann. Sie sind weder wild noch grimmig, vielmehr friedfertig und fliehen, soviel sie können, vor den Fängern. Sie sind etwa von der Größe wie die, von denen ich zuletzt gesprochen habe. Aber ein einzelner hat so viel Zähne im Kopfe, daß es wohl siebzig von dieser gleichen Art sind.

Dann gibt es eine Walart, die *sléttibaka* genannt wird. Sie haben kein Horn auf dem Rücken und sind an Wuchs etwa von der gleichen Größe wie die zuletzt genannten. Die Männer, die auf der See fahren, fürchten sie sehr, denn es ist ihre Natur so, daß sie gern mit den Schiffen ihr Spiel treiben.

Ferner gibt es eine Walart, die *hafrkitti* heißt. Sie haben eine merkwürdige Natur, denn sie haben in ihrer Bauchhöhle eine Netzhaut und Fett wie Rinder. Diese Wale werden nicht länger als dreißig Ellen, wenn es die längsten sind.

Dann gibt es Walarten, die wild und grimmig gegen Menschen sind und immer suchen, die Menschen zu vernichten, die sie erlangen können. Die eine heißt *hrosshvalr*, die andere *raudkembingr.* Diese Wale sind voller Gier und Bosheit; niemals werden sie es satt, Menschen zu töten, denn sie treiben sich in allen Meeren umher und suchen Schiffe zu finden. Dann springen sie auf, um sie auf die Art rascher versenken und so vernichten zu können. Diese Fische sind für Menschen nicht zu essen, vielmehr widerwärtig, als seien sie dem Menschengeschlecht zu Feinden bestimmt. Sie werden nicht länger als dreißig oder vierzig Ellen, wenn es die längsten sind.

Dann gibt es noch eine Walart, die *náhvalr* heißt, davon darf man wegen Schädlichkeit nicht essen, denn die werden krank und sterben, die davon essen. Dieser Wal ist nicht groß von Wuchs, er wird nicht länger als zwanzig Ellen. Er ist durchaus nicht wild, eher vermeidet er die Begegnung mit Fängern. Er hat Zähne im Kopfe, und zwar alle klein, außer einem großen, der steht im Oberkiefer vorn in seinem Kopfe, er ist schön und wohlgeformt und so grade wie ein Lauch, er ist sieben Ellen lang, wenn er am längsten werden kann, und ganz gedreht, als wäre er mit einem Werkzeuge verfertigt. Er steht gerade aus dem Kopfe heraus, wenn er seines Weges zieht. Und so spitz und gerade er auch ist, so dient er ihm doch nicht zur Wehr, vielmehr ist er so vorsichtig und sorgsam damit, daß er ihn durch nichts berühren läßt. Ich kenne nicht mehr Wale, die für Menschen nicht eßbar sind, als diese fünf, die ich nun aufgezählt habe, die zwei, die ich zuerst nannte, den *svínhvalr* und den *andhvalr*, und dann die drei, die ich später anführte, den *hrosshvalr*, den *raudkembingr* und den *náhvalr.*

Nun habe ich die Walarten noch nicht aufgezählt,

Ein Sprützwal bedrängt ein Schiff

die noch größer an Wuchs sind. Sie sind alle für Menschen eßbar, die ich dir nun beschreiben werde. – Einige von ihnen gefährden das Leben der Menschen, doch andere sind friedfertig und sanftmütig.

Skeljungr heißt eine Art unter ihnen, und dieser Fisch ist groß an Wuchs und wild gegen Schiffe. Es ist seine Weise, die Schiffe mit seinen Schwimmfinnen zu schlagen, oder aber er bleibt in Fahrt und legt sich vor die Schiffe, wo die Männer angesegelt kommen, und wenn auch die Männer vor ihm ausweichen wollen, so legt er sich immer davor und es bleibt ihnen nichts übrig, als ihn anzusegeln. Und wenn Schiffe ihn ansegeln, da bringt er sie zum Kentern, zerbricht sie und vernichtet alles, was an Bord ist. Der Fisch wird siebzig Ellen lang oder achtzig, wenn es die längsten sind. Die Fische sind gut zu essen.

Dann gibt es eine Walart, die *nordhvalr* heißt. Der Fisch ist achtzig Ellen lang oder neunzig, wenn es die längsten sind, und ist ebenso dick wie lang, denn ein Seil, das nach seiner Länge ausgespannt ist, das paßt auch für seinen Umfang, da wo er am dicksten ist. Er hat auch einen so großen Kopf, daß er gut ein Drittel seines Leibes ausmacht. Dieser Fisch lebt reinlich, denn man sagt, daß er keine andere Speise zu sich nimmt als Nebel und den Regen, der aus der Luft auf das Meer fällt. Und wenn er erlegt und sein Eingeweide geöffnet wird, da findet man nichts Unklares in seinem Magen wie bei andern Walen, die Speise zu sich nehmen, denn sein Magen ist rein und leer. Er kann seinen Mund nicht gut öffnen, denn die Barten, die in seinem Mund gewachsen sind, stellen sich quer mitten durch, sobald er ihn weiter aufsperrt, und er hat öfters den Tod davon, daß er seinen Mund nicht wieder schließen kann. Er ist nicht sehr wild gegen Schiffe, er hat auch keine Zähne, ist ein fetter Fisch und gut zu essen.

Dann gibt es noch eine Walart, die *reydr* heißt, und dieser Fisch ist der allerbeste als Nahrung. Er ist ein sanftmütiger Fisch und den Schiffen nicht gefährlich, wenn er ihnen auch nahe kommt. Dieser Fisch ist groß und lang an Wuchs. So sagt man, daß der längste, den Fänger erlegt haben, dreizehn mal zehn Ellen, also 130 Ellen, das Hundert zu zehn mal zehn gerechnet, lang gewesen sei. Er wird oft erlegt von den Fängern, da er sanftmütig und friedfertig ist; er ist besser zu essen und hat einen besseren Geruch als alle andern Wale, von denen wir bisher gesprochen haben. Er gilt aber doch als sehr fett. Er hat auch keine Zähne. Es wird auch erzählt, daß wenn jemand seinen Samen bekommen kann, so daß er sicher wüßte, er stamme von ihm und nicht von andern Walen, daß der das beste Heilmittel sei für die Augen, gegen Aussatz, Fieber, Kopfschmerz und überhaupt gegen alle Krankheiten, welche die Menschen bekommen können. Doch ist auch der Same anderer Wale gut, doch nicht so gut, wie dieser ist.

Nun habe ich dir wohl die meisten Walarten aufgezählt, auf welche man Jagd macht. Ein Fisch ist noch unerwähnt geblieben, von dem zu reden ich mich ziemlich scheue, wegen seiner Größe, die den meisten wohl unglaublich erscheinen wird. Es können auch die wenigsten von ihm etwas Gewisses sagen, denn er zeigt sich in den seltensten Fällen in der Nähe des Landes oder wo er Fänger treffen könnte, und ich glaube nicht, daß es viele dieser Art in den Meeren gibt. Wir nennen ihn meistens in unserer Sprache *hafgufa* (Meerrauch). Ich kann nichts Bestimmtes von seiner Länge nach der Zahl der Ellen angeben, denn in den Fällen, daß er sich Menschen gezeigt hat, da hat er einem Lande ähnlicher gesehen als einem Walfisch. Ich weiß nichts davon, daß er je erlegt oder tot gefunden wäre, und das halte ich für wahrscheinlich, daß es nicht mehr als zwei in den Meeren gibt, und nicht glaube ich, daß sie miteinander Nachkommenschaft erzeugen, denn ich meine, daß es immer dieselben sind. Es würde für die andern Wale nicht gut sein, wenn es so viele wären wie die übrigen Wale wegen ihrer Größe und der gewaltigen Nahrung, die sie nötig haben. Es wird erzählt, daß so die Natur dieser Fische sei: wenn er fressen will, lasse er aus seinem Halse einen mächtigen Rülpser gehen, und mit diesem Rülpser komme soviel Fraß heraus, daß allerhand Fische, die sich in der Nähe befinden, sich darum sammeln, sowohl kleine wie große, und meinen, daß sie sich da an Speise und guter Nahrung gütlich tun können. Aber dieser große Fisch läßt mittlerweile sein Maul offenstehen, und dies Tor ist nicht kleiner als ein großer Sund oder Fjord, und die Fische verstehen sich nicht in acht zu nehmen und schwimmen in ihrer Masse hinein. Und sobald sein Bauch und sein Maul voll ist, da macht er sein Maul zu und hat alle erjagt und drinnen geborgen, die vorher begierig waren, dorthin zu kommen, um Nahrung zu fassen.

Nun habe ich dir das meiste erzählt und dir gesagt, was besonders wunderbar zu sein scheint in dem Meere um Island, und doch wohl einiges erzählt, was in andern Gegenden leicht in größerer Mannigfaltigkeit vorhanden ist, als da, wo ich es angeführt habe.

XI

DIE ISLÄNDISCHEN VULKANE

Sohn: Da wir nun der meisten Walfische gedacht haben, die dort in den Meeren herumziehen und der Erwähnung wert sind in unserm Gespräch, da möchte ich nun die Rede auf die Dinge bringen, die auf dem Lande vor allem der Erwähnung wert sind. Was denkt Ihr über die mächtigen Feuerausbrüche, die dort so übergewaltig sind in dem Lande. Entstehen sie wohl aus einer gewissen Eigenart des Landes, oder kann es sein, daß sie eine geistige Ursache haben? Und was meint Ihr über die schrecklichen Erdbeben, die dort entstehen können, oder über die wundersamen Gewässer oder die Eismassen, die das ganze obere Land bedecken.

Gefährliche Zwirbel und Strudel von Meeresvulkanen

Vater: Was die Eismassen angeht, die in Island sich finden, so meine ich, daß das Land seine Lage entgelten muß, da es in der Nähe von Grönland liegt, und es ist zu erwarten, daß von dorther starke Kälte herströmt, weil es mehr als alle andern Länder von Eis bedeckt ist. Und weil nun Island von dort große Kälte erhält und dabei doch wenig Wärme von der Sonne, so hat es deshalb diese große Masse Eis auf seinen Gebirgen. Betreffend das Feuer, das dort zum Ausbruch kommt, weiß ich weniger, was ich darüber sagen soll, denn seine Natur ist seltsam. Ich habe in Sizilien erfahren, daß dort gewaltiger Ausbruch des Feuers vorkommt, es verbrennt Holz und Erde. Es wird im Dialogus gesagt, der heilige Gregorius habe behauptet, daß die Stätte der Höllenpein in Sizilien, in dem dortigen Feuer sei; indessen hält man es für wahrscheinlicher, in dem Feuer, das in Island ausbricht, da sei vielmehr die Stätte der Pein. Denn das Feuer, das in Sizilien ist, zieht an sich zu seiner Nahrung Lebendes, indem es Erde und Holz verbrennt. Das Holz ist lebendig, es wächst und erzeugt grünes Laub, und dann verfällt es und verdorrt, wenn es abstirbt. Man darf es also lebendig nennen, solang es grün ist, da es gleich stirbt, wenn es verfällt. Auch die Erde darf man allerdings lebendig nennen; sie erzeugt zu gewissen Zeiten großes Wachstum, und sobald dies niedergefallen ist, so erzeugt sie neues Wachstum. Ebenso ist es mit jedem körperlichen Geschöpf, das lebendig ist; es entstammt der Erde, und deshalb darf man sie lebendig nennen. Also diese beiden Dinge, Holz und Erde, verbrennt das sizilische Feuer und nimmt es als Nahrung zu sich. Aber das Feuer, das in Island ist, das verbrennt Holz nicht, wenn es auch hineingeworfen wird, und ebensowenig Erde, aber Steine und harten Fels, das nimmt es als Nahrung zu sich und wird dadurch entflammt so wie anderes Feuer von dürrem Holz, und niemals ist Stein oder Fels so hart, daß er nicht wie Wachs zergehe und dann wie fettes Öl brenne. Aber wenn du Holz in das Feuer wirfst, da schwelt es nur und will nicht brennen. Weil also dieses Feuer sich von nichts anderem nähren will als von toten Dingen (denn wir wissen, daß Stein und Fels etwas Totes sind) und es alles abweist, wovon anderes Feuer sich nährt, da darf man mit Recht sagen, daß dieses Feuer (selbst) tot ist und am ehesten für das Feuer der Hölle angesehen werden kann, denn dort sind alle Dinge tot.

HEISSE QUELLEN Ebenso meine ich von einigen Gewässern, die sich dort finden, daß sie ihrem Wesen nach gewissermaßen tot sind, wie das Feuer, von dem ich sprach. Es gibt da nämlich Quellen, die immer und immer heftig aufkochen, im Winter wie im Sommer. Nun ist bisweilen die Gewalt des Aufkochens so groß, daß sie aus sich heraus das Wasser hoch in die Luft speien. Und was man dort neben die Quellen legt in der Zeit, wenn sie speien, ob nun Tuch oder Holz oder was es sonst sein mag, das wird alles zu Stein, wenn das Wasser im Niederfallen es trifft. Gerade das macht es mir wahrscheinlich, daß dieses Wasser tot sein mag, weil es alles, was es mit seinem Fallen benäßt, zu totem Wesen verwandelt, denn das Wesen des Steins ist tot. Sollte aber dieses Feuer nicht tot sein und entstünde es irgendwie aus der Natur des Landes oder aus (gewissen) Vorgängen, so dürfte das am wahrscheinlichsten sein in Hinsicht auf die Beschaffenheit des Landes, daß sein Untergrund gebildet sein mag mit vielen Adern und leeren Gängen und großen Höhlen. Und dann kann es so geschehen, entweder durch scharfe Winde oder durch die Gewalt des tosenden Wasserschwalls, daß diese Adern oder Höhlen sich mit Winden so anfüllen, daß sie den Stoß des Windes nicht mehr aushalten, und daher kann es kommen, daß die starken Erdbeben entstehen, die in diesem Lande sich ereignen. Wenn nun dies mit einiger Wahrscheinlichkeit und in dieser Art angenommen werden dürfte, da könnte es sein, daß von dem starken Stoß im Untergrunde des Landes das mächtige Feuer entzündet wäre und entstehe, das an verschiedenen Orten des Landes hervorbricht. Nun soll man das nicht für gesicherte Wahrheit halten, daß es so sei, wie ich gesagt habe, man muß vielmehr solche Tatsachen für die Wahrscheinlichkeit sammeln, die am annehmbarsten dafür erscheinen. Denn das sehen wir, daß alles Feuer aus Kraftanwendung entsteht: wenn der Schlag des harten Steins mit dem des harten Eisens zusammenkommt, da springt Feuer aus dem Eisen, und zwar durch die Kraft, mit der sie aneinandergeschlagen werden. Du kannst auch Hölzer aneinanderreiben, bis Feuer aus der Arbeit entsteht, die sie haben. Oft geschieht es ferner, daß zwei Winde gleichzeitig gegeneinander sich erheben, und wenn sie in der Luft zusammenstoßen, da gibt es einen großen Krach, und es entsteht daraus ein großes Feuer, das sich weit umher in der Luft verbreitet. Es kann auch mitunter geschehen, daß das Feuer zur Erde hinabfährt und dort großen Schaden anrichtet, Häuser anzündet, manchmal auch Wälder und Schiffe auf hoher See. Aber alle diese Arten des Feuers, die ich nun genannt habe, ob sie nun aus dem Eisen entstehen oder durch den Zusammenstoß der Winde in der Luft oder (sonst) durch irgendeine sehr starke Kraft, die Feuer erzeugt, brennen doch Bäume und Wälder und Erde, aber das Feuer, von dem ich vorher sprach und das in Island ausbricht, das weist alle diese Dinge ab, so wie ich dir früher sagte. Nun spricht die Wahrscheinlichkeit dafür, und man darf über seine Natur vermuten, daß es eher aus toten Dingen und anderen Stoffen entsteht als den eben erwähnten. Und wenn es sich so verhält, wie ich die Vermutung geäußert habe über die großen Erdbeben, die in dem Lande sich ereignen, da entstehen sie also durch das Stürmen des Feuers, das in dem Untergrunde des Landes sich den Weg bricht.

XII

Sohn: Ich möchte noch etwas ausführlicher über dieses Feuer Auskunft haben. Ihr erwähntet vorher in Eurer Rede, Gregorius habe im Dialogus geschrieben, daß die Stätte der Pein in Sizilien sei, doch (auch) ich halte es für wahrscheinlicher, daß die Stätte in Island ist. Weil Ihr nun davon sprecht, daß eine so große Feuermasse im Untergrunde des Landes sei, daß von dem Ansturm des Feuers Erdbeben entstehen, und weil das Feuer für Stein und Fels so verderblich ist, daß es sie aufbrennt wie Wachs und sich nur davon nährt, da sollte ich denken, das Feuer müßte bald den ganzen Untergrund des Landes und so alles Felsige unter dem Lande verzehrt haben. Auch wenn Euch meine Frage über die Sache kindlich vorkommen sollte, so möchte ich Euch doch darum bitten, mir freundlicherweise zu antworten, denn ich werde noch manche Frage stellen, die mehr auf Jugend als auf Verstand deutet.

Vater: Ich zweifle nicht daran, daß die Stätten der Pein in Island sind, und zwar an mehreren Orten, nicht nur im Feuer, denn nicht geringer als das Feuer ist die Furchtbarkeit der Gletscher und des Frostes in dem Lande.

WASSERFÄLLE Da sind auch die Quellen mit kochendem Wasser, von denen ich zuvor gesprochen habe, ferner kalte Gewässer, die unter den Gletschern mit solcher Masse hervorströmen, daß Fels und Land, die in der Näh sind, erzittern, weil das Wasser mit solcher

Wassermassen stürzen über Fels, Land und Mensch

Wildheit und in so gewaltigen Fällen abstürzt, daß die Felsen beben unter der Übergewalt und Wildheit. Niemand kann an die Uferränder zu einer Untersuchung herantreten, außer man habe ein langes Seil, an das man die bindet, die das Wasser zur Untersuchung beschauen wollen, während andere weitab sitzen zur Hut des Seils, so daß sie jene sogleich zurück zu sich ziehen können, wenn die Wildheit des Wassers ihnen die Besinnung raubt. Nun halte ich für gewiß, wo immer sich solche furchterregenden Erscheinungen mit besonderer Gewalt zeigen, daß da sicherlich Straförter sind und daß Gott so Großes und Schreckliches den Menschen auf der Erde offenbart, damit die Menschen sich um so mehr scheuen und bei sich bedenken, die Pein müsse man sich groß vorstellen, die der Mensch nach seinem Tode erdulden muß, nach dem, was er jetzt im Leben auf der Erde sieht. Vielmehr sollte er das bei sich bedenken, daß alles viel gewaltiger sein wird, das unsichtbar und ihm zu sehen nicht erlaubt ist. Diese Dinge dienen uns zum Zeugnis, daß es nicht erlogen ist, was uns gesagt wird, daß diejenigen Qualen zu erwarten haben wegen ihrer bösen und unrechten Werke, die aus dieser Welt abscheiden und hier sich nicht scheuen wollen, solange sie leben. Es möchten sonst viele törichte Leute denken, es wäre nichts anderes als Lüge und nichts wert, nur gesagt, um Furcht einzuflößen, wenn nicht solche Zeugnisse vorhanden wären, wie ich sie vorhin geschildert habe. Nun aber kann es niemand bestreiten, da er es vor seinen Augen sehen kann; denn solche Dinge werden uns von der Pein in der Hölle berichtet, wie wir sie auf dieser Insel sehen, die Island heißt: da gibt es genug des rasenden Feuers oder Gewalt des Frostes und der Gletscher, kochendes Wasser und die Wildheit eiskalter Ströme.

Aber was du vorhin über das Feuer sagtest, es müßte den Untergrund des Landes und die Berge schmelzen und verbrennen, so daß dadurch das ganze Land vernichtet würde, so kann das nicht vor der Zeit geschehen, die Gott vorherbestimmt hat, denn das Geschöpf und alles andere bestimmt sich nicht selbst, vielmehr geschieht alles so, wie die göttliche Vorsehung von Anfang an es geordnet hat. Das wird dir deutlicher werden, wenn ich dir einige Beispiele zeige, aus denen du solche Erkenntnis entnehmen kannst. Als der Fürst des Todes Hiob versuchen wollte, da hatte er doch nicht weiter Gewalt über ihn, als er sich dazu Erlaubnis erbeten hatte. Und als er diese Erlaubnis bekommen hatte, da war ihm doch nicht die Möglichkeit gegeben, seinen Willen weiter durchzusetzen, als es ihm erlaubt war. Denn gern würde er ihn gleich getötet haben, wenn ihm dies gestattet gewesen wäre. Aber er hatte nur dazu Erlaubnis erhalten, sein Vieh zu nehmen, und nahm das Ganze sofort, denn ihn selbst zu vernichten war ihm nicht zugelassen. Und als ihn gelüstete, nochmals um Erlaubnis zu einer stärkeren Versuchung Hiobs zu bitten, als sie vorher gewesen war, da wurde ihm gestattet, nach seinem Willen mit dem Körper Hiobs zu verfahren und mit allem seinem Hausstand, der ihm gehörte; aber die Erlaubnis erhielt er nicht, seine Seele von seinem Leibe zu trennen, bevor die Zeit käme, die der vorherbestimmt hatte, der alle Macht hatte über sein Geschick und seine Lebenszeit. Sogleich als Satan die Erlaubnis dazu erhalten hatte, nach seinem Willen mit ihm zu verfahren, da zeigte er gleich, wie gutwillig er in allem war, das ihm freistand, denn es steht geschrieben, daß Satan Hiob der ganzen Masse seines Viehes, seiner sieben Söhne und dreier Töchter beraubte, und er schlug dann seinen ganzen Körper mit schrecklichem Aussatz vom Wirbel bis zur Fußsohle. Es besteht hier also ein Unterschied, den wir wohl beachten müssen, daß der Fürst des Lebens über alle Dinge Gewalt hat und selbst gutwillig ist, aber der Fürst des Todes ist böswillig und hat in nichts Freiheit als nur in dem, wozu er vorher die Erlaubnis erhält von dem, der über alles bestimmt, und das ist der allwaltende Gott. Der Teufel kann daher den Menschen keinen Schaden zufügen, so daß sie in dem toten Feuer vernichtet werden, das er entzündet und dann eifrig unterhält mit furchtbaren Erdbeben oder irgendeiner Grimmigkeit oder einer Bosheit, zu der er Lust hat; zu mehr aber erhält er nicht die Erlaubnis als zu solchen Dingen, als er gerade vornimmt, so wie es besonders aus solchen Beispielen hervorgeht, wie ich dir eines von Hiob anführte und wofür es genug ausreichende dieser Art gibt, wenn es notwendig erscheinen sollte, viele Beispiele für eine Sache anzuführen.

XIII

SUMPFEISEN

Sohn: Um so besser würde es mir scheinen, wenn ich mehr Beispiele aus Eurem Munde hören könnte, die mich zur Klugheit leiteten. Das Beispiel, das Ihr soeben besprochen habt, führt mich zu vollem Verständnis, daß, wenn es Satan nicht freistand mit einem Manne nach seinem Willen zu verfahren über das hinaus, was ihm erlaubt war, er sicherlich noch weniger Gewalt haben wird, bei den Tausenden von Menschen seinen Willen durchzusetzen über das hinaus, wozu ihm Erlaubnis gegeben ist, das gilt sowohl für ihn selbst wie für irgendeinen seiner Amtsleute.

Wenn wir nun in der unterhaltenden Besprechung fortfahren sollen, die wir begonnen haben, da möchte ich wissen, ob nach Eurer Meinung noch mehr Dinge auf dieser Insel sich finden, die des Gedenkens in der Rede wert sind und wunderbar erscheinen dürften.

Vater: Die meisten Dinge habe ich erwähnt, die auf dieser Insel besonders der Besprechung wert sind. Doch gibt es noch einiges, das man erwähnen kann, wenn man will.

In diesem Lande gibt es sehr viel Erz, aus dem Eisen zu gewinnen ist, und dies Erz nennen die Einwohner *raudi*. Dieses Erz wurde in Menge eines Tages gefunden, und als sich die Leute den nächsten Tag dorthin aufmachten, um es zu schmelzen und Eisen daraus zu gewinnen, da war der *raudi* verschwunden, so daß niemand weiß, wohin er versunken ist, und das wird im Lande das Wunder des *raudi* genannt.

BIERQUELLEN

Dann gibt es etwas anderes, das den Menschen wunderbar zu sein scheint. Es wird erzählt, daß es auf Island Quellen gibt, welche die Leute Bierquellen nennen, und zwar deshalb, weil ihr Wasser dem Geruche nach dem Bier ähnlicher ist als dem Wasser. Und wenn Leute daraus trinken, so werden sie davon nicht angefüllt wie von anderem Wasser, vielmehr setzt sich das fest und geht ins Fleisch wie Bier. Es gibt mehr als eine Quelle in dem Lande, die Bierquellen heißen, aber doch ist eine die beste und berühmteste von allen, und die liegt in dem Tal, das *Hitardalr* heißt. So wird erzählt von dieser Quelle oder vielmehr von ihrem Wasser, das darin ist, daß es ganz den gleichen Geschmack wie Bier hat und reichlich vorhanden ist zum Trinken, und man sagt, daß es den Mann etwas berauscht, wenn es in genügender Menge getrunken wird. Wenn Leute ein Haus um die Quelle errichten wollen, da begibt sich die Quelle fort aus dem Hause und bricht außerhalb des Hauses heraus. Es wird auch erzählt, daß die Leute dort an der Quelle trinken können, soviel jeder will, aber wenn sie das Wasser mit sich fortnehmen wollen, verliert es bald die Kraft und ist dann nicht besser als anderes Wasser oder noch schlechter.

Nun habe ich deshalb so viele und auch geringere Dinge angeführt, weil sie dort wundersam zu sein erscheinen. Es kommen mir nicht mehr Dinge in den Sinn, die dort in dem Lande der Erwähnung wert sind.

XIV

IRLAND

Sohn: Da wir nun einmal ein Gespräch zur Unterhaltung angefangen und von den Wundern gesprochen haben, die auf Island sind und in der isländischen See, so wollen wir es damit beschließen, daß wir der Dinge gedenken, die in der grönländischen See sind oder auf dem Lande selbst, und ferner Irlands und der Wunder, die dort sind.

Vater: Wenn wir nun einiges über diese (beiden) vorbringen sollen, so sind sie verschiedener Natur und keineswegs beide einer Art, denn die Wunder, die in

Grönland oder Island sind, bestehen in der furchtbaren Gewalt des Frostes und der Gletscher oder anderseits des Feuers und Brandes, ferner in den großen Fischen und vielen, vielen andern Meerungeheuern, und beide Länder sind so übel und rauh, daß sie deshalb kaum bewohnbar sind, Irland aber ist fast das beste der Länder, soweit die Menschen wissen, wenn auch da kein Wein wächst. Es sind da viele Dinge, die wunderbar erscheinen dürften, einiges doch von der Art, daß das Land heiliger genannt werden darf als andere Länder wegen wunderbarer Dinge, die sich dort finden. Es liegt in einem Teil der Welt, der so gemäßigt ist mit Hitze und Kälte, daß es da niemals allzu heiß oder allzu kalt wird. Übergroße Hitze wird dort niemals im Sommer schädlich oder übergroße Kälte im Winter, denn in allen Wintern weidet dort alles Vieh im Freien, Schafe wie Rinder, und die Männer gehen dort fast ohne Kleider im Winter wie im Sommer. Und das Land ist so heilig vor andern Ländern, daß dort kein giftiges Tier leben kann, weder Schlangen noch Kröten, und wenn sie aus andern Ländern dorthin gebracht werden, da sterben sie sofort, wenn sie mit der bloßen Erde oder Stein in Berührung kommen. Und wenn etwas aus diesem Lande genommen wird, entweder Holz, Erde oder Sand, und in andere Länder gebracht, wo es giftige Tiere gibt, und es wird die Erde oder der Sand um sie herum gestreut dort, wo sie liegen, da kommen sie niemals mehr aus diesem Kreise und bleiben dort in ihm tot liegen. Und wenn du ein Holz nimmst, das aus diesem Lande ist, wie ich eben sagte, und ziehst einen Ring um sie (die giftigen Tiere), indem du in die Erde mit dem Holze eine Furche ziehst, da liegen sie alle tot in diesem Ringe. Das wird auch von Irland erzählt, daß die Menschen kaum in einem Eiland von dieser Größe so viele heilige Männer wissen wie dort.

Der ungestüme Wind Circius über Irland

Ferner wird erzählt, daß das Volk (selbst), welches das Land bewohnt, an sich grimmig und auch mordlustig und wild ist. Aber so mordlustig sie sind und so viele heilige Männer auch in ihrem Lande sind, so haben sie doch keinen von ihnen getötet, und alle Heiligen, die dort sind, haben alle den Tod durch Krankheit gefunden, denn jene sind wohlgesinnt gewesen gegen alle guten und heiligen Männer, wenn auch grimmig untereinander.

SEEN UND QUELLEN

Ein See ist auch in diesem Lande, von dessen Natur Wunderbares erzählt wird, der See wird in ihrer Sprache *Logheehag* genannt. Das Gewässer ist ziemlich groß an Umfang. Und das ist die Natur dieses Wassers: wenn du einen Zweig von dem Strauch nimmst, den einige *beinvidr,* andere *hulfr* nennen, auf lateinisch *acrifolium,* und so in das Wasser setzt, daß ein Teil in der Erde steckt, ein Teil im Wasser ist und ein Teil oben aus dem Wasser heraussteht, dann wird der Teil zu Eisen, der in der Erde steckt, und der zu Stein, der im Wasser ist, und das Holz, das aus dem Wasser heraussteht, bleibt, was es war. Wenn du aber eine andere Holzart nimmst als diese, so verliert sie nicht ihre Natur, wenn du sie auch in dieses Wasser bringst. Dann gibt es zwei Quellen auf einem Berge, der *Bladma* heißt, und das ist ein fast ganz öder Berg, aber die Quellen haben eine wunderbare Natur. Die eine Quelle hat die Natur, daß, wenn du ein weißes Schaf, Rind oder Pferd oder einen Mann mit weißen Haaren nimmst und wäschst eines von diesen in dem Wasser, da wird es sofort kohlschwarz. Und folgendes ist die Natur der anderen Quelle: wenn jemand sich darin wäscht, welche Haarfarbe er auch vorher hatte, ob rote oder blonde oder schwarze, so wird dann sein Haar schneeweiß, als sei er ein ganz alter Mann.

Ferner gibt es noch einen See in dem Lande, den sie in ihrer Sprache *Loghica* nennen. In diesem See ist eine kleine Insel, als sei es eine schwimmende Insel. Sie schwimmt im See herum und kommt hier und da bisweilen dem Ufer so nahe, daß man die Insel betreten kann, und das geschieht meistens an Sonntagen. Und das ist die Natur dieser Insel: wenn jemand, der krank ist, welche Krankheit er auch haben mag, diese Insel betritt und etwas von den Kräutern genießt, die auf der Insel wachsen, so wird er gleich gesund. Das gehört auch zu ihrer Natur, daß niemals mehr als einer auf sie kommen kann, wenn auch viele es begehren, denn die Insel schwimmt gleich vom Lande, sobald einer sie betritt. Ferner hat sie noch die Eigenschaft, daß sie sieben Jahre hindurch ununterbrochen in dem See herumschwimmt, aber wenn sieben Jahre vergangen sind, schwimmt sie an irgendeine Stelle an das Land und verwächst mit dem anderen Boden, als wenn sie immer dazugehört hätte. Und während dieser Zeit, da hört es sich an, als käme ein starkes Dröhnen wie von einem Donnerwetter, und nachdem der Donner vergangen ist, sieht man eine gleiche Insel im See, wie die frühere war, in derselben Größe und mit den gleichen Eigenschaften, und so geht es von sieben zu sieben Jahren, daß immer, wenn die eine Insel mit dem Ufer verwächst, eine andere erscheint, und niemand weiß, woher sie kommt.

SIEDLUNGEN UND LEGENDEN

Dann ist dort in dem Lande eine kleine Insel, die in ihrer Sprache *Inhisgluer* heißt. Da ist eine große Ansiedlung auf dieser Insel, und es steht da eine Kirche, denn es leben so viele Menschen auf der Insel, als zu einer Kirchengemeinde gehören. Wenn dort Menschen sterben, so werden sie nicht in der Erde begraben, vielmehr werden sie um die Kirche herum an der Kirchhofsmauer aufgerichtet und stehen aufrecht wie lebende Menschen; alle ihre Glieder sind eingetrocknet, das ganze Haar und die Nägel unverändert, und sie verwesen nie. Niemals setzt sich ein Vogel auf sie. Es mag dort jeder Überlebende allezeit seinen Vater oder Großvater und alle seine Verwandten beschauen, von denen er stammt.

Es gibt da noch einen großen See, der *Logri* heißt. In diesem See liegt eine kleine Insel, und es sind dort Männer reinen Lebens, die man, wie man will, als Kanoniker oder als Eremiten bezeichnen mag. Sie sind so zahlreich, daß sie einen vollen Konvent bilden, manchmal sind es noch mehr. Von dieser Insel wird nun erzählt, daß sie heilkräftig und frei von Krankheiten ist, und es werden die Leute auf dieser Insel später alt als an andern Orten im Lande. Und wenn sie so alt oder schwach werden, daß sie merken, es sei nun ihr Todestag von Gott bestimmt, da muß er von der Insel auf das Land gebracht werden, wo er dann sterben kann. Denn niemand kann auf der Insel an einer Krankheit sterben. Krank werden kann jemand dort, aber nicht sterben, bevor er aus der Insel fortgeschafft ist.

Es gibt da noch einen großen See, den sie in ihrer

Sprache *Loghœrne* nennen. In dem See ist eine große Menge der Fische, die man Lachse nennt; dieser Fisch ist (überhaupt) in ihrem ganzen Lande so häufig, daß sie übergenug davon für ihren Tisch haben. Inseln sind viele in diesem See, eine aber ist, die sie in ihrer Sprache *Kertinagh* nennen. Diese Insel wäre ihrer Größe wegen geeignet zur Bewohnung, wenn Menschen es wagen würden, dort zu hausen. Es wird aber von der Insel erzählt, daß die Teufel über die Hälfte der Insel ebensoviel Gewalt haben wie in der Hölle selbst. Und sooft wagemutige Männer es versuchten, haben sie dann später berichtet, sie hätten so viel Mißhandlungen und Qualen erdulden müssen, wie man sich erzählt, daß die Seelen in der Hölle erdulden. Auf der andern Hälfte der Insel ist eine Kirche und ein Kirchhof, doch sind nun beide Hälften öde. Man sagt aber, daß über die Hälfte der Insel, wo die Kirche steht, die Teufel keine Gewalt haben. In dem Lande ist es geschehen, was wohl wunderbar erscheinen mag, daß man im Walde ein Lebewesen erjagt hat, von dem niemand sagen konnte, ob es ein Mensch oder ein Tier war, denn die Männer konnten ihm keine Sprache entlocken, und man konnte auch nicht bemerken, daß es Menschensprache verstünde. Doch war es in jeder Beziehung gewachsen wie ein Mensch, hatte Arme und Füße und ein menschliches Antlitz, aber der ganze Leib war behaart wie sonst bei Tieren. Am ganzen Rücken entlang war ihm eine Art von Roßmähne gewachsen mit starken und niederhängenden Haaren, die nach beiden Seiten des Rückens abfiel, so daß es sie auf dem Boden schleppte, wenn es gebückt ging.

Ich meine nun das meiste vorgebracht zu haben, was mit der Landesnatur selbst zusammenhängt, soweit man mit Sicherheit meint, davon wahrhafte Kunde zu haben.

Sohn: Ich glaube gut daran getan zu haben, daß ich nach solchen Dingen mich erkundigt habe, denn viele werden so unwissend sein, daß sie von solchen Dingen nicht (einmal) gehört haben, und es dürfte doch sowohl wunderbar erscheinen wie auch als ein wertvolles Wissen für die Hörer. Weil ich nun Euern Worten entnehme, daß es noch anderes Wunderbares gibt, ob es nun eigentlich mit der Natur des Landes zusammenhängt oder anderer Art ist, das einer Besprechung wert zu sein scheint, da möchte ich gern den Wunsch äußern, daß nichts ausfalle, das Euch erwähnenswert erschiene, da wir nun einmal diese Besprechung angefangen haben.

Vater: Es gibt allerdings noch andere Dinge, die wunderbar erscheinen werden und sich nicht aus der Natur des Landes erklären, sondern aus dem Wunderwirken heiliger Männer, und von denen wir als sicher wissen, daß sie wahr sind. Andere freilich gibt es, von denen wir nicht mit Sicherheit wissen, ob sie wahr sind oder ob sie lediglich auf der Rede der Leute beruhen

Wie man sich mit Flammen und Fackeln
in des Nordens Dunkelheit zu helfen weiß

und auf Erzählungen, die überall dort im Lande verbreitet sind. Von den folgenden Dingen aber wissen wir, daß sie wahr sind.

In demselben See, den wir früher erwähnten, der *Logri* heißt, da liegt eine kleine Insel, die *Inisclodran* genannt wird. Dort lebte ein heiliger Mann, der Diermicius hieß, er hatte dort seine Kirche, der er vorstand. In diese Kirche oder den Kirchhof, die er betreute, kann kein weibliches Wesen hineinkommen, und alle verstehen es, das zu vermeiden, sowohl Vögel wie andere Geschöpfe, die ohne menschliche Vernunft sind. Sie wissen sich davor zu hüten, so wie Menschen, und es versucht kein weibliches Lebewesen, in diesen Kirchhof hineinzukommen; es gelingt auch keinem, wenn es den Versuch macht.

KEVINUS Dann war auch in dem Land ein heiliger Mann, der Kewinus hieß, in dem Orte, der *Glumelaga* heißt. Er lebte in jener Zeit wie ein Einsiedler, und es ereignete sich damals eine Geschichte, die ich nun erzählen will. Es traf sich so, daß er einen jungen Mann bei sich hatte, einen seiner Verwandten, der ihm aufwartete, und er liebte den jungen Mann herzlich. Dieser junge Mann begann bei ihm zu erkranken, und seine Krankheit wurde so schwer und heftig, daß er dem Tode nahe war. Es war in der Frühlingszeit im Monat März, wo die Krankheiten des Menschen am gefährlichsten sind, da geschah es, daß der junge Mann seinen Verwandten Kewinus bat, er solle ihm einen Apfel geben, und er sagte, daß seine Krankheit leichter werden würde, wenn er das erhielte, worum er bat. Das war zu der Zeit nicht wahrscheinlich, daß man einen Apfel beschaffen könnte, denn es begannen eben die ersten Blattknospen an allen Obstbäumen zu sprießen. Weil aber dem heiligen Kewinus die Krankheit seines Verwandten großen Kummer bereitete und er ihm doch nicht das verschaffen konnte, worum er bat, so kniete er zum Gebet nieder und bat Gott, daß er ihm etwas senden möchte, wovon sein Verwandter den Trost empfinge, den er begehrte. Nach Beendigung des Gebetes ging er hinaus und schaute sich um. Nahe am Hause, da stand eine hochgewachsene Weide. Er blickte hinauf in die Zweige der Weide, als erwartete er von dort Erbarmen und irgendeine Tröstung, und gleich darauf sah er, daß Äpfel auf der Weide gewachsen waren, wie sie an einem Apfelbaum zu seiner rechten Zeit hängen. Er nahm davon drei Äpfel und brachte sie dem jungen Mann. Sobald der junge Mann von den Äpfeln gegessen hatte, fing seine Krankheit an, leichter zu werden, und er wurde gesund von dieser Krankheit. Diese Weide aber hat immer seitdem die Begabung behalten, die Gott ihr gewährt hatte; denn sie trägt in jedem Jahre Äpfel wie ein Apfelbaum, und sie heißen immer seitdem die Äpfel des heiligen Kewinus. Man bringt sie durch ganz Irland, und es ist Brauch, daß die Leute davon essen, die erkrankt sind, und sie glauben Linderung zu empfinden und daß sie für alle Krankheiten der Menschen gut sind. Sie sind aber nicht begehrenswert als Speise durch Süßigkeit, wenn sie die Leute nicht als Heilmittel gebrauchen.

Es sind viele Dinge dort geschehen, die heilige Männer unmittelbar durch ihre Kraft bewirkt haben und die auch wunderbar erscheinen dürften, doch ich habe nur solche durch Heiligkeit bewirkte Dinge angeführt, die noch heute zum Zeugnisse dienen und die deshalb heute noch so wunderbar erscheinen wie an jenem ersten Tage, an dem sie sich ereigneten. Anderes aber, das die Leute bestimmt für wahr halten und was für zuverlässig gilt, darf ich nun auch wohl berichten.

Es gibt da noch in dem Lande einen **TEAMHAR**
Ort, der *Themar* heißt. Der Ort war früher eine Art von

Hauptsitz und Burg eines Königs, ist aber nun verödet, weil die Leute nicht wagen, ihn zu bewohnen. Folgende Begebenheit war die Ursache, daß die Stätte verödete: alles Volk, das im Lande war, glaubte daran, daß der König, der dort seinen Sitz hätte, immer würde gerechte Urteile fällen und kein anderes; und wenn sie auch im übrigen Heiden waren und nicht den rechten Glauben an Gott hatten, so waren sie doch so fest davon überzeugt, daß sie meinten, alles, was der König als Urteil aussprach, müsse gerecht sein, und niemals konnten sie sich vorstellen, daß von diesem Königssitze ein Falschurteil ausgehen sollte. Auf einer Höhe, die in der Burg war, da hatte der König ein schönes und wohlerbautes Schloß, und in dem Schloß eine schöne und große Halle, wo er gewohnt war zu sitzen, wenn er die Rechtssachen der Männer entschied. Einmal begab es sich, daß eine Sache vor den König zur Urteilsprechung kam, bei der auf der einen Seite Freunde von ihm und Vertraute beteiligt waren, deren Sache er in jeder Beziehung unterstützen wollte, und auf der andern Seite waren Leute beteiligt, denen er übelwollte und denen er entschieden feindlich war. Es geschah da, daß der König in seinem Urteile sich mehr seinem Willen zuneigte als dem Rechte. Und weil nun von dort ein Falschurteil ausging, woher nach der Meinung des ganzen Volkes nur gerechte Urteile kommen sollten, da kam eine Umwälzung über diesen Königssitz um des (getäuschten) Vertrauens des Volkes willen, und das Schloß und die Halle kehrten sich um mit allen ihren Fundamenten und der Erde (unter den Fundamenten); der Teil der Erde, der früher unten lag, kehrte sich nach oben, alle Häuser und Hallen versanken, sich umkehrend, in die Tiefe der Erde, und so ist es seitdem immer geblieben. Aber weil dort etwas so Wundersames sich abgespielt hat, da wagen seitdem die Leute es nicht, die Stätte zu bewohnen, und kein König wagt es seitdem, dorthin seinen Sitz zu verlegen; dabei ist es die schönste Stätte, die man auf Erden kennt. Es wird auch erzählt, wenn jemand die Stätte bewohnen wollte, würde der Tag nicht kommen, an dem man nicht jedesmal ein neues Wunder erblicken würde.

PATRICK

Da ist in dem Lande noch etwas Wunderbares, das den Leuten ganz unglaublich erscheinen mag, und doch behaupten die Landeseinwohner, daß es gewiß wahr sei. Die Ursache dafür war der Zorn eines heiligen Mannes. Es wird erzählt, als der heilige Patricius das Christentum in diesem Lande verkündete, habe es einen Stamm gegeben, der ihm um vieles feindseliger war als sonst das Volk im Lande. Diese Leute sannen auf Verhöhnung aller Art, sowohl Gott als dem heiligen Manne gegenüber. Und als er ihnen wie den andern das Christentum verkünden wollte und zu ihnen kam, dorthin, wo sie ihre Thinge abhielten, da dachten sie sich aus, gegen ihn zu heulen wie Wölfe. Als er nun sah, daß er mit seiner Aufgabe bei diesem Volke wenig vorankommen würde, da ward er sehr zornig und bat Gott, daß er sie strafen möchte mit irgendeiner Züchtigung, so daß die Stammesangehörigen allezeit später eine Erinnerung behielten an ihren Trotz. Und die Stammesgenossen erhielten dann auch eine schwere und geziemende, zugleich aber auch sehr wundersame Strafe, denn, so wird erzählt, alle die Männer, die zu diesen Geschlechtern gehören, werden zeitweise immer zu Wölfen, laufen in den Wäldern umher und haben solche Nahrung wie Wölfe. Sie sind um so übler daran, als sie Menschenverstand haben bei allen ihren Ränken und die gleiche Gier und Hunger nach Menschen wie nach anderen Lebewesen. Und so wird erzählt, daß einigen dies zustößt jedes siebente

Jahr, aber dazwischen sind sie Menschen. Bei andern ist es so, daß sie es sieben Jahre hindurch und dann niemals wieder haben.

Dann gibt es noch etwas, das wunderbar erscheinen wird, nämlich die Männer, die *gelt* genannt werden. Und folgendermaßen ist die Veranlassung, daß Männer zu *gelt* werden: wenn Heeresscharen sich treffen, zwei Schlachtordnungen sich bilden und auf beiden der wilde Schlachtruf erhoben wird, da kann es weichlichen und jugendlichen Männern geschehen, die vorher noch nicht in ein Heer gekommen sind, daß sie ihren Verstand verlieren aus Furcht und Schrecken, die sie dort befallen; sie laufen dann fort von den anderen in die Wälder und nähren sich dort wie Tiere, sie fliehen die Gesellschaft der Menschen wie wilde Tiere. Es wird von diesen Leuten erzählt, wenn sie zwanzig Jahre in dieser Weise in den Wäldern leben, daß ihnen dann am Körper Federn wachsen wie bei den Vögeln, womit sie den Leib einhüllen gegen Frost und Kälte, doch nicht die großen Schwungfedern, so daß sie damit fliegen könnten wie die Vögel. Ihre Geschwindigkeit ist, wie man sagt, so groß, daß andere Menschen ihnen nicht nachkommen können, auch nicht etwa eher Windhunde als Menschen, denn diese Leute klettern so geschwind in die Bäume hinauf wie Affen oder Eichhörnchen.

Es ist da noch etwas, das wohl wunderbar erscheinen dürfte und sich in der Burg zutrug, die *Cloena* heißt. In dieser Burg ist eine Kirche, die dem Andenken des Heiligen geweiht ist, der Kiranus heißt. Dort geschah es eines Sonntages, als das Volk in der Kirche war und die Messe hörte, daß von oben herab aus der Luft ein Anker herabsank, als wäre er aus einem Schiffe ausgeworfen, denn es war ein Tau daran. Die Spitze des Ankers hakte sich fest in dem Bogen über der Kirchentür, und das ganze Volk ging hinaus aus der Kirche und wunderte sich und sah in die Luft hinauf, dem Tau folgend. Sie sahen ein Schiff an dem Tau schwimmen und Männer darin. Dann sahen sie, wie ein Mann sich aus dem Schiffe über Bord schwang und hinunter nach dem Anker tauchte, um ihn frei zu machen. Seine Haltung schien ihnen so zu sein in der Bewegung der Arme und Beine wie die eines Mannes, der in der See schwimmt. Und als er hinunterkam zum Anker, da versuchte er ihn frei zu machen. Nun liefen die Leute gleich hinzu und wollten den Mann festhalten. Die Kirche, an der der Anker festsaß, ist mit einem Bischofssitz verbunden. Der Bischof war zugegen, als dies geschah, und verbot den Leuten, den Mann zu halten, denn der Bischof sagte, der Mann würde den Tod davon haben, wenn man ihn im Wasser festhielte. Und gleich, nachdem er frei war, da beeilte er sich, wieder hinauf zum Schiff zu kommen, und sobald er oben angelangt war, da kappten sie das Tau, fuhren ihres Weges und verschwanden aus den Augen der Leute, aber der Anker hat seitdem zum Zeugnis in dieser Kirche gelegen.

Ziemlich alle Dinge glaube ich angeführt zu haben, die notwendigerweise aus diesem Lande zu erwähnen sind. Doch ist noch eines übrig, das man, wenn es beliebt, der Unterhaltung und des Scherzes wegen anführen darf. Ein lustiger Mann war vor langer Zeit in dem Lande, doch ein Christ. Der Name des Mannes war Klefsan. Von diesem Manne wird erzählt, daß es niemanden gab, wenn er ihn sah, daß er nicht durch seine lustigen und doch schwindelhaften Worte zum Lachen gebracht worden wäre. Und wenn auch jemand betrübten Sinnes war, so konnte er doch, so wird erzählt, das Lachen nicht lassen, wenn er das Gerede dieses Mannes hörte. Er erkrankte aber und starb und wurde auf dem Kirchhof begraben wie andere Leute.

Er lag lange in der Erde, so daß alles Fleisch von seinen Knochen verwest war und ebenso viele Knochen mit. Da geschah es, daß man Leichname auf demselben Kirchhof zu begraben hatte und so nahe der Stelle grub, an der Klefsan beerdigt war, so daß sie seinen ganzen Schädel ausgruben. Sie setzten ihn dann auf einen hohen Stein im Kirchhof, und dort liegt er seitdem. Aber jeder, der dorthin kommt und diesen Schädel sieht und seinen Blick auf die Stelle richtet, wo sein Mund und seine Zunge gewesen waren, der muß gleich lachen, wäre er auch in trüber Stimmung gewesen, bevor er diesen Kopf gesehen hatte. Sein totes Gebein bringt nun kaum weniger Leute zum Lachen als er (selbst), solange er lebte.

Nun weiß ich nichts weiter in diesem Lande, das, wie mir scheint, mich veranlassen könnte, diese Rede zu verlängern.

XVI

GRÖNLAND

Sohn: Da wir nun die Dinge besprochen haben, die in Irland wunderbar zu sein scheinen, wollen wir nun von den Dingen und den Wundern reden, die in Grönland sind oder im grönländischen Meere.

MEERWUNDER

Vater: Vom grönländischen Meere wird erzählt, daß es darin Ungeheuer gibt, doch glaube ich, daß sie nicht oft sich den Augen zeigen. Aber man kann doch davon reden, da Männer sie gesehen und in Augenschein genommen haben. So wird von einem Ungeheuer erzählt, das man *hafstramba* nennt, es lebe in dem grönländischen Meere. Dieses Ungeheuer ist groß an Umfang und Höhe und ragt aufrecht aus dem Meere heraus. Es sah so aus, daß es menschliche Schultern, Hals, Kopf, Augen, Mund, Nase und Kinn hatte. Aber oberhalb der Augen und Brauen, da war es

Die große Meeresschlange

am ehesten so beschaffen, als hätte jemand einen spitzen Helm auf. Achseln hatte es wie ein Mensch, doch keine Arme, und es sah so aus, als würde es gleich von den Achseln ab schmäler und um so dünner, je weiter nach unten man es sehen konnte. Aber das hat niemand gesehen, wie sein unteres Ende beschaffen ist, ob eine Schwanzflosse daran ist wie bei einem Fisch oder ob es unten eine Spitze hat wie eine Ferse. Der Körper war so anzusehen wie ein Eisgebilde. Niemand hat das deutlich gesehen, ob an ihm Schuppen wie an einem Fische oder eine Haut wie am Menschen war. Immer wenn man dieses Ungeheuer gesehen hat, hat man sicher danach einen Sturm auf dem Meere erwarten dürfen. Man hat auch beobachtet, nach welcher Seite es sich gewandt hat und danach in die See gefallen ist, wenn es sich vornüber gestürzt hat. Wenn es sich nach dem Schiffe zugewandt und in dieser Richtung sich nach vorn gestürzt hatte, da haben die Leute als sicher Mannschaftsverlust auf diesem Schiffe vorausgewußt. Aber wenn es sich vom Schiffe abgewandt und nach dieser Richtung sich gestürzt hatte, da sind die Männer in guter Hoffnung gewesen, alle ihre Leute zu behalten, auch wenn sie mit schwerer See und heftigem Sturm zu tun bekämen.

Es ist dort auch ein Ungeheuer gesehen worden, welches *margýgr* heißt. Seine Gestalt hat so ausgesehen, daß es von der Gürtelstelle aufwärts einem Menschenweibe ähnlich gewesen ist, denn es hat am Oberkörper große Brüste gehabt wie ein Weib; lange Arme, tief herabhängendes Haar und am Hals und Kopf durchaus gewachsen wie ein Mensch. Die Hände sind den Männern groß erschienen an dem Ungeheuer und nicht mit getrennten Fingern, sondern mit einer solchen Haut, wie sie bei den Schwimmvögeln zur Verbindung der Zehen dient. Von der Gürtelstelle abwärts hat das Ungeheuer einem Fische gleichgesehen, mit Schuppen, Schwanz- und Schwimmflossen. Dies Ungeheuer ist insofern wie das vorige gewesen, als es sich selten gezeigt hat außer vor schweren Stürmen. Es ist die Eigenart dieses Ungeheuers gewesen, daß es oft getaucht und immer wieder heraufgekommen ist, indem es Fische in den Händen hatte. Und wenn es sich dem Schiffe zugewandt und mit den Fischen gespielt oder sie nach dem Schiffe geworfen hatte, dann sind die Leute in Furcht geraten, daß sie großen Mannschaftsverlust haben würden. Das Ungeheuer hatte ein großes und erschreckendes Antlitz mit scharfer Stirne, breiten Augen, großem Mund und faltigen Wangen. Wenn aber das Ungeheuer selbst die Fische verzehrte oder sie vom Schiffe weg ins Meer geworfen hat, da sind die Männer in guter Hoffnung gewesen, daß sie ihre Leute behalten würden, wenn sie auch in schwere Stürme gerieten.

TREIBEIS UND EISBERGE

Außerdem gibt es noch ein Wunder im grönländischen Meere, aber ich weiß nicht besonders Bescheid, wie es sich damit verhält.

Die Ströme des Meeres

Man nennt es *hafgerdingar.* Das ist nun gerade so, als ob aller Meeressturm und alle Wellen, die in diesem Meere sind, sich an drei Stellen sammelten, und es entstehen dann drei (Riesen-)Wogen, die über das ganze Meer hin eine Ringmauer bilden, so daß man keine Öffnung darin finden kann; sie sind höher als große Berge und gleichen steilen Felshängen; die Menschen kennen nur wenige Beispiele dafür, daß Leute aus dem Meere gekommen sind, die dort gewesen waren, wo dieser Vorgang sich abgespielt hatte. Dennoch mögen Erzählungen darüber entstanden sein, daß Gott wohl immer einige wird gerettet haben, die sich dort befunden hatten, und ihr Bericht wird sich dann verbreitet haben und unter den Leuten umhergegangen sein, ob nun ebenso erzählt wird, wie sie berichtet haben, oder ob ihr Bericht etwas erweitert oder verkürzt sein mag. Wir wollen deshalb vorsichtig über die Dinge reden, weil wir wenige in letzter Zeit getroffen haben, die von dort gekommen wären und uns hätten darüber Nachricht geben können.

In demselben Meere, da sind noch viel mehr Wunder, wenn man sie auch nicht eben zu den Ungeheuern rechnen kann. Sobald du dich aus der größten Tiefe des Meeres entfernst, da ist eine so ungeheure Masse des Eises im Meere, daß ich dafür anderswo in der ganzen Welt kein Beispiel weiß. Die Eise sind zum Teil so flach, als seien sie auf dem Meere selbst gefroren, entweder vier Ellen oder fünf dick; sie liegen so weit vom Lande aus, daß es einen Weg von vier oder mehr Tagen erfordert, den man auf dem Eise zurücklegen muß. Die Eise liegen mehr nach Nordost oder Nord dem Lande entlang als nach Süden, Südwest oder West. Deshalb muß jeder, der das Land erreichen will, es nach Südwest und West umsegeln, bis er um alle diese Eismassen herumgekommen ist, und dann zum Lande segeln. Aber oft ist es Leuten geschehen, daß sie zu früh das Land zu erreichen suchten und deshalb in dieses Eis gerieten. Einige, die hineingerieten, sind umgekommen, andere haben sich auch retten können. Wir haben einige von ihnen gesehen und ihre Aussagen und Erzählungen angehört. Alle, die in Spalten dieser Eise gerieten, haben sich damit geholfen, daß sie ihre kleinen Boote genommen und mit sich auf das Eis gezogen und so das Land zu erreichen gesucht haben. Das Schiff und alles sonstige Gut wurde zurückgelassen und ging verloren. Einige haben dann auch auf dem Eise vier oder fünf Tage zugebracht, ehe sie das Land erreichten, und einige noch länger. Diese Eise sind merkwürdig ihrer Natur nach. Sie liegen zeitweilig so still, wie zu erwarten ist, mit eingeschnittenen Spalten oder großen Buchten, aber manchmal ist ihre Bewegung so groß und heftig, daß sie nicht langsamer einherziehen als ein Schiff, das guten Segelwind hat, und ebensooft fahren sie gegen als vor dem Wind, sobald sie sich in Bewegung gesetzt haben. Es gibt da auch noch einige Eise anderer Gestalt in dem Meere, welche die Grönländer *fall-joklar* nennen. Ihr Aussehen ist, als stünden hohe Berge aus dem Meere empor, sie verbinden sich niemals mit anderen Eisen, sondern jedes bleibt für sich allein.

ROBBEN

In diesem Meere sind auch die vielen Walarten, von denen ich früher gesprochen habe. Es wird auch erzählt, daß es in dem Meere ferner alle Arten von Robben gebe. Sie halten sich besonders an diese Eise, da sie dort keinen Mangel an ausreichender Nahrung besorgen. Und folgendes sind die Arten der dortigen Robben: Eine Art unter ihnen wird *náselar* genannt, sie werden nicht länger als vier Ellen. Dann gibt es eine zweite Art Robben, *ærcuselar* genannt, die werden fünf Ellen lang oder die längsten sechs. Die dritte Art bilden die Robben, welche *flettoselar* genannt werden, sie werden etwa ebensolang wie die, welche ich vorher genannt habe. Die vierte Art der Robben sind die, welche *granselar* heißen, einige von ihnen werden sechs Ellen und die längsten sieben Ellen lang. Es gibt da noch einige kleinere Robbenarten. Eine von ihnen

Jagd auf Robben

heißt *opnoselar*, und sie werden deshalb so genannt, weil sie nicht auf dem Bauche schwimmen wie andere Robben, sondern sie schwimmen auf dem Rücken oder auch auf der Seite liegend; sie werden nicht länger als vier Ellen. Dann gibt es noch eine Art Robben, und zwar die kleinste, *skemmingr* geheißen. Diese sind nicht länger als zwei Ellen, und sie haben eine merkwürdige Weise; denn wie von ihnen berichtet wird, schwimmen sie unter das flache Eis, das vier oder fünf Ellen dick ist, und blasen hindurch; so daß sie große Öffnungen erhalten, da wo sie wollen. Nun bleibt noch eine Art übrig, welche die Grönländer zu den Walen rechnen, ich bin aber der Ansicht, daß man sie besser zu den Robben zählen soll, ihr Name ist *rostungr.* Sie werden vierzehn Ellen lang oder fünfzehn, wenn es die längsten sind. Der Wuchs dieses Fisches ist ganz gleich dem der Robben an Behaarung und Kopf, Haut und den hinteren Finnen, und vorn hat er Schwimmflossen wie an einer Robbe. Man darf ihn auch an Fasttagen ebensowenig essen wie andere Robben. Aber insofern weicht sein Wuchs von anderen Robben ab, daß er außer andern kleinen zwei große und lange Zähne hat, die im Oberkiefer im Vorderkopf stecken. Seine Haut ist gut und dick, zu Tauen geeignet, und man schneidet daraus starke Riemen, so daß wohl 60 Männer oder mehr an einem (solchen) Tau ziehen können, ohne daß sie es zerreißen können.

Diese Robbenarten, von denen ich nun gesprochen habe, werden Fische genannt, denn sie nähren sich im Meere und leben von andern Fischen. Sie können von Menschen wohl gegessen werden, doch nicht so (unbedingt) wie die Wale, denn die Wale darf man an Fasttagen essen wie andere Fische, aber diese Fische (die Robben) dürfen nur verzehrt werden, wenn man Fleisch essen darf. Ich weiß nichts mehr im grönländischen Meer selbst, das der Erwähnung und Besprechung wert wäre, außer dem, das ich nun vorgetragen habe.

XVII

Sohn: Diese Dinge werden allen merkwürdig erscheinen, die von ihnen hören, von den Ungeheuern, die nun in diesem Meere aufgezählt wurden. Ich verstehe nun auch, daß dieses Meer stürmischer sein muß als jedes andere, und deshalb erscheint es mir merkwürdig, daß es sich mit Eis bedeckt im Winter und im Sommer anders als alle anderen Meere, die es gibt. Auch erscheint mir merkwürdig, daß man so starkes Verlangen trägt, dorthin zu fahren, wo so große Lebensgefahr droht, oder was suchen die Leute in diesem Lande, das zum Nutzen dient oder zur Bereicherung. So will ich auch mit Eurer Erlaubnis fragen, wovon die Leute leben, die das Land bewohnen, und wie es mit dem Lande steht, ob das ebenso mit Eis bedeckt ist wie das Meer, oder es ist eisfrei, wenn auch das Meer gefroren ist; gibt es irgendeinen Ackerbau wie in andern Ländern? Auch möchte ich wissen, ob Ihr es für Festland oder für eine Insel haltet. Gibt es dort irgendwelche Tiere in dem Lande oder solche Dinge, wie sie sich in den andern Ländern finden?

SCHILDERUNG VON GRÖNLAND

Vater: Deine Frage betreffend, was die Leute dort in dem Lande suchen oder warum sie dorthin segeln mit so großer Lebensgefahr, dazu lockt sie eine dreifache Anlage des Menschen. Das erste ist die Lust an Kampf und Ruhm, denn das ist menschliche Art, dorthin sich zu begeben, wo große Gefahr zu erwarten ist, und sich dadurch berühmt zu machen. Das zweite ist Wißbegierde, denn das liegt gleichfalls in der Natur des Menschen, die Dinge zu erkunden und zu untersuchen, von denen ihm erzählt wird, und zu erfahren, ob sie so sind, wie ihm gesagt wurde, oder nicht. Das dritte ist die Aussicht des Gewinns, denn überall suchen die Menschen nach Gut, wenn sie erfahren, daß sich irgendwo Aussicht auf Gewinn darbietet, mag auch anderseits große Gefahr damit verbunden sein. Und in Grönland liegt es so, wie du dir wohl denken kannst, daß alles, was dorthin kommt aus andern Ländern, dort kostbar ist, denn das Land liegt so weit abseits von andern Ländern, daß Leute selten dorthin fahren. Und was sie immer brauchen, um dem Lande aufzuhelfen, das müssen sie alles von andern Ländern kaufen, Eisen und ebenso alles Holz, das sie benötigen, um Häuser zu errichten. Und folgende Güter nehmen die Leute von dort für ihre Waren mit: Bocks- und Rindshäute, Robbenhäute und die Taue, von denen ich früher gesprochen habe, die man von den Fischen schneidet, die *rostungr* heißen und *svardreip* genannt werden, ferner ihre Zähne.

Angehend deine Frage, ob es dort irgend etwas von Getreidebau gäbe oder nicht, so glaube ich, daß das Land nur wenig davon Nutzen zieht, doch sind Männer vorhanden, und grade die, welche als die vornehmsten und mächtigsten gelten, die des Versuchs wegen Getreide anbauen. Aber es ist doch die große Menge im Lande, die nicht weiß, was Brot ist und noch nie Brot gesehen hat. Und da du nach der Größe des Landes dich erkundigst und ob es eine Insel oder Festland ist, so meine ich, daß nur wenige die Größe des Landes kennen; doch alle vermuten, daß es Festland ist und mit einem andern Festlande zusammenhängt, denn es ist sicher, daß es dort eine Menge Tiere gibt, von denen man weiß, daß sie auf den Festländern leben, aber kaum auf Inseln. Es gibt dort viele Hasen, Wölfe und eine große Menge Rentiere, und man glaubt zu wissen, daß diese Tiere nicht auf Inseln leben, wenn man sie nicht eingeführt hat, und das glaubt man bestimmt zu wissen, daß nach Grönland sie niemand eingeführt hat, vielmehr sind sie von selbst aus andern Festländern eingewandert. Bären gibt es dort auch in dem Lande, und zwar weiße; man meint, daß er in dem Lande heimisch ist, denn er hat eine ganz andere Natur als die schwarzen Bären, die in den Wäldern sich aufhalten, Rosse, Rinder und anderes Vieh rauben und sich davon nähren. Doch der weiße Bär in Grönland bewegt sich meist draußen im Meer auf dem Eise und macht da Jagd auf Robben und Wale und erhält so sein Leben. Er ist auch ebenso gewandt im Schwimmen wie die Seehunde oder die Wale.

Da du danach gefragt hast, ob das Land eisfrei sei oder nicht, ob es mit Eis bedeckt sei wie das Meer, so sollst du als sicher wissen, daß nur ein kleiner Teil des Landes eisfrei ist, aber alles andere ist mit Eis bedeckt, und man weiß daher nicht, ob das Land groß oder klein ist, denn alle Bergzüge und alle Täler sind mit Eis bedeckt, so daß man nirgends eine Lücke findet. Aber

Jagd auf weiße Bären beim Fischfang

doch muß es so sein, daß es Lücken gibt, entweder in den Tälern, die zwischen den Bergen liegen, oder längs der Küsten, wo Tiere sich weiterhelfen können, denn sonst könnten sie nicht aus andern Ländern einwandern, wenn sie nicht Lücken in der Eisdecke und eisfreies Land gefunden hätten. Oft haben Männer versucht, im Lande hinaufzusteigen auf die Berge, welche die höchsten waren, an verschiedenen Orten Umschau zu halten und festzustellen, ob sie im Lande eisfreie und bewohnbare Gebiete fänden, aber nirgends haben sie etwas gefunden, außer da, wo jetzt die Menschen wohnen, und das ist nur wenig einwärts von der Küste selbst. Es gibt viel Marmor in dem Lande, wo es bewohnt wird, in verschiedenen Farben, rot, blau und grünlich. Falken gibt es da auch in dem Lande, große und zahlreiche, die in andern Ländern als Kostbarkeiten gelten würden, weiße Falken, sie sind häufiger dort als sonst irgendwo, aber die Einwohner selbst wissen keinen Nutzen davon zu ziehen.

XVIII

Sohn: Ihr erwähntet vorher schon in Eurer Rede, daß man keinen Getreidebau in dem Lande habe; ich will nun fragen, wovon das Volk lebt, welches das Land bewohnt, wie groß das Volk ist, was es für Nahrungsmittel hat und ob es das Christentum angenommen hat oder nicht.

Vater: Wenig zahlreich ist die Bevölkerung in dem Lande, denn wenig ist eisfrei, so daß es bewohnt werden kann; das Volk ist christlich, und sie haben Kirchen und Priester. Wenn es näher an andern Ländern läge, würde man es als das Drittel eines Bischoftums bezeichnen, doch haben sie nun ihren eignen Bischof; es geht ja auch nicht anders wegen der großen Entfernung von andern Menschen. Angehend deine Frage, wovon sie in dem Lande leben, da sie doch keinen Getreidebau haben, so leben ja die Menschen noch von anderem als von Brot allein. Es wird erzählt, daß in Grönland gutes Gras wächst, es sind da gute und große Höfe, denn die Leute haben da viele Rinder und Schafe, es wird reichlich Butter und Käse erzeugt, davon meistens leben die Leute, ferner von Fleisch und Jagdbeute aller Art, vom Fleisch der Rentiere, Wale und Robben, von Bärenfleisch. In dieser Weise ernähren sich die Menschen dort im Lande.

XIX

Sohn: Noch etwas glaube ich über dieses Land fragen zu müssen. Wie kommt es nach Eurer Ansicht, daß das Land größere Eismassen aufweist als irgendein anderes und ebenso das umgebende Meer; ich stelle mir doch vor, daß es tief und dabei stark salzhaltig und so oft stürmisch bewegt ist, und ich dachte mir, es könnte nicht leicht zufrieren, denn überall, wo das Meer tief und dabei das Wasser salzhaltig ist, da kann es kaum zufrieren und am aller-

Wie die Tiefe des Meeres zu bestimmen sei

wenigsten, wenn die Bewegung des Meeres hinzukommt und es vom Sturm aufgeregt wird. Aber ich höre von diesem Meer, von dem wir sprechen, und ebenso vom Lande, daß es niemals zwischendurch vorkommt, daß beides, Land und Meer, nicht vom Eise bedeckt sind, nur daß bisweilen es hier und da geschieht, daß sich eine Öffnung im Eise bildet, infolge der stürmischen Bewegung, nicht aber infolge von Wärme. Weil da nun immer gleichmäßig Frost herrscht sowohl im Winter wie im Sommer, will ich Euch nun darum bitten, daß Ihr mir erklärt, was für eine Witterung in dem Lande ist, ob da auch einige warme Zeiten mit schönem Sonnenschein vorkommen wie in andern Ländern oder ob da immer böse Witterung ist und deshalb dieses Übermaß von Eis und Frost. Ich möchte, daß Ihr mir diese Frage löst, und dann noch auf etwas eingeht, wonach ich früher gefragt habe in unserer Unterredung, auf die Erscheinung welche die Grönländer Nordlicht nennen. Ich möchte also, daß Ihr diese Frage mir erläutert, ferner auch, in welchem Teile der Welt nach Eurer Ansicht dieses Land liegt, ob es an irgendeiner Außenkante der Welt liegt oder irgendwo innerhalb einer Lücke zwischen Ländern wie andere große Länder; Ihr sagtet ja, es hinge mit einem andern Festlande zusammen.

Vater: Über diese Dinge, nach denen du nun gefragt hast, kann ich dich nicht vollkommen unterrichten, denn ich habe niemanden gefunden, der alle Zonen der Welt oder ihre Beschaffenheit untersucht, der alle Kanten der Welt, die Ordnung der Länder und die eingesetzten Grenzen erforscht hätte. Hätte ich den Mann gefunden, der das alles gesehen und erforscht hat, da könnte ich dich hierin vollständig unterrichten. Das aber kann ich dir klarmachen, was die Vermutungen der Männer sind, die sich etwa nach der Wahrscheinlichkeit ihre Meinung gebildet haben. Die Männer, die besonders über die Gestalt der Welt geschrieben haben nach der Anweisung Isidors und anderer Gelehrter, haben behauptet, daß im Himmel Hauptwege (Zonen) sind, unter denen man nicht wohnen kann. Einer ist so heiß, daß man unter ihm der brennenden Hitze wegen nicht hausen kann; er verbrennt alles, was unter ihn gerät, und ich halte es für das wahrscheinlichste, daß dort (am Himmel) der Weg des eigentlichen Sonnenlaufs ist. Ich denke mir diesen ganzen Weg besetzt mit ihren flammenden Strahlen, und deshalb kann niemand darunter hausen, der eine Wohnstätte mit ausgeglichener Wärme haben will. Ferner haben sie ausgesagt, daß zwei andere Wege am Himmel sind, unter denen man nicht wohnen kann, da sie so kalt sind, daß man deshalb unter ihnen ebensowenig wohnen kann der Kälte wegen wie unter jenem wegen der übergroßen Hitze; denn da hat die Kälte eine solche Gewalt an sich gezogen, daß das Wasser seine Natur aufgibt und zu Eis wird, und so bedecken sich alle Länder mit Eismassen und ebenso die Meere, die unter dem Himmelswege liegen. Es ist mir klar, daß es fünf Wege am Himmel gibt, zwei, unter denen man wohnen kann, und dann drei, unter denen man es nicht kann. Das ganze Gebiet ist bewohnbar, das unter den Wegen liegt, die sich zwischen der Kälte und der Hitze erstrecken; so erklärt sich die Verteilung der Länder, daß einige wärmer sind; diese liegen dem Himmelsweg der Hitze näher, die heißer sind. Die aber, die kalt sind, wie unsere Länder, liegen dem Weg näher, der kalt ist und wo der Frost seine abkühlende Kraft erhält. Nach meiner Vorstellung denke ich mir als das wahrscheinlichste, daß der heiße Weg sich von Osten nach Westen hinzieht im gebogenen Ring einer brennenden Bahn, so daß der ganze Erdball umkreist wird. Und demgegenüber ist es das wahrscheinlichste, daß die kalten Wege an den äußersten Enden der Welt im Norden und Süden liegen, und wenn ich mir dies richtig vorgestellt habe, so ist anzunehmen, daß Grönland unter dem kalten Wege liegt, denn alle, die dort gewesen sind, bezeugen es, daß in Grönland die Kälte dort ihre volle Kraft erhalten hat, und Land und Meer erweisen es, daß dort Frost und Übergewalt der Kälte allherrschend ist, im Winter wie im Sommer friert es, und Land und Meer sind mit Eis bedeckt. Ferner bezeichnet man als sicher, daß Grönland am äußersten Rande der Welt im Norden liegt, und ich glaube, daß kein Land aus dem Erdkreis jenseits Grönlands liegt, nur das große Meer, das die Welt umströmt. Das behaupten die Männer, die kundig sind, daß bei Grönland ein Sund eingeschnitten ist, durch den das leere Meer in die Lücke zwischen den Ländern eindringt und sich dann verteilt in den Fjorden und Meerestiefen zwischen allen Ländern, wo es ihm gelingt, in den Kreis der Welt einzuströmen.

Was deine Frage betrifft, ob die Sonne in Grönland scheint und ob es manchmal vorkommt, daß dort schönes Wetter ist, wie in andern Ländern, so wisse, daß dort schöne Sonnentage sind, und im ganzen wird es als ein Land mit guter Witterung bezeichnet. Aber es ist ein großer Unterschied in der Sonnenbewegung, denn sobald der Winter eintritt, da ist dort eine fast durchgehende Nacht, und sobald es Sommer wird, als sei alles ein Tag. Wenn die Sonne am höchsten steht, da hat sie wohl genügende Kraft zu glänzen und zu erhellen, aber geringe Kraft der Wärme und Hitze. Immerhin hat sie so viel Kraft, daß dort, wo die Erde eisfrei ist, sie das Land so weit erwärmt, daß die Erde gutes und wohlduftendes Gras aus sich sprießen läßt, und deshalb können die Menschen das Land wohl bewohnen, wo es eisfrei ist, aber das ist nur ein sehr geringer Teil.

NORDLICHT

Du hast ferner mehrmals danach gefragt, was das sein mag, das die Grönländer Nordlicht nennen: ich bin hierin keineswegs besonders kundig, ich habe oft Leute getroffen, die lange Zeit in Grönland gewesen sind und mir doch nicht schienen darüber wirklich Bescheid zu wissen, was es ist. Hier ist es nun so, wie bei allen andern Dingen, wo man die Wahrheit nicht kennt, daß kluge Leute zur Vermutung und zu Überlegungen ihre Zuflucht nehmen und das vorbringen, was ihnen am glaublichsten und wahrscheinlichsten vorkommt. Die Eigenart des Nordlichts ist, daß es selbst um so heller erscheint, je dunkler die Nacht ist, es zeigt sich immer in den Nächten und niemals am Tage, am häufigsten im Neumondsdunkel und selten bei Mondlicht. Es sieht so aus, als erblicke man die große Lohe eines mächtigen Feuers aus weiter Ferne. Daraus schießt es auf in die Luft mit scharfen Strahlen ungleicher Länge, die sehr unruhig sind und sich übereinander erhöhen, und dieses Licht flimmert vor dem Blick wie eine flackernde Flamme. Wenn diese Strahlen am höchsten und hellsten sind, da geht von ihnen ein solches Leuchten aus, daß Leute, die sich im Freien befinden, wohl ihres Weges ziehen können, so auch zur Jagd, wenn sie es nötig haben. Ebenso, wenn Leute in ihren Häusern sitzen und die Fensterhaut vorgezogen ist, da ist es drinnen so hell, daß jeder den andern erkennen kann, der sich drinnen aufhält. Doch ist dieses Licht so veränderlich, daß es manchmal dunkler zu sein scheint, als wenn dazwischen ein schwarzer Rauch aufwallte oder ein dichter Nebel, und es sieht da ganz so aus, als würde das Licht in dem Rauch erstickt, so daß es im Verlöschen sei. Sobald aber der Dampf dünner wird, da beginnt das Licht sich zum andern Male zu erhellen, und manchmal kann es vorkommen, daß es den Leuten scheint, als schössen große Funken heraus, so wie von glühendem Eisen, das eben aus der Esse genommen wird, und wenn die Nacht vergeht und der Tag naht, da beginnt dieses Licht abzusinken, und es ist, als verschwände es ganz, wenn der helle Tag anbricht.

Von den Männern, die über solche Erscheinungen nachgedacht und sie besprochen haben, sind drei Erklärungen vermutungsweise aufgestellt worden, von denen eine zutreffen dürfte. Einige sagen, ein Feuer umziehe die Meere und alle die Gewässer, die außen um den Erdball fließen. Weil nun Grönland am äußersten Rande der Welt nach Norden liegt, so sagen sie, es könne sein, das Licht nehme seinen Schein von dem Feuer, das rings um die äußersten Meere sich windet. Andere haben auch behauptet, daß zu der Zeit, wenn der Lauf der Sonne unter dem Erdball in der Nacht vor sich geht, daß ein gewisser Schimmer von ihren Strahlen auf den Himmel fallen könne; denn sie sagen, Grönland liege so weit draußen an diesem Rande der Welt, daß die Rundung der Erde sich da vermindern mag, die den Schein der Sonne verdeckt. Dann sind wieder andere, die vermeinen – und das dürfte nicht für ganz unwahrscheinlich gelten –, die Eismassen und der Frost ziehen so viel Kraft an sich, daß davon dieser Schimmer ausstrahle. Mir ist nicht bekannt, daß mehr Vermutungen über diese Sache vorgebracht sind als diese drei, die ich eben vorgetragen habe, und ich spreche sie durch mein Urteil nicht als wahr an, doch scheint mir die nicht durchaus unwahrscheinlich zu sein, die ich zuletzt erwähnt habe.

Ich weiß nun nichts mehr in Grönland, das der Erwähnung in unserer Besprechung wert wäre, als was ich nun vorgebracht habe [und hier niedergeschrieben ist nach der Ansicht kluger Männer].

XX

Sohn: Alles ist hier besprochen worden, das mir wunderbar erscheint. Es dient zur wertvollsten Belehrung, daß jemand aus unserer Welt herausreisen und selbst die Grenzgebiete schauen kann, die Gott mit so großen Fahrthindernissen ausgestattet hat, wie Ihr gesagt habt. Noch scheint mir eine kleine Frage übrig zu sein, betreffend dieselbe Sache nach dem, was Ihr im Vorhergehenden erwähntet. Ihr sagtet, von diesen drei Vermutungen erschiene Euch die am annehmbarsten zu sein, daß dieses Licht vom Frost und dem Eise ausgehe, vorher aber, als Ihr beschriebet, wie dieses Licht ausschaue, fügtet Ihr hinzu, das Licht schaue so aus, als ob hin und wieder Nebel und Finsternis wie ein schwarzer Rauch in dem Lichte aufschösse; seltsam erscheint es mir zu sein, wenn die Kälte da so übergewaltig ist, daß von ihr dieses feurigen Strahlen gleichende Licht entsteht, woher der Rauch kommt, der bisweilen das Licht zu umwölken und zu beschatten scheint, so daß es dadurch fast erstickt wird, denn mir kommt es natürlich vor, daß Rauch eher aus Wärme als aus Frost entsteht.

Dann ist noch etwas, das mir ebenfalls seltsam erscheint und das Ihr auch früher in Eurer Beschreibung erwähntet, als Ihr sagtet, daß Grönland ziemlich gute Witterung habe; es ist doch voller Gletscher und Frost, so kann ich es kaum verstehen, wie es ein Land guter Witterung sein soll.

Vater: Wenn du in Hinsicht des Rauches, der manchmal zu dem Nordlicht hinzutritt, eine Frage stellst und dazu bemerkst, es schiene dir natürlich, daß der Rauch

Arten, Formen und manche Gestalt von Schnee und Eis

eher von Wärme als von Kälte herkomme, so halte ich das mit dir für richtig; du mußt aber wissen, daß überall, wo die Erde unter den Gletschern aufgetaut ist, sie immer eine gewisse Wärme in ihrer Tiefe bewahrt. Ebenso auch das Meer unter dem Eise, auch dieses bewahrt eine gewisse Wärme in seiner Tiefe. Wäre die Erde ohne alle Wärme oder Lauheit, da würde sie zu einer einzigen Frostmasse von oben bis hinunter zu den tiefsten Gründen. Ebenso auch die Meere, wenn sie keine Bestandteile von Wärme in sich hätten, da wäre das alles ein Eis von oben bis zum Grunde. Es entstehen auch sowohl große Spalten in den Gletschern, die auf dem Lande liegen, wie auch Öffnungen in den Eisflächen, die im Meere liegen. Und überall wo die Erde durch Auftauen entblößt wird, ob sie nun bloß sein mag, da wo kein Gletscher darüber liegt, oder sie wird bloß unter den gähnenden Spalten des Gletschers, ebenso das Meer, wenn es frei wird, in den aufgerissenen Öffnungen im Eise, in beiden Fällen entsteht eine Art von Aufstoßen in den Grundtiefen, und es kann sein, daß die Dünste sich sammeln, so daß es wie ein Rauch oder Dunst aussieht, und dieser Nebel sich vor das Nordlicht zieht, wenn es so scheint, als ersticke das in Rauch oder Nebel.

Wenn du aber über die Witterung des Landes bemerktest, es schiene dir sonderbar, es als ein Land guter Witterung zu bezeichnen, so will ich dir sagen, wie es mit dem Lande steht. Wenn dort schlimme Witterung entsteht, da ist sie heftiger als in den meisten anderen Orten, sowohl in der Schärfe der Stürme wie auch in der Stärke des Frostes und des Schneefalls, aber oft ist die schlechte Witterung von kurzer Dauer, es vergeht lange Zeit dazwischen, ehe sie wiederkommt, und unterdessen ist eine gute Wetterlage, wenn auch das Land kalt ist. Es ist die Eigenart des Gletschers, daß er immer kalte Luft von sich ausströmen läßt, als streife er sich frostige Dünste von seinem Antlitz, und sehr oft hält er ein freies Haupt empor. Doch immer entgelten das die nächsten Nachbarn, denn alle andern Gebiete, die in der Nähe liegen, erhalten starke Unwetter von ihm; alle, die er mit kaltem Blasen von sich stößt, kommen über sie. Wenn dir dies klar ist, scheinen mir keine weiteren Antworten, als was du gehört hast, hierüber nötig zu sein.

XXI

Sohn: Alle diese Dinge verstehe ich gut; ich bin ganz davon überzeugt, daß es wirklich so sein wird, indessen ist noch etwas, das Ihr kurz vorher in Eurer Rede erwähntet und worüber ich mir noch mit Eurer Erlaubnis Auskunft erbitten möchte. Ihr sagtet so, daß beide Enden der Welt kalt seien, sowohl das südliche wie das nördliche, aber ich höre alle Leute versichern, die aus den Ländern des Südens kommen, daß sie immer heißer werden, je weiter man nach Süden reist. Auch die Winde alle, die aus den Südgegenden kommen, sind sowohl linder wie wärmer als andere Winde. Diese Winde bewirken auch meist im Winter gutes Tauwetter, während andere so kalt sind, daß dadurch Frost entsteht und sich Eis bildet. Wenn es ein warmer Sommer ist, da ist doch immer der Südwind wärmer als andere Winde. Wenn Euch nun meine Frage nicht lästig ist und ich Euch nicht zuviel zu fragen scheine, da möchte ich Euch noch bitten, mir diese Frage zu beantworten.

KLIMAZONEN

Vater: Als ich dir sagte, daß am Himmel drei hinderliche Wege angeordnet sind, ein brennender und zwei kalte, erwähnte ich, daß der heiße Weg sich von Osten nach dem Westen biegt. Wenn ich dies mit Recht gesagt habe, so halte ich es für sicher, daß es ebensokalt am Südende wie am Nordende sein muß. Ferner meine ich, daß alle Länder, die jenem heißen Wege nahe liegen, ob sie südlich oder nördlich von ihm liegen, von denen allen meine ich, daß sie warm sind, jene aber, glaube ich, sind kalt, die auf beiden Seiten weiter ab liegen. Wenn du bemerktest, daß alle Leute sagen, die Länder seien um so wärmer, je weiter man nach Süden fährt, so kommt das daher, wie ich glaube, daß du niemanden gefunden hast, der so weit nach Süden in die Länder vom heißen Wege gereist wäre, wie die Länder nach Norden von ihm abliegen, von denen ich gesprochen habe. Und wenn du darüber gesprochen hast, daß die Winde, die aus den Südgegenden kommen, wärmer sind als andere, so ist das natürlich, daß der Wind warm wird, wenn er zu uns kommt, mag er auch von dem gefrorenen Südende der Welt ausgehen, denn er bläst durch den gebogenen Ring des brennenden Weges und so kommt er als warm nach Norden hindurch, wenn er auch kalt von Süden her bläst. Wenn Menschen ebenso nahe jenem kalten Wege auf der südlichen Seite wohnen wie die Grönländer auf der nördlichen, da halte ich es für sicher, daß der Nordwind ebensowarm zu ihnen kommt wie der Südwind zu uns, denn sie müssen nordwärts blicken zum Mittag und zu der ganzen Sonnenbewegung, wie wir südwärts zu blicken haben, die wir nördlich der Sonne wohnen.

Ich habe früher davon gesprochen, daß im Winter hier der Sonnenlauf gering ist, aber ein so großes Übermaß im Sommer, daß alles wie ein Tag ist; du sollst nun daran merken, daß die Wegstrecke der Sonne ausnehmend breit ist und ihre Laufbahn nicht so schmal oder gerade, als liefe sie immer auf einer Linie. Wenn sie sich zum äußersten Südrand ihres schrägen Weges bewegt, da haben die Sommer und reichlichen Sonnenlauf, die am äußersten Ende der Welt im Süden wohnen; aber wir haben dann Winter und Mangel an Sonnenlauf. Wendet sie sich aber zum äußersten Nordrande, da haben wir reichlichen Sonnenlauf und sie Winterkälte; und so geht es immer, daß sie dann aufsteigt für den Norden, wenn sie absinkt für den Süden, und wenn sie für den Norden absteigt, beginnt sie sich zu erheben für die südliche Seite. Du sollst auch wissen, daß es sich ebenso verhält mit dem Wechsel der Tageszeiten wie mit der Sonnenbewegung, denn an manchen Orten ist es dann Mittag, während an andern Mitternacht ist, und an manchen bricht dann der Tag an und verbreitet Helle, während an andern die Dämmerung und dann die Nacht eintritt, denn immer folgt der Tag und das Licht der Sonne, der Schatten aber flüchtet vor der Sonne, geht ihr aber doch immer nach, wenn sie sich entfernt, und es ist da immer Nacht, wo der Schatten ist, und da immer Tag, wo das Licht ist.

Wenn dir nun das alles klar ist, was ich nunmehr über die Verhältnisse von Tag und Nacht, über die Sonnenbewegung und über alles andere von mir Behandelte geredet habe, da darfst du deshalb als ein vollkommener Seefahrer gelten, denn es werden nur wenige mehr über diese Dinge erfahren haben als du.

XXII

DIE RECHTEN ZEITEN FÜR DIE SEEFAHRT

Sohn: Allerdings würde ich das für wertvollste Kenntnis ansehen, wenn ich das alles im Gedächtnis bewahren könnte, womit Ihr mich bekannt gemacht habt. Ich glaube nun aus Euren Worten zu entnehmen, daß Ihr denkt, ich hätte nach reichlich vielen Dingen in dieser Unterredung gefragt. Aber wenn Euch mein Fragen nicht lästig ist, so habe ich noch eine kleine Frage übrig, über die ich mich mit Eurer Erlaubnis unterrichten möchte und die mir zum Beruf der Seefahrer zu gehören scheint.

Ihr sagtet schon anfangs in Eurer Rede, daß es für diejenigen, die Seefahrer sein wollen, das richtige sei, sich gleich zu Beginn des Frühlings bereit zu halten und zu vermeiden, zur Herbstzeit lange auf der See zu sein, doch gabt Ihr nicht den Zeitpunkt an, wann nach Eurer Ansicht im Frühling man zuerst es wagen könne, über das Meer von Land zu Land zu fahren, und ebensowenig, wann man nach Eurer Meinung es zuletzt im Herbst wagen dürfe, über das Meer zu segeln. Das habt Ihr angeführt, wie die Meere ihre Stürme zur Stille bringen, aber nicht, wie die Meere beginnen, unruhig zu werden.

Ich möchte Euch nun gern bitten, wenn es Euch nicht zuwider ist, mich in dieser Frage aufzuklären, denn ich vermute, daß es in gewissen Fällen sich als notwendig erweisen könnte, es zu wissen, und daß es eine wertvolle Kenntnis ist.

Vater: Die Dinge, von denen du eben sprichst, sind kaum in eines zusammenzufassen, denn nicht alle

Meere sind gleich. Die Meere sind nicht alle gleich groß, kleine Meere bieten geringe Schwierigkeiten, und man kann es zu den meisten Zeiten wagen, sie zu besegeln, denn da braucht der Mann, der wetterkundig ist, nur auf einen Segelwind von einem oder zwei Tagen zu achten, da sind auch viele Küsten, die gute Häfen bieten, sobald man das Land erreicht. Und überall, wo die Verhältnisse so liegen, daß man in einem guten Hafen Segelwind abwarten kann oder anderseits man auf gute Häfen sicher bei der Weiterfahrt rechnen kann und das Meer so klein ist, daß man sich nicht auf länger vorzusehen braucht als auf eine Fahrt von einem oder zwei Tagen, da kann man sich über solche Gewässer wagen fast zu jeder Zeit, die einem gut scheint.

DIE ACHT WINDE IM WINTER

Wer aber eine Fahrt mit größeren Schwierigkeiten zu unternehmen hat, entweder auf einem großen Meere voller Strömungen oder, wenn er vor dem Steven Länder zu erwarten hat, wo sich gefährliche Häfen befinden wegen der Schären oder blinden Klippen oder Untiefen oder großer Sandbänke, da ist allerdings die Lage so, daß man große Vorsorge haben muß, und nicht darf man zu spät die Fahrt über solche Meere von Land zu Land wagen. Wenn du nun dich nach (bestimmten) Zeiten erkundigtest, da halte ich es für das richtigste, daß man kaum später wagen soll über die Meere zu fahren, als wenn der Oktober anfängt, denn um diese Zeit beginnen die Meere schon sehr unruhig zu werden, und von da ab beginnt die Windstärke ständig zu wachsen, je später es im Herbst ist und je mehr es sich dem Winter nähert.

Wenn der 16. Oktober kommt, da beginnt der Ostwind unfroh zu werden und kommt sich seiner Würde beraubt vor, nachdem man ihm den Kopfschmuck seiner goldenen Krone geraubt hat. Dann setzt er auf sein Haupt einen Hut von deckenden Wolken, stöhnt gewaltsam auf, als schmerze ihn ein eben zugefügtes Leid. Und wenn der Südostwind den Trübsinn seiner Nachbarn bemerkt, da wird er traurig in doppelter Sorge. Die eine ist, daß er eine gleiche Beraubung befürchtet, wie sie der Ostwind erlitten hat. Die andere ist die, daß er traurig ist über den Schmerz seines guten und trefflichen Nachbarn; er rast im Schmerz seines zornigen Sinns und runzelt die Brauen unter dem verborgenen, starrenden Haar und bläst heftig schleudernd den Speichel von sich. Und wenn der Südwind den Zorn seiner nahen Nachbarn bemerkt, da hüllt er sich in einen wolkigen Lodenmantel und bringt so vor ihnen seinen Reichtum und die Schätze seiner Wärme in Sicherheit und bläst stark wie aus Furcht abwehrend. Wenn der Südwestwind merkt, daß die Freundschaft nach zerrissenem Bunde erkaltet, da schluchzt er in seinem Schmerz mit schweren Regenschauern, rollt die Augen über dem tränenfeuchten Bart, füllt seine Backen unter dem Helm dichter Wolken, bläst heftig kalte Regenschauer von sich, treibt vor sich her schweren Seegang und bruststarke Wogen mit nach Schiffen gierigen Sturzseen und befiehlt allen Meeresstürmen, in kampfbegierigem Zorne zu rasen. Sobald der Westwind bemerkt, daß zu ihm von Osten ein trauriges Blasen und schmerzliches Seufzen kommt, während er früher gewohnt war, von dorther schimmernde Strahlen als festliche Freundesgabe zu empfangen, da wird es ihm ganz klar, daß der Bund zerrissen und aller friedlicher Zusammenhalt aufgesagt ist, er wird traurig in großem Kummer über den Unfrieden und fährt in einen schwarzen Rock der Trauer und zieht darüber einen grauen Wolkenmantel und atmet schwer in schmerzlichem Leid, sitzt da mit schnaufender Nase

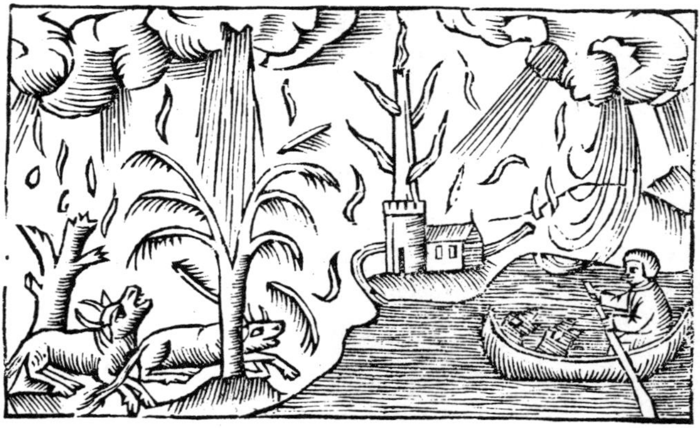

Donner, Hagel und Blitz

und zitternden Lippen. Sobald der leidenschaftliche Nordwest diesen Kummer seiner Nachbarn bemerkt und erkennt seinen eigenen Verlust an den Schönheiten des Abends, die er vorher gewohnt war zu haben, da offenbart er gleich seine Sinnesart in wildem Zorn, runzelt recht gewaltsam die Brauen, schleudert heftig rasselnden Hagel von sich, läßt krachende Donnerwetter mit schreckenden Blitzen entstehen und zeigt von seiner Seite schrecklichen Zorn ohne alles Mitleid. Und wenn der Nordwind die Freundlichkeit vermißt und die lieblichen Freundesgaben, die er vom Südwinde empfing, da sucht er in seinen Schätzen und prahlt dann mit seinem Reichtum, den er im Übermaß besitzt, und bringt hervor dunklen Schatten mit schimmerndem Frost, setzt sich einen eiskalten Helm auf über dem vergletscherten Bart und bläst heftig von Hagel volle Wolkenberge von sich. Aber der kalte Nordostwind sitzt zornig da mit verschneitem Bart und schnauft kalt aus den von Sturm geschwellten Nasenlöchern, blitzt mit den Augen unter den reifbedeckten Brauen, verzieht die Backen unter der kaltwolkigen Stirne, schärft die Kiefern mit der eiskalten Zunge und bläst heftig den wild fegenden Schneesturm von sich.

Wenn der Friede zwischen diesen acht Fürsten aufgesagt ist und die Winde ganz in Raserei geraten mit der Gewalt der Stürme, da ist es für Menschen unmöglich, von Land zu Land zu fahren, wegen vieler Schwierigkeiten. Der Tag ist kurz, die Nacht finster, das Meer aufgeregt, der Seegang wird gewaltig, die Sturzseen sind kalt, der Regen verstärkt sich, und der Sturm wird heftig, die Brandung nimmt zu, und die Küsten versagen gute Häfen. Die Schiffsgenossen werden erschöpft, die Ladung verrückt sich, und oft gehen viele Menschen zugrunde wegen des übergroßen Wagemuts. Die Seelen werden einem gefährlichen Gericht ausgesetzt infolge der Unvorsichtigkeit und eines schnellen Todes. Deshalb sollen sich alle Verständigen in acht nehmen, daß sie sich nicht spät im Jahre auf der See befinden, denn vor vielen Gefahren hat man sich zu hüten und nicht nur vor einer, wenn man zuviel wagt in solcher Zeit. Es ist deshalb als besser zu empfehlen, daß man in der besten Sommerzeit reist, denn da ist weniger zu befürchten, daß es übel ausgeht, wenn man gut und klug vorsorgt. Aber das ist gewiß mehr Glück, als zu erwarten war, wenn es dann gut abläuft, nachdem etwas töricht beschlossen oder von Anfang an geplant wurde, obgleich es freilich manchmal gelingt. Das nenne ich ein klügeres Vornehmen, daß man ruhig sitze, solange so große Gefahren zu erwarten sind, und in gutem Maßhalten und ruhiger Rast im Winter das genieße, was man durch seine Arbeit im Sommer erworben hat, als daß man sich aus Eigensinn dem aussetze, in kurzer Zeit alles Erworbene zu verlieren, wofür man im Sommer gearbeitet hatte. Vor allem aber soll man auf seine eigene Erhaltung bedacht sein, denn niemals erwirbt man später etwas, wenn das Unglück will, daß man selbst mit dem Seinen zugrunde geht.

XXIII

Sohn: Das war ein guter Gedanke, daß ich in meiner letzten Anrede weitere Fragen stellte, denn ich habe darauf von Euch eine lehrreiche Antwort bekommen, die für jeden nützlich ist, der den Verstand hat, sie zu erfassen und das zu seinem Vorteil zu gebrauchen, was Ihr auseinandergesetzt habt. In diesem Sinne möchte ich Euch noch bitten, mir mit einigen Worten zu sagen, wie zeitig im Frühjahr nach Eurer Meinung man es wagen darf, zur See von Land zu Land zu fahren, mit Angabe der bestimmten Zeit, so wie ich es bei meiner früheren Frage erbeten hatte.

Vater: Über die meisten Meere mit Ausnahme der größten darf man es ruhig wagen, in den ersten Tagen des April zu fahren, denn vom 16. März ab verlängert sich der Tag, das Sonnenlicht nimmt zu, und die Nacht wird kürzer.

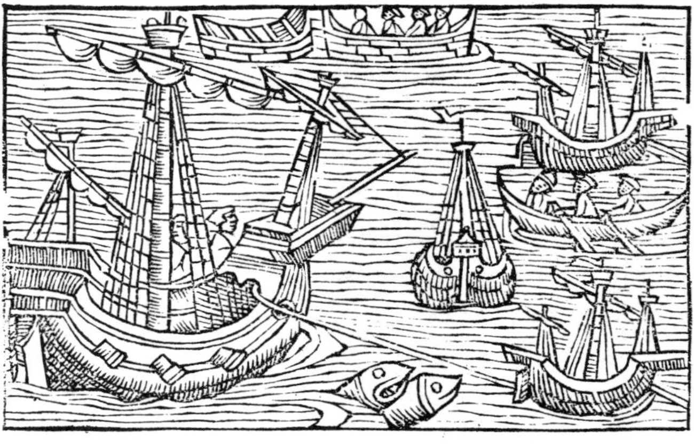

Verschiedenerlei Arten von Schiffen

Der Nordwind überfährt sanft das Antlitz des Himmels mit einem kühlen und leichten Windhauch und fegt alle Schlechtwetterbänke störender Wolken fort. Er fordert zu einem neuen Bunde auf mit freundlicher Ladung, und es wird da aufs neue Friede unter allen Winden geschlossen, denn alle begehren Ruhe zu finden nach dem erregten Zorn und dem beschwerlichen Blasen, und aufs neue wiederum verbinden sie sich in Frieden untereinander in der früher geschilderten Art, als ich über ihren Bund sprach. Die Regenschauer werden schwächer, der Seegang legt sich, die Sturzseen nehmen ab, der ganze Schwall des rauschenden Meeres schwindet hin, und alle Stürme besänftigen sich. Stille tritt ein nach der ruhelosen Wirrnis.

Ich habe nun getan, wie du gebeten hast, und dir beide Zeitpunkte genau bestimmt sowohl für den Herbst wie für den Frühling, wann es nach meiner Meinung am rätlichsten ist, sich in die Gefahr des Meeres zu wagen. Ich habe dir ferner die Zeiten gegeben, die, wie ich meine, mehr für die Ruhe als für Reisen geeignet sind. Ich habe dir auch mit einigen Worten die Belichtung der Luft erklärt und die Abgrenzungen; die am Himmel angeordnet sind, sowohl die über unbewohnbaren wie die über bewohnbaren Gebieten. Wenn du alle diese Dinge im Gedächtnis bewahrst, die ich dir vorgetragen habe, wirst du nicht zu den unkundigen Seefahrern gerechnet werden, falls du dich in dieser Beschäftigung versuchen willst. Es wird gut sein, erst einmal alles, was du gehört hast, dir wohl einzuprägen; später wird es dir freistehen, weitere Fragen zu stellen, wenn es dir gut scheint.

Sohn: Bei unserem letzten Zusammensein, als ich, Herr, mit Euch im Gespräch war; da habe ich aus Eurem Munde eine kluge Rede gehört, für jeden nützlich, der die Beschäftigung ergreifen will, von der die Rede war. Seitdem habe ich mich in Gedanken mit der Rede beschäftigt, und ich möchte glauben, daß ich das allermeiste meinem Gedächtnis fest eingeprägt habe, worüber gesprochen worden war, welches Geschick mir auch in Zukunft beschieden sein mag. Ich sollte mich auch wie jeder andere genau nach dem richten, was einem Gutes gelehrt wird. Diejenigen werden auch eher dazukommen, die darüber nachdenken, als jene, die es vergessen. Welches Geschick oder Glück mir auch bevorsteht, so begehre ich doch zu lernen, solange ich die Möglichkeit dazu habe. Da ich nun noch Dinge im Sinn habe, nach denen ich gern fragen möchte, will ich Euch doch zuvor um Erlaubnis zu einer Besprechung bitten, ehe ich die Dinge vorbringe, über die ich gern etwas wissen möchte. Wenn ich dann meine Sache vorgetragen habe, dürfte ich wohl eine Antwort erhoffen.

Kleider, Wehr und Waffen der nordischen Völker

Vater: Von dem, was ich zuletzt über das Leben und Verhalten der Kaufleute gesprochen habe, glaube ich, der meisten Dinge gedacht zu haben, die notwendigerweise behandelt werden mußten, und ich denke, daß der Mann nicht übel angesehen sein wird in seiner Tätigkeit, der in allen Fällen das beachtet, was besprochen wurde. Wenn es dich aber gelüstet und antreibt, noch mehr hierin zu erfragen, so werde ich dir willig Antwort geben, wenn ich kann. Wenn du aber einen andern Stoff vornehmen willst, so will ich gern antworten, soweit ich ausreichende Kenntnis davon habe; du sollst die Erlaubnis haben, nach allem zu fragen, wie du es wünschest, und von meiner Seite möge der Bescheid dir zukommen, wie Gott mir die Gabe verleiht.

Sohn: Die Rede, die ich Euch vortragen hörte über die Beschäftigung der Kaufleute, war mit klarerer Kenntnis in den Antworten ausgeführt, als die Fragen waren, ich will diese Rede nunmehr ruhen lassen. Da ich daran denke, mich in dieser Beschäftigung mit Eurer Erlaubnis zu versuchen, so kann es kommen, daß zwischen unsern Begegnungen sehr lange Zeit vergeht. Wenn ich dann fern von Euch bin, kann ich nicht hoffen, daß es mir möglich ist, Euren Rat einzuholen, wollte ich es auch, wenn mein Sinn auf eine andere Bestimmung und Tätigkeit sich richten sollte, als ein Kaufmann zu sein. Wenn wir beide auch nach Gottes Willen wieder zusammenkommen werden, so glaube ich doch verständig zu verfahren, wenn ich (jetzt) nach den Dingen frage, die ich zu erkunden begehre, solange mir gute Gelegenheit der Beantwortung gegeben ist. Und deshalb ist es allererste Pflicht, sich über Unbekanntes zu belehren, solange die Gelegenheit da ist, weil es ungewiß ist, ob dann die Möglichkeit zur Frage sich bieten wird, wenn unbedingt die Notwendigkeit da ist, sich zu erkundigen. Wenn es nun gelingen sollte, daß ich mich mit dem Leben eines Kaufmanns vertraut mache und mit Ausreisen in mir unbekannte Länder und ich den Wunsch habe, mich zum Könige zu begeben und dort eine höhere Lebenshaltung zu beobachten als auf Handelsreisen, so möchte ich gern daheim von Euch über das Verhalten belehrt werden, das zu kennen in der Umgebung des Königs am vorteilhaftesten ist, wenn es auch nicht feststeht, ob ich davon Gebrauch machen kann. Wenn Euch nun mein Verlangen nicht unnütz vorkommt, so möchte ich, daß Ihr mich über die Verhältnisse unterrichtet, von denen ich eben gesprochen habe.

Vater: Man darf das nicht unnütz nennen, wenn jemand über das Verhalten belehrt werden will, das beim Könige beobachtet wird und beobachtet werden soll, denn dort ist der Ursprung aller guten Sitte und des höfischen Benehmens, wenn es dort so herrscht, wie es soll und von alters her vorgesehen ist. Es handelt sich beim Könige keineswegs um ein einfaches Verhalten, denn da gibt es mannigfache Dienste und Ämter, und in den meisten Fällen zeigen die eine geringere Sorgfalt des Verhaltens, die ihrem Dienste nach geringer sind. Bei denen, die im Dienste hoch stehen, sind große Unterschiede in ihrem Verhalten und Auftreten; leider sind meistens die an Zahl geringer, welche die besten Sitten in acht nehmen, als jene, die ein durchschnittliches Verhalten aufweisen oder auch kaum dieses. Nun weiß ich nicht, ob du das Verhalten der Männer bester Sitte kennenlernen willst oder das jener andern, welche die größere Menge ausmachen.

XXV

VERSCHIEDENE ARTEN DER GEFOLGSCHAFTS-MÄNNER

Sohn: Das würde mir wohl zum Vorteil gereichen und jedem andern, der sich über ihm unbekannte Dinge unterrichten will, mag es sich um die Kenntnis der Sitten oder sonstiges Wissen handeln, daß man sich das Beste und Nützlichste aneignet, denn es gibt wenige Meister, die dies zu lehren verstehen, und es ist auch bei weitem schwerer zu erlernen als jenes, das von geringem oder überhaupt von keinem Nutzen ist. Da ich nun höre, daß sowohl im Dienste wie im Verhalten der Männer der königlichen Gefolgschaft ein Unterschied waltet, da will ich nun darum bitten, daß Ihr mich mit der ganzen Ordnung bekannt macht, die dort eingerichtet ist, und mir erklärt, wie sich die Dienste unterscheiden und was zu jedem Dienste gehört. Ferner auch etwas über die Sitten, welches die sind, die Euch gut erscheinen und die man unbedingt notwendigerweise sich aneignen muß, wenn man dem Könige mit Ehren dienen will, und ebenso, welche man allerdings vermeiden und ablegen muß, wenn man als wohlgesittet gelten soll. Deshalb suche ich mit solchem Eifer nach einer derartigen Belehrung, weil ich viele habe aus dem Gefolge des Königs kommen sehen, deren Sitten ich genau beobachtet habe, wobei die allermeisten ungefähr soviel höfisches Benehmen hatten oder noch weniger als die, welche niemals der Gefolgschaft angehört hatten. Nun weiß ich nicht recht, habe ich kein Urteil darüber, was höfisches Benehmen ist, oder verhält es sich damit so, wie es mir vorgekommen ist?

Vater: Wenn es dir gelingt, in die Gefolgschaft aufgenommen zu werden, da mußt du dich vor dem in acht nehmen, was die an sich haben, die ohne gute Sitte zur Gefolgschaft kommen und ohne höfische Bildung die Gefolgschaft verlassen, wenn du sowohl gut erzogen und höfisch gebildet heißen willst. Weil du nun danach gefragt hast, welche Verschiedenheiten sind in den Diensten und Verhältnissen der königlichen Gefolgschaft, so will ich es dir nun erklären, ebenso auch, wie es kommt, daß daraus unhöfische und Leute schlechten Benehmens hervorgehen. Wenn ein unverständiger Mann zur Gefolgschaft kommt, so ist es ebenso, als wenn ein Unkundiger nach Jerusalem reist oder ein Mensch ohne Verstand in eine gute Schule kommt. Wenn ein Unkundiger in Jerusalem gewesen ist, da bildet er sich selbst ein, er wisse etwas, und erzählt von seiner Reise, und zwar meistens etwas, das einem Kundigen nichts als Spott und Verachtung zu verdienen scheint. So ist es auch mit dem Unverständigen, wenn er aus der Schule kommt: da meint er schon ein ganzer Gelehrter zu sein, er wird froh, wenn er jemanden findet, der gar nichts gelernt hat, und treibt unmäßigen Spott mit ihm. Aber wenn er jemanden trifft, der wirklich ein Gelehrter ist, da weiß er selbst gar nichts. So ist es auch, wenn törichte Leute in die Gefolgschaft des Königs kommen, da halten sie sich gleich an ihre Geistesgenossen und lernen das von ihnen, was ihnen am leichtesten erlernbar ist und womit sie schon früher reichlich versehen waren, und das ist nichts anderes als Kurzsichtigkeit und Torheit. Wenn sie dann von der Gefolgschaft kommen, da werden sie eben anderen eine solche höfische Bildung und ein solches Benehmen zeigen, wie sie dort angenommen hatten. Viele, die aus fremden Orten kommen, sei es aus fremden andern Ländern oder aus fremden Gefolgschaften, und mit denen zusammentreffen, die unterdessen daheim geblieben waren, lieben es, allerlei Neuigkeiten zu verbreiten, und meinen nun gleich voll unterrichtet über Sitten und Zustände zu sein, weil sie eben fremde Völker oder andere Länder besucht haben; und besonders trifft das bei kurzsichtigen Leuten zu. Hüte dich, daß dir nicht solche Torheit einfällt, wenn du als ein Mann guter Sitte gelten willst.

Weil du danach gefragt hast, welche Unterschiede es unter den Dienstleuten in der Gefolgschaft des Königs gibt, so soll dir das erklärt werden und ebenso, was zu jedem Dienstzweige gehört. Alle Männer, die dem Könige zur Hand gegangen sind, heißen *húskarlar* (Hausleute). Dann scheiden sie sich nach Würde und Befugnis entsprechend dem Dienst, den sie zu leisten verstehen, und je nachdem der König ihre Stellung bestimmt. Es gibt nun eine Art der Hausleute, die immer innerhalb der Gefolgschaft beim Könige sind, aber keine Soldempfänger, und sie sollen dort nicht essen und trinken, wo die Gefolgschaft des Königs gespeist wird. Sie sollen im Königshofe allen Dienst leisten, den der Hofverwalter von ihnen fordert, ob er sie nun zu Reisen aufbietet oder zu sonst einer Tätigkeit im Königshofe.

XXVI

Sohn: Ich möchte Euch bitten, Herr, mir das nicht als Voreiligkeit anzurechnen, oder als ob ich Eure Rede aufhalten wolle, wenn ich noch weiter etwas nach der Dienstleistung dieser Männer frage.

Vater: Solange wir in diesem Gespräch begriffen sind, frage du lieber, wie es dir gut scheint, als daß du später bedauerst (nicht gefragt zu haben) und du deshalb ohne Kunde dessen bist, das du wissen willst.

Sohn: Da diese Leute, von denen Ihr eben gesprochen habt, mit Arbeit und Tätigkeit im Königshofe leben, aber doch ohne höfische Erziehung ebenso wie auf dem Lande, welchen Vorteil sehen sie darin, lieber beim Könige zu sein als für ihre Verwandten oder ihre

Väter auf dem Lande zu arbeiten oder Handelsfahrten zu unternehmen und sich lieber damit Vermögen zu erwerben?

Unterrichtung der Kinder im Bogenschießen

Vater: Es gibt viele Umstände, warum solche Leute lieber beim Könige sind als auf dem Lande oder auf Handelsreisen. Einige wollen deshalb lieber beim Könige sein als auf dem Lande, obgleich sie da die gleiche Arbeit zu verrichten haben oder noch mehr, weil sie so arm an Gut sind, daß sie ihrer Armut wegen Handelsreisen nicht unternehmen können. Sie haben zwar viele gute Verwandtschaften, wenn sie aber auf dem Lande arbeiten, da gibt es viele, die begüterter sind, aber nicht von besserer Familie oder kaum von gleicher, und wenn jene mit ihnen etwas zu schaffen bekommen, da stützen sich die Reichen auf ihr Vermögen und unterdrücken die, welche arm sind und in ihren Streitsachen ihr Recht nicht erlangen können. Daher ziehen sie es vor, im Schutze des Königs zu arbeiten statt ohne Schutz auf dem Lande. Andere haben Totschläge begangen oder sind in andere Schwierigkeiten verwickelt und müssen dieser Schwierigkeiten wegen bei der Gewalt des Königs Schutz suchen. Einige gibt es, die ihr Vergnügen darin finden, immer in einer großen Menge zu sein und dabei immer in völliger Sicherheit, was ihnen auch begegnen mag. Kommen sie dann aufs Land, wo sie früher sich ohne Schutz fühlten, da glauben sie nun jedermann gegenüber ebenbürtig zu sein, der Sicherheit wegen, weil sie Königsmannen geworden sind. Wenn sie in Zweikämpfen getötet werden, da nimmt der König vierzig Mark in die Untertanenbuße für sie wie für seine andern Untertanen und außerdem eine Mark als Buße, wenn einer von seinen Hausleuten getötet wird. Wisse auch, daß viele vom Lande zur Gefolgschaft kommen, denen man dort (auf dem Lande) nur geringe Bedeutung zumißt, und doch geschieht es oft, daß sie sich hohe Ehre beim Könige erwerben ihrer Dienstleistung wegen, wenn sie es verstehen, sie zu erweisen, während sie zu Hause auf dem Lande geringgeschätzt wurden. Aber andere, die daheim unter den geringen Bauern hoch angesehen waren ihres Vermögens, ihrer Verwandten und Ziehbrüder wegen, gelten oft in der Gefolgschaft des Königs nicht mehr als daheim auf dem Lande und bisweilen kaum soviel, und es erlangen oft die weniger Ehre beim Könige, die mit großem Vermögen zu ihm kommen, als die, welche als Arme kommen. Die, welche mit geringem Gut zum Könige kommen oder mit gar keinem und keine andere Aussicht haben, als was der König aus Gnade ihnen zuweisen will, sie erhebt er so hoch an Macht und Vermögen, daß sie über ihren Verwandten stehen, während sie früher ihnen nicht ebenbürtig waren, ehe sie zum Könige kamen. Das kommt entweder von ihrer Kühnheit in Schlachten oder ihrem guten Verhalten in der Gefolgschaft, oder weil sie in allen Dingen ihm treu sind und ihren Verstand und ihre Liebe ihm erweisen. Dagegen hilft er ihnen und erhebt sie hoch, wenn er bemerkt, daß sie aufrichtige Liebe zu ihm hegen und in aufrichtiger Freundschaft ihm dienen wollen. Solche Gründe sind es, aus denen der König oft und immer wieder die aus Gnade hoch erhebt, die arm sind, und deshalb unternehmen es viele, den König aufzusuchen, weil sie alle glauben, daß sie dadurch Ehre und großes Ansehen erlangen und eine ehrenvolle Erhebung.

XXVII

DIE GÄSTE

Sohn: Ich glaube nun eine ausreichende und zutreffende Antwort erhalten zu haben, so daß es mir nicht mehr wunderlich erscheint, daß diese Leute, von denen Ihr eben gesprochen habt, lieber Königsmannen sein wollen als auf dem Lande leben, obgleich damit gleich schwere Arbeit oder schwerere verbunden ist als bei den Bonden. Ich will Euch nun bitten, daß Ihr mir noch weitere Dienstarten schildert, die am Königshofe vorkommen, so daß ich hierin über alles Bescheid weiß, wenn es möglich ist.

Vater: Das läßt sich wohl machen. Da du nach diesen Dingen dich erkundigst, will ich dir davon mitteilen, was ich darüber weiß. In der königlichen Gefolgschaft gibt es Hausleute des Königs, die noch einen besonderen Namen haben neben dem Namen der Hausleute. Sie heißen ›Gäste‹ und erhalten diesen Namen von ihrer vielfältigen Tätigkeit, denn sie kommen als Gäste zu den Wohnsitzen mancher Leute, doch keineswegs bei allen aus Freundschaft. Aber diese Männer sind Soldempfänger des Königs und erhalten den halben Sold der Gefolgschaftsmänner. Zur Dienstleistung dieser Männer gehört die Verpflichtung, durch das ganze Reich des Königs danach zu suchen und festzustellen, ob er irgendwelche Feinde in seinem Reiche hat. Und wenn Feinde gefunden werden, da sollen die Gäste sie unschädlich machen, wenn sie es können. Wenn der König die Gäste gegen seine Feinde ausschickt und es werden die getötet, gegen die sie geschickt sind, da bekommen die Gäste für ihre Leistung deren Gut, das sie gleich mit sich nehmen können, außer dem Gold; das gehört dem Könige und ebenso alles andere, das die Gäste nicht mit sich fortnehmen konnten. Wo der König seine Feinde erkennt, da ist es die Pflicht der Gäste, die Feinde des Königs zu überwältigen und so sein Land zu reinigen. Wenn sie sich innerhalb der Gefolgschaft beim König aufhalten, da haben sie verschiedene Wachtdienste für den König zu leisten, wie jeder sonst von den Tischgenossen im Königshofe, ausgenommen die Hauptwacht, die halten sie nicht. Sie dürfen nicht in dem Hause zu Tisch sitzen für Speise und Trank, in dem der König sitzt oder die Gefolgschaft, außer zu Weihnachten und Ostern, da sollen sie essen und trinken in der Königshalle mit seiner Gefolgschaft, sonst aber nicht. Wenn einer von diesen Männern im Zweikampf getötet wird, bekommt der König für diesen Mann an Untertanen- und Hausmannsbuße ebensoviel wie für die, von denen früher die Rede war.

Es gibt dann noch königliche Hausleute, die nicht bei ihm feste Verpflegung haben und nur selten zur Gefolgschaft kommen und nichts vom Könige erhalten außer Unterstützung und Schutz in Rechtsstreitigkeiten mit anderen, es sind aber doch Königsmannen; der König bekommt auch ebensoviel an Hausmanns- und Untertanenbuße für diese Männer, wenn sie getötet werden, wie für seine Hausleute, die bei ihm Tischgenossen sind. Diese Leute werden seine Mannen auf

Grund von verschiedenen Berufstätigkeiten, einige sind Bonden, einige Kaufleute und andere (sonstige) Laien. Folgenden Dienst haben sie dem Könige über die Schuldigkeit seiner andern Untertanen zu leisten: wenn die Beamten des Königs auf seinen Befehl kommen, um eine Sache des Königs oder einen Auftrag zu verfolgen, und wenn diese Hausleute, von denen ich eben gesprochen habe, zur Stelle sind, da haben sie die Verpflichtung, das Gefolge der Beamten zu verstärken und ihnen solchen Beistand in allen Angelegenheiten des Königs zu leisten, wie es in ihrer Macht steht. Andererseits steht ihnen auch der Schutz der Königsmannen in allen Rechtssachen zu, die sie zu verhandeln haben. Wenn sie getötet werden, gilt das gleiche Recht des Königs wie bei denen, über die ich früher gesprochen habe.

Es gibt dann noch eine Art von Hausleuten des Königs; diese erhalten Gut vom Könige in Begabungen, manche zu zwölf Öre, manche zu zwei Mark, manche zu drei Mark und andere noch mehr, immer je nachdem der König sieht, daß sie ihm Verstärkung und

Leute vom Lande bringen ihre Kinder zur Taufe

Hilfe gewähren. Diese Männer sind nicht Tischgenossen beim Könige innerhalb der Gefolgschaft, vielmehr sind sie auf dem Lande, gewissermaßen das Steuer führend; denn einige von ihnen sind die Söhne von Landherren und andere so mächtige Bonden, daß sie den Landherren gleichgeachtet werden. Diese königlichen Hausleute sind ebenso verpflichtet, dem Könige zu dienen, wie die vorher genannten und um so mehr, als sie dazu mehr imstande sind; sie genießen auch höhere Ehre beim Könige, und entsprechend erhöht sich der Bußanspruch des Königs für diese Männer, wenn ihnen ein Leid zugefügt wird, wie früher gesagt wurde.

Alle diese Königsmannen, von denen ich nun gesprochen habe, die nicht Tischgenossen bei ihm sind, die darf der König doch zu solchen Dienstleistungen auffordern, wie ihm jeder von ihnen geeignet zu sein scheint. Einige werden bestimmt, Kriegsschiffe zu befehligen in einem auswärtigen Kriege des Königs, einige werden zwischen den Ländern als Gesandte verschickt zu ausländischen Königen oder anderen Fürsten, einige sind unterwegs auf Handelsreisen mit dem Gute des Königs und seinen Schiffen von Land zu Land. Sie sind zu solchen Diensten verpflichtet und zu allen andern, die durch die Bedürfnisse des Königs erfordert werden.

Ich habe dir nun von Königsmannen verschiedener Art erzählt, und nun kannst du dir überlegen, welche unter den aufgezählten nach deiner Ansicht in besonderem Maße mit höfischem Verhalten und den Sitten vertraut sein mögen, die mit Recht in der Gefolgschaft des Königs herrschen sollen. Und doch sind es alles Königsmannen, aber daraus kannst du schließen, daß nicht jeder sogleich Verständnis für königliche Sitten und Würde annimmt, der den König und seine Gefolgsleute erblickt. Der Mann muß sowohl empfänglich für gute Sitte und dabei klug sein, der, wenn er nur zwölf Monate in der Gefolgschaft des Königs verbringt, mag er auch täglich mit der Gefolgschaft in der Gegenwart des Königs sich aufhalten, der in dieser Frist von zwölf Monaten wohlgesittet und höfisch sein könnte. Nun sollst du das in Wahrheit wissen, daß so manche beim Könige sind, die dort einen großen Teil ihres Lebens verbringen und jeden Tag Gelegenheit haben, gute Sitten zu beobachten, und doch niemals wohlgesittet und höfisch werden.

XXVIII

Sohn: Wenn es sich so verhält, daß einige Sitten sich so schwer aneignen lassen in der Gefolgschaft des Königs, daß dazu Empfänglichkeit und lange Beobachtung gehört, da ist es sicher, daß dann diese Leute, von denen Ihr bisher gesprochen habt, wenig Kenntnis davon haben werden, worin höfische Art und gute Sitte im Hause des Königs besteht, obgleich auch sie Königsmannen sind, da sie nur selten in die Wohnstätte des Königs kommen, wo doch vor allem die gute Sitte herrschen soll. Es ist nun noch etwas, was ich erfahren möchte, angehend die Dienstleistungen dieser Männer, von denen Ihr zuletzt gesprochen habt. Welchen Vorteil erwarten sich die im Dienste des Königs, die sowohl großes Vermögen wie guten Familienstand besitzen, daß sie sich zum Dienste des Königs nur mit dem Namen eines Hausmanns verpflichten. Warum erhalten sie nicht die Würde des Namens, daß sie Gefolgsleute heißen, oder warum leben sie nicht daheim nach ihren Verhältnissen, wie andere Bonden tun.

Vater: Das scheint mir nicht sehr klug von dir gefragt zu sein. Weil du aber glaubst, hierüber nicht genügend Bescheid zu wissen, so sage ich, besser ist fragen als unwissend bleiben, und so muß ich auf die Frage Antwort geben.

Es sind mancherlei Ursachen, wie ich schon früher gesagt habe, warum die Leute lieber Königsmannen sein als nur Bauern genannt sein wollen. Zunächst ist festzustellen, daß dem Könige das ganze Reich mit dem ganzen Volke gehört, das im Reiche ist, und jedermann, der in seinem Reiche lebt, ist ihm zum Dienst verpflichtet, wenn seine Bedürfnisse es erfordern; der König darf jedem Bonden, der ihm dazu geeignet erscheint, den Auftrag geben, als Gesandter zu ausländischen Fürsten zu reisen, wenn sich Leute finden, die ihrem Verstande nach dazu geeignet sind. Ebenso auch, wenn der König Bonden zur Schiffsführung auffordert, zur Heerfahrt mit ihm, da muß jeder fahren, der dazu ernannt wird, wenn er ihm auch nicht zur Hand gegangen ist, nur als sein Untertan. Und wenn der König irgendeinen Geistlichen oder einen Bischof aus seinem Reiche für eine Gesandtschaft zu andern Königen oder zum Papst verlangt, wenn er es will, da muß der Aufgeforderte die Reise antreten, er wolle denn die Feindschaft des Königs sich zuziehen oder aus seinem Reiche verwiesen werden. Nun, wenn jedermann dem Könige gegenüber zum Dienst verpflichtet ist, der in seinem Reiche lebt, wo sollte da nicht einem jeden verständigen Menschen es von großer Bedeutung dabei erscheinen, daß er in vollem Maße den Schutz des Königs und seine Freundschaft genießt, was etwa auch er im Verhältnis zu andern erleben mag, daß er (auch) der Führer seiner Ziehbrüder zu sein vermag und sie zum Gehorsam gegenüber dem Könige anhalten kann, wenn sie ihm nicht schon vorher gehorsam sein wollen, lieber, als daß er ein Bauer gescholten werde, immer unter der Leitung eines andern zu stehen und dabei die gleichen Pflichten wie sonst zu haben? Du sollst in Wahrheit wissen, daß dieser Name nicht zu verachten ist, als sei es ein herabsetzender Name, des Königs Hausmann zu heißen, vielmehr ist es ein hoher Ehrenname für jeden, der ihn bekommt; denn Landherren und Gefolgsleute, wenn sie der Heerfahrten müde sind und es etwa einer Schwäche wegen vorziehen, auf dem Lande zu leben, da wollen sie doch nicht deshalb den Namen eines Hausmannes entbehren, der Ehre und des Schutzes wegen. Wenn du nun meinst, es sei in dieser Sache irgendwie nicht genug gefragt oder nicht genug geantwortet, da will ich hierüber noch weiter reden, wenn es dir recht ist.

XXIX

DIE EIGENTLICHEN GEFOLGSCHAFTSMÄNNER

Sohn: Über diese Sache habe ich wohl übergenug um Auskunft gebeten, und es ist mir nun auf Grund guter und ausreichender Antworten klargeworden, daß niemand, wie ich meine, auf den Schutz des Königs verzichten darf, wenn er in seiner Lage mit Sicherheit leben will; denn die große Menge der Menschen ist sehr ungleichen Sinnes und böswillig ein jeder gegen den andern, diejenigen nur ausgenommen, die von Gott Verstand und Rechtssinn erhalten haben; doch das sind nur einzelne und nicht die Menge des Volkes. Weil nun noch manches zu sagen ist über den Königsdienst und den Brauch (des Hofes), da wünsche ich mir noch eine weitere Besprechung durch Euch, damit ich nicht darin unwissend bleibe, worüber ich unterrichtet werden möchte.

Vater: Es wird nun über die Hausleute des Königs zu reden sein, die am ehesten sich darüber klarwerden können, was die guten Sitten sind in der Gefolgschaft des Königs, wenn sie ihren Sinn darauf richten wollen. Es sind zweierlei Arten, oft die geringer an Zahl, wel-

Kleidung und Sitten am Hofe

che die Mehrheit sein sollten. Diese Königsmannen, von denen ich nun sprechen will, haben neben dem Namen der Hausleute noch einen weiteren, indem sie Gefolgschaftsleute heißen. Dieser Name wird manchen mit Recht gegeben, aber für viele ist es ein nichtssagender. Diejenigen, die ursprünglich diese Einrichtung getroffen haben, schufen eine gute Grundlage, denn *hirdmadr* bedeutet soviel wie *hirzlomadr ok gæzlo*, Mann des Bewahrens und der Obhut, und die, welche den Namen mit Recht führen wollen, sind verpflichtet, rechte Bewahrer und Behüter des Königs und überhaupt des Königtums zu sein. Sie sollen auf die Grenzlinien des Rechts zwischen allen Bewohnern des Reiches achthaben, wenn sie mit den Rechtssachen der Leute etwas zu tun haben, sie sollen sich höfischer Art, guten Auftretens und aller fördernden Sitten befleißigen, denn sie stehen immer in jeder Beziehung dem Könige am nächsten. Sie beschützen das Leben und den Leib des Königs bei Nacht und am Tage. Sie sind auch immer beim Könige zum Essen und Trinken, bei allen Verhandlungen und allen gesellschaftlichen Zusammenkünften, als seien sie nahestehende Verwandte. Diese Männer dürfen mit Recht von allen Herren genannt werden, die einen geringeren Namen als sie selbst tragen, denn sie dürfen als Landesführer gelten, wenn sie sich so verhalten, wie es sich für ihren Namen gehört. Diese Männer sollen ausgewählt werden aus dem ganzen Volke, nicht nur aus den edlen oder den reichen Geschlechtern, vielmehr sollen sie selbst, die zu diesem Range ausgewählt werden, in jeder Beziehung tadellos sein an Familie, Vermögen, Stolz des Herzens und höfischem Benehmen und dabei von durchaus guter Erziehung. Sie sollen auch eine größere Gewissenhaftigkeit als andere in allem besitzen, so daß sie wohl zu unterscheiden wissen, was zu lieben ist der Ehre und der guten Aufführung halber, oder was man hassen soll der Unehre und Schande wegen. Denn wo sie auch hinkommen, da richten sich aller Augen auf ihre Eigenschaften und ihre Aufführung, alle neigen ihren Worten das Ohr und alle meinen, es müßte so sein, daß sie in ihrem Verhalten und Auftreten in um so höherem Maße andere überträfen, je näher sie dem Könige als andere stünden nach ihrem Dienste und der Gunst des Königs. Wenn diese Männer die Namen sich wirklich aneignen wollen, die ihnen über den Namen des Hausmanns hinaus gegeben werden, da müssen sie alles grobbäurische Wesen und alle unhöfische Art fliehen und mehr als andere sich so mancher Dinge enthalten, nach denen kurzsichtige Begierde verlangt; denn vieles gereicht den höfischen Männern zur Schande an Worten sowohl wie an Werken, wenn sie nicht auf ihre Zunge und ihr Verhalten achten, während der grobe Bauer sich dessen nicht zu schämen braucht, wenn er sich so benimmt. Es kann sich auch oft ereignen, daß höfische Gesandte aus andern Ländern zum Könige und seiner Gefolgschaft kommen und um so genauer seinen Dienstbetrieb und seine und seiner Gefolgschaft höfische Art beobachten und allen Brauch innerhalb der Gefolgschaft, von je feinerer Sitte sie selbst sind. Und wenn sie wieder heim in ihr Land kommen, da schildern sie die Sitten und berichten alles andere, was sie bei dem Könige gesehen oder gehört hatten, zu dem sie gesandt waren. Alle Kunde, die zu andern Ländern gelangt und über Fürsten verbreitet wird, und zwar als verbürgt verbreitet wird, gereicht oft entweder zu Hohn und Spott oder zur Ehre. Oft kann es auch geschehen, daß die Könige selbst sich aufsuchen und über Ordnung und Satzung verhandeln, die zwischen ihren Ländern bestehen. Es verbindet sich damit immer eine Versammlung der besten Männer, wenn die Könige ihre Zusammenkünfte haben. Da stellen sich mit ihnen zu ihrer Zusammenkunft ein ihre vornehmsten Herren, Erzbischöfe, Jarle, Bischöfe, Landherren und Mitglieder der Gefolgschaft oder Ritter, und sorgfältig wird da bei allen auf höfisches Benehmen und Sitte aller derer geachtet, die dort zusammenkommen, zuerst auf die Großen, dann aber auf alle andern; denn da beobachtet einer des andern Benehmen. Wenn einer der Könige oder irgendeiner der andern Fürsten als unhöfisch erfunden wird, da trifft ihn gleich Spott und Hohn, und er wird angesehen wie irgendein Bauernkerl. Und wenn auch nur die Gefolgschaft eines der Könige als unhöfisch und nicht besonders gesittet erfunden wird, oder vor allem, wenn der Dienstbetrieb des Königs nicht höfisch und in schöner Art in seinem Hause vor sich geht, da wird der König selbst als unhöfisch beurteilt, und alle sagen, wenn er selbst höfisch und von feiner Sitte wäre, da würden dann alle von ihm gute Art annehmen. Es kann allerdings auch so kommen, daß ein höfischer Fürst große Schmach erleidet um eines unhöfisch und schlecht erzogenen Mannes willen; es wäre deshalb durchaus zu verlangen, daß die klares Verständnis für alles haben, was sich ziemt und was sich nicht ziemt, die danach streben, in der Nähe des Königs mit einem schönen und ehrenvollen Namen zu leben; denn der hat nicht viel Ehre vom Könige zu erwarten, der ihm dort zur Unehre gereicht, wo viele angesehene Männer zusammenkommen und ihm viel daran liegen müßte, seine Ehre zu wahren. Das gilt für alle Orte, denn der König darf nirgends Unehre erfahren. Dann bekommt einem Manne der Mangel an Sitte und Achtsamkeit übel, wenn er mit Schmach und feindseliger Behandlung seinen ehrenvollen Namen, die Gunst und den schönen Dienst verliert, mag er auch sein Leben oder seine Glieder behalten. Er kann aber seinem Könige so zur Unehre gereichen, daß ihm und ebenso manchen seiner Verwandten ein schmählicher Tod dafür gebührt.

Solche Unterschiede in den Dienstleistungen und Namen sind also in der Gefolgschaft des Königs, wie du nun gehört hast. Wenn du aber meinst, es sei etwas noch nicht erkundet, so kannst du nun weiter fragen, wie es dir gut scheint.

XXX

ERSTE VORSTELLUNG VOR DEM KÖNIG

Sohn: Ich meine, daß es nicht anders geht, als daß diese Besprechung noch fortgesetzt werde, und ich will mich mit meinen Worten und meiner Frage auf einige grundlegende Dinge beziehen, damit es mir deutlicher vor Augen stehe, wie jemand vor das Antlitz des Königs kommen soll, wenn er Ehre erwerben will. Ferner, wie er sich dann zu verhalten hat, wenn er sich alles das aneignen will, was Ihr eben besprochen habt. Es steht nun so, daß ich den Wunsch habe, mich zum Könige zu begeben, und ich will ihm dienen, so wie mein Vater und meine Verwandten Königen vor mir gedient und sich Ehre und hohe königliche Gunst in ihrem Dienst erworben haben. So ist es natürlich, daß ich dasselbe begehre, wonach meine Verwandten vor mir gestrebt haben. Da ich nun diese Hoffnung hege, so will ich Euch darum bitten, mich nun anzuweisen, wie ich den Anfang in meiner Sache zu machen habe, wenn ich den König aufsuchen will, so klar, als wenn Ihr selbst mich zum König begleiten würdet. Gebt mir Bescheid über mein erforderliches Auftreten, meine Kleidung, die Art meiner Ansprache und alles andere Gehaben, das wohl anstünde vor dem Antlitz des Königs. Ich habe nun diesmal gefragt, wie es mir gut scheint; sollte ich aber nicht so verständig gefragt haben, wie es notwendig wäre, da mögt Ihr nun so verfahren wie früher, meine Frage nach mir beurteilen und die Antwort nach Eurem Sinn einrichten.

Vater: Die Frage nach dieser Sache ist nicht so unverständig gestellt, daß man nicht darauf gut antworten könnte, denn solche Fragen zu stellen haben viele nötig, wenn sie ihre Sache bei gebietenden Herren wollen vorbringen lassen, und wenige vergewissern sich so sorgfältig über ihr Vorhaben, wie sie sollten. Ich will dir nun die Dinge, nach denen du gefragt hast, so getreulich und sachgemäß erklären, wie ich es für richtig halte.

Wenn du dorthin kommst, wo sich der König aufhält, in der Absicht, seine Gunst zu erlangen, da sollst du dich sorgfältig danach erkundigen, welches die Männer beim Könige sind, die besonders gewohnt sind, die Angelegenheiten der Leute dem Könige vorzutragen, so daß ihm ihre Rede am besten gefällt. Sobald du nun darüber im klaren bist, wer sie sind, da sollst du sie zunächst für dich gewinnen und dir zu

Freunden machen und darauf ihnen dein Vorhaben erklären und sie dann bitten, deine Sache zum Vortrage zu bringen. Wenn sie sich deiner Sache annehmen, werden sie am besten die rechte Zeit kennen, den König aufzusuchen und ihm Vortrag zu halten, da sie sehr oft mit ihm zu sprechen Gelegenheit haben. Wenn die Zeit, da der König bei Tische sitzt, gewählt wird, deine Sache vorzubringen, sollst du dich genau vergewissern, daß der König in freundlicher Stimmung und guter Laune ist. Und wenn du gewahr wirst, daß seine Stimmung etwas unfreundlich oder daß er über irgend etwas erzürnt ist, oder er hat notwendige Dinge zu verhandeln, so daß du meinst, deine Angelegenheit werde deshalb nicht zur Sprache kommen, da lasse du an dem Tage deine Sache ruhen und sieh zu, daß du ihn zu einer besseren Zeit an einem andern Tage aufsuchen kannst. Aber wenn du gewahr wirst, daß der König in freundlicher Stimmung ist und sich mit keinen notwendigen Sachen zu beschäftigen hat, derentwegen du deine Angelegenheit nicht vorbringen könntest, da warte du doch so lange, bis er ungefähr gesättigt ist. Deine Kleidung sollst du vorher dir so zugerichtet haben, daß du mit allen guten Ausgangskleidern, den besten, die du haben kannst, versehen bist. Strümpfe und Schuhe sollst du haben. Nicht sollst du ohne Rock sein, einen Mantel sollst du haben, den besten, den du dir verschaffen kannst. Zu den Strümpfen wähle dir immer Stoffe von brauner Farbe. Ich meine, daß es auch wohl ansteht, schwarzes Leder zu Strümpfen zu haben, doch keinen anderen Stoff außer Scharlach. Den Rock sollst du haben in brauner, grüner oder roter Farbe, und zwar von gutem und anständigem Stoff. Deine Leinenkleider sollst du dir von guter Leinwand anfertigen lassen, ohne viel Stoff zu verbrauchen. Dein Hemd laß kurz sein und alle Leinenkleider knapp. Sieh

Feierliche Kleidung vor dem Könige

immer darauf, daß dein Hemd ein gutes Stück kürzer sei als der Rock, denn kein höfischer Mann kann mit Flachs oder Hanf prunken. Deinen Bart und dein Haar sollst du anständig herrichten, ehe du vor den König trittst, nach dem Brauch, der zu der Zeit innerhalb der Gefolgschaft herrscht, wenn du in sie aufgenommen werden willst. Als ich der Gefolgschaft angehörte, da war es Brauch in der Gefolgschaft, das Haar kürzer zu schneiden als die Ohrläppchen und es so ringsherum zu kämmen, wie jedes Haar am besten fallen wollte, nur wurde über den Augenbrauen eine kurze Reihe geschnitten. Betreffend den Bart, war es Brauch, Bart und Schnurrbart kurz zu halten, dann wurde ein Backenbart nach deutscher Art geschnitten. Es ist ungewiß, ob später ein Brauch aufkam, der schöner ist und besser paßt für eine kriegerische Gemeinschaft des Königs.

BEWERBUNG UM AUFNAHME

Wenn es nun so weit ist, daß du glaubst bereit zu sein, den König aufzusuchen, betreffend deinen Anzug und anderes, und wenn du zu guter Zeit kommst und von den Türwarten die Erlaubnis zum Eintritt erhältst, da richte du so den Gang dir ein, daß dich ein gewandter Diener begleitet. Wenn ihr auch beide die Erlaubnis zum Eintritt bekommt, so laß ihn dir nicht weiter folgen als bis innerhalb der Tür oder höchstens weiter bis zum Sitze des Marschalls und gib ihm deinen Mantel zur Aufbewahrung, aber du gehe ohne Mantel weiter hinein zum König und habe dir vorher dein Haar glatt gekämmt und deinen Bart wohl gestrichen. Du sollst weder einen Hut noch Haube, noch Mütze auf dem Kopfe haben, vielmehr sollst du mit bloßem Haar und unbedeckten Händen vor gebietende Herren treten, mit freundlichem Gesicht und rein an allen Gliedern des Leibes. Du sollst auch bei deinem Gange die Männer mit dir haben, die deine Sache empfehlen sollen. Gewöhne dich daran, deinen Kopf aufrecht zu tragen und ebenso deinen ganzen Leib beim Gehen aufrecht zu halten, gewöhne dich an einen schönen Schritt, aber doch nicht an einen zu langsamen Gang. Wenn du vor den König kommst, sollst du dich in Ergebenheit vor ihm verneigen und ihn mit folgenden Worten begrüßen: ›Gott gebe Euch einen guten Tag, Herr König.‹ Und wenn der König zu Tisch sitzt, wenn du vor ihn trittst, da laß dir das nicht geschehen, was manchem Unverständigen geschieht, daß du dich auf den Tisch des Königs stützest oder gar, wie ein plumper Narr es tut, dich darüber legst, vielmehr stelle dich so weit vom Tische ab, daß man alle die Dienstleistungen vornehmen kann, die zum Tische des Königs gehören, und daß dazu genügend Raum zwischen dem Tische und dir bleibt. Wenn kein Tisch vor dem König steht, da gehe du nur so nahe an den Sitz des Königs heran, daß genug Raum zu aller Dienstleistung zwischen dir und der Fußbank bleibt, die vor dem Sitz des Königs ist. Deine Hände sollst du so liegen lassen, wenn du nahe vor dem Könige stehst, daß die rechte das Handgelenk der linken umfaßt, und laß deine Arme so ruhig an dir herunterhängen, wie es ihnen am bequemsten ist. Dann sollen die Männer, die dazu ausersehen sind, dein Anliegen dem Könige vortragen. Wenn du so glücklich bist, daß es gleich nach deinem Wunsche angenommen wird, dann sollst du dem Könige zur Hand gehen und darauf in die Kameradschaft mit seiner Gefolgschaft eintreten nach dem Brauch, über den die Männer dich belehren, die deine Sache vertreten. Wenn aber der König dir (nur) ein Versprechen gibt und dir einen Tag bestimmt, an dem die Aufnahme vor sich gehen soll, mußt du so lange warten. Wenn jedoch der König die Sache aussetzt und entgegen aller Erwartung so spricht: ›dieser Mann ist mir nicht bekannt; weder nach seinem Aussehen noch nach seiner Art; ich kann diese Sache nicht so schnell entscheiden, ehe ich nicht besser über seinen Verstand und sein sonstiges Wesen unterrichtet bin‹, so ist die Sache für dieses Mal zu Ende, und du mußt, wenn es dir gut scheint, deine Sache in der Stille fördern und zu erfahren suchen, ob du einmal eine passende Gelegenheit antriffst, daß dein Wunsch erfüllt werden kann. In der Zeit, in der du darauf warten willst, da ist es sicherlich notwendig, die besten und klügsten Männer für dich zu gewinnen und so oft als möglich dich denen im Umgang bekannt zu machen, die der König am liebsten hat. Allen Unterhalt, den du nötig hast, bestreite du auf eigene Kosten, solange du immer in dieser Probezeit bist, außer du wirst einmal vom Könige zu seinem Tisch eingeladen. Laß dir das nicht geschehen, was manchem Toren geschieht, daß du um so mehr begehrst, von andern unterhalten zu werden, je mehr du siehst, daß du öfters eingeladen wirst, damit es nicht dazu kommt, daß rechtschaffene Leute es dir als Geiz und Aufdringlichkeit anrechnen und daß die deine Feinde werden, deren Freundschaft dich sonst hätte beschützen können. Halte dich tadellos und bedenksam in dieser Beziehung, daß du nicht in Fehler verfällst aus Unachtsamkeit.

XXXI

ABLEGEN DES MANTELS

Sohn: Mit Eurer Erlaubnis möchte ich noch ein weniges in dieser Sache fragen. Was ist der Grund dafür, daß, wie Ihr sagtet, es sich gehören soll, daß man vor gebietenden Herren, wenn man mit ihnen zu sprechen hat, so und ohne Mantel zu erscheinen hat. Wenn jemand das auf dem Lande täte, würde jedermann sagen, der Mann sei ein Narr, der so ohne Übergewand herumliefe wie ein Trottel.

Vater: Ich sagte dir schon kurz vorher in unserer Unterredung, daß so manche deshalb darüber nicht Bescheid wissen, was am Königshofe sich schickt, weil manches unter Bauersleuten als töricht erscheint, was beim Könige oder andern gebietenden Herren für höfisch gilt. Nun sollst du wissen, daß nicht nur das eine schicklich ist, ohne Mantel zu sein, wenn man zum ersten Male vor das Antlitz des Königs tritt, vielmehr sollst du (ebenso) wissen, daß es nur wenige Fälle gibt vor dem Antlitz des Königs, in denen es ebenso schicklich ist, mit wie ohne Mantel zu sein. Weil du gefragt hast, welcher Sinn dem zugrunde liegt, daß es höfische Sitte ist, vor gebietenden Herren lieber ohne Mantel zu erscheinen als ihn zu tragen, da könnte schon allein zur genügenden Antwort gegeben werden, daß es eben überall Sitte ist, wenn höfische Männer vor das Auge eines Gebieters treten, ohne Mantel zu sein, und daß man jeden einen Tölpel nennt, der diese Sitte nicht kennt. Aber noch folgendes kann erwidert werden: wenn jemand so vor einen Fürsten tritt, daß er sich in seinen Mantel hüllt, da zeigt er damit an, daß er sich dem vor ihm Sitzenden gleichstellen will, denn er ist in seiner äußeren Erscheinung geradeso hergerichtet wie der Fürst, und er deutet an, daß er niemandem zu dienen braucht. Wenn er aber seinen Mantel ablegt, da zeigt er damit an, daß er zu irgendeiner Dienstleistung bereit ist, wenn der sie annehmen will, der berechtigt ist, sich eher dienen zu lassen als zu dienen. Ferner gibt es auch Fälle, in denen man sich oft zu hüten hat, wenn die Könige viele Gegner haben; ist nun einer seiner Feinde keck und unternehmend, da kann er wohl mit verborgener Lebensbedrohung vor den König treten, wenn es ihm gestattet ist, den Mantel anzulegen, kann aber nicht leicht seine Absicht durchführen, wenn er ohne Mantel ist. Und es ist deshalb gewiß, daß der Mann weise war, der es zuerst in die höfische Bildung einführte, daß man ohne Mantel vor gebietende Herren, vor allem vor den König treten soll, denn dieser Brauch hat dann guten Schutz gegeben gegen heimlichen Trug, den man gut zudecken kann, wenn man einen Mantel trägt. Dieser Brauch hat dann auch alle gleichgesinnt und einig gemacht, so daß alle in dieser Beziehung ein Recht haben und keiner mehr verdächtigt und untersucht wird als ein anderer, seitdem das zur Sitte geworden ist.

XXXII

Sohn: Ebenso wie mir dieser Brauch vorher seltsam erschien, ehe ich Eure Erklärung hörte, so bin ich nunmehr überzeugt, daß er klug ersonnen ist, so daß man ihn nicht entbehren kann, und deshalb müßt Ihr mir noch weiterhin alle Dinge und Verhaltensweisen aufzählen und erklären, die in Betracht kommen vor dem Könige oder andern großen Herren.

Vater: Darauf sollst du auch sorgfältig achten, solange du vor dem Könige stehst, daß du nicht unterdessen mit anderen sprichst und du so nicht genau auf alles hörst, was der König sagt, damit es dir nicht geschieht, daß er dir etwas sagt und du noch einmal danach fragen mußt, was er spricht, denn das wird immer sich schlecht geziemen, wenn jemand so unaufmerksam ist, daß man ihm die Worte noch einmal wiederholen muß, bevor er zuhört, und unbedingt wird das ganz schlimm und töricht erscheinen vor großen Herren. Es kann freilich oft geschehen, daß, während jemand vor gebietenden Herren steht, andere sich zu ihm gesellen und unterdessen ihn dies und jenes fragen. Manchmal mag der Grund Unverstand derer sein, die es tun, in andern Fällen mag es dem, der es tut, nicht unwillkommen sein, etwas ausfindig zu machen zum Nachteil dessen, der seine Sache vorzutragen hat. Wenn es dir nun geschieht, während du so vor dem Könige stehst, daß irgend jemand unterdessen sich anschickt, dich etwas zu fragen oder sonst mit dir zu reden, dann sollst du freundliche Worte auf der Zunge haben und folgendermaßen sprechen: ›warte eine kleine Weile, lieber Mann, damit ich unterdessen die Rede des Königs anhören kann, später will ich dann gern über alles mit dir reden, was dir selbst gut scheint.‹ Und wenn er auch dann noch mehr Worte darüber macht, so antworte ihm nunmehr nichts weiter, bevor der König seine Rede beendet hat. Wenn es nun geschieht, daß der König einige Worte an dich richtet, so nimm dich in deinen Antworten wohl in acht, daß du nicht die Mehrzahl brauchst, wenn du von dir sprichst, aber, wie es sich gebührt, alle Anreden an den König in die Mehrzahl setzest. Wenn es nun geschieht, daß der König etwas zu dir sagt, das du nicht gleich verstehst und wonach du notwendigerweise noch einmal fragen mußt, da sollst du nicht sagen: ha? oder: was?, vielmehr sollst du nichts weiter vorbringen als das Wort ›Herr?‹ Wenn du aber lieber mit mehr Worten fragen willst, so sprich etwa: ›seid nicht unwillig, Herr, wenn ich danach frage, was Ihr mir sagtet, denn ich habe es nicht ganz verstanden.‹ Laß es dir aber nur in den seltensten Fällen geschehen, daß der König etwas mehr als einmal zu sagen hat, bevor du es aufnimmst.

XXXIII

ANREDE IN DER MEHRZAHL

Sohn: Welcher Sinn liegt dem zugrunde, daß es besser ist, wenn man mit großen Herren spricht, bei allen Anreden nicht die Einzahl, sondern die Mehrzahl zu gebrauchen? Wenn jemand sein Gebet an Gott richtet, der größer und erhabener ist als alle, da gebraucht man in jedem Gebet bei allen Anreden, die sich auf ihn beziehen, die Einzahl. Und so spricht jeder, der sein Gebet an Gott richtet: ›du, mein Herr, allmächtiger Gott, höre du auf mein Gebet und sei mir gnädiger, als ich es verdiene.‹ Aber niemanden höre ich sich so ausdrükken: ›Ihr, mein Herr, höret auf mein Gebet und seid gütiger gegen mich wegen Eures Erbarmens, als ich es verdiene.‹ Nun weiß ich nicht, ob meine Frage ganz vernünftig sei. Da Ihr mir aber erlaubt habt, nach allem zu fragen, was ich gern wissen will, so möchte ich wie bisher auf gute Auskunft hoffen, wenn ich auch kindlich frage.

Vater: Gewiß will ich dir gern das alles erklären, soweit ich dazu imstande bin, doch weiß ich nicht, warum du (grade) mich darum so dringlich angehst, dir den Sinn anzugeben, nach dem die Art der Anrede im Gebet bestimmt ist, denn unsere Lehrväter würden besser über alle Dinge Auskunft geben können, die sich auf die Gottheit beziehen, als ich. Doch weil jede Frage

Ritter am Hofe im Gebet

immer eine Antwort erwartet, so will ich dir diese Sache mit wenigen Worten erklären, so wie es mir am wahrscheinlichsten vorkommt; und zunächst will ich darüber Antwort geben, was mir am bedeutsamsten erscheint. Ich meine nun, daß deshalb im Gebet die Ausdrucksweise festgesetzt ist, beim göttlichen Namen die Einzahl und nicht die Mehrzahl zu gebrauchen, damit alle, die an Gott glauben, das vollkommen verstehen, daß wir an einen wahren Gott glauben und nicht an mehrere Götzen, so wie die Heiden früher an sieben Götter und sagten, daß einer über das Reich der Himmel waltete, ein zweiter über die Gestirne, ein dritter über unsere Welt und alles, was auf der Erde wächst, der vierte über die Meere und Gewässer, der fünfte über Winde und Luft, der sechste über Menschenverstand und Redefertigkeit, der siebente über die Hölle und den Tod. Nun sollen wir deshalb den einen Gott verehren, dem alles Geschaffene dient, und unsere Bitten an ihn mit einer Anrede in der Einzahl richten, damit nicht trügerische Abgötter auf unseren Anruf sich an uns machen, wenn wir die Anrede in die Mehrzahl setzen, als seien mehrere Götter gemeint als einer bei dem Anruf des göttlichen Namens. Es kommt auch noch der Grund hinzu, daß unverständige Leute denken könnten, es gäbe mehr als den einen Gott, wenn sein Name mit einer Anrede in der Mehrzahl angerufen würde, und so ist das mit Recht und weislich eingerichtet, damit der einfältige und fromme Glaube nicht freien Raum habe, vom rechten Hauptwege auf einen Irrpfad zu geraten. Wenn dir diese Auseinandersetzung nicht völlig einleuchtet, so können wir noch mehreres uns ausdenken. Wenn sie aber dir ein volles Verständnis verschafft hat, da kann ich wohl mich mit meiner Rede zu den Antworten, betreffend die anderen Dinge, wenden, nach denen du gefragt hast.

XXXIV

Sohn: Das verstehe ich wohl, und es erscheint mir berechtigt und notwendig, deshalb in allen Anrufen Gottes die Einzahl und nicht die Mehrzahl anzuwenden, damit nicht der rechte Glaube durch eine Anrede in der Mehrzahl verwirrt wird und damit nicht listige Feinde den Anruf sich aneignen, den einfältiger und rechter Glaube ihnen versagt. Ich möchte nunmehr, daß Ihr mir das erklärt, wonach ich fragte in bezug auf Herrscher unserer Welt, warum es sich mehr ziemt, die Anrede an sie in die Mehrzahl zu setzen als in die Einzahl.

Vater: Es ist schon eine ausreichende Antwort, daß man deshalb besser mit einer Anrede in der Mehrzahl als der Einzahl sich an gebietende Herren wendet, weil höfische Männer das nun einmal zu Beginn ersonnen haben und es danach zur Gewohnheit geworden ist bei allen einsichtigen und höfischen Leuten, dem zur Ehre, der angeredet wird und dazu berechtigt ist, eine ehrende Anrede zu erhalten. Doch außerdem erkannten die, welche zuerst diese Art der Anrede anordneten, daß die gebietenden Herren nicht sind wie jeder andere, der nur an sich allein denkt und seine Familie und nur für wenige eine Verantwortung trägt: die Herrscher haben an alle zu denken, die unter ihnen stehen im Dienste oder der Verwaltung, und sollen nicht nur für einen verantwortlich sprechen, sondern für viele, und wenn ein guter Herrscher stirbt, da ist es nicht so, als verlöre man nur einen Mann, das ist vielmehr ein großer Verlust für alle die, welche von ihm Unterhalt und Ehren empfangen haben, und es ist, als seien sie alle von da an weniger angesehen, sobald sie ihren Herrscher verloren haben, als sie zu seinen Lebzeiten waren, außer es trete ein anderer an seine Stelle, der ihnen ebenso wohlgesinnt ist wie der verstorbene. Da nun die Herrscher für viele die Ehren zu vergeben, mit ihrem Wort für sie einzustehen und mannigfach für sie zu denken haben, darf man wohl ihnen das zur Ehre antun, sie durch die Mehrzahl bei jeder Anrede zu kennzeichnen, zum Unterschiede von der Anrede an die, welche geringer sind und weniger zu bedeuten haben. Man ist noch auf etwas anderes gekommen und hat daran gedacht, als man zuerst den Brauch einführte, nämlich, daß Könige oder andere Gebieter in ihrer Entschlußfassung nicht eine Person darstellen, sondern mit sich viele andere kluge und angesehene Männer haben. Wenn also Herrscher in der Mehrzahl angeredet werden, so wird es so aussehen, daß nicht zum Könige allein gesprochen wird, sondern (auch) zu allen denen, die mit ihm Entschlüsse fassen und seine Ratgeber sind. Ich habe auch etwas schon in meiner früheren Rede erwähnt, daß du dich davor in acht nehmen sollst, die Mehrzahl dann zu gebrauchen, wenn du von dir sprichst, damit du dich nicht dem gleichstellst, mit dem du redest und der höher steht als du. Auch wenn du mit einem sprichst, der dir gleichsteht oder geringer ist als du, da ziemt es sich nicht für dich selbst, daß du dich durch Anwendung der Mehrzahl ehrst.

Davor sollst du dich auch hüten, wenn du vor gebietenden Herren stehst, daß du nicht bei deiner Rede ins Schwatzen gerätst, denn gebietende Herren und alle klugen Leute werden unwillig über Geschwätzigkeit; sie wird ihnen lästig und wertlos und nur als Dummheit aufgefaßt. Wenn du also etwas vorzubringen hast, sei es für dich selbst oder für andere, so trage es klar, in kurzer Rede und mit möglichst wenigen Worten vor, denn eine so große Fülle von Sachen kommen immer vor den König oder andere Gebieter, betreffend die mannigfachen Bedürfnisse der Leute, daß sie es nicht ertragen können und auch keinen Sinn dafür haben, wenn über ein und dieselbe Sache eine umständliche und lange Rede gehalten wird. Es ist durchaus wahr, wenn jemand gewandt im Ausdruck und zungenfertig ist, daß es ihm leicht wird, seine Sache mit kurzer Rede und wenigen Worten so vorzutragen, daß der sie völlig versteht, der darauf zu antworten hat. Wenn jemand kein Redner oder ziemlich ungewandt im Sprechen ist, wird es ebenfalls besser sein, wenn er sich in seinem Vortrag kurz faßt, denn er kann mit wenigen Worten etwas verständlich machen und so seine Ungewandtheit verbergen vor denen, die sie nicht kennen. Wenn er aber eine lange Rede hält, da wird er sich als um so ungewandter erweisen, je länger er spricht.

Solche und andere ihnen gleiche Dinge müssen notwendigerweise von jedem begriffen und zu Hause eingeprägt werden, ehe er öfters vor große Herrscher tritt, mit ihnen zu sprechen, wenn er klug heißen will. Daran kannst du sehen, wie die von feiner Sitte und vielkundig in ihrem Auftreten und höfischen Benehmen sein müssen, die immer in der Nähe des Königs bei allen bedeutenden Versammlungen sich aufzuhalten haben. Denn für Einsichtige steht es fest, daß niemand wagen darf, vor das Antlitz des Königs zu treten, um mit ihm zu reden, der nicht in alledem sicher ist, was wir nun besprochen haben, außer er sei eben in jeder Beziehung ein Tölpel und könne nicht zu denen gerechnet und ihnen gleichgeachtet werden, die etwas höfischer sind als plumpe Bauern. Doch sollst du wissen, daß so manche sich viele Jahre beim Könige aufhalten, die von diesen Dingen wenig oder gar nichts wissen, und das geschieht gleicherweise denen, die den Namen von Gefolgsleuten tragen und in der nahen Umgebung des Königs sich aufhalten sollen, wie denen, die einen geringeren Namen tragen und den König nur selten sehen. Und diese, von denen wir grade sprachen, wirst du gemeint haben, als du früher einmal in unserer Unterredung erwidertest, dir seien diejenigen nicht besser erschienen in ihrem Benehmen und höfischer, die von den Gefolgschaften kommen, oder kaum so als wie die, welche noch nicht zur Gefolgschaft gekommen waren. Ich antwortete dir damals wahrheitsgemäß, daß jeder, der sich wohl verhalten will, sich vor solcher Torheit hüten muß, wie die zeigen, die nicht wissen, was unziemlich oder was Ehre und höfische Art ist, und nichts von dem Verhalten guter und höfischer Männer annehmen wollen, obgleich sie es jeden Tag vor Augen haben.

XXXV

VERDERBEN DES LANDES

Sohn: Es ist wahr, daß ich Männer gefunden habe, die, obgleich sie von Gefolgschaften gekommen waren, entweder solches Verhalten, wie Ihr es eben geschildert habt, verborgen haben, obgleich es ihnen bekannt war, oder es ist so gewesen, wie ich sagte, daß sie es sich nicht angeeignet hatten. Das ist doch nicht verwunderlich, daß die, welche unwissend zu Hause sind und sich nicht erkundigt haben, von diesen Dingen wenig oder nichts wissen. Das aber ist verwunderlicher, wie Ihr vorhin ausgeführt habt, daß viele lange beim Könige sind und in seiner nahen Umgebung Dienst tun und doch nicht lernen, was höfische Art und Brauch der Gefolgschaft ist. Deshalb möchte ich Euch fragen, woher das kommt, da Ihr mir ja geboten habt, ihre Torheit zu vermeiden, und wie der König in seiner nahen Umgebung Leute im Dienst haben mag, die nicht in gefälligem Anstand leben wollen, während er selbst höfisch und von feiner Sitte ist. Denn ich meinte, wenn der König von feiner Sitte und höfisch wäre, würden alle in ihrem Verhalten sich nach ihm richten, und er würde Sittenrohe nicht gern haben.

Vater: Es kann vorkommen, daß der Bonde, der an gutes Brot und reine Nahrung gewöhnt ist, manchmal genötigt wird, Spreu oder Hülsen in sein eignes oder das Brot seiner Hausleute zu mischen, damit die Nahrung länger reiche als vorher, und er ist gezwungen, solche Nahrung mit gleichem Dank einzunehmen, die

Die Kornernte

er nun bekommt, wie früher die gute und reine Nahrung. Dringende Not, ein Mißjahr, ist die Veranlassung dafür. Eine Jahresnot zeigt sich auf verschiedene Weise. Manchmal gibt es ein Mißjahr beim Korn, während die Erde Gras und Halm liefert, aber manchmal gibt sie beides nicht. Das kommt auch vor, daß die Erde reichliches und gutes Gewächs hervorbringt und die Menschen es doch nicht genießen können, denn es ist ein Mißjahr in der Luft, und die Wetter vernichten alles Gewächs in der Zeit, da man es bergen sollte. Manchmal verdirbt es *skjadak*, obgleich genügendes Gewächs da ist und die Witterung gut. Es kann auch manchmal geschehen, daß alles Erdgewächs in blühendster Pracht ohne eine Spur von Mißwachs steht, aber es ist dabei ein schlimmes Mißjahr in der Wirtschaft und dem Viehstand eines Mannes, oder im Meere oder den Gewässern oder im Fange verschiedenster Art. So kann es auch einmal geschehen, wenn es sich so schlimm trifft, daß alle diese Jahresnöte zusammen auf einmal eintreten. Und es werden dann den Leuten die Kornhülsen ebenso teuer oder teurer als das reine Korn in einem guten Jahre. Alle diese Jahresnöte, die nun aufgezählt

Das Backen der Brote

wurden, dürfen als ein schweres Drangsal für jedes Land gelten, in dem sie auftreten, und man muß es fast als Landverödung bezeichnen, wenn sie alle auf einmal kommen und (etwa) drei Jahre dauern. Nun ist eine Jahresnot noch nicht genannt, die für sich viel schwerer ist als diese alle, die ich eben genannt, wenn das Mißjahr in das Volk selbst dringen kann, welches das Land bewohnt, oder viel mehr noch, wenn ein Mißjahr in die Sitten, den Verstand, das Verhalten derer kommt, welche die Leitung des Landes in Händen haben. Denn vieles bietet sich zum Rat und zur Abhilfe für das Land, in dem ein Mißjahr ist, wenn in den benachbarten Ländern ein gutes Jahr ist und kluge Leute die Sache in die Hand nehmen. Wenn aber ein Mißjahr eintritt im Volke und den Sitten des Landes, da entsteht dadurch der allergrößte Schaden, denn mit Geld kann man von andern Ländern weder gute Sitten noch Einsicht kaufen, wenn das verlorengeht oder verderbt wird, was früher im Lande war. Wenn ein Mißjahr kommt über den Hof eines Bonden, der früher gut war und den er lange besessen hat oder seine Verwandten vor ihm, da wird er nicht so großen Verdruß oder Unwillen wegen seines Hofes empfinden, daß er sich gleich seiner entledigt, ohne sich darum zu kümmern, was aus ihm wird, vielmehr wird er sich damit helfen, daß er ebenso sorgsam Gras und Spreu sammelt oder noch sorgsamer, als er früher das gute und reine Korn sammelte, und wird so seinen Hausstand erhalten, wie er kann, bis es nach Gottes Willen besser wird. Ebenso wird der König sich zu verhalten haben, wenn ihn die Not zwingt und Mißwachs in die Sitten oder die Einsicht des Landes kommt. Da wird er nicht auf sein Reich verzichten, sondern vielmehr der Not wegen sich mit den weniger Verständigen ebenso abfinden wie früher mit den Klugen, als das Reich seine glänzendste Zeit und die besten Sitten hatte. Er wird manche strafen, manche durch Bitten bewegen, manche durch Unterweisung belehren und sie auf alle Weise sich erhalten, wie er kann, bis es nach Gottes Willen besser wird.

XXXVI

TEILUNG DES REICHS

Sohn: Das verstehe ich nun gut, daß auf vielerlei Weise die Leute in Not geraten können, mächtige wie geringe, Könige wie einfache Bauern. Unser gutes Verhältnis und die Erlaubnis zu fragen, die Ihr mir bei unserer Unterredung gegeben habt, veranlaßt mich zu der Bitte, daß Ihr mir diese Sache ausführlicher darstellt, ehe wir uns zu etwas anderem wenden. Was ist nach Eurer Ansicht die Ursache, daß so großer Mißwachs in die Einsicht der Menschen kommen kann, so daß alles auf einmal verlorengeht, Verstand und gute Sitte des Landes? Wird dieser Verlust durch das Volk verschuldet, welches das Reich bewohnt, oder vom Könige und den Leuten, die mit ihm das Land regieren sollen?

Vater: Das, wonach du fragst, kommt von verschiedenen Dingen und schädlichen Vorgängen, doch selten, meine ich, entstehen von Anfang an solche Gefahren durch das Volk, welches das Land bearbeitet und bewohnt, wenn diejenigen, die für das Land zu sorgen haben, klugen Rat wissen und der König selbst klug ist. Wenn aber Gott ein Land so schlagen will wegen der Sünden des Volkes, daß gute Sitte und Einsicht verderbt werden sollen, da bewirkt er das ohne Verzug, sobald er nur will, auf verschiedene Weise. Dafür gibt es sehr viele Beispiele, daß an verschiedenen Orten, die das Unglück betroffen hat, ein großer Herr, der klug und reich gewesen war, große Ehre beim Könige genossen hat, in seinem Rate gesessen ist und großen Anteil mit ihm an der Landesregierung gehabt hat – daß ein solcher Mann aus seinem Heim stirbt und vier oder fünf Söhne hinterläßt, alle noch ganz junge Kinder. Das ist dann gleich ein großer Schaden für den König und das ganze Reich. Der König hat einen guten Freund verloren, viele wohlmeinende Ratschläge, eine starke Schutzwaffe. Der Reichtum des Mannes zerfällt dann an fünf Stellen, und sein ganzes Wirken geht verloren. Seine Familie wird dadurch geschwächt, daß jeder seiner Söhne nur den fünften Teil des Einflusses aufbringen kann, den er (der Vater) in seinem Leben durch sein Vermögen hatte, und der Kindheit wegen noch weniger von seinem Verstande und seiner Leistung. Der Unterschied wird noch größer, wenn er bei seinem Tode keinen Sohn hinterläßt, sondern ebenso viele Töchter, als ich Söhne angegeben hatte. Doch dann ist der Unterschied am größten, wenn er weder Söhne noch Töchter hinterläßt. Dann kann es geschehen, daß sein Reichtum in kleinen Teilen unter fernstehenden Verwandten zersplittert wird, wenn keine nahen Angehörigen am Leben sind.

Wenn nun solche Dinge gleichzeitig in größerer Anzahl in dem einen Königreiche eintreten, da wird die Kraft des beschließenden Rates beim Könige bald verlorengehen, wenn er auch selbst guten Verstand hat. Aber wenn es geschieht, wie es auch dafür Beispiele gibt, daß der König selbst so stirbt, daß er nur einen jungen Sohn hinterläßt, der dann in seiner Kindheit nach seinem Vater die Herrschaft übernimmt, während nun junge Ratgeber an die Stelle der alten und erfahrenen treten, die früher da waren, und wenn dann alles das zugleich eintritt, was wir eben geschildert haben, da ist mit Sicherheit zu erwarten, daß ein Notstand eintritt in der ganzen Regierung des Landes und daß auch die Sitte des Landes sich etwas verschlechtert, wenn die Regierung untüchtig wird.

Es sind nun noch die Umstände zu erwähnen, die weitaus am klarsten eine Notstandszeit verkünden, aus denen die meisten Grundverderbnisse entstehen, und es ist leider so, daß für diese Zustände nicht weniger Beispiele sich finden als für jene, die ich eben aufgezählt habe.

Wenn es geschieht, daß ein König, der ein Reich regiert, stirbt, indem er drei oder vier Söhne hinterläßt, die alle voller Jugend und Streitbarkeit und mit den Geschlechtern verwandt sind, die früher mit dem Könige die Verwaltung des Landes geleitet hatten und sowohl guter Abkunft wie stark durch Besitz waren – wenn also einem Reiche dieses üble, eben bezeichnete Geschick beschert wird, daß mehrere auf die Königswürde Anspruch erheben, und dann der üble Beschluß gefaßt wird, daß alle zugleich mit der Würde und dem Namen eines Königs geschmückt werden, da darf man das Reich ein Schiff ohne Ruder oder ein verödetes Odel nennen, und man kann wohl sagen, daß es ein verlorenes Reich ist, denn in ihm ist da ausgestreut eine Unmenge an Samen des Mißwachses und Saat des Unfriedens. Die Kleinkönige, die das Reich zerrissen haben, die zerreißen auch gleich nach ebenso vielen Seiten die Bestrebungen des Volkes, welches das Land bewohnt, der hohen wie der niedrigen Leute, und jeder von diesen Herrschern sucht Freunde an sich zu ziehen, wie er nur kann. Demnächst untersucht ein jeder von ihnen sein Reich, die Anzahl der Bewohner und die Einkünfte, und so richten sich ihre Gedanken darauf, was der besessen hatte, der ihr Vorgänger war, und jeder von ihnen meint da zuwenig zu haben. Dann beginnen auch die Freunde eines jeden von ihnen sich

Huldigung vor dem Könige

daran zu erinnern und darüber zu reden, wie Großes der König unternehmen konnte, der vorher das Reich regiert hatte, in Hinsicht auf Erwerb von Gut, Gewinnung vieler Anhänger oder andere große Pläne, die er ins Werk setzte. Und in jeder solchen Erinnerung ist es fast, als reize jeder seinen Gebieter an, mehr an sich zu ziehen, als er gerade hat. Danach beginnt jeder von diesen Herrschern in seine Schatzkammer zu ziehen das Gut, in dem der geringste Segen für das Reich begriffen ist, das ist der Neid.

Demnächst werden kleine Beschwerden zusammengefaßt, es entsteht dadurch großer Unwillen, das Verwandtschaftsband beginnt sich zu lösen, und jetzt wird da für einen lästigen Gegner gehalten, der früher ein Freund und Bruder hieß; jeder hegt nunmehr Verdacht gegen den andern. Und sobald Verdächtigungen und Geschwätz aufkommen, da glauben die Gewissenlosen, es sei Hoffnung auf gute Ernte, und setzen ihre Pflüge in Bewegung. Dann sprießt auf das Gewächs des Unfriedens, es wachsen die Begierde und das Unrecht, die Menschen erkühnen sich zu Totschlägen, zu begehrlichem Raub und Diebstahl. Aber wenn es vorkommt, daß einer dieser Herrscher Unsitten in seinem Reiche bestrafen will, da flüchtet man in den Schutz eines andern Herrschers, und sie sagen, sie hätten ohne Schuld sich den heftigen Zorn ihres Fürsten zugezogen, während sie wegen ihrer Untaten von Hause geflohen waren. Der, zu dem sie fliehen, gewährt ihnen Aufnahme mehr aus Streitlust als aus Milde, denn er will versuchen, sich einige Freunde im Reiche des andern zu erwerben, auf die er sich stützen könnte und die jenes Gegner sein würden, wenn sie (die Könige) in Zwist gerieten. Diejenigen, die ihrer Untaten und des Gesetzesbruches wegen geflohen waren, werden zu Feinden des Herrschers, dem sie früher untergeben waren, stiften, soviel sie nur können, Zwietracht zwischen ihm und dem, zu dem sie gekommen sind. Sie vergelten auch ihre (erzwungene) Flucht in dem Reiche des andern mit Totschlägen, Raub und Diebstahl, als seien sie schuldlos und er sei an allem schuld. Und demnächst beginnen die Untaten zuzunehmen, denn Gott offenbart seinen Zorn, indem er dort, wo die vier Reiche dieser Herrscher aneinandergrenzen, ein rollendes Rad aufstellt, das sich um die Achse des Unfriedens dreht. Dann zerstört jeder seine Verwandtschaft mit dem andern, der Sippenfrieden vergeht, und man kümmert sich nicht mehr um Verschwägerungen. Denn, wenn immer ein Volk infolge der Bestrebungen der Herrscher, die uneinig werden, in viele Parteien sich trennt, da wird die große Menge dreist in ihren Begierden, in jeder Beziehung verschlimmern sich die Sitten des Landes, jeder bestimmt sich selbst die Sitte nach seiner eigenen Sinnesart, niemand fürchtet sich vor Strafe, sobald die Fürsten uneinig und geschwächt werden. Wenn dann jeder nur seine eigene Schlauheit und Gerissenheit im Auge hat, da häuft sich im Lande

Unglück aller Art, es mehren sich Totschläge und Fehden, da werden manche Frauen gefangengenommen oder geraubt, andere umgarnt mit List und Buhlerei, Kinder werden erzeugt in Hurerei und gesetzwidriger Ehe. Manche heiraten nahverwandte oder verschwägerte Frauen, andere verlocken Frauen von ihren Gatten, und auf diese Weise wächst die Unzucht aller Art, und alle Geschlechter werden minderwertig, die sich in so unziemlicher Weise vermehren. Hinzu kommt noch anderes Unheil mannigfaltiger Art. Die Bonden mit der großen Menge im Reich werden nun trotzig und ungehorsam, kümmern sich nicht um Strafgelder und bezahlen kaum, wenn auch viele zusammenkommen; sie halten Thinge ab aus eigner Machtvollkommenheit, schauen auf ihre Masse und ihre Kopfzahl, greifen nach Mitteln, die am ehesten zu Schwierigkeiten führen, denn sie binden alle in einer Genossenschaft zusammen, Kluge und Rechtschaffene und Böse und Narren; törichte Leute entziehen sie der Anklage und solche, die das Recht mißachten, wenn sie sich auch täglich vergehen, entweder schwören sie mit ihnen falsche Eide oder geben unschwörbare Zeugnisse ab, oder sie helfen mit Drohung oder mit Ränken auf ihren Thingen, daß die Schuldigen vor den Beamten des Königs sich nicht verantworten, die unter dem Könige die Regierung des Landes wahrzunehmen haben; denn der törichte Haufe denkt es sich so, daß der König ihnen als Gegner eingesetzt sei, und es meint der törichte Mann damit hohe Ehre zu erwerben und glaubt in den Augen der Unverständigen hoch zu stehen, wenn er einige Zeitlang sich so halten und stellen kann ohne Rücksicht auf die Macht des Königs und die rechtliche Satzung. Und wenn sie irgendwo selbst unter sich etwas auszumachen haben, da stärkt der Tor den Einfältigen, so daß er in ihrer Verhandlung der Stärkste wird, während der Rechtliche und Friedliche seinen Anspruch aufgeben muß. Wenn der Habgierige und Streitsüchtige getötet wird infolge seiner Gier, da glauben die törichten Verwandten, die ihn überleben, es sei ihnen damit ein großer Schade bereitet und ein Riß in dem Geschlecht, und wenn früher jemand aus diesem Geschlecht getötet wurde, der friedfertig und klug war und dessen Klugheit und Friedfertigkeit vielen genützt hatte, und wenn für diesen den Verwandten eine Geldbuße gezahlt worden war, da wird die gleiche Buße für jenen Dummen gefordert, die man früher für den Klugen empfangen hatte, oder es wird Rache mit Totschlag angedroht.

BÜRGERKRIEG

Sobald Gott sieht, wie solche Mißurteile aus Unverstand und unrechter Meinung gefällt werden, da wendet er das Unrecht zurück auf diejenigen selbst, die zuerst mit falschen und ungerechten Urteilen begonnen haben. Denn sobald der Törichte und Gierige sieht, daß er höher geschätzt wird als der Kluge mit seiner ruhigen Gesinnung und daß seine Torheit und Gier ihm Ehre und Erhebung einträgt, da geht es so zu, wie es die Gewohnheit aller Toren ist: um so mehr dem anheimzufallen und immer weiter zu gehen in seiner Gier. Sobald von der großen Menge das zu Ruhm und Ehre angerechnet wird, was böse ist und alle hassen sollten, da lernt es der zweite und der dritte und dann jeder vom andern, bis es zur allgemeinen Gewohnheit wird, daß nur der etwas wert sei, der gierig ist und es versteht, mit Unrechtlichkeit etwas von der Ehre eines andern an sich zu reißen. Demnächst übt jeder gegen den andern seine Begehrlichkeit, und die Bosheit fällt auf diejenigen selbst zurück, die in kurzsichtiger Bosheit zuerst diese Unrechtlichkeiten aufgebracht haben, denn ein jeder von ihnen macht sich schließlich über den andern her, entweder mit körperlicher Verletzung oder sonstiger Unbill, und es entfallen alle alten und gesetzlichen Bestimmungen. Dabei fordern alle, daß die Könige und großen Herren die Gesetze mit Schonung mildern, keiner aber von der großen Menge will einem andern gegenüber sich an das Gesetz halten, und jeder will sich weit über das hinaus erheben, was ihm von Anfang an zugewiesen war. Und wenn alle gesetzlichen Bestimmungen und gerechten Strafen gefallen und Ungesetzlichkeit und Bosheit an ihre Stelle getreten sind und das ganz allgemein sich verbreitet, so daß Gott dessen überdrüssig wird, da greift er zu einer Rache, die alle trifft, die Unrecht begangen haben. Da schleudert er Haß und Feindschaft herab zwischen die Herrscher, die über das (geteilte) Reich gesetzt sind, da kann auch Mißwachs dazukommen, wenn das Unglück es will; nun beginnen sie untereinander zu streiten, und jeder findet eine Ursache im Reiche des andern, bis sie mit Totschlägen und Kämpfen gegeneinander vorgehen. Wenn das nun unterstützt wird und über alle, die das Reich bewohnen, Mißwachs, Totschläge, Schlachten sich verbreiten, da steht das Reich vor der Verödung und dem Untergange, wenn dieser Zustand eine Zeitlang anhält. Hat es etwas Gutes gegeben in der Wahrung der Gesetze und trefflichen Sitten in jenen früher erwähnten Zeiten, da geht das nun vollkommen zugrunde, sobald eine solche Zeit eintritt, wie ich sie jetzt geschildert habe. Denn in den Schlachten kommen die besten Männer und die aus den besten Geschlechtern stammenden um, Mißwachs, Raub und Unfriede jeder Art, wenn sie eintreten, nehmen denen alles Gut, die es früher besaßen und mit Recht erworben hatten, und dem gehört es, der es zuerst einem andern entreißen kann mit Raub und Diebstahl. Sobald eine solche Zeit über ein Land kommt, so hat es eingebüßt sowohl gute

Zurüstungen zur Schlacht auf dem Eis

Sitten wie brave Männer, Vermögen und Freiheit und alles Gute, solange als nach Gottes Willen dieses Unglück dauert. Aber das bestimmt er nach seiner Gnade, denn es liegt in seiner Hand, das Land zu befreien, sobald ihm das Volk scheint genügend für seine Sünden geschlagen zu sein. Nun kannst du dir vorstellen, wenn das Land mit Gottes Gnade befreit werden und dann unter einen Alleinherrscher kommen kann, wie wohlgeartet das Volk und wie nützlich die Regierung in den nächsten Zeiten werden mag nach solcher Unruhe, wie sie geschildert wurde, als das Reich geteilt war und das ganze Volk unter den mannigfaltig gemischten Eigenarten und Bestrebungen mehrerer Herrscher stand und als jeder sich etwas anzueignen und Ränke, Betrug, Falschheit und allerlei Böses gegen andere anzuwenden suchte.

XXXVII

ALLGEMEINE UND EINZELNE PFLICHTEN DES GEFOLGSMANNES

Sohn: Das ist gewiß leicht einzusehen, wenn all dieses über ein Reich kommt, wird dies sicherlich zugrunde gehen, vorausgesetzt, daß diese Zeit etwas länger dauert. Es wird gewiß Beispiele für solche Zustände geben, und es ist durchaus zu erwarten, daß großes Übel und mannigfaltiges Unheil die Folge sein muß, ehe es ein Ende nimmt, wo solche Zustände eintreten. Auch das ist mir nun klar, wenn mit solchem Unglück zugleich gute Sitte und Gesetz in einem Reiche zugrunde gehen, wie Ihr nun geschildert habt, und wenn es dann Gott auch nach einer Weile befreien will von Unfrieden und Plagen und es unter einen Alleinherrscher kommen läßt nach solcher Unruhe, daß dann das ganze Volk, das noch lebt, (zunächst) unhöfisch und ungesittet sein wird und, wie Ihr früher sagtet, sowohl gute Belehrung und auch manchmal sehr harte Strafe nötig hat. Und doch wird der, welcher das Reich übernimmt, einer langen Zeit, großer Kraft und eines harten Sinnes bedürfen, ehe das Reich wieder in den gleichen Zustand kommt, wie es früher war, wenn er auch selbst klug ist und auch das Volk einigermaßen gute Sitten gehabt hatte, ehe ein solcher Unfrieden kam. Da ich nun mich besonders danach erkundigen wollte, wodurch ein Reich vor allem Schaden erleidet, so daß es unnütz wird durch den Verlust guter Sitte, Verlust von Männern, Verlust von Gut, wenn solche Zustände eintreten, so habe ich nun genügende Antwort erhalten, wie solche Dinge kommen können, wenn das Unglück sich einstellen will; so ist meinem Blick das auch deutlich geworden, welche große Schäden und Verderbnisse durch solche Zustände entstehen, und es scheint mir nun die Rede reichlich lang geworden zu sein über Dinge, die jedem schmerzlich sein müssen, der wohlgesittet heißen will; und jedermann wird Gott bitten, daß nicht in seine Tage eine solche Zeit einfällt, ob er nun mächtig oder gering ist. Ich will Euch nun deshalb darum bitten, womit ich anfangs begonnen hatte, daß Ihr mir Brauch und Sitte schildert, die mir nach Eurer Ansicht wohl anstehen würden, wenn ich mich im Dienste des Königs festsetze, wie sich auch die Zeitverhältnisse gestalten mögen. Ich möchte aber Gott bitten, daß Frieden bliebe, Ruhe und gute Zeit, solange mein Leben währt.

Vater: Allen ist unbekannt, wie Gott das fügen will, welche Zeit zu erleben jedem bestimmt ist.

Wenn jemand entschlossen ist, der Mann eines Königs zu sein, und es fällt das in eine Zeit, in der schlimme Tage kommen und das Unheil, daß es mehrere Herrscher gibt oder Unfrieden irgendwelcher Art, da kommt es sehr für ihn darauf an, daß er sich dem anschließt, der mit dem besten Recht zur Herrschaft gelangt ist und sich vor allem der Sitten befleißigen will, welche die rechten und wohlgesitteten Könige selbst in der Zeit vor ihm aufgewiesen haben; dann hat er am wenigsten eine gefährliche Vergeltung für seinen Anschluß zu befürchten, sei es, daß sie ihn in jener oder in dieser Welt treffen sollte. Weil du nun danach gefragt hast, wie du dich verhalten sollst, wenn du dich zum Dienste des Königs verpflichtest, so kann ich es dir nun gut auseinandersetzen.

Du sollst allem deinem Verhalten zugrunde legen, daß deinem Sinne niemals fremd sei die Scheu und die Furcht vor Gott; liebe ihn über alles, und demzunächst liebe du alle Rechtschaffenheit. Gewöhne dich daran, gerecht und ehrlich zu sein und maßvoll in allen Dingen. Halte dir immer vor deinen Sinn den Tag deines Endes und hüte dich vor aller Versündigung. Denke daran, daß so mancher nur kurze Zeit lebt, aber lange lebt nach ihm sein Tun; und darauf kommt viel an, in welcher Weise man seiner dann gedenkt, denn manche werden gerühmt für ihre guten Werke, und diese leben immer weiter nach dem Manne, und immer lebt seine Ehre, wenn er auch selbst tot ist. Andere werden bekannt durch ihre üblen Werke, und immer bleibt ihnen die Schande am Leben, mögen sie selbst auch tot sein, wenn man ihres Tuns gedenkt, und ebenso müssen ihre Verwandten und ihre ganze Nachkommenschaft, die sie haben, nach ihren Tagen diese Schande tragen. Aber das ist die große Menge, die so dahin fällt wie das Vieh und deren weder im schlimmen noch im guten gedacht wird. Doch sollst du in Wahrheit wissen, daß dies nicht das Eigenrecht des Menschen ist. Denn alle andern Geschöpfe sind dem Menschen zum Unterhalt und zur Freude bestimmt, aber der Mensch ist geschaffen zur Herrlichkeit dieser und auch der andern Welt, wenn er das erlangen will, wofür er geschaffen ist. Deshalb sollte jeder danach streben, solange er lebt, etwas zu hinterlassen, weswegen seiner im guten gedacht wird, wenn er dahingegangen ist, und das gilt vor allem für die Könige und andere große Gebieter und alle die, welche sich ihnen anschließen und sich als ihre Beamtete verpflichten; denn der Mann wird dann nicht mehr angesehen wie ein geringer Bauer, vielmehr wie ein Mitregierer des Landes oder ein gebietender Herr, und so muß er sein, wenn er sich so verhalten will, wie es ihm und seinem Range gebührt. Hüte dich, zweideutig zu sein in der Anhänglichkeit zwischen mehreren Herrschern, denn so handeln wankelmütige Menschen, und keiner, der sich so benimmt, kann sich eines schicklichen Verhaltens sicher sein. Liebe deinen Herrscher recht ohne alle Falschheit, solange du ihm dienen willst, und suche niemals Gunst oder Einverständnis bei seinen

Feinden, wenn du ein braver Mann sein willst. Nur Gott sollst du mehr lieben als deinen Herrscher, aber keinen Menschen. Folgende Dinge sind es, vor denen du dich besonders hüten mußt, daß du nicht dich deshalb beschuldigen läßt: unschwörbare Eide, erlogene Zeugenaussagen, Hurenhäuser, Trinkgelage außer im Hause des Königs oder bei rechtmäßigen Zusammenkünften, Würfelspiel um Silber, Begehrlichkeit nach Bestechung und alles andere ungerechte Verlangen nach Gut, denn diese Dinge sind für jeden Mann des Königs eine große Schande in dieser Welt, und er erleidet Verderb der Seele in der andern, wenn er in diesen Dingen schuldig erfunden wird. Wo du auch bist, betrinke dich niemals, denn es kann immer vorkommen, daß du zu Geschäften der Leute berufen wirst oder zu einer Aufsicht, oder du mußt eigene wichtige Angelegenheiten besorgen. Wenn nun solche Dinge jemanden in Anspruch nehmen, während er betrunken ist, da ist er zu nichts tauglich, deshalb gehört es sich für jedermann, sich vor Betrunkenheit zu hüten, vor allem aber für die Königsmannen und die, welche wohlgesittet heißen wollen, denn grade sie werden am öftesten zu den Geschäften der Leute hinzugezogen oder zu anderen notwendigen Sachen, und sie sollen für jedermann ein gutes Vorbild sein, wenn jemand lernen will, nach ihren Sitten zu leben.

Folgende Gewohnheit sollst du auch in deinem Verhalten und Benehmen haben und nicht darauf vergessen, wenn du ein Mann des Königs bist, daß du dich oft vor deinem Gebieter in seiner Umgebung sehen läßt. Früh am Morgen sollst du ihn zur Kirche begleiten, wenn er dem Brauche folgt, den er mit Recht wahren soll, und aufmerksam den Gottesdienst anhören. Während du in der Kirche bist, bitte Gott mit Andacht um Gnade. Sobald der König aus der Kirche geht, be-

Bei Brett- und Würfelspiel

gleite du ihn und halte dich so weit in seiner Nähe, daß du in sein Antlitz sehen kannst, so daß es ihm möglich ist, dich zu irgend etwas zu befehlen, wenn er dich zu sich rufen will. Aber nicht sollst du ihm so nahe kommen, daß er deine Nähe als eine Bedrängung empfinden kann, wenn er entweder mit denen reden will, die er zum Gespräch mit ihm beruft, oder irgend etwas vorzubringen gedenkt, das er geheimgehalten wissen will. Nach keiner Sache sollst du deinen Gebieter fragen, von der du merkst, daß nach seinem Willen sie geheim bleiben soll, außer er berufe dich zur Besprechung darüber zu sich. Wenn aber Sachen vorkommen, bei denen dein Gebieter dich zum Mitwisser erwählt und die er geheimgehalten wissen will, da hüte sie sorgfältig mit kluger Verschwiegenheit und lasse nichts von dem merken, was in deiner Treue verborgen bleiben soll.

Daran sollst du dich auch gewöhnen, daß du früh am Morgen dich zur Wohnung des Königs begibst, ehe er aufgestanden ist. Sei aber gereinigt und gewaschen und in vollständiger Kleidung und warte auf ihn in der

Nähe der Wohnung, bis er aufgestanden sein wird. Gehe nur dann in die Wohnung des Königs hinein, wenn er dich rufen läßt. Wenn immer der König dich zu sich rufen läßt, so gehe du ohne Mantel zu ihm. Wenn es so zeitig am Morgen ist, daß du ihn vorher nicht getroffen hast, so biete ihm guten Tag mit den Worten, die ich dir früher gesagt habe, aber tritt nicht näher an ihn heran, als daß er genügend Platz hat, mit denen zu sprechen, die ihm am nächsten sind, und stelle dich so vor ihn hin. Wenn er aber dich näher an sich heranholt, um mit dir heimlich zu sprechen, da knie du vor ihm nieder so nahe, daß du seine vertraulichen Worte wohl hören kannst, auch dann ohne Mantel. Aber wenn er dich auffordert, dich zu setzen, dann kannst du deinen Mantel umlegen, wenn du willst, und dich dort hinsetzen, wohin er dich weist. Nun geschieht es, daß der König ausgeht, sich zu unterhalten, sei es in der Stadt oder auf dem Lande, oder wo er sich eben befindet, und du ihn mit deinen Kameraden begleitest; ob ihr nun bewaffnet oder ohne Waffen seid, da nimmt sich eure Begleitung am besten aus, wenn ihr in gleicher Anzahl auf beiden Seiten von ihm geht, doch auf keiner Seite in geballtem Haufen. Richtet es so ein, daß er die Mitte in eurer Schar einnimmt, so wie ihr geht, daß also gleich viel auf beiden Seiten von ihm oder vor und hinter ihm sind und daß keiner von euch sich ihm so nahe halte, daß er nicht genügend Raum hat, mit denen zu sprechen, die er zu sich rufen will, ob er nun laut oder heimlich mit ihnen reden will. Auch wenn er niemanden zum Gespräch zu sich ruft, so laßt ihn so in eurer Mitte gehen, daß er immer um sich herum reichlichen Raum hat. Wenn der König zur Unterhaltung ausreitet und du ihn mit deinen Kameraden begleitest, da haltet dieselbe Ordnung im Reiten inne, die ich für eure Begleitung zu

Fuße angegeben habe, und dabei in weiterem Abstand von ihm, damit kein Schmutz von euren Pferden an den König spritze, wenn ihr auch sehr scharf reitet. Nun ruft dich der König mit deinem Namen an, da hüte dich zu antworten mit Hu! oder Ha! oder Was!, sprich lieber so: ›Ja, Herr, ich höre gern.‹

BENEHMEN BEI TISCH

Hüte dich auch sorgfältig davor, immer gleich am Morgen zum Essen oder Trinken zu rennen mit Schwelgern und Leuten ohne Sitte. Warte du mit Anstand auf den Tisch des Königs und gehe immer, wenn du in der Gefolgschaft dich aufhältst, mit dem Könige zu Tisch. Wenn der König mit seiner Gefolgschaft zu Tisch geht, da haben alle seine Gefolgsleute gute Sitte und schöne Ordnung zu bewahren, daß nicht der eine sich vor den andern dränge nach der Art roher Leute, sondern da muß jeder wissen, wo er zu gehen hat, und seinen Tischnachbarn kennen; und er muß dieselbe Ordnung im Gehen innehalten, die dann für die Tischplätze gilt. Immer zwei Tischnachbarn oder Bankgenossen gehen zusammen, Handwasser zu nehmen, ob das nun draußen oder drinnen gestellt wird, und begeben sich dann zum Tisch, jeder nach der Ordnung, so wie er weiß, daß ihm von Anfang an der Platz bestimmt ist.

Bei Tisch haben die Gefolgschaftsleute sich so leise zu unterhalten, daß diejenigen, die auf beiden Seiten von denen sitzen, die miteinander sprechen, ihre Worte nicht hören. Jeder soll so leise zu seinem Tischgenossen sprechen, daß niemand etwas hört außer den miteinander Redenden, da ist angemessene Ruhe und gute Sitte in der Königshalle. Aber das tut deinem Anstand keinen Abbruch, daß du dir dein Essen gut schmecken läßt, und zwar gleich nach deinem Bedarf, und ebenso den Trunk bei Tisch. Doch davor sollst du dich immer hüten, dir einen Rausch zu trinken. Du sollst deshalb deine Augen immer nach dem Sitz des Königs richten, um zu sehen, was in seiner Bedienung vorgeht. Achte immer darauf, wenn der König einen Becher an den Lippen hat, daß du nicht unterdessen ißt, wenn er seinen Trunk genießt, so auch, wenn du gerade einen Trunk in der Hand hast, setze du deinen Becher hin und nimm deinen Trunk nicht zu dir.

Die gleiche Ehre wie dem Könige sollst du der Königin in allen Fällen erweisen, so wie ich es dir nun angewiesen habe. Wenn der König einen Gast bei sich zu Tische hat, dem eine gleiche Ehrung gebührt, einen König, Jarl, Erzbischof oder Bischof, da sollst du das gleiche Verhalten zeigen, wie ich es dir vorher angegeben habe. Wenn aber eine große Menge hoher Herren mit dem Könige zu Tische sitzt, da brauchst du nicht, außer du willst es, mehreren diese Ehre bei deinem Trunk zu erweisen, außer dem Könige und der Königin, es sei denn, daß noch ein anderer König bei ihm zu Tische säße.

Nun geschieht es, daß die Gefolgschaft des Königs in der Königshalle sitzt, während die Tische nicht aufgestellt sind, und die gebietenden Herren treten ein, die der König selbst ehrenvoll begrüßen will, da haben alle ebenso zu ihrem Empfange aufzustehen wie gegenüber ihrem eigenen Herrn und sie freundlich zu begrüßen, so wie sie wissen, daß der König es haben will. Jeder Kamerad hat dem andern diese Ehre zu erweisen, wenn einer hereinkommt, der vorher draußen gewesen ist, und zu seinem Platze geht, zu dem er der rechten Ordnung nach sich zu begeben hat – da haben ihm gegenüber die zwei aufzustehen, die zu beiden Seiten ihm am nächsten sitzen, ihn freundlich zu begrüßen und bei sich willkommen zu heißen. Wenn Königsmannen zur Gesellschaft zusammensitzen oder die Begleitung des Königs bilden oder alle zusammen

Ein nordischer Trinkbrauch

sich zu einer Belustigung begeben, wo sie besonders die Augen anderer auf sich ziehen, da haben sie sich immer lieber still zu verhalten, gesittet in ihrer Aufführung, in ihrer Sprache anmutig mit Vermeidung schmutziger Rede.

Alles dies, was ich dir nun ausgeführt habe, das sollen alle Königsmannen innehaben und beachten, wenn sie gesittet heißen wollen. Und wie auch andere handeln mögen, halte du das fest, was ich nun gesagt habe, und lehre es jedem mit Wohlwollen, der es von dir lernen will.

Nun geschieht es, daß deine Kameraden zur Vergnügung und zum Trunk von der Wohnung des Königs gehen wollen, und du bekommst auch vom Könige die Erlaubnis, zur Vergnügung zu gehen, da sollst du die Vergnügung pflegen, wie ich sie dir nun beschreiben will.

EIT- UND WAFFEN-ÜBUNGEN

Wenn du dich an einem Ort befindest, wo man reiten kann, und du besitzest selbst ein Pferd, da besteige du dein Pferd in schwerer Bewaffnung und erziehe dich dazu, auf deinem Pferde so schön und so fest wie möglich zu sitzen. Gewöhne deinen Fuß daran, fest in die Steigbügel zu drücken mit gestreckten Beinen, laß deine Ferse ein wenig tiefer hängen als die Zehen, ausgenommen nur, du müßtest nach vorn einen Stoß abwehren, und gewöhne dich, fest mit pressenden Schenkeln zu sitzen. Schütze wohl deine Brust und alle deine Glieder mit einem gewölbten Schild. Gewöhne deine linke Hand daran, Zügel und Schildgriff gut zu halten, und die rechte, gut mit der Lanze einen Stoß zu führen mit vollwuchtender Bruststärke. Gewöhne dein Pferd, gewandt zu sein in schnellen Wendungen bei vollem Lauf, halte es immer gut im Fleisch und rein, beschlage es gut und fest und versieh es mit aller starken und schönen Pferdeausrüstung. Wenn du aber in der Stadt bist oder an einem Ort, wo man sich der Pferde nicht zur Belustigung bedienen kann, da sollst du die Unterhaltung pflegen, in deine Wohnung zu gehen und dich mit schweren Waffen zu rüsten. Suche dir auch einen Genossen, der mit dir das Waffenspiel treiben will und von dem du weißt, daß er wohl darin erfahren ist, unter dem Schilde oder Buckler zu fechten, ob es nun ein Ausländer oder ein Landsmann ist. Nimm auch immer zu diesem Spiel schwere Waffen, entweder eine Brünne oder einen schweren Panzer und in die Hand einen schweren Schild oder Buckler und ein schweres Schwert. In diesem Spiel sollst du suchen, geeignete, notwendige und wirksame Hiebe und gute Paraden zu erlernen. Übe dich auch darin, dich gut mit deinem Schilde zu dekken, damit du dich vor diesen Hieben wohl in acht nehmen kannst, wenn du es mit deinem Feinde zu tun hast. Wenn dir etwas daran liegt, diese Fertigkeit gut zu erlernen, da nimm dieses Spiel zweimal am Tage vor, wenn du es ermöglichen kannst. Aber keinen Tag laß du ganz vergehen, daß du nicht einmal dieses Spiel durchführst, außer es sei heilige Zeit, denn diese Kunst zu verstehen ist eine Ehre für jeden Königsmann und auch notwendig, wenn man ihrer bedarf. Wenn du bei diesem Spiel müde wirst und du etwas trinken willst, da trinke in kleinen Mengen und öfters, so daß du nicht dürstest. Nimm dich in acht, daß du dich nicht benommen trinkest bei diesem Spiel oder gar berauschst. Und wenn jemand den Wunsch hat, verschiedene Spiele und Unterhaltungen vorzunehmen, da gibt es solche, die man wohl im Freien anstellen kann, wenn man es für unterhaltender ansieht. Hierfür sollst du dir einen Schaft besorgen, etwas schwerer als ein Speerschaft, und stelle dann ein Ziel zwischen Abhängen wie eine Scheibe; auf diese Weise kannst du lernen, wie weit und scharf du deinen Speer werfen kannst, so daß dein Schuß noch wirksam ist. Das ist auch eine gute Übung und zugleich eine Unterhaltung, mit dem Bogen auf die Schießstätte mit andern zu gehen. Ebenfalls eine gute und nützliche Übung ist es, wenn man sich daran gewöhnt, genügend weit und scharf mit der Schleuder zu werfen, sowohl mit der Stab- wie mit der Handschleuder, oder gut mit der Hand den Stein zu schleudern. Früher war es Brauch, daß alle, die in derartigen Fertigkeiten vollkommen sein wollten, um für die Waffen und die Ritterschaft völlig ausgebildet zu sein, beide Arme gleich tüchtig machten, in jeden Waffenwechsel einzugreifen; bemühe dich damit, wenn du zu bemerken glaubst, daß du Anlage dazu hast, denn diejenigen, die es gelernt haben, sind mit ihrer Kunst am besten versehen und ihren Feinden am gefährlichsten.

HALTUNG IN DER SCHLACHT

Alle Totschläge laß dir über alles verhaßt sein und vermeide sie, außer bei gerechter Abstrafung oder im allgemeinen Kampfe. Im allgemeinen Kampfe nach dem rechtmäßigen Gebote deines Herren, da sollst du dich vor Totschlägen ebensowenig scheuen wie vor irgend etwas anderem, von dem du weißt, daß es ein gutes und rechtes Werk ist. In der Schlacht erweise dich als kühn und furchtlos, schlage sichere und wirksame Hiebe, so wie du es vorher gelernt hast, guten Mutes und doch in dauerndem Kampfzorn. Du sollst nicht mit falschen Hieben und unnützen Stößen oder mit schiefen Schüssen kämpfen wie ein ängstlicher Mann. Achte darauf, daß du dich vor der Kampfgewandtheit des Gegners wehren kannst. Halte dich in allen Kämpfen gut in der Ausdauer, aber nicht voreilig und vor allem nicht prahlsüchtig. Denke immer daran, daß andere dir ein gutes Zeugnis ausstellen können, aber rühme du nicht selbst deine Taten, damit es nicht dazu kommt, daß nach einiger Zeit man den Tod der Männer, deren Verlust ein großer Schade zu sein schien, an dir zu rächen sucht und daß diese Rache an dir durch deine eigenen Worte hervorgerufen wird.

Wenn du auf dem Lande in der Schlacht stehst und man zu Fuß kämpfen soll und du stehst in der Masse der keilförmigen Schlachtordnung, da kommt viel darauf an, daß beim ersten Zusammenstoß der Waffen

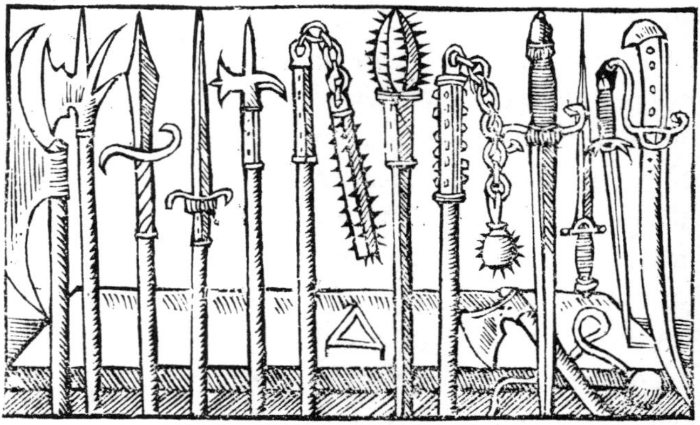

Verschiedenerlei Kriegsgerät

nicht die geschlossene Schildburg gelockert wird oder ein Riß entsteht, und du mußt darauf achten, daß du niemals den vorderen Rand deines Schildes unter den Schild eines anderen anschließt. Du sollst auch darauf wohl achten, daß du niemals deinen Speer in der Schlachtordnung fahrenläßt, außer du habest zwei; denn besser ist ein Speer in der Schlachtordnung auf dem Felde als zwei Schwerter für den Kampf.

SCHIFFSKAMPF Wenn von den Schiffen aus gekämpft wird, da wähle dir zwei Speere, die du nicht von dir schleudern sollst; der eine soll langschäftig sein, so daß er gut von einem Schiff zum andern reicht. Den zweiten Speer mit kurzem Schaft kannst du gut brauchen, wenn du dich zum Entern anschickst. Verschiedentliche Schußwaffen soll man auf Schiffen haben, schwere Hakenstangen und leichte Wurfspeere. Stoße mit der schweren Hakenstange auf den Schild des Gegners, und dann, wenn der Schild von ihm weggerissen wird, da triff ihn selbst mit einem leichten Wurfspeer, wenn du ihn nicht mit dem langschäftigen Speer erreichen kannst. Man soll auf dem Schiffe so wie auf dem Lande kämpfen, in guter Haltung und immer mit sicheren Hieben. Aber niemals sollst du deine Waffen mißbrauchen mit schmählichem Wegschleudern. Waffen mannigfaltiger Art kann man auf dem Schiffe gut brauchen, die auf dem Lande nicht zur Anwendung kommen, außer man befinde sich in einer Burg oder Festung. Für den Schiffskampf sind gut Sensenstangen, langschäftige Streitäxte, Stoßbalken und Stabschleudern, Flintsteinstäbe und alle sonstigen Wurfsteine. Armbrüste und Bogen sind dort gut zu gebrauchen und die Schußwaffen aller sonstigen Art. Kohlen und Schwefel sind Hauptwaffen unter allen bisher von mir genannten. In Blei gefaßte Fußangeln und gute Hauspeere sind auch auf dem Schiffe gute

Waffen. Das Topkastell ist auch gut zu brauchen, mit allen diesen Waffen und manchen andern zu verwenden, und ein bis zum Kastell aufgezogener, vierfach gespaltener Stoßbalken mit stahlharten Spitzen. Ein *ródrgoltr* mit eisenbeschlagener Schnauze ist auch gut im Schiffskampf zu brauchen. Deshalb muß man sich wohl mit diesen Dingen vertraut machen, ehe man sie in Gebrauch nehmen muß, weil man nicht Zeit und Stunde kennt, wann man jede Waffe anwenden soll. Sorge dafür, möglichst viele Waffen zu sammeln, während du sie nicht nötig hast, denn das ist eine Ehre, immer gute Waffen zu haben, und ein guter Schutz des Gutes im Notfall, wenn man sich ihrer bedienen muß.

Folgende Ausrüstung zur Verteidigung muß man auf dem Schiffe haben: es mit guter Schanzkleidung versehen und mit starken Schutzbalken, ein Gerüst aufbauen und unter dem Gerüst vier bequeme Öffnungen lassen, so groß, daß ein oder zwei Mann mit allen ihren Waffen bequem durchlaufen können, und mit den Landungsbrücken von zwei Seiten her eine gerade Straße zum Aufstieg auf das Gerüst herstellen. Diese Vorrichtung muß man gut und stark befestigen, so daß sie nicht versagt, wenn man schnell hinaufläuft. Breite Schilde sind gut zum Schutz auf dem Schiffe und Brünnen aller Art. Doch sind Panzer auf den Schiffen die Hauptschutzwaffen, hergestellt aus weicher, wohlgeschwärzter Leinwand, gute Helme und niederreichende Stahlhauben. Es gibt noch viele andere Waffen, die man auf den Schiffen gut brauchen kann, ich halte es aber nicht für notwendig, noch mehrere anzuführen zu den von mir nun genannten.

XXXVIII

KAMPF ZU ROSS

Sohn: Da wir nun gerade dabei sind zu besprechen, wie man sich im Angriff oder in der Abwehr gegen seinen Feind verhalten soll, so glaube ich, daß noch darüber etwas gesagt werden sollte, wie man auf dem Lande zu Pferde kämpfen soll oder bei der Verteidigung von Burgen oder beim Angriff auf sie. Wenn Ihr darüber noch etwas sagen wollt, so will ich gern zuhören.

Vater: Der Mann, der zu Pferde kämpfen soll, muß das wohl beachten, was ich früher gesagt habe, daß er in aller Gewandtheit des reiterlichen Kampfes gut ausgebildet sei. So soll er sein Pferd zurüsten, daß es gut und fest beschlagen ist. Auch soll er für einen starken Sattel sorgen, daß er fest und hochbogig sei, mit starken Riemen und allem andern Zubehör, mit einem sicheren Bauchriemen über die Mitte des Sattels und ebenso nach vorn einem Brustriemen. Das Pferd soll man so sichern vor und hinter dem Sattel, daß es nicht durch Waffen gefährdet wird, weder durch Speerwurf noch Hiebe, noch anderen Angriff. Es soll eine gute Decke (kovertur) haben, wie ein Panzer aus weicher, wohlgeschwärzter Leinwand gefertigt, denn die ist gut

Die Ordnung in der Schlacht

zur Abwehr gegen alle Waffen, wie immer sie auch äußerlich verziert ist, und darüber dann eine gute Roßbrünne. Mit dieser Ausstattung soll man das Pferd gut verdecken, Kopf, Weichen, Brust, Bauch und den ganzen Leib, so daß niemand, auch wenn er zu Fuß ist, listig die Waffe gegen das Pferd gebrauchen kann. Das Pferd soll mit einem starken Zügel versehen sein, den man sicher halten kann, sowohl um es aufzurichten, wenn es nötig ist, als auch um es zur Seite zu reißen, wenn es erfordert wird. Außen über dem Zügel und dem ganzen Kopf des Pferdes und dem Hals zum Sattel hin soll eine Maske liegen, gefertigt nach Art eines Panzers aus steifer Leinwand, so daß niemand imstande ist, den Zügel oder das Pferd selbst mit irgendeiner List zu ergreifen.

RÜSTUNG DES PFERDES UND DES REITERS

Der Mann selbst soll folgende Ausrüstung haben: gute und schmiegsame Strümpfe aus weicher und gut geschwärzter Leinwand, die bis zum Hosengürtel reichen, und außen darüber gute Brünnenstrümpfe, so lange, daß man sie doppelt um sich gürten kann, und darüber soll er gute Panzerhosen haben aus Leinwand der Art, wie ich früher gesagt habe, und darüber gute Knieschützer aus dickem Eisen und mit stahlharten Spitzen. Am Oberkörper soll er zunächst am Leib einen weichen Panzer haben, der nicht weiter reicht als bis zur Mitte der Oberschenkel, und darüber eine gute Brustberge aus gutem Eisen, die von den Brustwarzen bis zum Hosengürtel reicht, und darüber eine gute Brünne und über der Brünne einen guten Panzer, hergestellt in derselben Weise, wie früher gesagt wurde, doch ohne Ärmel. Zwei Schwerter soll er haben, das eine, das er umgegürtet hat, das zweite, das am Sattelbogen hängt, und ein gutes Dolchmesser. Auf dem Kopfe soll er einen guten Helm haben aus gutem Stahl, der mit einem vollständigen Gesichtsschutz versehen ist, am Halse einen guten und dicken Schild mit bequemem Schildriemen und dann eine gute und scharfe Stoßlanze von gutem Stahl und wohlgeschäftet.

Ich glaube, es ist unnötig, noch weiter über die Ausrüstung des Mannes zu reden, der zu Roß kämpfen soll. Doch gibt es noch mehr Waffen, die man zu Roß brauchen kann, wenn man will: ein Hornbogen oder eine schwächere Armbrust, die man gut spannen kann, wenn man auf dem Pferde sitzt, und nach Belieben noch andere Waffen.

XXXIX

BELAGERUNG UND VERTEIDIGUNG VON FESTUNGEN

Sohn: Da Ihr nun meint, die meisten aller Waffen genannt zu haben, die man für den Kampf auf den Schiffen oder zu Roß am besten brauchen kann, so will ich Euch nun darum gebeten haben, daß Ihr mit einigen Worten über die Waffen redet, die man nach Eurer Ansicht zur Belagerung oder Verteidigung von Burgen haben muß.

Vater: Alle diese Waffen, von denen ich bisher gesprochen habe und die man auf Schiffen oder zu Pferde braucht, kann man auch bei der Belagerung und ebenso der Verteidigung von Festungen benutzen, doch noch viele andere Waffen.

Wer eine Festung mit den aufgezählten Waffen angreifen will, muß allerdings auch Wurfmaschinen haben, einige von ihnen schwere, um große Steine gegen die Mauer zu schleudern und zu versuchen, ob man die Mauer von oben durch starke Schüsse zum Einsturz bringen kann, und leichte Maschinen, um über die Mauer zu schießen, um von oben Häuser, die in der Festung sind, zu zerstören. Wenn man mit den star-

Belagerung einer Stadt mit Steinen und glühendem Eisen

ken Maschinen die Mauer nicht zum Einsturz bringen oder eine Bresche herstellen kann, da muß man versuchen, zu diesem Zwecke den Widder mit der eisernen Stirne anzuwenden, denn seinen Stößen widerstehen wenige Mauern. Wenn die Mauer durch diesen Angriff nicht gebrochen oder zum Einsturz gebracht wird, da mag man, wenn man will, den Dachs zur Anwendung bringen. Ein befestigtes Werk auf Rädern ist nützlich, das gegnerische Festungswerk zu bezwingen; es ist so eingerichtet, daß es höher ragt als jenes, das von ihm angegriffen wird, wenn auch der Unterschied nicht mehr beträgt als sieben Ellen gegenüber dem andern, doch ist es immer um so geeigneter, das gegnerische Werk zu bezwingen, je höher es selbst ist. Stiegen, die auf Rädern stehen und zurück und vorwärts gezogen werden können, unten wohl mit Brettern gedielt und mit guten Geländern auf beiden Seiten, sind auch für diesen Zweck wohl geeignet. In aller Kürze ist von dieser Angriffskunst zu sagen, daß man Waffen aller Art gut brauchen kann, um Festungen zu bezwingen, aber das soll jeder wissen, der damit umgehen will, daß ihm gut bekannt sein muß, welche Waffe und zu welcher Zeit er sie anzuwenden hat.

Diejenigen, welche eine Festung zu verteidigen haben, können auch die allermeisten nun aufgezählten Waffen und viele andere gebrauchen, Wurfmaschinen, leichte und schwere, Hand- und Stabschleudern; Armbrüste sind für sie besonders geeignete Waffen, alle Handbogen und Schußwaffen aller sonstigen Art, Speere und Hakenstäbe, schwere und leichte. Gegen die Wurfmaschinen oder den Dachs oder die Maschine, die man Widder nennt, tut man gut, alles Steinwerk von innen mit großen Eichenstämmen zu verstärken. Aber wenn genügend Erde vorhanden ist oder Lehm, da ist es am besten dafür zu verwenden. Das tut man auch, wenn man Festungen zu verteidigen hat, daß man aus starken Eichenzweigen flache Hürden (Schirmdächer) herstellt und alle Steinmauern damit besetzt, mit dreifachen oder fünffachen, und außerdem sollen die Flächen noch mit gutem und zähem Lehm bedeckt sein. Gegen den Ansturm des Widders hat man auch große Säcke mit Heu oder Spreu gefüllt und vor dem Kopf des Widders an leichten Eisenketten herabhängen lassen, dort wo er an die Mauer kommen will. Es kann auch vorkommen, daß das Schießen so heftig wird und über die Festung hergeht, daß die Männer sich nicht bei den Schießscharten aufhalten können, da ist es gut, wenn man hängende Schartendecken aus leichten Hürden macht, und sie sollen zwei Ellen höher sein als die Schießscharten der Festung und drei Ellen länger. So weit ab sollen sie hängen, daß die Männer alle ihre Waffen zwischen den Schießscharten der Festung und den Hängedeckungen gebrauchen können, und sie sollen an leichten Stangen hängen, so daß man sie gleich zurückziehen kann, wenn man will, und ebenso sie wieder aushängen. Eine gute Waffe für die Verteidiger einer Festung ist auch das Stachelschwein, bestehend aus großen und schweren Balken mit Spitzen aus Eichenholz auf dem Rücken als Borsten. Man bindet es außen an die Schießscharten und läßt es auf die Feinde fallen, wenn sie nahe an die Festung kommen. Stoßbalken, bestehend aus langen und schweren Stangen, scharfgezähnt mit hartem Eichenholz, aufgerichtet nahe den Schießscharten, damit man sie gleich auf die Feinde fallen lassen kann, wenn sie der Festung nahe kommen. Eine gute Waffe ist auch der Panzerdornbusch aus gutem Eisen mit stahlharten krummen Dornen, und an jedem Dorn soll ein Angelhaken sein. Man soll die Waffe so einrichten, daß der Teil des Anhängers zunächst der Waffe, mit dem man am weitesten reicht, aus mit Stacheln versehenen Kettengliedern besteht, so daß man ihn weder zerhauen noch festhalten kann. Weiter oben mag man ein Tau nehmen, das geeignet erscheint, wenn es nur stark genug ist. Dazu ist der Dornbusch gut, daß man ihn unter die Feinde hinunterschleudert und zusieht, ob er einen erbeuten kann, einen oder mehrere, und dann zu sich hinaufzieht. Laufräder sind auch eine gute Waffe für die Verteidiger einer Festung. Man soll sie aus zwei Mühlsteinen herstellen und zwischen ihnen eine Achse aus zähem Eichenholz befestigen, dann soll man durch die Schießscharten schräg geneigte Bretter legen, darauf sollen diese Räder laufen und auf diese Weise hinaus auf die Feinde. Ein Schießwagen ist auch eine gute Waffe. Den soll man bauen wie einen andern Wagen, mit vier Rädern oder mit zweien, wie man will. Und so soll man ihn einrichten, daß seine Last, je nachdem man es will, aus erhitzten oder kalten Steinen bestehen kann, ferner ihn so einrichten, daß man zwei Taue an ihm anbringen kann, eins auf jeder Seite; feste und starke, die ihn sicher halten, wenn er genügenden Raum hat und auf den geneigten Brettern laufen soll. Man muß darauf achten, daß nicht seine Räder vom Brett gleiten. Sobald durch die Taue sein Lauf (plötzlich) angehalten wird, schleudert er seine Last von sich und hinaus auf die Feinde. Seine Last ist um so besser, je verschiedener die aufgeladenen Steine sind, einige groß, andere klein. Das machen auch kluge Männer, die eine Festung zu verteidigen haben, daß sie die Geschosse, die sie auf die Schlachtreihen oder die Schilde schleudern wollen, aus Lehm herstellen und hinein kleine und harte Steine pressen, flache und andere harte Steine, und dann den Lehm außen so hart brennen, daß das Geschoß das Fliegen wohl aushält, wenn es geschleudert wird. Und wo es einschlägt, da springt es ganz auseinander und kann deshalb nicht zurückgeworfen werden. Dazu soll man harte und große Steine haben, um große Wände niederzubrechen. Ebenso wenn du aus einem Steinkastell auf ein Holzkastell wirfst, das dir gegenübersteht, oder auf die hölzernen Achsen unter den Rädern, unter einem Kastell, unter Stiegen, Dachsen oder einer anderen Maschine, die auf Rädern geht, da ist es um so besser, je größere oder härtere Steine dazu verwendet werden. Kochendes Wasser, heißes Glas oder heißes Blei sind auch gute Waffen in einer Festung. Wenn der Dachs oder irgendein anderes Sturmgerät an die Festung herangezogen wird, so daß man ihnen mit heißem Wasser nicht schaden kann, das Sturmgerät aber niedriger ist als die Festungsmauern, da ist es gut, dagegen als Waffe zu verwenden Balken, die unten wohl beschlagen sind mit Eisen, dann daran zu hängen scharfe und glühende Pflugscharen und alles zusammen auf das Holzwerk fallen lassen, so daß die Pflugscharen stecken bleiben, wenn die Balken wieder aufgezogen werden. Man soll auch beigeben Pech und Schwefel oder kochenden Teer. Verdeckte Gräben sind auch eine gute Abwehr, die um die Festung herum angelegt werden, und zwar um so vorteilhafter, je tiefer und schmaler und in je größerer Anzahl sie dort gezogen sind, wo die Feinde Sturmgeräte auf Rädern gegen die Festung ziehen. Alle verdeckten Gräben sollen so angelegt werden, daß sie viele und kleine Öffnungen haben, alle so verdeckt, daß man sie auf dem Boden nicht sehen kann; dann soll man die Gräben mit besonders leicht brennendem Holz, mit Tannenholz oder anderem leicht brennendem Holz, anfüllen. Wenn nun in der Nacht die Festung von den Feinden angegriffen wird, entweder von Holzkastellen oder den Stiegen oder irgendeinem Sturmgerät aus, das auf Rädern steht, soll man Leute heimlich aus der Festung schicken, die in den Gräben Feuer anlegen können. Nun kommt es vor, daß Steine so heftig über die Zinnen geschleudert werden, daß man sich draußen nicht aufhalten und die Festung verteidigen kann, da empfiehlt es sich, gute Pfeiler aus festem Eichenholz aufzurichten und darüber große und starke Schwellen zu legen und oben mit guten Eichenbrettern zu bedecken und dann auf den Belag so viel Erde zu schaffen, daß sie mindestens drei oder vier Ellen dick sei, und darauf die Steine fallen lassen. Ebenso soll man gegen ein Holzkastell, von dem aus eine gemauerte Festung angegriffen wird, gute und sichere Pfeiler aufrichten, bedeutend höher, als das Holzkastell ist.

Von allen Kriegsgeräten, über die ich nun gesprochen habe, ist doch die mächtigste Waffe der ›krumme Schildriese‹, der eine feurige Lohe ausspeit. Den Schluß meiner Aufzählung der Waffen, die zur Verteidigung einer Festung dienen, fasse ich so zusammen, daß man dabei die Waffen aller Art nützen kann, mit denen man schießt, wirft, schlägt oder stößt, kurz, alle Waffenarten, mit denen man sich verteidigen oder angreifen kann.

XL

MANNESKLUGHEIT, GUTE SITTE, HÖFISCHE ART

Sohn: Da nun, wie Ihr meint, genug über die Waffen gesprochen worden ist, sowohl zum Angriff als zur Abwehr, wie sie hergestellt und eingerichtet und zu welcher Zeit jede Waffe angewendet werden soll, und da mir diese Dinge nach Eurer Anweisung völlig klar geworden sind, da möchte ich Euch danach fragen und von Euch erfahren, ob es noch etwas gibt, über das zu sprechen nach Eurer Ansicht nötig wäre, betreffend Brauch und Sitte, welche man bei gebietenden Herren oder in einer königlichen Gefolgschaft haben soll.

Vater: Es gibt noch sehr viele Dinge, die zu besprechen und zu überlegen man nicht versäumen darf, wenn jemand bei Königen oder andern gebietenden Herren sich aufhalten und dort ein Mann von Ansehen heißen soll. Es sind drei Begriffe – doch fast sind alle zusammen nur eins –, die man sorgfältig in acht zu nehmen hat: Mannesklugheit, gute Sitte, höfische Art. Das heißt höfische Art: freundlich zu sein, heiter, dienstbereit und von gefälliger Rede, sich darauf verstehen, ein guter Kamerad zu sein in Gesellschaft und im Gespräch mit andern, ferner, wohl zu wissen, wie man zu Frauen sprechen soll, ob sie jung sind oder schon mehr bejahrt, hochstehend oder etwas geringer, daß man die Worte ihnen gegenüber zu brauchen versteht, die ihrem Stande entsprechen und die ihnen anzuhören und dem Manne zu sprechen wohl anstehen. Auch wenn er zu Männern spricht, seien sie jung oder alt, hochstehend oder gering, da ziemt es

Das Ansehen des Edelmanns unter dem Volk

sich wohl, die passenden Worte zu wissen, die jedem von ihnen anzuhören geziemen. Und wenn es sich um Scherzworte handelt, da gehört es sich, daß sie gefällig und anständig sind. Das ist auch höfische Art, den Unterschied in der Rede zu beobachten, wo man die Mehrzahl oder wo man die Einzahl anzuwenden hat, wenn man mit jemandem spricht, ferner, wie man sich mit der Kleidung verhalten soll, nach Farbe oder in anderer Beziehung, ebenso, wann man stehen oder sitzen oder fast aufrecht stehen oder beinahe knien soll. – Höfische Art ist auch, zu wissen, wann man seine Hände an sich herunter soll hängen lassen und ruhig halten oder wann man sie zu irgendeiner Verrichtung entweder für sich oder für andere bewegen soll, oder wohin man sein Gesicht und die Brust wenden oder wohin man den Rücken oder die Schultern kehren soll. Ferner, gut Bescheid zu wissen, wann man erlaubterweise seinen Mantel tragen darf oder den Hut oder die Kappe, wenn man eine hat, und wann man sie abzulegen hat. So auch, wenn man zu Tische sitzt, wann man um der höfischen Sitte willen seine Augen auf das Speisen der Herrscher richten soll oder wann man ruhig seine Speise und seinen Trunk so genießen darf, daß es zulässig und passend erscheint. Das ist ferner höfische Art, sich allen Spottes und des höhnischen Scherzes zu enthalten und sich darüber klar zu sein, was tölpisches Wesen ist, und es sorgfältig zu vermeiden.

Das aber ist gute Sitte, einmütig sich zu halten mit andern, nicht eigensinnig, bescheiden in allem Auftreten zu sein. Gangschön soll man sein, wenn man geht, wohl auf seine Gliedmaßen achten, wohin man auch geht, daß jedes sich grade hält und doch seiner Natur entsprechend. Das ist auch gute Sitte, wenn jemand in Städten unter unbekannten Leuten geht, zurückhaltend zu sein, nicht viele Worte zu machen, Ausschweifung und unnützes Trinken zu fliehen, Raub und Diebstahl zu strafen und alle törichten Verfehlungen. Das ist auch gute Sitte, sich wohl zu hüten vor leichtsinnigen Eiden oder Flüchen oder Spottlust und allem sonstigen Mißbrauch der Zunge. Ebenso auch, sich davor zu hüten, den Fürsprecher zu spielen für törichte und unredliche Menschen oder gar sich ihnen anzuschließen in ihrer Torheit, vielmehr alle Unredlichkeit zu hassen. Das ist auch gute Sitte, zu meiden das Spiel, die Würfel, Hurenhäuser oder unschwörbare Eide, lügnerisches Zeugnis oder sonstige Verirrung und unreines Leben. Das ist auch gute Sitte, sich sauber zu halten, sowohl im Essen wie in der Kleidung, sorgsam zu sein für das Haus, wenn man eins hat, oder für Schiffe, Pferde oder Waffen; auch vorausschauend zu sein und nicht vorschnell, aber entschlossen in der Not. Nicht hoffärtig zu sein oder überbegehrlich oder krank vor Neid, Prahlerei und allen Hochmut zu meiden. Das aber ist die Spitze aller guten Sitte, Gott und die heilige Kirche zu lieben, fleißig die Messe zu hören, eifrig zu sein im Gebet, um Gnade zu bitten für sich und die ganze Christenheit.

Dieses alles, was ich jetzt angeführt habe, angehend höfische Art und gute Sitte, kann niemand sich aneignen, wenn er nicht zugleich Mannesklugheit besitzt. Folgendes gehört zur Mannesklugheit: Sprachgewalt und Redegewandtheit, Einsicht in alle Sitten, so daß man wohl zu unterscheiden vermag, was gute Sitten sind oder was zwar nach den Begriffen törichter Menschen Sitten genannt werden, aber doch Unsitten sind. Das ist auch Mannesklugheit, daß, wenn jemand sich in einer großen Männerversammlung befindet, auf Thingen oder bei Verhandlungen, und er vernimmt die Reden und die Darlegungen der Männer, daß er dann wohl zu unterscheiden vermag, welche Reden und Darlegungen, die dort vorgebracht werden, auf dem Fundament der Mannesklugheit beruhen oder was nur mit hastiger Zungengewandtheit und kurzsichtigem Lippengestammel vorgetragen wird. Das ist auch Mannesklugheit, daß man mit Sicherheit aufzunehmen versteht, wenn über die Rechtssachen der Leute Urteile gefällt werden, wie das Urteil lautete, so daß keine Worte zugesetzt werden oder etwas ausgelassen wird, wenn man es zum andern Mal sich selbst im Wortlaut sichern muß. Das ist auch Mannesklugheit, alles in aufmerksamem Gedächtnis zu behalten, was zwischen Männern besprochen oder abgemacht wird. Das ist auch Mannesklugheit, das Gesetz gut zu kennen und darüber gut Bescheid zu wissen, was wirklich Gesetz ist und was zwar Gesetz genannt wird, aber doch nichts weiter ist als Winkelzug und Ausflucht. Das ist auch Mannesklugheit, wenn man irgend etwas verlangen will, wohl zu erkennen, was an der Forderung berechtigt ist und von dem andern wohl geleistet werden muß. Ebenso, wenn jemand selbst um etwas angegangen wird, wohl zu verstehen, was er wohl zu gewähren oder was er abzuweisen hat, damit er nicht etwas für sich und für seine Nachkommen zugesteht, das ihm später eher zur Schmach angerechnet wird als zur Ehre. Das ist auch Mannesklugheit, die Dinge nicht festhalten zu wollen, die man wohl abgeben kann, damit ihm dieses Festhalten oder dieser Geiz nicht zur Schmach gereiche. Maßhalten in allem und Rechtlichkeit gehört auch durchaus zur Mannesklugheit; jedes Wissen, jede Einsicht, gute Voraussicht, wie man sie haben muß für höfische Art und Sitte, für Pflege des Landes, für Schutz des Gesetzes und Schutz des Landes. Dies ist auch hohe Mannesklugheit, und du mußt daher dies alles dir mit Fleiß aneignen, wenn du ein Mann von Ansehen heißen willst bei Königen und andern großen Herren, denn die stehen sich gut bei gebietenden Herren, die diese Eigenschaften besitzen. Sie können auch sich zu großer Ehre und vielen andern zum Vorteil ihr Leben führen, die sich wohl auf diese Dinge verstehen.

Vielfältig ist die Mannesklugheit, da sie aus vielverzweigten Wurzeln hervorwächst. Aus den Wurzeln der Mannesklugheit sprießt der stärkste Stamm auf, den es geben kann, und teilt sich dann in große Äste, in vielfältige Glieder und in eine verschiedenartige Fülle von Zweigen. Einige sind klein und andere größer, und so verteilen sie sich dann unter den Menschen; einige bekommen die größeren und andere die kleineren, und Reichtum ist da, wo die Liebe dazu vorhanden ist. Wer diesen Besitz recht lieben und freigebig austeilen will, dem wird viel davon zuteil, denn das ist die Eigenschaft dieser Reichtümer, daß sie dem am meisten zuströmen, der sie am meisten liebt und sich ihrer mit der größten Freigebigkeit bedient. Wenn die Menschen es lernen, diese Reichtümer zu erkennen und zu schätzen nach ihrem Wert, so möchte Gold und Silber ihnen vorkommen, als sei es Rost oder Staub oder Asche neben diesen Reichtümern. Wer diese Reichtümer erwerben will, der soll den Anfang davon nehmen, den allermächtigen Gott zu fürchten und ihn über alles zu lieben.

XLI

BEISPIELE FÜR ÜBERHEBUNG UND FÜR DEMUT

Sohn: Gewiß war es ein guter Entschluß, daß diese Frage weiter verfolgt wurde, denn mir sind nun treffende und nützliche Antworten gegeben worden, und diese Rede wird jeden, der etwas Verstand hat, dazu befähigen, genauer seine Einsicht zu prüfen, als er vorher konnte. Es ist wohl die Mehrzahl, die eher kleine Zweige bekommen von den Ästen des Baumes der Mannesklugheit als große. Einige bekommen die kleinsten Zweige, einige nichts als nur Blätter, und wenige sind es, die überhaupt gar nichts bekommen. Daher möchte ich Euch noch weiter darum bitten, daß Ihr mich über die Kunst belehrt, diejenigen Zweige mir zuzuwenden und zu wählen, die mir zum Nutzen gereichen und ebenso anderen.

Vater: Diese Dinge, die ich dir nun aufgewiesen habe, erwachsen vor allem aus den Ästen des Baumes der Mannesklugheit und verästeln sich dann hinaus mit vielen guten Gliedern und Zweigen. Dieses aber sind die Glieder, die nützlich sind: Rechtlichkeit in allem und Maß in allem, mit erwogenem Maße zu erkennen, was jeder dem andern schuldig ist. Wenn du auf jemanden erzürnt bist wegen Feindseligkeit irgendwelcher Art oder einer Verschuldung, dann prüfe es genau in deiner Überlegung, bevor du an Rache denkst, wie groß die Schuld ist oder welchen Grad der Rache die Schuld verdient. Sei vorsichtig, wenn du aus den Worten anderer Leute Verschuldungen erfährst, die dich erbittern, untersuche zuerst mit vernünftiger Achtsamkeit, ob die Verschuldungen wahr sind oder erlogen. Wenn sie sich als wahr erweisen und es dir zukommt, dafür Rache zu nehmen, so räche dich mit Maß und Billigkeit und nicht mit böswilligem Eifer. Wenn dir irgendeine Nachricht mitgeteilt wird, die Unheil für dich bedeutet, entweder dich betreffend oder dir Zugehöriges, Verlust von Gut oder Menschen, so sollst du das mit Maß und guter Fassung ertragen. Geldverlust laß dir den geringsten Schaden dünken, denn das sollst du dir überlegen, wenn es schon eine Sünde ist, dem Gute zu dienen und es heftig zu lieben, vorausgesetzt, es erwidert dem Manne diese Liebe und strömt ihm reichlich zu, so ist es sicherlich eine Sünde und zugleich ein Schmerz, das Gut heftig zu lieben, wenn es sich von jemandem abwenden und keine Gegenliebe zeigen will. Denke auch daran, daß alle ohne Gut zur Welt kommen und auch alle so von der Welt scheiden, daß keinem das Gut aus der Welt nachfolgt. Doch sollst du darauf achten, daß du nichts einbüßest aus Nachlässigkeit und Mangel an Aufsicht. Werde niemals so traurig über erlittenen Schaden, daß du dich

Übungen zu Schlacht und Kampf junger Edelleute

nicht ebenso durch gute Hoffnung trösten läßt. Trifft dich der Verlust eines Menschen, so trage auch dieses Mißgeschick mit guter Mäßigung und denke daran, daß jeder nur seine menschliche Natur zeigt, wenn er aus der Welt stirbt, denn keiner ist dazu geschaffen, immerdar in der Welt zu leben. Laß dich das mehr betrüben, wenn dein Freund so stirbt, daß er nicht gut in der Welt gelebt hat oder mit einiger Schande abscheidet, vor allem dann, wenn du Gefahr für seine Seele fürchtest. Solche Dinge sind eher Veranlassung zur Trauer, als wenn jemand durch seinen Tod menschliche Natur erweist. Aber wenn er ehrenhaft gelebt hat, solange er in der Welt war, und so stirbt, daß er gut für seine Seele gesorgt hat, da sollst du dich trösten mit dem guten Nachruf, der ihn überlebt, und vor allem mit der hohen Freude, die du für ihn erhoffst von Gott in der andern Welt. Ebenso sollst du deinen Sinn lenken in Maß und guter Haltung, wenn dich etwas trifft, das deinen Sinn zur Freude und Lust erweckt und dir gut dünkt, entweder der Tod von Leuten, mit denen du in Feindschaft lebtest, oder sonst etwas anderes, das dir erfreulich zu sein scheint. Wenn das geschehen kann, daß du den Tod der Männer erfährst, mit denen du vorher in Feindschaft lebtest und gegen die du eine Tat des Hasses bestimmt vorhattest, wenn dir die Möglichkeit dazu gegeben würde, da solltest du dich mehr darüber freuen, daß Gott dich von einer zweifachen Sünde befreit hat: du darfst dich über den Tod des Dahingegangenen freuen, und darüber sollst du froh sein, daß Gott deine Hand behütet hat vor dem sündigen Werke, das du vorhattest, und deinen Sinn freigemacht hat von dem dauernden Zorn und Haß, den du gegen ihn hegtest, solange er lebte.

So auch, wenn dir vom Könige oder irgendwelchen andern gebietenden Herren Ehrung und Ansehen zuteil wird, da kommt viel darauf an, daß du es mit Mäßigung zu empfangen weißt. Laß es dir nicht geschehen, was manchem Unklugen widerfährt: das nämlich geschieht manchem, der nicht verständig ist, wenn er irgendeine Begünstigung durch Herrscher erfährt, daß er sich damit so hoch erhebt in seiner Prahlerei und Ehrsucht, daß er keinen mehr für seinesgleichen hält. Doch solche Erhebung wird jedem, der so verfährt, zum Sturz. Denn das ist die Eigenschaft Gottes, allzugroße Prahlerei zu erniedrigen durch heilige Demütigung, und jeder, der mit übergroßem Prahlen begehrlich einhergeht, kann dessen sicher sein, er habe immer Gott gegen sich. Wenn du nun das Glück hast, daß du eine Erhebung erfährst vom Könige oder von andern gebietenden Herren, so laß dir das in den Sinn kommen, es sei das Gottes Rat und sein Versuch. Denn in seiner Hand liegt Sinn und Herz der großen Herren, ihnen einzugeben, daß sie Männer erheben mit Ehrung und Rang, so wie sein Wille ist, und dafür wieder hat jeder die schuldige Pflicht, denen ein Helfer zu sein, die schwächer sind als er. Denke daran, wenn Gott dich zu irgendeiner Ehre erhebt, daß es ein Nutzen für alle die sein soll, die schwächer sind als du, diejenigen ausgenommen, die gute Sitte und Rechtlichkeit hassen; für diese soll es ein Schaden sein, wenn ein tüchtiger Mensch sich Macht und Stärke erringt.

Wenn Gott dir Mannesklugheit und gute Einsicht verleiht und wenn du außerdem das Glück hast, daß du durch irgendeine Ehrung von gebietenden Herren erhoben wirst, da gibt es Dinge, vor denen du dich sorgsam in acht nehmen mußt: vor prahlerischem Hochmut, vor bestechlicher Habgier und vor vergeßlicher Gleichgültigkeit gegenüber der Not anderer, die weniger gelten als du. Mögen dir immer zur Warnung die Mißgeschicke derer vor Augen stehen, die wegen ihres übergroßen Hochmuts einen schmählichen Fall erlitten haben. Stelle dir auch in deinem Sinn zu guter Hoffnung die Erlebnisse derer vor, die immer Ehre empfingen für ihre treue Ehrenhaftigkeit und ihre Demut.

XLII

JOSEF

Sohn: Das verstehe ich wohl, daß Gott die Menschen deshalb verschieden sein läßt an Macht und an Mannesklugheit, um zu erproben, mit welchem Maß jeder das nützen kann, was ihm verliehen wird, entweder zu glänzendem Aufwand für sich selbst oder in maßvoller Freigebigkeit für die, welche seiner bedürfen und nicht solche Gaben von Gott empfangen haben. Deshalb möchte ich Euch bitten, daß Ihr mir in einigen Beispielen sowohl solche zeigt, die wegen ihrer Rechtlichkeit und Demut Ehren empfangen haben, als auch solche, die durch ihre hochmütige Begehrlichkeit zu Schaden gekommen sind.

Vater: Die Menge der Beispiele ist so groß, daß ich meine Rede sehr in die Länge ziehen müßte, wenn ich ihrer aller gedenken sollte, nach beiden Seiten hin, soweit ich weiß, daß solche Geschicke vorgekommen sind. Deshalb will ich nur wenige anführen, aber doch einige für beide Seiten, um so die lange Rede zu verkürzen. Folgendes sind Beispiele aus alter Zeit und wert, im Gedächtnis zu bleiben.

Als Josef nach Ägypten verkauft wurde, erhandelte ihn ein mächtiger Herr. Und als er ihn gekauft hatte, da fand er an ihm, daß er klug war, und er erhob Josef zu einem Range über alle seine Diener, sowohl über die unfreien Knechte seines Hauses als auch seine freien Verwandten, und legte in seine Hand die Verwaltung

Hexenwerk, mit dem das Meer in Unruhe gebracht wird

seiner Güter, seinen Reichtum, Haus und Hausstand und seine ganze Habe. Und weil Josef von Angesicht ein schöner Mann war, maßvoll in seinem Benehmen und seiner Bescheidenheit, klug in seiner Rede, erwarb er sich die Liebe und Freundschaft aller, die ihn kennenlernten und unter dem Herren standen, der sein Gebieter war.

Die Frau dieses mächtigen Mannes liebte Josef über alles erlaubte Maß, denn sie wollte ihrem Manne die Ehe brechen aus böser Gier ihrer Liebe zu Josef, und sie schämte sich nicht, mit dreister Begehrlichkeit ihm zu zeigen, was sie im Sinn hatte. Und als er ihren Willen erkannte, da sprach er zu ihr: wir können uns nicht zueinander gesellen, denn du bist meine Herrin und ich bin dein Knecht; es ist für dich eine übergroße Schande, unter mir zu liegen, mir aber eine übergroße Dreistigkeit und Hochmut, dir diese Unehre anzutun, das schlimmste aber ist die Untreue, die ich meinem Herren erweise, wenn ich ihm so seine Güte als ein falscher Knecht vergelte; denn er hat mir in meine Hand seine Habe und den ganzen Reichtum zur Betreuung übergeben als ein vertrauensvoller Herr. Ich darf meinen Herren nicht mit gemeiner Schande betrügen, wenn ich nicht das Sprichwort wahrmachen will, das lautet: schlimm ist es, einen Knecht zum einzigen Freunde zu haben.

Sobald diese Frau sah, daß Josef ein braver Mensch war und treu sein wollte, da schien es ihr schmählich, daß er Mitwisser ihrer Untreue sein sollte, und da wollte sie ihn gerne vernichten, wenn sie könnte, aus Haß, nicht aus Rechtlichkeit. Sie erzählte ihrem Gatten, Josef habe sie zur Unehre verführen wollen, und sagte, das sei für einen Knecht ein übergroßer Hochmut, so dreist zu seiner Herrin zu sprechen. Ihr wurde geglaubt als wie einer guten Frau und Josef in den Kerker geworfen mit starken Fesseln und schweren Eisenbanden, und die Meinung war, er sollte so sein Leben lassen, lebend dort verfaulen wegen seines übergroßen Hochmuts und seiner Untreue. Aber weil Gott Ehrenhaftigkeit und Demut immer lieb hat und weil er die Treue Josefs erkannte und ihn unschuldig wußte, fügte er es so, daß diese Verurteilung, die er schuldlos erlitten hatte, Josef zum Segen wurde. Denn Gott befreite ihn in der Weise aus dem Gefängnis, daß er dann zu weit größerer Macht erhoben wurde, als er früher besaß. Gott gab es dem Könige Pharao in den Sinn, daß Josef zum Gebieter und Richter über ganz Ägypten nach dem Könige selbst ernannt wurde, und er behielt diese Würde dann immer bis in die Tage seines Alters, solange er lebte.

ESTHER

Folgende Geschichte ereignete sich an einem anderen Orte einige Zeit später: Ein gewaltiger König, der über viele Reiche gebot – er trug einen dreifachen Namen, und das kam von der Verschiedenheit der Sprachen in den Ländern, über die er König war; an dem einen Ort hieß er Artaserxes, und anderswo wurde er Scirus genannt; einige behaupten, daß Gott segnend zu ihm durch den Mund seines Propheten gesprochen habe: *Christo meo Sciro, cujus apprehendi dexteram, ut subjiciam ante faciem ejus gentes et dorsa regum vertam etc* ..., aber andere sagen, das sei ein anderer Scirus gewesen, über den diese Schriftstelle aussagt; darüber wollen wir nicht weiter urteilen, denn wir wissen nicht sicher, ob das über diesen Scirus oder einen andern geschrieben ist. Und an einem dritten Orte wurde dieser König Assverus genannt. Und weil er selbst mächtig und gewaltig war, da hatte er auch eine mächtige Gattin, die seine Königin war, die hieß Vastes. Während der König auf eine lange Heerfahrt ausgezogen war, sein Reich zu erweitern, da hatte er die Königin Vastes dazu bestimmt, den Teil seines Reiches zu regieren, in dem gewöhnlich sich sein Hauptsitz befand. Als er mit erbeuteten großen Schätzen zu ihr nach Hause gekommen war, da veranstaltete er ein großes Festmahl zu Ehren aller seiner Fürsten, die ihm auf dieser Heerfahrt gefolgt waren. Die Königin Vastes aber gab ein anderes Festmahl ihren Fürsten, die mit ihr zur Verwaltung des Reiches daheim geblieben waren. Da sandte der König den Befehl aus, daß die Königin Vastes zu ihm in seine Halle kommen sollte und dabei den ganzen Schmuck der königlichen Tracht mit aller Würde tragen und so ihn zu seiner Rückkehr begrüßen und sein Fest dadurch schmücken sollte. Die Königin Vastes aber widersetzte sich dem Befehl des Königs und sagte, sie könne ihr Festmahl nicht verlassen, zu dem sie viele treffliche Fürsten geladen habe. Als der König ihren Hochmut und ihre Anmaßung erkannte, merkte er zugleich, daß sie sich selbst nicht minder hochstellte für ihr ruhiges Daheimbleiben und die Verwaltung des Reiches, die er ihr übergeben hatte, als den König für seine gefahrvolle Mühe, die er gehabt hatte, während er Länder eroberte. Wegen dieser ihrer Überhebung wurde der König so zornig, daß er Vastes der Würde einer Königin und aller ihrer Macht beraubte, und er nahm eine kriegsgefangene Jungfrau aus dem Volke Israel, die in Unfreiheit in seinem Reiche lebte, freilich von angesehenen Ahnen stammend, dort, wo sie geboren war, sie hieß Esther mit Namen. Diese selbe setzte der König an Vastes' Stelle und gab ihr alle die Macht, die Vastes vorher gehabt hatte, und bestimmte, daß Esther Königin über sein ganzes Reich sein sollte.

Kurze Zeit später geschah noch etwas anderes bei demselben Könige. Aman hieß ein mächtiger und vornehmer Herr, der bei dem Könige Assverus war. Der König schätzte ihn so hoch, daß alles Volk ihm gehorchen sollte und sich vor ihm bücken wie vor dem Könige selbst. Ein Mann hieß Mardocheus, ein Kriegsgefangener aus dem Volke Israel, er war der Vaterbruder der Königin Esther. Aber weil er sich arm und geknechtet wußte, da wagte er es nicht, das bekanntzumachen, daß er der Königin so nahe verwandt war, und auch die Königin wagte es nicht, ihm mehr Begünstigung zuzuwenden als irgendeinem andern unbekannten Untergebenen. Da geschah es eines Tages, daß der Fürst Aman zum Könige gekommen war, und als er heimging, führte ihn sein Weg dorthin, wo Mardocheus saß. Mardocheus war traurig über die Knechtschaft, in die er und das ganze Volk Israel geraten war, das kriegsgefangen aus dem Lande Israels fortgeführt worden war, und wegen dieser Trauer beachtete er es nicht, daß Aman so nahe an ihm vorüberging, und stand deshalb nicht auf, sich vor ihm zu verneigen. Aman aber ward darüber so zornig, daß ein ausländischer Sklave sich vor ihm nicht verneigen wollte, daß er in seinem Hofe, als er heimkam, sofort einen hohen Galgen errichten ließ, an dem er Mardocheus zu hängen gedachte. Er ließ auch im ganzen Königreiche die Bekanntmachung ausschreiben, daß jedermann freies Recht gegenüber dem Volke Israel haben sollte, es zu berauben, wenn er wollte, oder in Unfreiheit und Knechtschaft zu zwingen, wenn man das wollte, oder auch zu töten, wenn man das wollte. Als Mardocheus davon Kunde erhielt, da drängte ihn die Not zu einer größeren Kühnheit der Königin gegenüber; er suchte sie auf, fiel ihr zu Füßen und erzählte ihr in dem großen Kummer seines Herzens, was geschehen war. Als die Königin hörte, daß das ganze Volk, aus dem sie stammte, verurteilt war, da betete sie erst für sich zu Gott aus ganzem Herzen, dann trat sie vor den König, angetan mit dem ganzen festlichen Schmuck der Königin, und fiel ihm demütig zu Füßen. Und als die Königin dorthin gekommen war und der König sah, daß sie zu ihm kam in so großer Demut und mit erbleichendem Antlitz, da erkannte er, eine so wichtige Sache habe sie zu ihm geführt, daß er durch Freundlichkeit sie ermutigen müsse, ihre Bedrängnis zu offenbaren. Er erfaßte ihre Hand, richtete sie auf und setzte sie neben sich mit freundlichen Worten und bat sie, ihm genau alles zu berichten, was ihr Ansuchen beträfe. Die Königin Esther tat, wie der König befohlen hatte, und offenbarte ihm die ganze Sache, so wie es sich zugetragen hatte, und bat ihn dann, seine Anordnung zu treffen mehr nach königlicher Gnade als nach dem maßlosen Zorne des Aman. Als der König die maßlose Begehrlichkeit und den hochmütigen Zorn des Aman erkannte, da ließ er Aman selbst an dem Galgen aufhängen, den er vorher dem Mardocheus zugedacht hatte, und befahl durch sein ganzes Reich, daß das Volk Israel in voller Freiheit nach der Satzung des heiligen Gesetzes des israelitischen Volkes leben sollte, und er gab dem Mardocheus den ganzen Reichtum, den Aman besessen hatte.

Nun sollst du daraus merken, daß Gott mit Recht von denen Maß und Rechtlichkeit, Demut, Billigkeit und Treue fordern wird, die er zu Ehren erhebt. So erwarb Josef, wie ich vorher erzählt habe, hohe Stellung und große Ehrung wegen seiner Treue und seiner Demut, er, der für Geld als Knecht zu einem fremden Volke verkauft worden war. Gott erhob ihn dann durch die Anordnung des Königs, daß er ein Herr und der höchste Richter nächst dem Könige über das ganze ägyptische Land wurde. Auch soll man bemerken, wie es durchaus eine Versündigung gegen Gott ist, sich selbst zu erheben mit prahlerischem Hochmut, so wie die Königin Vastes ihren königlichen Rang und ihre ganze Macht an einem Tage wegen ihres Hochmuts einbüßte, während zu ihrem Thron eine gefangene Sklavin aus fremdem Volke geleitet wurde. Ebenso wie Aman an einem Tage alle seine Machtstellung verlor wegen seiner Maßlosigkeit und seines Hochmutes und in seine Macht ein ausländischer kriegsgefangener Sklave eingesetzt wurde.

Wenn dir nun von Herrschern eine Ehrung zuteil wird, so lasse dir die Vorgänge der Beispiele, die du gehört hast, zur Warnung dienen, denn es gibt noch viele derartige; dir zum Nutzen halte dich an das Beispiel Josefs, von dem ich dir erzählt habe.

CONSTANTIN UND HELENA

Es gibt da noch ein Beispiel, das in eine weit spätere Zeit, in die Tage des Kaisers Constantinus fällt. Gott hatte ihn zum Herren über die ganze Welt eingesetzt, und er wandte sich der Gerechtigkeit und dem Christentum zu, nachdem er sich von dem heiligen Glauben überzeugt hatte. Seiner Mutter, der Königin Elena, hatte er die Herrschaft östlich des Meeres im Lande der Juden übergeben. Da ihr nun dort die Regierung und die Fürsorge oblag, da kam sie zu der Überzeugung, daß es keinen anderen wahren Glauben an Gott geben könne als den der Juden. Weil nun Briefe zwischen beiden, dem Kaiser, ihrem Sohne, und der Königin, gewechselt wurden, begannen sie zu merken, daß ein Gegensatz in dem Glauben an Gott bestand, den jedes der beiden hatte. Da gebot der Kaiser, die Königin solle von Osten über das Meer kommen mit ihren Gelehrten und Philosophen und mit vielen anderen Herren; ihr Zusammentreffen solle in Rom stattfinden und dort die Wahrheit des heiligen Glaubens untersucht werden. Als die Königin mit ihrem Gefolge dort anlangte, da hatte der Kaiser viele Bischöfe mit dem Papst Silvester und viele Philosophen, christliche und heidnische, versammelt.

Nachdem die Zusammenkunft eröffnet und die Verhandlung zwischen dem Kaiser und der Königin eingeleitet war, da schien es ihnen beiden klar, daß ein heftiger Kampf entstehen würde zwischen den christlichen Bischöfen und den Gelehrten der Juden und den andern Philosophen, die der Königin aus dem Osten gefolgt waren; denn beide Parteien würden gewichtige Belege aus ihren Büchern gegeneinander vorbringen zur Bewahrheitung und Befestigung ihrer Weisheit und ihres heiligen Glaubens. So kamen sie zu der festen Überzeugung, daß es unumgänglich sei, für diese Verhandlung gerechte Richter zu bestimmen, die mit Maß und Rechtssinn alles beurteilen würden, was von beiden Seiten würde vorgebracht werden. Weil nun der Kaiser der Schutzherr des heiligen Christentums war mit dem Papst und den christlichen Bischöfen, die Königin aber der schirmende Schild des jüdischen Glaubens, da glaubten sie beide, es würde nicht gut sein, sich in die Versuchung einzulassen, daß sie (selbst) Richter in diesem Streite sein wollten. Daher ließen sie mit aller Sorgfalt unter allen Weisen nachforschen, ob in ihrer Zahl Männer gefunden würden, die so zuverlässig in ihrem Verstande und in ihrem Rechtssinn und ihrer Billigkeit wären, daß alle, die dorthin gekommen waren, ihnen vertrauten, sie würden gerecht in diesem Streite urteilen. Und als man die ganze Menge geprüft hatte, da fanden sich nicht mehr als zwei, die man sich getraute, in dieser bedeutenden Angelegenheit als Richter zu bestellen. Sie waren beide Heiden und also weder gebunden an das Gesetz der Christen noch an den Glauben der Juden. Der eine von ihnen hieß Craton, er war ein großer Philosoph und wohlgebildet in allem, was Mannesklugheit betrifft, ein Freund mächtiger Männer, deren Gunst er sich erworben hatte. Er verlangte sich niemals mehr irdischen Besitz, als was er für Kleider und seine Nahrung brauchte, und wenn ihm die mächtigen Herren mehr gaben, als er nötig hatte, da schenkte er das sofort an Bedürftige weiter, was über das ihm Nötige mehr da war. Er hatte auch die Art, daß er zurückhaltend und dabei aufrichtig war; man wußte nicht, daß aus seinem Munde eine Lüge gekommen wäre, und alle waren der Meinung, daß der Wert seiner Klugheit und seines guten Charakters ihn wohl dessen würdig machen dürfte, Richter in einer so gewichtigen Sache zu sein. Der andere zum Richteramte Bestimmte hieß Zenophilus mit Namen; er war ein mächtiger und hervorragender Herzog; dort, wo er die Regierung des Reiches führte, wußte niemand ein Beispiel dafür anzuführen, daß er das Recht im Urteil gebeugt hätte. Er war ein sehr beredter Sprecher und wohlgebildet in allem, was den Verstand betrifft, freundlich in der Ansprache und bescheiden, so mächtig er war, und nicht konnte man sich erinnern, daß eine Lüge aus seinem Munde gekommen wäre. Als nun diese Richter durch die Stimmen aller gewählt waren, wurde die Versammlung der Christen und Juden eröffnet, und die erwählten Richter urteilten über alle ihre Streitpunkte, und man erfand sie so wie früher, daß sie in keiner Beziehung das Recht in ihrem Urteil beugten.

Dieses Beispiel habe ich dir deshalb angeführt, damit du die Demut und Rechtlichkeit des Kaisers und ebenso der Königin erkennen mögest; sie waren Gebieter über die ganze Welt, und doch ließen sie es sich gefallen, gehorsam unter erwählten Richtern zu sitzen, die doch um vieles geringer waren an Macht und Herrschaft und allem sonstigen als sie selbst. Ebenso sollst du auch erkennen, welche hohe Ehre diese (beiden) Männer sich durch ihren Verstand und ihre Rechtlichkeit erwarben, da sie beide zwar Heiden waren, aber doch die ganze Welt übertrafen in der Erkenntnis des heiligen Glaubens und dessen, was für die ganze Welt notwendig ist. Auch das wirst du nun verstehen, was ich dir früher in unserer Unterredung sagte, daß viel darauf ankommt, was jedermann zum Beispiel (für andere) hinterläßt. Josef lebte lange vor der Geburt unseres Herren Jesus Christus und wurde für Geld nach Ägypten als ausländischer Knecht verkauft, aber seine Treue und Demut gefiel Gott so wohl, daß er nach dem König der Gebieter über alle wurde, die in dem Lande geboren waren und dort Besitz und Verwandte hatten, ob sie hochstehende oder geringe Leute waren. Viele hundert Jahre ist Josef selbst tot, und doch lebt noch seine Ehre, und täglich wird ihrer von allen klugen Leuten in der ganzen Welt gedacht. Die Königin Vastes ist lange vor Gottes Geburt gestorben, ebenso der Fürst Aman, aber noch ist die Schmach lebendig, die sie traf wegen ihrer Torheit und ihres Hochmuts. Noch heute behält die Königin Esther ihre Ehre lebendig, die sie für ihre Demut empfing, indem sie, eine kriegsgefangene Magd aus dem Judenlande, später Königin war

Herbergen und Leben auf dem Eis

über viele und große Reiche und den Thron einnahm, von dem die Königin Vastes vertrieben worden war. Wenn auch das Beispiel des Kaisers Constantinus und der Königin Elena, seiner Mutter, das ich dann anführte, nach der Geburt Gottes fällt, so ist es doch so lange her, daß kein Mensch seinem Lebensalter nach sich daran erinnern könnte, und doch genießen sie noch heute glänzende Ehrung. Craton und Zenophilus, obgleich selbst tot, werden doch wegen ihrer Rechtlichkeit und ihrer Klugheit hoch geschätzt, da sie, obwohl beide Heiden, zu Richtern unter fast allen Menschen erwählt wurden, die in der Welt waren, und da ihnen durch alle Stimmen, der Christen wie der Juden, es anvertraut wurde, über das Gesetz zu urteilen, das sie beide nicht für geltend ansahen und in dem doch alles für die ganze Welt Notwendige beschlossen war. Nun sollst du hieran merken, daß Gott selbst den Griff des Steuers in seiner Hand hat, mit dem er die Herzen der großen Herrscher neigt und wendet und die Lenkung ihres Sinnes ganz nach seinem Willen anregt, sobald es ihm gefällt. Denn König Pharao erhob

Josef zur Herrscherwürde über die Köpfe aller großen Herren hinaus, die vorher in seinem Reiche waren; Assverus entsetzte Vastes ihrer königlichen Würde, die vorher mächtig und hochgeboren war, und setzte die Königin Esther an ihre Stelle. Er ließ auch Aman hängen, einen hochstehenden Fürsten, und übertrug dann dessen ganze Macht auf Mardocheus, der vorher ein kriegsgefangener Knecht aus fremdem Lande war. Der Kaiser Constantinus setzte Craton und Zenophilus auf den Richterstuhl, zwei Heiden, und vertraute ihnen das Urteil über die Wahrheit und die Deutung des heiligen Glaubens an. Nun sollst du das als sicher wissen, daß alles dieses nach Gottes Vorausbestimmung und seinem stillen Gebot geschehen ist, und deshalb sind diese Dinge hinterdrein unter den Menschen zur Erinnerung aufgeschrieben worden, damit jedermann die Beispiele kennenlernen, alle guten sich zunutze machen und die schlechten sich zur Warnung dienen lassen soll. Wenn es dir nun gelingt, ein Königsmann zu werden, da gedenke du dieser Beispiele, die dir nun erzählt worden sind. Es gibt noch eine große Menge andrer solcher Beispiele, die ich nicht in unserer Unterredung angeführt habe. Mache dich selbst mit allen denen vertraut, von denen du siehst, daß sie dir nützlich werden können.

XLIII

DER KÖNIG

Sohn: Gott lohne es Euch, Herr, daß Ihr Euch mit großer Geduld die Zeit und Muße nehmt, so nutzbringend auf alle meine Fragen zu antworten. Denn diese Reden werden mich zu einer größeren Klarheit in meinen Überlegungen führen, als ich früher hatte. Das kann auch sein, daß noch andere fernerhin diese Weisheitsrede in sich aufnehmen und beides daraus lernen, Mannesklugheit und gute Einsicht und sonst gute Sitte. Aber ich möchte noch weiter nach mehrerem fragen, das ich im Sinne habe zu erfahren, und ich will Euch darum bitten, daß Ihr es Euch nicht verdrießen laßt, mich weiterhin zu belehren; denn Eure Erlaubnis macht mir Mut, mich Euch vertraulich zu nahen und das nicht liegenzulassen, was ich im Sinn habe zu erfragen. Wie ich zu erkennen glaube, hat diese Auseinandersetzung eine Wendung genommen, als seien noch viele Dinge übrig, die derjenige notwendigerweise wissen und wohl verstehen muß, der ein Mann von Ansehen bei Königen oder andern großen Gebietern sein will, und eine Darstellung dieser Art wünsche ich mir noch. Doch zunächst möchte ich mich lieber erkundigen über die Höherstehenden als über die, welche unter den Mächtigen dienen sollen. Denn es ist mir klar, daß diejenigen, die im Dienst stehen, verpflichtet sind, die besten Sitten, Wissen, Klugheit und alle Rechtschaffenheit zu pflegen; dann aber scheint es mir die erste Pflicht derer zu sein, die über andere gebieten und denen alle andern dienen sollen, daß sie selbst hochgebildet und klug sind, daß sie durchaus verpflichtet sind, alle Rechtschaffenheit zu lieben, da sie die Macht haben, alle andern zu strafen, die nicht rechtschaffen sind. Deshalb will ich nun mit Eurer Erlaubnis danach fragen, welche Sitten der König selbst haben soll, die ihm wohl anstehen in seiner königlichen Würde.

Schildert mir also ausführlich, so daß ich es verstehen kann, was ist sein pflichtmäßiges Vorhaben früh am Morgen, welche Dinge haben darauf in seinem Verhalten den ganzen Tag über zu folgen, denn er ist so groß gemacht und hat solche Würde auf Erden, daß alle sich vor ihm neigen und beugen sollen wie vor Gott. Er hat auch eine solche Gewalt, daß er über das

Leben jedes einzelnen Herr ist, der in seinem Reiche wohnt, so wie er will. Er läßt, wen er will, töten und, wen er will, leben. Ich habe aber gesehen, wenn jemand einen andern tötet, daß alle rechtschaffenen Menschen dann einen Abscheu vor ihm haben wie vor einem Heiden; es gilt als große Sünde, einen Menschen zu töten, und wer es tut, muß große Bußen und schwere Plage erleiden, ehe Christenleute ihn wieder in ihre Gemeinschaft aufnehmen wollen. Ihr habt früher in Eurer Rede gesagt, ich sollte mich vor allen Totschlägen in acht nehmen, und fügtet hinzu, daß alle die Totschläge, die auf das Gebot des Königs oder in Schlachten verübt werden, diese sollte ich nicht mehr scheuen als sonst ein gutes Werk. Wenn nun der König eine so große Gewalt von Gott empfangen hat, daß alle Totschläge ohne Sünde sind, die auf seinen Befehl verübt werden, da dächte ich mir, sollte er sehr klug und voraussehend und rechtlich in seinem ganzen Verhalten sein, und deshalb muß ich es wünschen, daß Ihr mir eingehend das erläutert, wonach ich jetzt gefragt habe, wenn Ihr meint, daß die Frage nicht zu töricht ist oder ob es nicht zu dreist von mir ist, mich nach dem Verhalten so großer Herren zu erkundigen.

DER ZINSGROSCHEN

Vater: Keineswegs wird nach diesen Dingen so töricht gefragt, daß man nicht ebensogut darüber reden soll, welche Eignung der König aufweisen soll in seinem Königtume und seinem Verhalten, wie über andere Leute. Das ist gewiß seine Amtsverpflichtung, sich Mannesklugheit und Kenntnisse anzueignen, und sicherlich muß er volle Kenntnis aller der Beispiele haben, die vorgekommen sind und aus denen er klares Verständnis des ganzen Regierungswesens sich erwerben kann, wie er es in seinem Königtume haben muß. Wenn du bemerkt hast, daß er geehrt und hochgestellt ist auf Erden und alle sich vor ihm beugen wie vor Gott, da ist der Grund dafür der Umstand, daß durch ›König‹ göttliche Würde bezeichnet wird, denn er trägt den Namen Gottes selbst und sitzt auf dem höchsten Richterstuhl auf Erden. Es ist also so zu verstehen, daß man Gott selbst ehrt, wenn man den König ehrt, des Namens wegen, den er von Gott empfangen hat. Gottes Sohn gab dafür ein Beispiel, als er selbst auf Erden war, daß alle den König zu ehren und ihm jeden Gehorsam zu leisten haben, denn er gebot seinem Apostel Petrus, daß er Fische aus der Tiefe der Gewässer heraufziehen und das Maul des Fisches, den er zuerst finge, aufmachen solle; er sagte, es würde da ein Pfennig liegen und er solle diesen Pfennig dem Kaiser als Zins für sie beide geben. Hieran soll man merken, daß jedermann auf Erden verpflichtet ist, den königlichen Namen zu ehren und hochzustellen, den ein irdischer Mensch innehat von Gott; denn Gottes Sohn selbst ließ es sich gebührlich erscheinen, den königlichen Namen so hoch zu stellen, daß er sich selbst zinspflichtig machte zur Ehre des Königtums und ebenso seinen Jünger, den er dazu bestimmt hatte, ein Herr über alle seine Apostel und alle geistlichen Würdenträger zu sein.

XLIV
CHRISTUS EHRT DEN KAISER

Sohn: Hier ist etwas, für das ich wie früher einer Erklärung durch Euch bedarf, denn es steht mir nicht klar vor den Augen. Ihr erwähntet, und das scheint mir verständlich, daß der König einen erhabenen Namen zu seiner Würde und Ehre von Gott selbst empfangen habe, aber das kann mir nicht deutlich vor meinen Augen werden, warum Gott selbst sich einem irdischen König zinspflichtig machte, da, wie ich meine, er doch höher als alle anderen Könige stehen sollte, denn er herrscht sowohl über das himmlische wie über das irdische Reich.

Vater: Wie Gott selbst das irdische Königtum ehrte, kannst du daran merken, daß er, als er von der höchsten Höhe des Himmels herabstieg und zum irdischen Reiche, sich hier als einen zu den Menschen gekommenen Gast ansah. Er wollte dem irdischen Königstume nichts wegnehmen, obgleich er es gekonnt hätte, und er erfüllte die Worte, die David gesprochen hatte: ›der Herr herrscht über das Himmelreich, aber in Wahrheit hat er den Menschensöhnen das irdische Reich gegeben‹. Gott wollte lieber den irdischen König und sein Königtum ehren, solange er in dem irdischen Reiche war, als ihm etwas entziehen, denn Gott wollte dem irdischen Reiche das nicht wegnehmen, was er vorher den irdischen Herrschern zur Regierung gegeben hatte, und so erwies sich Gott in vollem Gehorsam gegenüber dem Kaiser. Du sollst auch dies beachten: als Gott dem Apostel Petrus befahl, den ersten Fisch zu untersuchen, den er aufzöge, und den Pfennig aus seinem Munde zu nehmen, da wollte Gott nicht, daß er

Auf Wanderschaft in der Nacht

einen zweiten Fisch untersuchte oder den dritten, sondern eben nur den ersten, weil jedermann in allen Dingen zuerst den König und die königliche Würde ehren soll, denn Gott selbst nennt den König seinen Gesalbten, und jeder König, der volle königliche Würde besitzt, heißt mit Recht der Gesalbte des Herrn. So hat der Apostel Gottes in seiner Lehre gesprochen, als er die Leute im heiligen Glauben unterrichtete: ›fürchtet Gott und ehret euern König‹, fast als wollte er damit sagen, daß der Gott nicht fürchtet, der dem Könige nicht alle Ehre erweist.

Nun soll jeder König, wie du mit Recht sagtest, klug und vielwissend und dabei guten Willens sein; es ziemt sich für ihn, sich darüber völlig klar zu sein, daß er selbst doch nur ein Knecht Gottes ist, wenn er auch so hochgestellt und geehrt in dem erhabenen Dienste Gottes sein mag, daß alle sich vor ihm neigen wie vor Gott. Denn alle dienen Gott dabei und dem heiligen Namen, den er (der König) trägt, und nicht ihm selbst. Daher ist es das erste im Wesen eines Königs, daß alle ihm gegenüber große Furcht und Angst hegen, so daß niemand ohne Scheu ist, wenn er ihn nennen hört; er selbst aber soll sich bescheiden und freundlich allen guten Menschen gegenüber verhalten, daß niemand so große Furcht vor ihm habe, daß er sich wegen seiner Strenge scheue, alle Nöte dem König vorzutragen.

Dies soll in den Nächten, wenn er des Schlafes satt ist, seine pflichtmäßige Beschäftigung sein, über sein ganzes Reich nachzudenken, wie er das einrichten und ordnen soll, so daß die Fürsorge, die er hierin zeigt, Gott wohlgefällig sei, dann auch, wie sein Reich ihm selbst zum möglichsten Nutzen dienen könne durch vollen Gehorsam; er soll mit aller Sicherheit das richtige Maß zu erfassen suchen, wie er mit aller Kraft den Mächtigen zurückzuhalten vermöge, daß er nicht überbegehrlich wird dem Armen gegenüber, ebenso auch mit richtigem Maß dem Armen vorwärts helfen, so daß er doch nicht zu dreist gegen den Mächtigen wird. Er soll mit Einsicht dafür sorgen und darauf sehen, daß jeder mit Beachtung des Maßes sich in dem Stande halte, dem er zugewiesen ist. Dies soll er auch mit Sorgfalt bei sich überlegen, wenn er diejenigen strafen muß, die sich nicht mit dem Stande begnügen wollen, dem sie Gott zugewiesen hat, daß er in seiner Strafe nicht zu weich sei, so daß wegen seiner übertriebenen Weichheit es jedermann ein leichtes erscheint, das niederzubrechen, was nach rechter Ordnung bestehen soll. Doch sei er auch nicht so scharf in seinen Strafen, daß Gott und einsichtige Menschen annehmen müssen, er strafe mehr aus Grimmigkeit als des Rechtes wegen. Der König soll deshalb über diese Dinge und viele andere in der Nacht nachdenken, wenn er genug geschlafen hat, damit um so weniger Dinge am Tage ihm überraschend kommen zu der Zeit, wenn die notwendigen Angelegenheiten des Landes ihm vorgetragen werden.

XLV

BEISPIELE FÜR URTEILE GOTTES UND ANDERER

Sohn: Hier scheint es mir zu dem zu kommen, das Ihr früher in Eurer Rede bemerkt habt, daß großes Maßhalten und Einsicht notwendig ist, wenn der König den Punkt des richtigen Maßes treffen soll, so daß er in den Strafen weder zu scharf noch zu weich ist, und ich will nun fragen, ob es einige Beispiele gibt, aus denen er die richtige Haltung in diesem Maß erlernen könnte; Ihr habt ja auch bemerkt, daß jeder König alle die Beispiele kennen soll, die vorhanden sind.

Vater: Ich wiederhole das, was ich sagte, daß niemand reicheres Wissen haben und klüger sein soll in allen Dingen als ein König. Denn das ist für ihn selbst durchaus eine Notwendigkeit und ebenso für das ganze Volk, das unter ihm steht. Wer umfassende Kenntnis der Beispiele hat, dem werden sehr wenige Fälle vorkommen, für die er nicht Beispiele finden könnte. Folgendes Beispiel fällt in eine frühe Zeit, das jeder König sich oft vor Augen halten und daraus die Grundsätze entnehmen soll, wie er sein Reich zu regieren habe.

DER SÜNDENFALL

Als Gott die ganze Welt erschaffen und sie sowohl mit Gras und andern Gewächsen, ebenso auch mit Tieren und Vögeln geschmückt hatte, da gab er zweien Menschen, einem Manne und einem Weibe, die Bestimmung, sich aller dieser Dinge anzunehmen, und er führte sie beide, Adam und Eva, auf eine Höhe des Paradieses und zeigte ihnen alle Vögel und alle lebenden Wesen, das Wachstum und alle Schönheit des Paradieses. Da sprach Gott zu Adam und Eva: ›alle diese Dinge, die ihr nun seht, die geb ich euch zum Unterhalt und zur Beherrschung, wenn ihr das Gesetz halten wollt, das ich nun zwischen uns einsetze. Und folgendes ist das Gesetz, das ihr sorgfältig beachten sollt, wenn ihr die Gaben behalten wollt, die ich euch jetzt gegeben habe: jener schöne Baum, der, wie ihr seht, mitten im Paradiese steht mit verlockenden Äpfeln, wird der Baum der Erkenntnis genannt, und die Früchte, die der Baum trägt, heißen die Äpfel des Wissens. Von diesem Baume sollt ihr nichts nehmen und nichts von den Äpfeln genießen, die er trägt, denn ihr werdet sterben, sobald ihr davon eßt. Aber alles andere, was ihr nun seht, das sollt ihr in Freiheit genießen nach eurem Begehren.‹ Zu diesem Vertrag waren hinzugerufen vier Schwestern, göttliche Jungfrauen, welche die Einsetzung dieses Gesetzes mit anhören und den ganzen Wortlaut des Vertrages innehaben sollten; eine von ihnen hieß Wahrheit, die zweite Friedfertigkeit, die dritte Gerechtigkeit, die vierte Barmherzigkeit … Und Gott sprach so zu diesen Jungfrauen: ›euch gebiete ich, darauf zu schauen, daß Adam das Gesetz nicht bricht, das nun zwischen uns festgesetzt ist, begleitet ihn sorglich und schützt ihn gut, solange er dies hält, was nun festgesetzt ist. Aber wenn er es bricht, da sollt ihr über ihn zu Gericht sitzen mit eurem Vater, denn ihr seid die Töchter des Richters selbst.‹ Nach Beendigung dieser Rede verschwand Gott vor den Augen Adams, und Adam machte sich auf, die ganze Schönheit des Paradieses zu beschauen.

Aber weil die Schlange schlauer und schmeichlerischer ist als alle Tiere, da kam sie in dieser Zeit zu Eva, der Frau Adams, mit dem Angesicht eines Mädchens und redete sie mit großer Freundlichkeit an: ›glücklich ist dein Gatte und ebenso du selbst, weil Gott alle Dinge in eure Gewalt und euch zum Eigentum gegeben hat, und es müssen nun alle Tiere eurem Gebote gehorchen, denn Adam ist unser Herr, und du bist unsere Herrin. Und nun will ich dich fragen, ob Gott irgendein Ding von eurer Herrschaft ausgenommen hat, das auf der Erde ist, oder dürft ihr alle Dinge genießen, wie ihr wollt, ohne jede Einschränkung?‹ Eva antwortete: ›alle Dinge, die Gott auf der Erde geschaffen hat, gab er in unser beider Gewalt, außer dem Baum, der in der Mitte des Paradieses steht, von dem befahl er uns, sollten wir nicht genießen, und er sagte, wir würden sterben, wenn wir davon äßen.‹ Weiter sprach die Schlange zu Eva: ›Oho, meine Herrin, er wollte nicht, daß ihr beide so klug wäret zu wissen, sowohl Gutes wie Böses, denn er selbst kennt allen Unterschied zwischen bösen Dingen und guten, aber ihr beide wisset allein um die guten Dinge Bescheid; doch sogleich, wenn ihr von den Äpfeln des Wissens esset, da werdet ihr Gott gleich und nicht unwissender sein in den bösen Dingen als in den guten.‹ Und gleich, sobald die Schlange vor den Augen Evas verschwunden war, rief sie ihren Gatten Adam zu sich und berichtete ihm diese ganze Rede, dann nahm sie zwei Äpfel des Wissens und aß den einen selbst, und den andern gab sie Adam. Und sogleich, nachdem sie diese Äpfel gegessen hatten, da wuchs ihr Wissen in Hinsicht böser Dinge, so wie die Schlange gesagt hatte, und sie begannen da genau die Gestalt aller Wesen zu beachten, so der Vögel wie der Bäume, und ebenso auch, wie sie selbst geschaffen waren. Da sagte Adam: ›schamvoll stehen wir da, ein nacktes Ehepaar, denn unsere Glieder verhüllt nichts; alle Tiere verhüllt das Haar oder der Schwanz, die Vögel verhüllen Federn, und die Bäume verhüllen Zweige und Laub, nur wir zwei stehen da mit schändlich nackten Gliedern.‹ Darnach nahmen sie sich breites Laub vom Baum und verhüllten ihre Glieder da, wo sie sich am meisten schämten, bloß zu sein. Da kam Friedfertigkeit herzugegangen und sprach zu Adam und Eva: ›nun habt ihr beide das Gesetz und den Vertrag mit Gott gebrochen, und ich will euch nicht länger die Freiheit gewähren in der offenbaren Ebene, wie ihr sie bisher hattet; aber ich werde euch Freiheit gewähren in heimlicher Verborgenheit, bis das Urteil in euer beider Sache gefällt wird, und deshalb will ich euch die Freiheit wahren, damit ihr die Möglichkeit habt, auf eure Verteidigung zu denken; aber ihr selbst mögt darauf sinnen, daß eure Verteidigung sich euch stichhaltig erweise und eher zur Hülfe als zum Schaden.‹ Die Wahrheit trat vor und sagte zu Adam: ›denke du daran, wenn du in deiner Sache sprechen mußt, daß du nicht lügst, dann gebe ich Zeugnis ab für deine Seite; sprich so von allen Dingen, wie sie gewesen sind.

Denn sobald du irgendeine Lüge vorbringst, da geb ich mein Zeugnis gegen dich ab.‹ Die Gerechtigkeit trat vor und sprach: ›das mir zustehende Amt ist, darauf zu sehen, daß du nicht mit unrechtem Urteil verdammt wirst; aber um so mehr werde ich dir feindlich sein, je mehr du dich in Lüge und Falschheit einläßt‹. Die Barmherzigkeit trat vor und sprach zu Adam: ›Beistand und Hilfe will ich dir in deiner Sache leisten, wenn du alles das hältst, was meine Schwestern dir gelehrt haben!‹ Aber Adam war furchtsam geworden, und er eilte, sich zwischen den Bäumen zu verstecken, damit er nicht als Nackender gesehen würde.

Und um die Mittagszeit des Tages ging Gott, die Schönheit des Paradieses und Adams Aufsicht zu besehen. Und weil er Adam nicht auf der weiten Ebene stehen sah, da rief er ihn zu sich und fragte, wo er sei. Adam antwortete: ›deshalb habe ich mich verborgen, Herr, weil ich mich schämte, nackend zu sein vor deinen Augen.‹ Gott antwortete ihm: ›woher hast du nun eher gelernt, dich zu schämen, daß du nackend bist, als vorher bei unserer Besprechung, es sei denn, daß du das Gesetz gebrochen und von den Äpfeln des Wissens gegessen hast, die ich dir verboten hatte zu genießen.‹ Adam antwortete, wie um seine Schuld abzuwehren: ›diese Frau, die du mir gegeben hast, sie reizte mich zu dieser Verfehlung. Hätte ich allein meine Sache bedenken können, und hättest du mir nicht diese Frau gegeben, mit mir Rat zu pflegen, da würde ich das gegebene Gesetz gehalten und dein Gebot nicht gebrochen haben.‹ Da sprach Gott zu Eva: ›weshalb hast du deinem Manne zu dieser Verfehlung geraten, daß er das Gesetz brechen sollte?‹ Eva antwortete, wie um ihre Schuld abzuwehren: ›diese wortlistige Schlange riet mir zu dieser Verfehlung. Wäre sie nicht geschaffen worden oder nicht zu mir gekommen, da würde ich diese Verfehlung nicht begangen haben.‹ Da sprach Gott: ›weil nun der Bruch des Gesetzes geschehen ist, da will ich nun, daß die Jungfrauen, die ich einsetzte, über unsern Vertrag zu wachen, mit mir zu Gericht sitzen.‹ Da antwortete die Wahrheit: ›das ist mein Pflichtamt, die Schuld Adams klarzustellen, weil er mit Lüge verheimlichte, was die größte Schuld und Gesetzesverletzung von seiner Seite war. Und das war die größte Schuld bei euch beiden, daß die Äpfel schön und lockend und süß zu genießen waren und daß ihr heftig begehret, wissender zu sein, als euch erlaubt war; so verübtet ihr beide darin Diebstahl, daß ihr gedachtet, sie heimlich zu nehmen, und begehrlichen Raub, weil ihr sie ohne Erlaubnis nahmt, und übermütigen Stolz, weil ihr Gott gleich sein wolltet in eurem Wissen, über das hinaus, was euch erlaubt war.‹ Da sprach Gott zur Friedfertigkeit, daß sie mit einigen Worten über diese Sache urteilen sollte. Und die Friedfertigkeit antwortete folgenderweise: ›weil du mich dazu eingesetzt hast, Adams Freiheit zu hüten, solange der Gesetzbruch noch ungeschehen war, so will ich mich weiter dazu erbieten, ihm zuhanden um so mindere Freiheit zu gewähren, als er die große, die ihm gewährt war, nicht bewahren konnte.‹ Da sprach Gott zur Gerechtigkeit, daß sie urteilen sollte; und sie antwortete folgenderweise: ›weil Adam die Freiheit nicht bewahren konnte, welche die Friedfertigkeit ihm zuhanden behütete, so habe er nun dafür Elend und Not. Und weil er sich des Wissens vermaß um böse Dinge, so dulde er nun Böses statt Gutem. Und weil er sich Gott vergleichen wollte in seinem Wissen über das erlaubte Maß hinaus und Gott die Schuld gab für seinen Gesetzesbruch in lügnerischer Verteidigung, da erdulde er dafür den Tod, der ihm angedroht war, ehe er den Gesetzesbruch verübt hatte.‹ Da sprach Gott zur Barmherzigkeit, daß sie ein

Urteil abgeben sollte über diesen Gesetzesbruch. Die Barmherzigkeit antwortete mit folgenden Worten: ›da es meine Natur ist, auf Gnade und Nachsicht bei allen Dingen zu denken, da will ich darum bitten, daß Adam nicht in gnadenlosem Tode verloren gehe; nun, weil er seine Torheit bereuen mag, solange er lebt, so möge er Hoffnung auf Hilfe und Gnade in seinem Tode haben, immer, solange er nicht verzweifelt.‹

Dann wurde davon gesprochen, ob, wenn er Söhne hätte, diese für seinen Gesetzesbruch büßen oder ob sie den Genuß der Gaben und der Odel haben sollten, deren Adam als Friedloser verlustig gegangen sei und die Gott ihm am Anfang gegeben hatte. Die Gerechtigkeit antwortete: ›wie können seine Söhne, die in seiner Friedlosigkeit erzeugt werden, die Gaben genießen, von denen er als Friedloser vertrieben wurde wegen seines Gesetzesbruchs? Seine Söhne mögen ihm zum Tode folgen. Aber weil er Hoffnung haben soll auf Gnade und Mitleid und Rückkehr zu den Odeln, die er nun einbüßt, da sollen seine Söhne mit ihm rückberufen werden mit einem neuen Vertrag.‹

Und als das Urteil in der Sache Adams gefällt war, fanden sich alle diese Schwestern zu einer freundlichen Übereinkunft zusammen, so daß Barmherzigkeit und Wahrheit sich in den Armen lagen und Gerechtigkeit und Friedfertigkeit sich küßten in freundlicher Umarmung.

Nun soll jeder König sich dieses Beispiel oft vor Augen halten, wie Gott es anfing, seinen Zorn gegen den Mann und das Weib wegen des Gesetzesbruches zu stillen, und welche Richter er zu sich nahm, daß sein Strafurteil aus Erbarmungslosigkeit nicht zu hart würde. Nun gibt auch der König ein Rechtsurteil für alle, wenn er über Mann und Weib urteilt; deshalb soll er immer bei seinen Urteilen, die auf Strafen ausgehen, in acht nehmen, daß er diese Schwestern bei sich habe, und sie zur Einigung bringen, so daß sie sich küssen und umarmen; da werden alle seine Urteile weder zu hart noch zu gelinde sein. Das muß der König auch sorgfältig überlegen, wie er die Gesinnungen dieser Schwestern gut vermengen kann; denn so sind ihre Plätze in allen Gerichten bestimmt, daß auf der einen Seite Wahrheit und Gerechtigkeit zusammensitzen und auf der andern im Gericht Friedfertigkeit und Barmherzigkeit. Nun sollen sie in jedem Gericht übereinkommen und gleicher Meinung sein. Aber oft geschieht es so, daß Friedfertigkeit und Barmherzigkeit das ganze Urteil der Wahrheit und der Gerechtigkeit zuschieben und dann doch dem Urteil zustimmen. Manchmal kommt es auch vor, daß jede von den Schwestern ihr volles Urteilsrecht wahrnimmt nach rechtmäßiger Aussprache. Und bisweilen kann es geschehen, daß das größere Gewicht des Urteils sich der Friedfertigkeit und der Barmherzigkeit zuneigt, und daß dann doch alle Schwestern im Urteil einig werden. Das ist auch manchmal vorgekommen, daß nach geschehenem und festgestelltem Urteile Friedfertigkeit und Barmherzigkeit Gnade erwirkt haben auf das Flehen und die Reue dessen hin, der der Gnade bedürftig war.

XLVI

Sohn: Nun scheint es mir so, als sei dies eine noch schwierigere Sache, als ich vorher meinte, denn dazu muß man viel Verstand und Einsicht haben, so die Gesinnungen dieser Schwestern zu vermengen, daß sie immer einstimmig werden, und es neigt sich doch das Urteil manchmal mehr nach der einen Seite als nach der andern. Denn Ihr erwähntet das in Eurer Rede, daß bisweilen das ganze

Urteil sich nach der Seite der Wahrheit und Gerechtigkeit neige ohne alle Milde und manchmal das größere Gewicht des Urteils auf die Seite der Friedfertigkeit und Barmherzigkeit falle; Ihr sagtet auch, daß bisweilen an einem gefällten und festgestellten Urteil eine Änderung vorgenommen sei. Nun, wenn es für diese Dinge Beispiele geben sollte, wie Ihr sagtet, daß man für die meisten Dinge Beispiele finden könne, wenn man danach suche, da möchte ich nun gerne diese Beispiele hören, damit mir dies klarer vor den Augen stehe und so auch einem andern, der es hören würde; mehr als alle andern würden die Könige verpflichtet sein, hierüber sich gut zu unterrichten, denn sie werden sehr oft in der Lage sein, dessen zu bedürfen.

Vater: Die Welt hat nun ein so hohes Alter, daß kaum Dinge geschehen können, für die sich nicht früher geschehene Beispiele finden können, und daher kann sich kaum etwas ereignen, für das ein kundiger Mann nicht Beispiele finden könnte. Und für diese Sache gibt es Beispiele, die in so alte Zeit fallen, daß ich frühere nicht kenne, dafür, daß das ganze Urteil der Wahrheit und Gerechtigkeit zufiel ohne alle Schonung. Als der Engel Lucifer im Himmel seinen Herrn verriet und eine Neidingstat gegen seinen Gebieter verübte, da verurteilten Wahrheit und Gerechtigkeit ihn zu plötzlichem Sturz ohne alle Aussicht auf Gnade. Und durch dieses Urteil fielen mit ihm alle seine Genossen und Verbündeten. Das war ein Gesetzesbruch, den Gott mit erbarmungslosem Urteil bestrafte.

Sohn: Darum möchte ich Euch nun bitten, nicht verdrießlich zu sein, wenn Euch auch meine Frage kindisch und einfältig zu sein erschiene, die ich an Euch gern richten möchte. Und wie ich nicht ganz die Dinge verstehe, über die ich Euch jetzt befragen will, so kann es sein, daß es manche andere gibt, die sie nicht besser verstehen als ich. Es handelt sich um die Schlange, die, wie Ihr sagtet, zu Eva kam und zu ihr sprach wie ein Mensch und sie reizte, den Gesetzesbruch zu begehen. Und nun will ich Euch fragen, ob die Schlange so geschaffen war, daß gerade sie vor andern Tieren sprechen konnte. Oder besaßen auch mehrere Tiere die Sprache in jener Zeit, obgleich sie jetzt alle stumm sind? Und was war die Ursache, daß die Schlange das Weib zum Gesetzesbruch verleiten wollte?

Vater: Wir beide haben von Mund zu Mund eine recht lange Besprechung zusammen gehabt, und wenn ich sie ganz glossieren soll, ergibt das eine große Erweiterung einer langen Rede, denn das ist ganz sicher, wenige Worte werden in unser beider Rede sein, die nicht einer Glosse bedürfen, wenn ein völlig unterrichteter Mann daran geht, der alles von uns Besprochene genau verstehen kann. So scheint es mir richtiger, daß wir unsere begonnene Besprechung gradenwegs fortsetzen und daß wir andern die Aufgabe überlassen, unsere Besprechung zu glossieren, die sie später hören und sich der Aufgabe mit eindringlicher Überlegung unterziehen wollen. Aber weil jede Frage eine Entscheidung und Antwort erwartet, ist es billig, daß ich dir diese Rede etwas erschließe, damit sie dir klarer vor Augen stehe oder den andern, die sie auch nicht besser verstehen als du. Ich werde aber doch nur wenige Worte brauchen, denn ich möchte nicht grade genötigt sein, meine Rede (selbst) zu glossieren. Und weil du danach gefragt hast, ob die Schlange oder andere Tiere in jener Zeit mit Sprache geschaffen worden seien, als Adam zum Hüter im Paradiese bestimmt wurde, so sollst du das als sicher wissen, daß keinem körperlichen Geschöpf Sprache verliehen war als dem Menschen. Weil du erfahren wolltest, wieso die Schlange die Sprache erhielt und warum sie das Weib zum Gesetzesbruch verleitete, so soll das nun erläutert werden. Und das ist der Beginn dieser Erläuterung, daß Gott die Engel früher geschaffen hatte als die Menschen. Sie waren alle geschaffen in großer Schönheit als unsterbliche Geister ohne alle leibliche Gebrechlichkeit. Doch waren alle mit der großen Schönheit unter der Gesetzbestimmung erschaffen, daß sie Gehorsam und Liebe ihrem Schöpfer gegenüber mit Demut ohne jede Falschheit bewahren sollten. Es war ihnen zugesagt, daß sie alle ihre Schönheit und alle ihre sonstige Würde, die er ihnen gegeben hatte, behalten würden, immerwährend, solange sie dies Gesetz hielten. Doch gab er ihnen freie Selbstbestimmung, so daß sie sollten Gesetzesbruch begehen können, wenn sie wollten,

Der Schaden, den die Teufel im Norden anrichten

und Gott sprach so zu ihnen: ›weil ihr alle auf einmal geschaffen wurdet und nicht einer von dem andern erzeugt ist, so soll jeder von euch für sich selbst einstehen und keiner für den andern, ob nun das Gesetz gehalten wird, das ich gegeben habe, oder es wird gebrochen. Und wenn es solche gibt, die es brechen, da sollen sie aus diesem Leben der Seligkeit vertrieben werden, aber denen, die es halten, verbleibt für immer unvergängliche Seligkeit und ewiges Leben in meinem ehrenvollen Dienste. Und deshalb verleihe ich euch allen Selbstbestimmung, ob ihr nun lieber dies Gesetz brechen oder es halten wollt, weil diejenigen, die es halten, von mir bestimmt sind zu auserwählten Köstlichkeiten, jene aber, die es brechen, erliegen meinem Haß und werden verjagt in qualvolle Knechtschaft und feindseligen Dienst.‹

Diese Engel waren alle schön, und doch war einer schöner als alle die andern und wurde deshalb Lucifer genannt. Er war als Häuptling über viele Engel gesetzt, und eine große Menge der Engel beugte sich vor ihm in Dienstbarkeit und aller Freundschaft. Und als Gott diese Rede beendet hatte, da wandte sich Lucifer gleichsam nach Norden ab von Gott mit allen seinen Anhängern und sprach: ›warum sollen wir Drohung erdulden von Gott für unsern Dienst, da wir selbst übrige Kraft und Schönheit und Zahl haben, unsere Würde zu bewahren? Nun will ich mir einen andern Hochsitz gleich Gott im nördlichen Teile des Himmels errichten und mit trefflicher Leitung die zweite Hälfte des Himmels oder mehr beherrschen.‹ Da antwortete Gott und sprach zu Lucifer: ›weil du Gesetzesbruch verübt hast in verräterischer Empörung, kannst du länger keine Stätte bei mir haben. Und weil du Verwaltung eines Reiches begehrst, so fahre du nun zu dem Reiche, das dir bereitet ist, und du sollst nun haben Zwang statt Freiheit und Elend statt Seligkeit, jede Art von Qual ohne allen Trost. Alle die sollen dir folgen, die sich deinem Ratschlusse nicht widersetzt haben.‹ Und als Gott sie zornig anblickte, da erbebten alle Himmel vor Gottes Blick und seine Feinde flohen davon in gräßlichem Sturz und erlitten widerlichen Gestaltenwechsel im Verlust ihrer Schönheit. Darauf gelangten sie zu allen den Stätten, die ihnen angewiesen waren, und verteilten sich in allen Klüften der Hölle, bestimmt zu verschiedenen Ämtern. Und so schied sich die Finsternis vom Lichte.

Aber nachdem Gott den Menschen geschaffen hatte und er zum seligen Leben im Paradiese eingesetzt war, da sprach Lucifer zu seinen Genossen: ›diesem wird Gott das Reich zugedacht haben, aus dem er mich vertrieben hat, wenn er sich nicht gegen seinen Willen vergeht. Auch wenn er andere Engel in unser Reich eingesetzt hätte, da würden wir das niemals dulden, wenn wir etwas ausrichten könnten. Aber das ist für uns eine übergroße Schmach, daß der Mensch, geschaffen aus Lehm und schmutzigem Erdstaub, in die ewige Seligkeit geführt werden soll, aus der wir vertrieben wurden. Deshalb sollen wir immer gegen jeden von ihnen kämpfen, der dahin strebt, und unsern Verlust mit grimmigem Haß an allen denen rächen, die wir besiegen können. Daher will ich versuchen, den Sieg über den ersten Menschen zu gewinnen, den Gott geschaffen hat, und dann mögen andere meiner Genossen jene besiegen, die nach ihm kommen.‹ Darauf rüstete er sich mit sieben Haupttränken, von denen er sich Hilfe erwartete: eine war giftiger Neid, die zweite brennender Haß, die dritte verwirrende Schlauheit, die vierte verblendender Betrug, die fünfte hochmütige Begierde, die sechste fordernder Eigennutz, die siebente verzehrende Lust. Dann sprach er zu sich selbst: ›weil ich nun ein unsichtbarer Geist bin, kann ich nicht sichtbarlich ins Gespräch kommen mit dem körperlichen Menschen, außer ich schmücke meine häßliche Gestalt mit irgendeiner körperlichen Schönheit. Nun will ich in diese Schlange eingehen, die Gott mit einem Mädchenangesicht geschaffen hat und die menschlicher Schönheit am ähnlichsten ist, und aus ihrem Munde werde ich zu Eva, dem Weibe Adams, reden und von ihr erfahren, ob sie zu voller Freiheit ohne Beachtung eines Gesetzes geschaffen sind oder ob Gott ihnen irgendeine Gesetzesbestimmung gegeben hat, so daß ich dann ihren Bund mit ihm zerstören kann.‹

Darauf traf der neidvolle Geist die Schlange, die nun Aspis genannt wird und damals auf zwei Füßen ging mit aufrechtem Körper wie ein Mensch und mit einem Mädchengesicht, wie ich früher erwähnte und wie einige gelehrte Väter vermutet haben. Und als der böse Geist zu Eva kam, verhüllt im Körper dieser Schlange, da bediente er sich der List, die verblendender Betrug heißt, indem er zu Eva mit betrügerischer Freundlichkeit sprach und sie anredete: ›glücklich ist dein Gatte und ebenso du selbst.‹ Diesen Preis gab er ihnen nicht aus Güte, vielmehr pries er sie ihres Glükkes wegen, um sie ins Elend zu ziehen mit Haß und Neid. Und dann bediente er sich verwirrender Schlauheit, indem er Eva bat, ihm zu sagen, ob Gott Adam und ihr Herrschaft und Nutzung in allen Dingen ohne alle Einschränkung gegeben hätte. Und sobald er von Eva für seine freundlichen Worte gewissen Bescheid bekommen und gehört hatte, daß ihnen der Tod angedroht war, wenn sie den Gesetzesbruch begingen, da ward er froh und bediente sich der hochmütigen Begierde (die er ihr einflößte), indem er Eva sagte, sie würden bei dieser Sache sich Gott gleichmachen in seiner Weisheit, allen Unterschied zwischen guten und bösen Dingen zu erkennen. Und dann bediente er sich der verzehrenden Begierde, indem er sie bat, zu versuchen, wie süß und duftreich der Apfel des Wissens sei, der ihr verboten war. Und dann bediente er sich des überbegehrlichen Eigennutzes, indem er Eva dazu brachte, sich das anzueignen, was Gott ihr vorher verboten hatte, denn Gott hatte alles in die Gewalt Adams und Evas gegeben, nur diesen Baum nicht, und nun begehrten sie grade diesen ohne Erlaubnis zu besitzen, während alles andere in ihre Gewalt gegeben war. Nur diesen einen Unterschied wußten sie zwischen guten und bösen Dingen, daß das Gute besser war als das Böse und daß sie den Tod fürchteten, der ihnen angedroht war. Aber weil sie noch keine Bitterkeit des Bösen erfahren hatten, konnten sie nicht wissen, wie großes Elend sie für den Gesetzesbruch würden erdulden müssen, vielmehr schien es ihnen ein großer Aufstieg, wenn sie Gott gleich wären in seinem Wissen, so daß sie allen Unterschied zwischen guten Dingen und bösen erkennen würden. Aber als die Schlange Eva anreizte, von den Äpfeln des Wissens zu essen, da fürchtete diese sich vor dem Tode und sprach so zu der Schlange: ›ich fürchte, wenn ich esse, daß ich sterbe, weil Gott mir das angedroht hat. Nun iß du vorher, so daß ich es sehe, und wenn du nicht stirbst, dann will ich auch essen, denn diese Frucht muß ebenso andern Geschöpfen zum Tode geschaffen sein wie mir, wenn sie tödliche Kraft in sich hat.‹ Und der Geist, der in der Schlange verborgen war, sprach da mit sich selbst: ›ich darf den Apfel wohl essen, da ich weder straffälliger noch sterblicher werde, indem ich schon so wie so im vollen Zorne Gottes bin.‹ Aber diese Worte hörte Eva nicht. Darauf nahm Eva einen Apfel und steckte ihn der Schlange in den Mund, und die aß ihn gleich auf.

Und als sie sah, daß es ihr nichts schadete, da nahm sie sogleich einen zweiten Apfel und aß ihn selbst, und er schien ihr besonders süß zu sein, wie die Schlange ihr gesagt hatte.

Darauf verschwand die Schlange vor den Augen Evas, aber sie rief Adam, ihren Mann, zu sich und erzählte ihm diese Dinge. Und weil er gleichfalls sich vor dem Tode fürchtete, wie Gott ihm angedroht hatte, da wollte er nicht essen, wenn er nicht selbst sähe, daß Eva vor ihm äße. Eva nahm da noch zwei Äpfel und aß keck gleich den einen, denn sie hatte vorher die Süße des Apfels empfunden und begehrte vielmehr, sie öfter zu genießen, als daß sie sich dessen geschämt hätte, was sie vorher begangen hatte. Und sobald Adam sah, daß es ihr nicht schadete, vielmehr spürte er die liebliche Süße aus ihrem Munde, da nahm er den Apfel, den sie ihm anbot, und aß ebenso wie sie.

Als sie den Apfel gegessen hatten, da wurden ihre Augen zu größerer Erkenntnis aufgetan, als sie früher besaßen, so wie die Schlange gesagt hatte. Denn sie lernten sogleich sich der nackten Glieder zu schämen, als sie die Körper der Vögel mit Federn und die Körper der Tiere mit Haaren verhüllt sahen und bemerkten, daß ihre eigenen Körper nackt waren, und sie schämten sich dessen sehr. Am meisten aber trug zu dieser Scham bei, daß sie sich in Schuld Gott gegenüber wußten wegen des gebrochenen Gesetzes, und so fühlten sie die Furcht in ihrem ganzen Körper und schämten sich ihrer nackten Glieder. Darauf eilten sie, sich zwischen den Bäumen zu verbergen, und gaben uns (damit) ein Beispiel ihrer Torheit, denn sie dachten nicht daran, daß Gott alles von seiner Hand geschaffene und jedes Erzeugnis, das er zugerichtet hatte, so bekannt war, daß weder Busch noch Wald die beiden vor seinen Augen verbergen konnte, da auch die geheimen Winkel in den Verstecken der Hölle offen und sichtbar vor seinem Auge sind zu jeder Zeit.

Aber während Adam in seinem Versteck war, da sprach Gott zu dem Geist, der sich in der Schlange verborgen hatte: ›in Hochmut und Bosheit hast du den ersten Bruch des Gesetzes begonnen, und es war niemand, der dich (dazu) verlockt hätte, nur dein eigener Stolz und Neid; deshalb entbrennt mein Zorn gegen dich ohne alle Nachsicht, und du hast die ewige Seligkeit ohne jede Hoffnung einer Rückkehr verloren. Und wenn du zum zweiten Male meinen Sinn zum Zorn erweckt hast in diesem Bruch des Gesetzes, der nun geschehen ist, so soll zwar Adam bestraft werden für seinen Gesetzesbruch, aber doch Hoffnung haben auf Wiederkehr und Erbarmen, denn er geriet in meinen Zorn um deiner Bosheit und deiner betrügerischen List willen. Und so wie du den Sieg gewannst über Adams Frau, die noch Jungfrau ist, so soll eine von ihren Töchtern, eine Jungfrau, dich siegend überwinden. Und so wie du nun meinst, Adam und sein ganzes Geschlecht als Heerbeute in deine Gewalt bekommen zu haben, so soll einer von seinen Söhnen alle deine Schatzkammern durchsuchen und dir deine Kostbarkeiten als Kriegsbeute abnehmen, Adam deiner Gewalt entführen und alle seine gute Nachkommenschaft in herrlichem Siege und ihm einen würdigen Platz unter seinen Söhnen in dem Reiche anweisen, das du mit Recht eingebüßt hast. Und so wie ein grüner Baum die Frucht trug, durch die du nun den Sieg gewannst, so soll ein dürrer Baum die Frucht tragen, durch welche dir der Sieg soll entrissen werden.‹ Darauf sprach Gott zu der Schlange, in der sich der Geist verborgen hatte: ›verflucht seist du vor allen lebenden Wesen auf Erden, denn du nahmst meinen Feind auf und verbargst ihn vor den Augen Evas, bis er aus diesem Versteck heraus den Sieg über das Menschengeschlecht gewinnen konnte. Deshalb sollst du dein Aussehen, das du mit deinem Mädchenantlitz hattest, verändern, und du sollst nun ein häßliches und grimmiges Antlitz haben, widerwärtig dem Menschengeschlechte; verschwinden sollen die Füße, die deinen aufrechten Körper trugen, und krieche du von nun an auf deinem Bauche und der Brust. Bittere und schmutzige Erde soll deine Speise sein, weil du den süßen Apfel aßest, den du aus der Hand Evas nahmst. Du sollst dich selbst zu einem Gefäß des Gifts und des Todes machen, zum Zeugnis, daß du den giftigen Neid in deinem Körper verborgen hattest. Ich erkläre den Frieden zerrissen zwischen dir und allen Menschengeschlechtern; dein Kopf und Hals soll den Füßen und Tritten der Menschen erliegen, zur Rache für den Betrug, den sie durch deine Falschheit und Schmeichelei erlitten haben. Und weil du den Menschen dazu brachtest, daß er den Bruch des Gesetzes mit dem Munde beging und durch seine Eßlust, so soll der menschliche Speichel, der von dem Munde eines fastenden Mannes ausgeht, für dein Leben ein ebenso gefährliches Gift sein, wenn du ihn kostest, wie dein Gift für den Menschen ist, wenn er es kostet.‹ Darauf rief Gott nach Adam und Eva und fragte, wo sie wären. Und Adam antwortete: ›wir beide haben uns deshalb verborgen, Herr, weil wir uns schämten, nackend vor deinen Augen zu stehen.‹ Mit dem ersten Worte der Antwort, die er Gott gab, da belog er ihn, denn die beiden wußten sich schuldig durch den Bruch des Gesetzes, und um dieser Schuld willen hatten sie sich verborgen, und das verheimlichte Adam in der Antwort, die er Gott gab. Da sprach Gott zu Adam: ›wieso lerntet ihr euch jetzt eher zu schämen als kürzlich bei unserer Unterredung, daß ihr nackend seid, es sei denn, euer Wissen habe sich so vermehrt, indem ihr von den Äpfeln gegessen habt, die ich euch verboten hatte.‹ Aber sobald Adam hörte, daß es sich nicht mehr verbergen ließ, daß sie das Gesetz gebrochen hatten, da suchte er sogleich nach einem Ausweg und daß ein anderer die Verantwortung für diese Schuld trüge, nicht er selbst, denn so nahm er das Wort: ›hätte ich allein meinen Entschluß zu fassen gehabt und hättest du mir nicht dieses Weib gegeben, mit mir Rat zu pflegen, da würde ich das gegebene Gesetz gehalten und dein Gebot nicht gebrochen haben.‹ Diese Worte vermehrten die Schuld Adams sehr in den Augen Gottes, denn er suchte eher nach Abwehr der Schuld als nach Erbarmen. Aber wenn er (etwa) folgende Worte gesprochen hätte: ›gedenke jetzt daran, du mein Herr, daß ich aus schwächlichem Stoffe gemacht bin gleich einem gebrechlichen irdenen Gefäß und daß ich in höherem Maße deiner barmherzigen Nachsicht bedarf, als die Größe meiner Schuld zuläßt, denn ich Schwächlicher bin in schwere Schuld dir gegenüber, o mein Herr, durch den Bruch des Gesetzes gefallen‹, da hätte sich gleich die Schuld Adams in den Augen Gottes vermindert, denn da hätte er nach Er-

Die Früchte der Bäume und der Sträucher

barmen gesucht und nicht nach Abwehr der Schuld. Und als Gott hörte, daß Adam so antwortete, als wenn er seine Schuld ableugnete, da sprach er so im Zorn: ›nicht sollst du mir deshalb die Schuld zuschieben, weil ich das Weib geschaffen habe, denn zur Ehe und Freude gab ich dir das Weib, aber nicht dazu, daß du mit ihr beratend den Bruch des Gesetzes begehen solltest. Ich habe dich davor gewarnt, den Bruch des Gesetzes zu begehen, und sagte dir, du würdest schuldig sein, wenn du ihn begingest. Warum folgtest du lieber dem trügenden Rat deines Weibes als meinem Heilrat, wenn du es nicht getan hast aus Hochmut und übermäßigem Begehren, daß du so wissend sein wolltest wie ich, und deshalb dich einer Sache vermaßest, die dir nicht erlaubt war.‹ Darauf sprach Gott zur Eva: ›warum hast du deinen Mann dazu gereizt, daß ihr das Gesetz brechen solltet?‹ Aber Eva wollte gern, daß jemand anderer die Verantwortung für ihre Schuld trüge, nicht sie selbst, denn sie nahm so das Wort: ›diese wortschlaue Schlange riet mir zu diesem bösen Entschluß; wäre sie nicht geschaffen worden oder nicht zu mir gekommen, so hätte ich das Gesetz nicht gebrochen, auch meinen Mann nicht dazu gereizt.‹ Als Gott die Verteidigung Evas gehört hatte, da sprach er zornig: ›so scheint es mir, als wenn ihr beide es mir zum Vorwurf machen wollt, daß ihr das Gesetz gebrochen habt. Denn er gab mir die Schuld, weil ich dich geschaffen hätte, mit ihm zu ratschlagen, und nun gibst du mir die Schuld, daß ich die Schlange geschaffen habe. Ebenso habe ich die Schlange geschaffen wie alle andern Tiere auf der Erde; aber nicht habe ich sie dir zum Ratgeber bestimmt, vielmehr sie unter eure Gewalt gestellt wie alle andern Tiere auf Erden. Ich habe euch beide gewarnt, daß ihr das Gesetz nicht brechen solltet, und sagte euch, daß ihr den Tod dafür zu erwarten hättet.

Nun ist euer beider Tat durch eure Verteidigung nicht besser geworden, als sie vorher beim Bruch des Gesetzes war. Deshalb sollt ihr den Tod erdulden, den ich euch angedroht hatte. Wenn ihr auch nicht gleich tot niederfallet, so sollt ihr doch langdauernde Vergeltung für euren Bruch des Gesetzes in euerm Tode erfahren, und es sollen keine Geschlechter von euch entsprießen, die nicht für diesen Bruch des Gesetzes büßen sollen. Und solange ihr auf der Erde lebt, sollt ihr bittere Not erdulden anstatt des Glücks in Freiheit, das ihr euch nicht zu erhalten verstanden habt. Und weil du eher das Gesetz gebrochen hast als Adam, da steigere ich diese deine Not über das hinaus, was ihr beide fühlen sollt: du sollst der Gewalt des Mannes unterworfen sein und allen seinen Ansprüchen und in jeder Beziehung als geringer und tieferstehend in den Augen eurer Söhne gelten. Die Kinder, die du empfängst in Lust und Begierde, sollst du zur Welt bringen in Krankheit und naher Todesgefahr; du sollst auch verpflichtet sein, euern Kindern allen Dienst zu erweisen mit Arbeit und sorgenschwerer Bemühung in ihrer Aufziehung.‹ Da sprach Gott: ›nun ist Adam ebenso wissend geworden wie jeder von uns in der Erkenntnis guter und böser Dinge. Hütet euch, daß er nicht unerlaubterweise vom Baume des Lebens genieße, so wie er die Äpfel des Wissens genossen hat, damit er nicht ewig lebe in seiner Strafe.‹ Darauf bestimmte Gott einen Cherub, den Weg, der zum Baume des Lebens führt, mit einem flammenden Schwerte zu bewachen, das er ewig schwingt über den ganzen Weg mit feurig bitterer Schneide, damit niemand unerlaubterweise dorthin gelangen könne. Dann sprach Gott zu Adam: ›weil du lieber dem schlimmen Rate deiner Frau gefolgt bist als meinem Heilrate und ein verbotenes Gewächs der Erde genossen hast, wird (nunmehr) die

Erde in deiner Arbeit verflucht, sie, die dir alles begehrenswertes Wachstum wie aus mütterlicher Freigebigkeit gespendet hatte. Nun soll sie dir, wie in Trauer zornig, die Gewächse verweigern, die dir schicklich zur Nahrung sein könnten; Disteln und Unkraut soll sie dir als Wachstum geben, außer du reinigst sie durch Bearbeitung, so daß sie deinen Schweiß trinkt; denn fortan sollst du durch Arbeit dir deine Speise auf Erden erwerben.‹ Darauf gab Gott Adam und Eva Röcke aus Fell und sprach zu ihnen: ›weil ihr euch eurer nackten Glieder schämtet, so berget euch nun in Hüllen der Arbeit und freudlosen Kleidern und fahret nun hin in die Weite der Erde in mühseliger Arbeit und sucht euch Nahrung. Doch sollt ihr zur Ruhe gehen im Todesschoß der Erde und euch wiederum der Natur gemäß in den vergänglichen Stoff verwandeln, aus dem ihr zu Anfang genommen wurdet.‹

Da sprach Adam: ›für dein Erbarmen und gerechtes Urteil danke ich dir, o mein Herr, denn ich erkenne deutlich meine große Verfehlung; so empfinde ich auch dein Erbarmen, weil ich nicht so ohne Gnade verlorengehen werde wie Lucifer. Traurig werde ich niedersteigen zu den Todesschatten der Hölle, doch werde ich immer froh sein in der Hoffnung auf meine Wiederkehr, denn das verspreche ich mir von dir, o mein Herr, daß du mir noch einen Strahl des Lebens in die Finsternis des Todes senden wirst; und darauf werde ich stets denken, daß er, der sich nun über mein Unglück freut wie über einen errungenen Sieg, daß der einst betrübt sein soll über unsere Rückkehr als ein Überwundener und des Sieges verlustig.‹

Da sprach Eva: ›so wie wir nun uns sorgenvoll trennen, o mein Herr, wegen unserer großen Missetat, so werden wir uns noch erfreuen über deinen erbarmungsreichen Trost in unserer Not.‹ Darauf verschwand Gott vor ihren Augen, und sie hausten fortan auf der Erde, wie Gott ihnen geboten hatte.

Nun habe ich getan, worum du mich gebeten hast, habe dir mit einigen Worten erläutert, warum die Schlange zu der Frau sprechen konnte und was die Ursache dafür war, daß sie die Frau zum Gesetzesbruch verleitete. Ich habe aber bei dieser Rede die Darlegung so schlicht wie möglich gehalten, denn ich will andern die Mühe überlassen, meine Ausführungen mit Tiefsinn zu glossieren. Wir zwei aber wollen auf geradem Wege das begonnene Gespräch fortsetzen, da wir nicht die Muße für beides haben.

XLVIII

Sohn: Ich sehe nun, daß nach Eurer Meinung die Auskunft auf meine zuletzt gestellte Frage doch mehr eine Glossierung und Ausdeutung der Reden ist, die wir vorher besprochen haben, als eine Fortsetzung der angefangenen Darlegung, und ich fürchte, wenn ich etwas weiter über diese Erläuterung Fragen stelle, daß meine Frage Euch nicht einsichtig erscheinen möchte. Doch wegen der Nachsicht, mit der Ihr mir gestattet habt, nach allem zu fragen, wozu mich die Wissensbegierde treibt, da möchte ich es wagen, doch noch etwas zu fragen, denn ich erwarte mir eine gute Antwort darauf wie bisher, wenn auch meine Frage kindlich ist. Ihr habt mir nun erklärt, warum die Schlange zu der Frau sprechen konnte, indem nämlich der Geist mit dem Munde der Schlange sprach. Ebenso habt Ihr mir auch erklärt, warum die Frau angereizt wurde, den Gesetzesbruch zu begehen, daß es wegen des Neides war, weil Lucifer es dem Menschen mißgönnte, in das Reich zu kommen, aus dem er selbst vertrieben war. Ihr habt bei dieser Frage einiges über die beiden Urteile Gottes gesprochen, über Lucifer und ebenso über Adam, wovon es mir nicht sicher ist, ob man es schon früher einmal vernommen hat. Wenn ich diese (Eure) Rede im Gedächtnis behalte und sie so wieder vortrage, wie ich Euch habe sprechen hören, und es sagte da gleich einer meiner Zuhörer, er habe diese Erklärung vorher niemals gehört, so möchte ich Euch bitten, mir anzugeben, was ich in meiner Antwort vorbringen sollte, damit ich nicht gleich aus Unkenntnis mit meiner Rede geschlagen wäre, vielmehr Hilfe fände, sie zu stützen, so daß sie allen wahr und nicht unrichtig erschiene.

Vater: Die Glossierungen einer jeden Rede sind wie die Äste und Zweige eines Baumes. Zuerst wächst ein Stamm auf aus den Wurzeln und verästelt sich dann mit vielen Gliedern und Zweigen. Welchen Zweig du auch nimmst und mit gehöriger Aufmerksamkeit untersuchst, so hängt er immer mit dem Stamm zusammen, der zuerst aus den Wurzeln erwachsen ist, und alle Äste und Zweige ziehen ihre Nahrung von den Wurzeln, auf denen der Baum selbst steht. Wenn du einen Zweig abhaust und ihn weit entfernt von dem Baum hinwirfst und es findet ihn jemand, der nicht weiß, wo er angewachsen war, da denkt er, es sei ein Zweig wie jeder andere, den er auf seinem Wege findet, denn er weiß durchaus nicht, wo jeder hingehört hat. Trägt er ihn aber zurück zu demselben Stamm, von dem er abgeschlagen wurde, und setzt ihn dort an, da legt der Zweig selbst Zeugnis dafür ab, aus welcher Wurzel er erwachsen ist. In der gleichen Weise verhält es sich mit der Ausdeutung jeder Rede. Wer einen klaren Verstand dafür hat, daß die Rede ihren rechten Gang nimmt, der hat auch den Verstand dafür, daß die Ausdeutung richtig verläuft. Da ich nun gehört habe, daß einiges in meiner Ausdeutung nicht oft vernom-

Unterschlupf unter den Verästelungen mancher Pflanzen

men sein soll, da will ich nun (auch) einmal fragen, denn ich habe öfter geantwortet als gefragt. Ich will also nun fragen, ob einige Dinge vorhanden sind in dieser Rede, über die du schon früher einmal Erklärungen erhalten hast.

Sohn: Es gibt einige, doch nicht viele. Die Worte Lucifers betreffend, habe ich erzählen gehört, seine Rede sei gewesen, er wolle seinen Sitz ebenso hoch setzen wie Gott, aber niemals habe ich früher eine Erklärung über die Antwort gehört, die ihm Gott gegeben hat, wie Ihr nun getan habt.

Vater: Ich will noch weiter fragen, wer, meinst du, habe die Worte Lucifers weitererzählt, der dabei gestanden und seine falschen Hochmutsworte angehört hätte?

Sohn: Dessen Name ist mir nicht genannt worden, und ich weiß nicht, ob jemand davon erzählt hat, der es von Anfang an mit angehört hat.

Vater: Das kannst du als gewiß annehmen: wenn der etwas über die Worte Lucifers berichtet hat, der sie von Anfang an mit angehört hat, dann mußte er natürlich auch die Antwort Gottes mit anhören, wie ich es nun dargestellt habe, und er würde beider Reden erklären können, wenn er wollte, denn entweder mußte er beider Reden anhören oder keine. Wenn er aber nach seiner Vermutung die falschen Hochmutsworte Lucifers wiedergegeben hat, dann würde er auch nach seiner Vermutung die strafende Antwort Gottes wahrheitsgemäß haben wiedergeben können, denn entweder sind beide wahrheitsgemäß oder keine. In demselben Augenblick, in dem Lucifer den Gesetzesbruch beging, entweder in Gedanken oder mit Worten, da hatte Gott sogleich die ganze Strafe in Gedanken, die von dem ersten Augenblick bis zum letzten gelten sollte; denn so groß ist die Fülle des göttlichen Verstandes und seines Denkens, daß die Voraussicht der göttlichen Gedankenklarheit in einem Augenblick alle Dinge erfaßt, die von der ersten Zeit bis zur letzten geschehen sollen. Und dann achtet er in göttlichem Langmut auf alles, was er geschehen lassen will, so lange, bis die rechten Zeiten kommen und er alle Dinge will wirklich werden lassen, die er vorher gedacht hat. Wenn nun Gott jemandem einen so umfassenden Verstand und solches Wissen verliehen hat, daß er alle die Dinge in sich aufnimmt, die Gott gedacht hat, und davon sprechen will, daß Gott alle diese Dinge in Wort und Rede verkündet hat, da dürfte er kaum in bezug auf ihn sich einer Lüge bedienen. Denn alles, was Gott gedacht hat, das hat sein Sinn zu ihm selbst gesprochen, ob nun die Lippen darüber eine Rede gebildet haben oder nicht. Der Apostel Paulus spricht so darüber, Gott habe den Menschen seinen Heiligen Geist gegeben mit bestimmten Begabungen und Ämtern: einige haben den Geist der Weissagung empfangen, einige den Geist der Manneseklugheit und der Weisheit, einige den Geist der Rede, einige den Geist des Begreifens, einige den Geist der

Geschicklichkeit. Die einen erhalten eine große Fülle dieser Gaben, die andern weniger. Einige bekommen nur eine einzige dieser Gaben, einige zwei oder drei, aber andere alle, soviel jeder, als Gott ihm gegeben haben will.

Die aber, welche sowohl den Geist der Einsicht als auch der Rede empfangen, wie es mit dem Könige David der Fall war, die haben es gewagt, Reden zusammenzustellen und dafür Bücher zu schreiben, damit die Reden nicht untergehen sollten. David hat an manchen Stellen über Gottes Gedanken gesprochen, an anderen über die Worte Gottes und an andern über seine Werke. Und die, welche den Psalter, den David verfaßt hatte, späterhin erläutert haben, sie haben mehr über das gehandelt, was David sich dabei gedacht hatte, als über die Worte, die er gesprochen hat. Sie haben bei jedem Worte lange Erläuterungen darüber gegeben, was David sich dachte, während er das Wort aussprach, und zeigen in ihren Ausführungen, auf welche Erläuterung der Sinn Davids bei jedem Worte gerichtet war, das er im Psalter aussprach. Ebenso sind die verfahren, welche die Erzählungen der Evangelisten erläutert haben. Sie haben vieles ausgesprochen, das die Evangelisten verschwiegen haben, und damit gezeigt, daß ihre Erklärung sich auf Worte des inneren Sinnes bezieht, die nicht Worte der Lippen waren. Das ist die Eigenart dieser Begabung, wenn Gott den vollen Geist des Verstehens verleiht, daß, wenn er wenige Worte der Lippen hört, er viele Worte des inneren Sinnes versteht. David hat deshalb den Psalter nicht selbst erläutert, weil er anderen die Arbeit überlassen wollte, mit Worten alles das zu erläutern, wofür er schon für sich selbst die Erläuterung in Gedanken hatte, während er den angefangenen Psalter gradeaus weiterschreitend fortsetzte. Und so verfahren alle, die eine

Rede vortragen, die der Erläuterung bedarf; sie überlassen anderen die Mühe, das mit Worten zu erläutern, was sie im Sinn haben, während sie fortschreitend ihre begonnene Rede weiterführen. Das aber sollst du wissen, daß nicht etwa einer Davids Rede erläutert hat, der bei ihm gesessen wäre, als er den Psalter verfaßte, und ihn gefragt hätte, was er sich dabei dächte, und du sollst also begreifen, daß es die Begnadigung mit dem Geiste des Verstehens ist, welche die Erklärer dazu anleitet, mit Eindringlichkeit die Grundgedanken der Reden zu erfassen, die sie vernehmen. Darauf erforschen sie, welche Wurzeln sich unter der Rede vielfältig verzweigen. Darauf geben sie auch besonders acht, wie viele Äste der Rede entwachsen, demnächst denken sie darüber nach, wie viele Zweige zu jedem Aste gehören. Auch darauf geben sie besonders acht, welchen Ast sie auch ergreifen, daß sie ihn richtig bis zu der Wurzel zurückführen, aus der er ursprünglich entsprossen ist. Wenn du dies mit Verständnis aufnimmst und, was du hörst, mit eindringlicher Aufmerksamkeit prüfst, da wirst du nicht in die Irre geraten, ob die Erläuterungen falsch oder richtig sind, die du hörst, wenn Gott dir den Geist verliehen hat, daß du etwas gut verstehen kannst. Denn jeder, dem gutes Verständnis verliehen ist und der von Anfang an auf die richtige Straße gerät, der wird weiterhin über alle Wege der Wahrscheinlichkeiten gut Bescheid wissen, auch, welche Wortwahl am passendsten für jede Sache zu treffen ist. Nun wähle dir, was du magst, aus all diesem zum (besseren) Verständnis; doch glaube ich, es ist unnötig, daß ich hier noch weiter darüber rede.

XLIX

Sohn: Gott lohne es Euch, Herr, daß Ihr mit solcher Geduld meine Fragen beantwortet. Ich merke indessen, daß Euch meine Fragerei kindlich schwankend vorkommt, denn ich kann den Gegenstand der angefangenen Rede nicht festhalten, und so kommt mein Fragen bald auf dies, bald auf das, wie es bei einem unwissenden jungen Mann zu erwarten ist. Und doch meine ich, besser ist gefragt als nicht danach gefragt, was ich zuletzt wissen wollte, woran man erkennen soll, ob Erläuterungen richtig sind oder nicht. Nun verstehe ich das gut, was Ihr mir sagtet, daß der keine Lüge von Gott aussagt, wenn er dessen Gedanken wie dessen Worte vorbringt. Denn alles, was er in seinem Sinn sich gedacht hat, das hat der Sinn zu ihm selbst gesprochen, ob er es nun mit den Lippen vorgebracht hat oder nicht; man darf es deshalb erläutern wie eine vorgetragene Rede, denn alles das hat der Sinn zu ihm selbst gesprochen. Auch das ist mir nun klar geworden, wenn auch niemand das bestimmen könnte, was Gott zu Anfang (der Dinge) gedacht haben mag, daß er es nun dadurch selbst erläutert hat, indem er die Dinge zutage treten ließ, die er früher sich gedacht und überlegt hat; denn das ist mir allerdings gewiß, daß alles, was Gott hat geschehen lassen, alles das hat er vorher überlegt und mit Weisheit in seinem Sinn geordnet, ehe es zutage getreten ist. Auch das ist mir klar, daß alle, welche die Reden Davids mit Erläuterungen versehen haben oder die anderer, welche Reden verfaßt und in Büchern niedergelegt haben, daß sie in der Weise ihre Erläuterungen zustande gebracht haben, indem sie sich überlegten, welches von Anfang an die Grundlage oder Grundstoff der Rede gewesen ist. Dann verfolgen sie klug und aufmerksam, wie wohlbegründete Wahrscheinlichkeit jedes Glied oder jeden Zweig der Rede

Der Habicht und andere Raubvögel

bestimmen könne, so daß dabei der Inhalt der Rede unverstört bleibt. Da ich nun diese Dinge einigermaßen zu verstehen beginne, so kann es sein, daß ich weiterhin über solche Dinge nachdenken werde, wenn mir Gott dazu Verständnis verleiht. Weil ich aber merke, daß es Euch eine ermüdende und lästige Aufgabe ist, Fragen über beides zu beantworten, über die begonnene Rede und über die dazugehörenden Erläuterungen, so will ich darum bitten, daß wir zu der angefangenen Rede zurückkehren und daß Ihr mir weitere Beispiele der Urteile Gottes zeigt, wo er streng im Gericht hat Gerechtigkeit und Wahrhaftigkeit sich auswirken lassen oder wo er darin nachsichtiger gewesen ist.

Vater: Folgende Beispiele gleicher Art fallen in eine weit spätere Zeit; König Pharao, der über Ägypten herrschte, ging zugrunde durch ein gerechtes und wahrhaftiges Urteil ohne alle Nachsicht. Abiron und Dathan wurden vernichtet durch ein gerechtes Urteil. Als Josua das Volk Israel in das von Gott ihnen verheißene Land führte, da bestimmte Gott eine so harte Strafe über die Leute, welche die

PHARAO

JERICHO

Stadt Jericho bewohnten, daß alles Lebendige darin getötet werden sollte. Lange später geschah es, als König Saul eine Heerfahrt gegen Amalech unternahm, da befahl Gott ihm, daß er alles Lebendige töten sollte; und dadurch zog Saul sich Gottes Zorn zu, daß er dem Befehl nicht nachkam. Folgendes ist ein Beispiel, das wieder in eine weit spätere Zeit fällt, Judas angehend, einen Apostel Gottes; denn Wahrhaftigkeit und Gerechtigkeit verurteilten ihn ohne Nachsicht für seine Tat des Hasses und den Verrat des Herren. Es gibt viele andere derartige Beispiele, wenn ich auch nur auf diese hingewiesen habe; der Länge wegen kann ich in einer Rede nicht alle Beispiele anführen, von denen ich weiß, daß sie diesen gleich gewesen sind. Als Gott im Urteil alle diese Strafen verhängte, die wir angeführt haben, da hatte er bei dem Urteil alle diese Schwestern bei sich, Wahrheit und Gerechtigkeit, Friedfertigkeit und Mitleid, und sie stimmten ihm alle zu, indem sie sich umarmten und küßten.

SAULS ZUG GEGEN AMALEK

L

Sohn: Gewiß muß es hier in diesen nun angeführten Fällen den Anschein haben, als sei das Urteil zum größeren Teil mehr durch die Wahrheit und Gerechtigkeit als durch Friedfertigkeit und Mitleid bestimmt. Und dabei darf niemand bezweifeln, daß diese Schwestern (alle) jenen Urteilen zugestimmt haben, denn das ist gewiß, daß Gott niemals ein mitleidloses Urteil fällt. Deshalb muß man über diese Dinge viel nachdenken mit großer Aufmerksamkeit und eindringendem Verstande, weil Gottes Urteile den Menschen sehr geheimnisvoll sind. Aber ich will Euch bitten, daß Ihr mir jetzt Beispiele nachweist, bei denen das Urteil zum größeren Teil durch Friedfertigkeit und Mitleid bestimmt worden ist, damit ich über beides Bescheid weiß, wenn sich für beides Beispiele finden lassen.

Vater: Für beides gibt es viele Beispiele, so daß ich nicht alle in ein und derselben Rede unterbringen kann, doch einiges von ihnen kann ich anführen, damit ich nach beiden Seiten hin geantwortet habe. Folgendes sind Beispiele, die vor sehr langer Zeit stattgefunden haben.

DAS GOLDENE KAL

Als der Bischof Aaron und Ur sich mit so großem Frevel gegen Gott versündigten, daß sie für das Volk Gottes zwei Rinder aus Gold gießen ließen, und als das ganze Volk in seinem Glauben irre wurde, denn das Volk nannte diese Rinder Israels Götter und brachte ihnen Opfer dar wie Gott – als aber Moses zum Volke herabgestiegen kam, er war vorher auf dem Berge gewesen, wo er mit Gott selbst gesprochen hatte, da liefen die Bischöfe Moses entgegen und bereuten innigst ihren Frevel, fielen Moses zu Füßen und baten, er möchte für sie bei Gott bitten, daß er ihnen nicht so zürne, wie sie es verdienten. Als Gott die vollkommene Reue der Bischöfe erkannte, da erhörte er die Bitte des Moses: die Bischöfe behielten die Würde, die sie früher hatten, und büßten ihren Frevel durch ihre Reue. Das ist eines von den Beispielen, bei denen, wie gesagt, das Urteil zum größeren Teile auf Friedfertigkeit und Mitleid zurückgeht, aber doch stimmten Gerechtigkeit und Wahrheit diesem Urteile zu, obgleich die Bischöfe wegen ihrer Schuld den Tod verdient hätten, wenn nicht die Nachsicht des Mitleids mehr Gewicht gehabt hätte als die Schuld.

Ein anderes Urteil gehört einer weit späteren Zeit an; König David fiel in so große Schuld, daß er die Frau des Urias verführte und dann seinen Tod verursachte; und nach dem Tode des Urias nahm David die

Frau des Urias und behielt sie bei sich als Gattin. Gewiß hatte er wegen dieser Schuld den Tod verdient, aber er bereute seine Tat so herzlich vor Gott und bat so demütig um Gnade wegen des eingestandenen Frevels, daß Gott seine Bitte erhörte und seine Herrschaft bestätigte, statt sie ihm abzunehmen, mochte er auch so großen Frevel begangen haben.

CHRISTUS UND DIE EHEBRECHERIN

Folgendes sind Beispiele, die weit später stattgefunden haben: zu der Zeit, als der Herr Jesus Christus auf Erden unter den Menschen lebte, da wurden ihm feindlich die Bischöfe der Juden und alle anderen Priester mit ihnen und strebten immer danach, daß sie irgend etwas finden könnten, weswegen man ihm eine strafbare Schuld zurechnen könnte. Da nahmen sie eine Frau, die sich im offenbaren Ehebruch vergangen hatte, so daß sie deshalb nach dem Gesetz des Moses des Todes schuldig war. Diese Frau führten sie vor Jesus und machten ihm ihre Schuld bekannt, und ebenso sagten sie ihm, daß das Gesetz sie zum Tode verurteile; sie fragten ihn, welches Urteil er in ihrer Sache abgäbe. Jesus antwortete so: der von ihnen sollte den ersten Stein auf sie werfen, der keine Sünde begangen hätte. Sie begaben sich schnell fort und getrauten sich nicht weiter zu fragen, denn sie waren sich alle bewußt, sündig zu sein. Da sprach Jesus zu der Frau: ›weil keiner von diesen, Frau, die dich angeklagt haben, ein Urteil in deiner Sache gefällt hat, so will ich nicht ein Todesurteil über dich aussprechen; gehe du nun frei dahin, und hüte dich fortan vor Sünden.‹

PETRUS

Da ist noch ein Beispiel, den früher von mir erwähnten gleich, das in der Nacht sich ereignete, in der Jesus gefangen wurde. Der Apostel Petrus hatte mit übergroßen Worten versichert, er würde sich niemals von ihm scheiden, wenn auch alle andern es täten, und er sagte, er würde lieber den Tod mit Jesus erdulden wollen, als daß er aus Feigheit sich von ihm scheiden sollte. Aber in derselben Nacht, in der Jesus gefangen wurde, leugnete Petrus dreimal seine Gefolgschaft ab, und beim drittenmal bekräftigte er es mit Eiden und sagte, er sei nicht Jesu Mann gewesen; und damit ging er aus dem Gehöft heraus, in dem Jesus gefangengehalten wurde, und bereute gleich seine Sünde und alle seine Worte und weinte bitterlich. Und doch wurde dem Petrus diese Schuld nach Jesu Auferstehung vergeben, so daß er alle die Würde behielt, die ihm früher verheißen war.

DIE SCHÄCHER AM KREUZ

Noch gehört folgendes Beispiel hierher, das kurz darauf sich ereignete, als unser Herr gekreuzigt wurde. Da waren mit ihm zwei Diebe gekreuzigt, zu jeder Seite einer. Sie waren beide in den gleichen Verbrechen gefaßt worden, in Totschlägen und Diebstählen. Während sie an den Kreuzen hingen, kam dem einen von ihnen die Reue in den Sinn, und er bat Jesus um Gnade, obgleich dieser am Kreuz hing wie die Diebe. Ihm wurden seine Sünden so vergeben, daß ihm für den gleichen Tag der Aufenthalt im Paradiese verheißen ward; der andere aber, sein Genosse, wurde auf Grund seiner Taten verdammt.

LI

Sohn: Wenn irdische Könige oder andere Gebieter, die über Gerichte gesetzt sind, ihre Urteile diesen Beispielen gleichmachen sollen, die Ihr nun gezeigt habt, da wird für sie viel darauf ankommen, daß sie genau die Grundlage der Sachen feststellen. Denn in vielen dieser Beispiele wird es scheinen, die Sachen seien ziemlich gleich anzusehen, und doch gingen alle Urteile in den früheren Beispielen auf strenge Strafen aus, während in den späteren sich alle zur Nachsicht und Milde neigten. Deshalb möchte ich nun fragen, warum Pharao ohne alle Nachsicht vernichtet wurde oder Dathan und Abiron oder das Volk, das in Jericho wohnte, oder die Leute in Amalech, welche durch Saul bestraft werden sollten.

ABIRON UND DATHAN

Vater: Dies alles geschah durch das Urteil der Gerechtigkeit und der Wahrheit, aber doch mit Zustimmung der Friedfertigkeit und des Mitleids. Moses machte täglich viele und bedeutende Zeichen vor dem Könige Pharao und gebot ihm, das Volk Gottes freizulassen, und er hatte die Möglichkeit, es freizulassen, wenn er nur wollte, so daß er keinen Schaden dadurch erlitten hätte; immer versprach er, daß es geschehen sollte, hielt aber seine Zusage und sein Versprechen nicht. Es war also gerecht, daß er mit der Hartnäckigkeit in seinem Unrecht und seiner Bosheit zu Falle kam, da er niemals Nachsicht und Milde gekannt hatte, obgleich ihm Gelegenheit dazu geboten wurde. Abiron und Dathan, als sie von Moses hörten, daß sie gesündigt hatten, wurden zornig gegen ihn und bereuten nicht; sie fielen ohne Gnade, weil sie keine Gnade gesucht hatten. Die Bewohner von Jericho und Amalech hatten immer und immer wieder das gehört, daß sie sich übel vergangen hatten gegen den Willen Gottes und sein Volk; niemals aber hatten sie sich zur Buße erboten, vielmehr erklärten sie sich bereit, mit den Waffen sich zu verteidigen; sie wurden daher besiegt zu einer erbarmungslosen Strafe. Jene aber, die ich dir in den späteren Beispielen anführte, Aaron, Ur, David und alle anderen, die ich in den Beispielen erwähnte, sie leugneten ihre Missetaten nicht, gestanden vielmehr ihre Verfehlungen ein, so wie sie waren, baten deshalb um Nachsicht und Gnade, weil sie hofften, solche zu erlangen; zur Buße stellten sie sich dem Gericht dessen, der, wie sie wußten, die Macht des Urteils hatte, und sie versprachen, nie mehr in solche Schuld zu verfallen, wenn sie nun zu vollem Sühneschluß gelangen würden.

LII

Sohn: Nun möchte ich fragen, warum ein so großer Unterschied gemacht wurde zwischen Petrus und Judas, während doch ihre Verschuldungen gleich zu sein scheinen. Judas kehrte zurück mit den Pfennigen, die er bekommen hatte, bereute seine Untat und gestand, seinen schuldlosen Herren verkauft zu haben; er warf das Geld von sich und sagte, er wolle nicht behalten, was er unrechtmäßig erworben habe. Nun ging er zugrunde, obgleich er bereute, aber Petrus erhielt auf seine Reue hin gleich Vergebung.

JUDAS

Vater: Judas fiel von Anfang an in Schuld durch Habsucht und Geldgier, er nahm Bestechung an, seinen Herrn zu verraten, er bereute, ohne Gnade für sich zu erwarten, und bat nicht um Vergebung, strafte sich vielmehr selbst mit jähem Tod. Petrus aber weinte bitterlich in seiner Reue, bat um

Des Pfauens Federkleid

Vergebung und hoffte auf Gnade. Judas hatte auch die größere Schuld, weil er seinen Herrn verkauft hatte; wenn er auch bereute, so bat er doch nicht um Gnade, denn er wartete das Urteil Gottes nicht ab, sondern verurteilte sich gleich selbst. Petrus verleugnete seinen Herrn aus augenblicklicher Furcht; er bereute sofort mit großem Schmerz in seinem Sinn, unterwarf sich dem Urteil Gottes und wartete es ab und verurteilte sich nicht selbst wie Judas. In derselben Weise verhielt es sich mit den Dieben am Kreuz. Wenn auch beide die begangenen Frevel zugestanden hatten, so bat doch nur der eine um Erbarmen und Vergebung, der andere aber bat nicht um Gnade, vielmehr redete er mehr höhnend und spöttisch als wie flehend und ernstlich. Daher wurden alle diese, die ich nun genannt habe, durch das gnädige Urteil der Friedfertigkeit und des Mitleids freigesprochen, und doch haben dem Urteil zugestimmt Wahrheit und Gerechtigkeit.

LIII

VERSÜNDIGUNG DER JUDEN DURCH HUREREI

Sohn: Weil dies nun anfängt, meinen Augen sich zu erhellen und klarer zu werden, was die Ursachen gewesen sind, daß manchmal das Urteil zum größeren Teil der Gerechtigkeit und Wahrheit zugefallen ist und manchmal mehr der Friedfertigkeit und dem Mitleid, will ich nun darum bitten, daß Ihr mir die Beispiele zeigt, die Ihr früher erwähntet, daß Gott ein gefälltes Urteil geändert hat, und welche Veranlassung dazu geführt hat.

JONAS

Vater: Folgendes Beispiel ereignete sich vor sehr langer Zeit, damals als Moses auf dem Berge war, der Mons Synai heißt. Da versündigte sich fast das ganze Volk so schwer, daß es in Hurerei verfiel und sich mit den Frauen einließ, die aus heidnischen

Völkern stammten. Das war aber von Gott so streng verboten, daß jeder den Tod erdulden sollte, der in diese Sünde verfiel. Da sprach Gott zu Moses: ›nun sollst du aufhören, mit mir weiter zu reden, laß mir Zeit, daß mein Zorn gegen dieses Volk wüte, über das ich dich gesetzt habe. Denn sie sind in so großen Frevel verfallen gegen mein Gesetz, daß ich sie alle dafür in strengem Zorne vernichten will; ich werde dir ein anderes, weit besseres und auch stärkeres und größeres Volk geben.‹ Hier muß es doch fast scheinen, als sei in der Sache dieses Volkes ein bestimmtes Urteil gefällt worden. Aber Moses bat doch um die Erlaubnis, mit einigen Worten für das Volk Israel zu sprechen. Und nach empfangener Erlaubnis sprach Moses folgendes: ›ich bitte dich, Herr, daß du von deinem Zorn etwas nachläßt, so daß du nicht dein Volk vernichtest, obgleich es übel getan hat. Gib nicht den Ägyptern den Anlaß, daß sie sagen, du habest dein Volk dazu aus Ägypten und aus ihren Händen geführt, um es hier im Gebirge und der Wüste zu vernichten. Oder daß sie so reden können, du habest nicht die Kraft, dein Volk in das Land zu führen, das du ihm anfänglich verheißen hast. Gedenke, Herr, lieber deiner Knechte Abraham, Isaak und Jakob und vernichte nicht die Geschlechter, die von der Sippe Israels stammen und denen du selbst versprochen hast, sie sollten sich vervielfältigen auf Erden und sicher in das Land geleitet werden, in dem nun deine Feinde sitzen.‹ Gott erhörte Moses' Bitte und ließ seinen Zorn nach und tötete nicht sein ganzes Volk, so wie er gedroht hatte; vielmehr legte er diese Bestrafung in Moses' Hand und befahl ihm, daß es ohne Strafe nicht abgehen solle, wenn auch die Bestrafung nicht so streng ausfiele, wie Gott vorher angedroht hatte. Moses eilte zum Volke. Er kam einhergefahren mit rasendem Sinn und gewaltigem Zorn und tötete viele Tausende an diesem Tage und besänftigte auf diese Weise den Zorn Gottes. Das ist ein Beispiel, das zeigt, wie Gott ein ausgesprochenes Urteil abmilderte, als er seinen Zorn auf Moses' Bitte nachließ. Zugleich zeigt es sich, daß keine der Schwestern bei diesem Urteil ihr Recht einbüßte, Wahrheit und Gerechtigkeit insofern nicht, als Moses eine große Menge Menschen tötete, um den Zorn Gottes zu befriedigen, aber Friedfertigkeit und Mitleid wahrten ihr Recht, insofern weniger geschah, als anfänglich bestimmt war. Folgendes ist ein anderes Beispiel, das zeigt, wie Gott ein ausgesprochenes Urteil abänderte. Er schickte den Propheten Jonas nach Ninive und befahl ihm, dem Könige und allem Volk in der Stadt zu verkünden, daß innerhalb von dreißig Tagen Ninive vernichtet werden sollte mit allem, was drinnen wäre. Jonas tat, wie Gott ihm befohlen hatte, und verkündete dies als eine sichere Botschaft. Aber als der König gewahr wurde, daß sie in Wahrheit den Zorn Gottes auf sich gezogen hätten, da das Volk voller Hurerei und Sündhaftigkeit aller Art war, da verließ der König seinen Hochsitz, legte seinen königlichen Schmuck ab, bereute und fastete, und zugleich befahl er allen Bewohnern der Stadt, ob jung oder alt, dasselbe zu tun. Und als Gott sah, daß sie Reue empfanden über ihre Schlechtigkeit mit Kasteiung und ernster Besinnung aller Art, da gab er ihnen nach und vernichtete weder die Stadt noch das Volk, das in ihr lebte.

EZECHIAS

Folgendes ist noch ein Beispiel, welches das gleiche zeigt. Ezechias hieß ein guter König im Volke Israel. Er wurde krank und dachte über seine Lage nach, ob es Gottes Wille sei, daß er von dieser Krankheit wieder aufstünde, oder ob er ihn wollte sterben lassen. Da sandte Gott zu ihm den Propheten

Verschiedenerlei Arzneien

Isaias und sagte dem Propheten, Ezechias würde an dieser Krankheit sterben. Isaias ging zum Könige und sprach zu ihm: ›mache dich bereit, ordne dein Haus und deinen ganzen Hausstand, denn Gott spricht, daß du an dieser Krankheit sterben und nicht am Leben bleiben sollst.‹

Sogleich, nachdem Isaias so zum Könige geredet hatte, verließ er ihn, der König aber wandte sein Antlitz zur Wand und bat für sich mit folgenden Worten: ›gedenke daran, o Herr, wie treu ich in deinem Dienste gewesen bin; denn immer bin ich deinen Feinden entgegengetreten, und dieses Volk, das du mir in die Hand gegeben hast, habe ich von vielen schlechten Sitten bekehrt, die so mancher zeigte, bevor ich zur Herrschaft kam. Es sind drei Dinge, die es mir schwer machen, daß ich jetzt so plötzlich an dieser Krankheit sterben soll. Das erste ist, daß ich sehr fürchte, deine Gebote nicht vollkommen erfüllt zu haben und so sterben soll, indem ich im Augenblick des Todes die Aussicht auf Bestrafung habe. Das zweite ist, ich habe noch nicht vollständig dein ganzes Volk von seinen schlechten Sitten bekehrt und fürchte, wenn ich so plötzlich sterbe, daß es gleich wieder sich seinen früheren schlechten Sitten zuwendet. Das dritte ist, ich fürchte sehr, daß deine Feinde deinem Volke gegenüber sich überlegen zeigen werden, denn mein Sohn ist ein Kind, an ihm wird man weniger Stärke haben zur Verteidigung des Volkes, als nötig sein dürfte gegen deine Feinde. Wenn du meine Bitte erhören wolltest, o mein Herr, und mein Leben um einige Zeit verlängern, da würden alle diese Umstände sich besser gestalten, als es jetzt der Fall ist.‹ Gott erhörte die Bitte des Ezechias und sprach zum Propheten Isaias: ›gehe du eiligst zum Könige Ezechias und bringe ihm nun eine andere Kunde, als du ihm früher brachtest, denn ich habe nun seine Bitte gehört und will sein Leben um fünfzehn Jahre länger machen, als ich ihm früher zugedacht hatte, und will sein ganzes Reich frei machen von Angriffen seiner Feinde.‹

LAZARUS Folgendes ist noch ein Beispiel, das sich lange nachher ereignete. In den Tagen, als Jesus Christus hier bei den Menschen in der Welt war, da erkrankte einer seiner Freunde, der Lazarus hieß, und starb an der Krankheit. Bethania hieß die Burg, wo Lazarus begraben lag. Und als er vier Tage im Grabe gelegen hatte, da kam Jesus nach Bethania. Nun muß man bei Lazarus annehmen wie bei allen andern, die in ihrem Tode die Welt verlassen, daß ein festes Urteil über ihn ergangen war, nachdem er vier Tage als Leichnam im Grabe gelegen hatte und der Tod selbst ihm einen Sitz in seinem Reiche bestimmt hatte. Jesus ließ das Grab des Lazarus öffnen, rief ihn an und gebot ihm, sich den Händen der Todesgenossen zu entreißen. Darauf stand Lazarus auf vom Tode und lebte noch viele Tage nachher. Es gibt noch viele andere derartige Beispiele, wenn ich auch nur diese ins Licht gestellt habe; wegen der Länge der Rede scheint es mir nicht notwendig, mehrere aufzuzählen, obgleich genug vorhanden sind.

LIV

TAGESLAUF DES KÖNIGS

Sohn: Je mehr Beispiele ich höre, um so wahrer erscheint mir, was Ihr früher in Eurer Rede sagtet, es sei höchst notwendig, daß Könige und andere Gebieter, die Urteile zu fällen haben, kenntnisreich sein müssen, wenn sie ihre Urteile nach diesen Beispielen einrichten sollen, die wir nun gehört haben.

Vater: Das sollst du dir vollkommen klar sein lassen: da der König von Gott seinen Namen empfängt, ist es sicherlich seine Pflicht, alle seine Urteile nach den göttlichen Vorbildern zu gestalten; ebenso müssen es alle die, welche Urteile abzugeben haben, Geistliche und Laien, denn jetzt besteht nicht mehr die Möglichkeit, aus Gottes eigenem Munde sich jeden Rat zu erholen, wie es Moses getan hat. Also müssen die Menschen ihr Leben nach den Beispielen richten, die in der Zeit geschahen, als es noch möglich war, Gott selbst zu fragen, wie es nach seinem Willen sein sollte. Daher soll der König diese Beispiele oft im Munde führen und sich vor Augen halten und soviel wie möglich noch andere, die er bei seinen Urteilen zur Belehrung heranziehen kann. Vor allem soll er sich die Muße zu solchen Überlegungen in der Nacht nehmen oder früh am Morgen, wenn er vom Schlaf gesättigt ist. Wenn aber die Zeit des Aufstehens sich nähert, so daß es für den König Zeit ist, den Gottesdienst zu besuchen, da ist es seine Pflicht, in die Kirche zu gehen, den Gottesdienst aufmerksam anzuhören und für sich aus dem Psalter zu beten, wenn er es kann. Wie bei jedem anderen von den Christenmenschen, der im Gebet begriffen ist, soll seine Andacht so tief sein, als stünde er vor den Knien Gottes und spräche zu ihm selbst. Er soll sich der Worte erinnern, die David gesagt hat, als er so sprach: ›immer werde ich meinen Herrn vor meinem Antlitz sehen, denn er ist immer auf meiner rechten Seite.‹

Damit soll der König sein Gebet beginnen, daß er Gott zunächst seinen rechten Glauben erweist. Dann soll er zeigen, daß er sich bewußt sei der irdischen Gewalt und der göttlichen Macht Gottes. Dann hat er Gott seine Sünden und Verfehlungen zu bekennen und Gott zu zeigen, daß er nicht meine, als habe er keine Strafe zu befürchten oder wolle wie ein Verteidiger seiner Sache auftreten; dann hat er ihn um Nachsicht und Erbarmen für die zugestandenen Verfehlungen zu bitten. Er soll auch Gott mit Demut zeigen, daß er glaube, dorthin vor Gottes Knie gekommen zu sein als ein Knecht oder Diener, wenn ihn auch Gott zu einem mächtigen unter den Menschen gemacht habe. Er soll auch nicht weniger anderer Menschen in seinem Gebet gedenken als seiner selbst: seiner Königin, wenn er sie hat, die mit ihm eingesetzt ist zur Regierung und zur Sorge für das Land, seiner Bischöfe und aller anderen Geistlichen, die mit ihm das Christentum schützen sollen und verpflichtet sind, Gebete zu verrichten für ihn und alles andere Volk, das in seinem Reiche ist. So hat er auch in seinem Gebet anderer Fürsten im Lande, der Ritter und aller seiner andern Krieger zu gedenken, die ihm Hilfe leisten bei der Landesregierung. Ebenso soll er auch der Bonden gedenken, der Leute auf dem Lande und überhaupt des ganzen Volkes, aller derer, die seine Herrschaft unterbauen durch Arbeit oder sonstige Tätigkeit. Dieser aller soll er gedenken, der Männer und Frauen, wie sie ihrerseits verpflichtet sind, täglich für ihn Gebete zu verrichten.

Folgendes ist ein Gebet, das er jeden Tag sprechen mag, wenn es ihm gut scheint, in der Weise, wie ich nun gesagt habe, und mit so großer Andacht, als redete er zu Gott selbst, indem er folgende Worte spricht:

KÖNIGLICHES GEBET

Höre mich, erbarmungsreichster Gott, ewiger Vater! Höre mich, herrlichster Sieger, Jesus Christus, eingeborener Sohn Gottes! Höre mich, mildester Tröster, heiliger Geist! Höre mich, unerschöpflicher Brunnen der Weisheit und unveränderlicher, immer starker Glaube, allheilige Dreiheit. Höre mich, unverstörte Einheit, unteilbarer einer, allmächtiger Gott! Du, der da sitzt auf der höchsten Höhe des Himmels und hinabschaust in die heimlichen Tiefen.

Denn deiner Gewalt kann kein Geschöpf entfliehen, wenn es auch vor deinem Zorn flüchten möchte. Stiege ich auch zu den Himmeln auf, so stehst du davor, und kröche ich in die tiefsten Winkel der Hölle, so herrscht darüber die Gewalt deines Geistes. Und könnte ich auch fliegen über die Fittiche des Windes hinaus und mich verbergen jenseits der äußersten Grenze der Meeresöde, so ergriffe mich dort deine Rechte und führte mich zurück unter dein gerechtes Gericht.

Denn dein Herz zählt den von den Winden und der Kraft des Meeres über den ganzen Erdkreis zerstreuten Sand, und dein Auge rechnet alle Tropfen des Regentaues nach.

Deshalb bitte ich dich, o mein Herr, daß du nicht mit mir, deinem Knecht, in die Gerichtssitzung gehest, um meine Rechtschaffenheit zu prüfen, und nicht die Menge meiner Sünden aufzählst, vielmehr wende dein Antlitz ab von meinen Schlechtigkeiten und reinige mich von meinen verborgenen Sünden und wasche mich rein von allen meinen Fehlern, denn meine Sünden sind groß und schwer auf meinem Haupte und so viele, daß sie für mich unzählbar sind ihrer Menge wegen, die ich verübt habe in falschen Gedanken, in törichten Worten, in der Mißachtung deiner Gebote und in mannigfaltiger Vernachlässigung deines heiligen Gesetzes, in kurzsichtigen Zeugnissen und vorschnellen Eidschwüren, in falschen Urteilen unter den Menschen, in allzugroßer Geldgier und aller Art unnützen und schlechten Werken.

Ich gestehe und bekenne vor dir, Herr, mit dem Zeugnis aller deiner Heiligen, daß ich mich schuldig weiß in Sünden und üblen Werken, so daß die Menge meiner Sünden mich verdammt, wenn ich nicht genießen darf die überwältigende Fülle deines Erbarmens und die Verdienstlichkeit der gütigen Fürbitte meiner Herrin, der Heiligen Jungfrau Maria und aller Heiligen, die dir von Anfang der Welt an wohlgefallen haben.

Denn meine Sünden und alle meine Fehler, die ich von Kindheit an und bis zu diesem Tage begangen habe, sind vor dir bloß und unverborgen, auch wenn ich sie verheimlichen und nicht eingestehen wollte; denn die kurzsichtige Gebrechlichkeit schämte sich nicht, ihre bösen Begierden vor deinen Augen zu betätigen. Und deshalb, o mein Herr, weil du dich nicht freust über die, welche in den Sünden zugrunde gehen, und du lieber willst, daß sie leben und auf den rechten Weg geführt werden, und weil du weißt, daß der Mensch gebrechlich ist, ohne alle Kraft wie anderer Staub der Erde und ein verwelkendes Blatt, wenn du ihn nicht stärkst mit der Kraft deines Erbarmens, deshalb bitte ich dich, daß du mich nicht strafest mit dem schnellen Urteil deines Zornes, daß vielmehr deine göttliche Geduld mir die Zeit und den Willen gebe für die Reue und einen guten Fortschritt zur Buße.

Nimm mir ab, o mein Herr, den Neid und den

Hochmut, die Verzweiflung, die Selbstsucht, die Maßlosigkeit und die Ungerechtigkeit und die verdammte Wollust, reinige mich von den sieben Hauptsünden und allen den verdammten Lastern, die davon sich abzweigen.

Verleihe du mir, o mein Herr, Liebe und ewige Hoffnung, rechten Glauben und Demut, Weisheit und Gerechtigkeit und zu jeder Stunde bereite Kraft, deinen Willen zu tun. Und verleihe mir die sieben Hauptgaben deines heiligen Geistes und das ganze gesegnete Wachstum, das daraus entsprießen kann, denn ich bin das Werk deiner Hand, nach deinem Bilde geschaffen, dein Knecht, in Sünde erzeugt von deinem Diener, der Sohn deiner Magd.

Aber deine Gnade hat mich zu deinem Amte erwählt und mich Unwürdigen zur königlichen Würde und dem heiligen Beruf eines Herrschers geleitet, und du hast mich zum Lenker und Richter über dein heiliges Volk verordnet. Deshalb bitte ich dich, achte du mehr auf die Nöte deines heiligen Volkes, über das du mich als Lenker gesetzt hast, als auf meine Verdienste und gib mir klare Einsicht, Maß und Wahrhaftigkeit, Worte und Besinnung und guten Willen, daß ich so entscheiden und urteilen kann bei Reichen und Armen, daß es dir gefalle und sie über den Rechtsspruch sich freuen, beide Parteien. Darum bitte ich dich, o mein Herr, daß du willigen Geist des Verständnisses verleihest meinen Helfern und Ratgebern, die mit mir für die Regierung des Reiches sorgen, meiner Königin, die du mir mit dem Bande der Ehe gegeben hast, und vor allem den geheiligten Leitern und Dienern der heiligen Kirche, dem höchsten Geistlichen, dem Bischof von Rom, und allen unsern Bischöfen, Äbten und Pröbsten, unsern Priestern und allen Geistlichen, die unter ihrer Aufsicht stehen: gib ihnen, Herr, Reinheit des Lebens und

Das Maifest

Rechtschaffenheit, daß sie vor dir ihre guten Werke aufweisen können und deinem Volke gute Beispiele und rechte Belehrung geben.

Den Großen des Landes und allen denen, die mit mir das Reich regieren und dafür sorgen, verleihe du Wahrhaftigkeit und Abweisung aller schlechten Sitten, Einsicht und Liebe zu aller guten Art. Meinen Feinden verleihe du wahre Reue über ihre Böswilligkeit und ihr Unrecht und leite sie zu rechtem Friedensschluß und zur Ablegung ihrer Grimmigkeit. Deinem Volke aber und der großen Menge gib du Kenntnis und den Willen, dich als wahren Gott zu lieben, und verleihe es ihnen, den rechten Gehorsam gegen ihre Gebieter zu zeigen, gib ihnen guten Frieden und ausreichende Jahresernte ohne alle Bedrohung durch Feinde.

Gedenke du, o mein Herr, in deiner heiligen Barmherzigkeit aller menschlicher Geschlechter, für die unser Herr Jesus Christus, dein eingeborener Sohn, sein Blut ihnen zur Erlösung vergossen hat, ob sie noch leben in dieser Welt oder nach deinem Gebot und deiner heiligen Nachsicht abgerufen sind. Denen aber, o mein Herr, die Verirrung und Unwissenheit blind gemacht hat, so daß sie deine heilige Dreiheit nicht begreifen, sende deinen Geist des Verstehens, damit sie wissen und erkennen, daß du allein wahrer Gott bist und kein anderer, denn niemand kann dir nahekommen, außer deine heilige Barmherzigkeit geleite ihn zu deiner Liebe.

Und weil ich es, o mein Herr, einmal gewagt habe, zu dir zu sprechen, so zürne du mir nicht, deinem Knechte, wenn ich noch weiter dich bitte, vielmehr neige du mir gnädig dein Ohr und höre mich und gewähre mir, worum ich bitte, in deiner reichen Güte. Darum bitte ich dich, Herr, daß du mich niemals wegen meiner Verfehlungen in die Hände meiner Feinde übergeben mögest und mich niemals läßt ihren Fang oder Beute werden und niemals meinen Feinden zuläßt, daß sie sich über mein Unglück freuen, weder den geistigen noch den körperlichen, den sichtbaren noch den unsichtbaren, vielmehr nimm mich unter deine rechte Hand, wenn ich mich gegen deinen heiligen Willen oder deine Gebote verfehle, und strafe du mich selbst, nicht nach meiner Tat, vielmehr nach dem verzeihenden Urteil deines Erbarmens. Gib mir ausreichende Stärke und sichere Kraft gegen allen Widerstand und alle Nachstellung und laß mich nie in schwerere Versuchung geraten, als meine Schwäche überstehen kann.

Und laß mich nicht mein Leben mit einem plötzlichen Tode endigen, vielmehr rufe mich so von dieser Welt ab, daß ich vorher hier für meine Sünden mit rechter Reue Buße getan habe und daß ich nach überstandener weltlicher Mühe ewig ruhen darf mit dir und deinen Heiligen.

Darum bitte ich dich inständig, o mein Herr, daß du mir einen aus meinen Lenden entsprossenen gesetzlichen Erben schenkst, den du geruhest in deiner Gnade nach mir auf den Ehrensitz zu setzen, den du mir gegeben hast, und daß du meinen Hochsitz niemals später unter andere Herrengeschlechter wirst kommen lassen als unter die, die von mir aus sich abzweigen, so daß ihn immer der Sohn vom Vater übernimmt.

Darum bitte ich dich, o mein Herr, gewähre mir, daß kein Zweig, der von mir entsprießt, verdorre oder verfalle, daß sie sich nicht zur Nachlässigkeit oder auf Irrwege abwenden wie törichtes Volk, vielmehr verleihe du ihnen Klarheit und Verstand, dein heiliges Gesetz zu begreifen und innezuhaben, die Kraft und den guten Willen, dich und deine Gebote zu lieben. Denn du allein bist wahrer Gott, der da lebt und herrscht durch unendliche Zeitalter. Amen.

Dieses Gebet also, das du nun angehört hast, ist es, das der König gebrauchen kann, wenn er will, neben andern Gebeten oder den Psalmen, wenn er diese kennt. Wenn er auch dieses Gebet nicht immer verwendet, so sollte er doch sein Beten mit der gleichen Ordnung gestalten, wie sie in diesem Gebet angegeben ist, und ich bin der Überzeugung, daß dies seine Pflicht und Schuldigkeit an jedem Tage ist, bis er den Gottesdienst und die Messe angehört hat, wenn er das leisten will, was seinem Namen gebührt und seine Amtspflicht ist.

LV

PFLICHTEN UND LEBENSWEISE DES KÖNIGS

Sohn: Ich erkenne nun, wie Ihr mir gezeigt habt, was nach Eurer Ansicht die Pflicht des Königs ist in der Nacht, wenn die Schlafenszeit vorüber ist, daß er nachdenkt über sein Reich und sein Volk, weiter dann am Morgen, daß er in die Kirche geht und zu seinem Gebet, und ich verstehe, daß dieses Tun nützlich und ebenso notwendig ist, so daß es keineswegs unterlassen werden kann. Deshalb will ich Euch nun bitten, daß Ihr mir noch weiter erklärt, was seine pflichtmäßige Beschäftigung den Tag über sein soll, so wie Ihr mir gezeigt habt, was er in der Nacht und am frühen Morgen zu tun hat: ob Ihr (etwa) meint, er habe deshalb mit nächtlichem Wachen sich um sein Reich zu kümmern, damit er den Tag über um so freier leben könne nach der Gewohnheit, die, wie ich erfahre, die Könige an den meisten Orten befolgen, entweder mit Falken auszureiten oder mit Hunden auf die Jagd zu gehen oder irgendeine Vergnügung vorzunehmen, die, wie ich höre, jetzt an den meisten Orten als die Beschäftigung der Könige gebräuchlich ist, oder ob Ihr meint, daß er eine andere pflichtmäßige Beschäftigung hat, wenn er das tut, was er soll, und daß sie diese Vergnügung mehr der Lust halber betreiben, als daß es ihrem Namen geziemte.

Vater: Was diese deine Frage betrifft, so glaube ich allerdings, daß das Königtum eher eingesetzt und geordnet ist, sich zu kümmern um die Nöte des ganzen Volkes und des Reiches als zu nichtigem Treiben und eitlem Vergnügen; doch ist es dem Könige nicht verboten, gelegentlich sich irgendein Vergnügen zu gestatten, entweder mit Falken oder Hunden, Rossen oder mit den Waffen, damit er seine Gesundheit bewahre und gewandt bleibe im Waffengebrauch und aller Kriegsübung. Seine pflichtmäßige Beschäftigung aber ist, auf nützliche Fürsorge zu denken in bezug auf eine vernünftige Reichsregierung und auf gute Entscheidungen aller schweren Fragen und die Notsachen aller Art, die ihm vorgetragen werden; und das sollst du bestimmt wissen, daß es ebenso die Pflicht des Königs ist, täglich die Regel des heiligen Gesetzes zu hüten und die Gerechtigkeit der heiligen Gerichte zu schützen, wie es die Pflicht des Bischofs ist, die echte Regel der heiligen Messe und des ganzen Gottesdienstes zu bewahren.

Sohn: Ich frage deshalb so eingehend nach diesen Dingen, weil viele denken, die königliche Würde sei eingerichtet für vergnüglichen Reichtum und ungebundene Unterhaltung nach Herzenslust. Aber nach Euren Worten erkenne ich nun, daß der König sich immer unter Gottes Joch zu beugen hat, und ich glaube, daß er jeden Tag eine schwere Last in einer steten Fürsorge zu tragen hat, die er für Notsachen des ganzen Volkes, die ihm vorgebracht werden, auf sich nehmen muß. Deshalb bitte ich Euch weiterhin, mir noch ausführlich zu schildern, was des Königs Beschäftigung ist nach beendetem Gottesdienste.

Vater: Das war der Brauch einstmals, als das Königtum eingerichtet wurde und es in seiner schönsten Blüte stand, wenn der König keine Feinde zu befürchten hatte und volle Freiheit mit seiner Gefolgschaft genoß, daß er ein prächtiges Haus dazu bestimmte, darin seinen Hochsitz aufrichten zu lassen, der ihm zum Richterstuhl diente, und den Sitz schön zu verzieren nach aller königlichen Würde. Dann setzte sich der

Wettrennen auf dem Eis

König darauf und dachte bei sich, wie prächtig und erhaben er säße. Dann aber kam er mit seinen Gedanken darauf, wie er auf einem so prächtigen Sitze so sitzen könnte, daß er nicht in irgendeiner schmählichen Weise daraus verstoßen würde, entweder wegen Ungerechtigkeit oder Bosheit, Kurzsichtigkeit oder Torheit, allzugroßer Feigheit oder Hochmut, oder wegen übergroßer Begehrlichkeit, obgleich er doch schon einen erhabenen Sitz hätte. Nun scheint mir doch als das Gebotenste, nachdem in dieser Weise, wie eben gesagt, das Königtum von Anfang an eingerichtet war, daß der König auch jetzt noch dieselbe Ordnung festhalte, wie sie einst bestimmt wurde. Wenn der König auf diesen Sitz gelangt, von dem eben gesprochen wurde, und er alle diese Dinge erwogen hat, von denen ich nun geredet habe, da hat er zunächst über die Angelegenheiten der Leute und die Notsachen zu urteilen, die ihm vorgetragen werden. Während der Zeit aber, daß keine wichtigen Notsachen vor ihn gebracht werden, da soll der König seine Gedanken auf den Ursprung der heiligen Weisheit richten und mit nachdenklicher Aufmerksamkeit alle ihre Wege und Stege erforschen.

LVI

Sohn: Ich will Euch nun darum bitten, Herr, zürnet nicht, wenn ich jetzt auch hastig und unklug frage, denn das scheint mir doch eine schwierige Überlegung, nachzudenken über den Ursprung der Weisheit selbst und ihre Wege und Stege. Deshalb will ich Euch bitten, daß Ihr mir einiges erklärt, betreffend dieses Nachdenken, damit ich darüber, wenn es möglich ist, einige Klarheit erlange.

Vater: Es ist keine Veranlassung für Unwillen, wenn jemand eindringlich nach Dingen fragt, die er nicht glaubt verstehen zu können, wenn er nicht eine gewisse Wegleitung erhält. Gottes Gnade macht viele Dinge den Menschen bekannt und klar, die gewißlich den Menschen verborgen bleiben würden, wenn Gott sie nicht erhellt werden ließe, und deshalb hat er viele Dinge den Menschen erhellt, die vorher in ihm selbst verborgen lagen, weil er wollte, daß der Mensch die Reichtümer der Weisheit zu seinem Nutzen in die Pflege seines Geistes nehmen sollte, die er sich aus der göttlichen Schatzkammer aneignet. Aber folgende Wegleitung zu dieser Pflege, von der ich früher gesprochen habe, soll man vor allem sich merken, daß man die vortrefflichen Worte beachtet, welche die Weisheit selbst gesagt hat, indem sie folgendermaßen spricht:

HYMNUS DER WEISHEIT

›Ich bin geboren vom Herzen Gottes und ging hervor aus dem Munde des Höchsten und ordnete alle Dinge. Gottes Geist schwebte über dem leeren Abgrund, wir schieden das Licht von der Finsternis, ordneten Stunden und Zeiten, Tage und Nächte, Jahre und Winter und ewige Sommer; wir zimmerten dem Könige der Himmel einen sternenbesetzten Hochsitz, und nichts schuf Gott ohne meinen geschicktklugen Beistand; denn zusammen wogen wir ab die Leichtigkeit der Luft und das Gewicht der Erde und hängten den schweren Erdball in der leichten Luft auf und stärkten die haltenden Bande des Himmels mit gewaltigen Kräften. Wir geboten der glänzenden Sonne, das ganze Tageslicht mit ihren hellen Strahlen zu schmücken, und dem veränderlichen Mond befahlen wir, das nächtliche Dunkel mit blassem Schimmer zu erhellen. Wir erschufen den schöngeformten Menschen nach unserem Bilde, und Gott schmückte das Antlitz der Erde mit Gewächsen aller Art, Bäumen und Gräsern, er ließ Zierrat der Luft entstehen in den mannigfachen Geschlechtern der Vögel und verbarg die

Menge der Fische mit ihren vielen Arten in der Tiefe der Gewässer, und den vierfüßigen Tieren befahl er, sich auf der Erde zu vermehren in Geschlechtsverzweigung vielfältiger Art. Den ganzen Erdkreis umgürtete er mit dem rauschenden Meere und den salzigen Strömungen und gebot frischen Wassern, aus dem Antlitz der Erde in steilen Wasserfällen hervorzuströmen, und Gott versah die Grundtiefe der Erde mit saugenden Adern, so daß fließende Gewässer unablässig das ihnen aufgetragene Amt verrichten konnten, er befahl dem leichten Erdstaub, schwere Wasser in die Höhe der Luft mit anlockender Hitze zu tragen, und gebot den windgeschwollenen Wolken, kühle Regenschauer über das Antlitz der Erde zu speien. Und der Erschaffer aller Dinge befahl mir, in die ganze Vortrefflichkeit des göttlichen Werkes Einblick zu nehmen, und so schritt ich mühsam über den Scheitel der Berge mit lastendem Fuß und wanderte leicht über ebene Täler und glatte Flächen; ich ging mit Anstrengung und schwer steigend über steile Wogen und durchmaß die Weite der glatten Meere leichten Schritts, fest drückte ich meine steifgestreckten Beine nieder, als ich über die Fittiche der stürmenden Winde dahinschritt. Freundlich sprach ich, als ich der schweigenden Windstille süße Rede lehrte. Ich nahm meine Wege über die Höhe des Himmels und durch die Weite der Luft, ich untersuchte den gebogenen Ring des unruhigen Meeres und durchmaß mit meinen Schritten den ganzen Ball der runden Erde. Ich fuhr dahin über Gipfel und Bergrücken und lief über Heide, Ebenen und sanfte Täler. Ich spendete honigsüßen Tau allen samenbringenden Gräsern. Ich ging dahin über Dornen und Gesträuch und Wälder aller Art und verlieh süße Blüte dem fruchttragenden Baum. Ich setzte mein Zelt mitten in den schattenlosen Strahl und trat heraus aus der schönen Herberge wie ein geschmückter Bräutigam. Ich war froh wie ein starker Riese, der sich freut über die Rennbahn. Aber tödliche Truggötter beneideten mich, machten mich friedlos und verurteilten mich zum Tode. Zornig stieg ich hinab zu den untersten Gründen und zerbrach die Burgen der Krieger in meinem Grimm. Kraftvoll zerdrückte ich alle die ehernen Tore der starken Burgen, ich zerbrach die starken Eisenpfeiler und dicke Eisenbalken, zur Beute nahm ich fort Gold, Kleinodien und Edelsteine, ich fuhr fröhlich aufwärts zu den höchsten Wohnsitzen mit stolzer Beute. Ich zog umher in Dörfern und Höfen und Gauen und bot den Armen Anteil an meinem Reichtum an; ich biete den Pflügern fruchtbares Korn an und Gutsgemeinschaft (mit mir); ich tröste den Trauernden, dem Müden gebe ich Ruhe, ich schenke dem Dürstenden ein, ich nähre den Hungernden. Selig ist der, welcher aus meinem Becher trinkt, denn mein Trunk hat nie nachlassende Süße. Ich ziehe umher durch Burgen und Ortschaften und Handelsplätze, ich laufe durch Höfe und Märkte und Straßen, ich rufe mit freundlicher und klarer Stimme, ich biete eine Mahlzeit an und Gesellschaft und trugloses Vergnügen. Selig ist, wer zu meiner Mahlzeit kommt, denn meine Speise duftet besser als jeder Wohlgeruch; süßer als Honig ist mein Trank und klarer als jeder Wein. An meinem Tische kann man hören rauschendes Saitenspiel mit süßem und schönem Klang, da wird Dichtung vorgetragen und selten gehörte Gesänge, da ist Scherz und Freude und truglose Lust ohne alle Sorge. Selig ist, wer in meiner Herberge wohnen soll, denn in meiner Herberge sind sieben Hauptpfeiler, welche das ganze Gewölbe mit der guten Decke und den Fußboden selbst mit dem unerschütterlichen Fundament zusammenschließen und alle Wände mit starker Kraft

Häuser, die aus Walfischrippen gebaut

festigen. In jedem dieser Pfeiler kann man finden sieben Hauptwerkstücke jedweder Kunstfertigkeit. Meine Herberge ist bestreut mit duftenden Gräsern und herrlichen Kräutern, behängt mit Teppichen in Schönheit, Zierde und aller Wonne. Ich bin ein fröhlicher Geselle unter bescheidenen, aber stark und stolz gegenüber Stolzen. Ich bin der erste Meister in jeder Schule und die höchste Beredsamkeit auf jedem Thinge. Ich bin der Klügste unter allen Rechtskundigen und Oberrichter in allen Gerichtsstätten. Selig ist, wer als mein truglоser Genosse erfunden wird, denn ich befreie meinen Genossen aus allen Gefahren, und ich begleite ihn ewiglich. Selig ist, wem keine Beschämung durch mich zuteil wird, denn mein Zorn entflammt bei seinem Toben ein Feuer, das bis in die untersten Tiefen brennt. Es wird die Erde verschlingen mit ihren Gewächsen und die Fundamente aller Berge verbrennen. Wohin verbirgt sich der, der mir entfliehen will? Der Geist Gottes erfüllt den ganzen Erdkreis und erforscht die Einsicht und Erklärung jeder Stimme.‹

Solche Reden, wie du sie nun gehört hast, sind es, welche die Weisheit selbst von sich aus spricht, und so manche andere, über die hier nicht geredet wird, ähnliche oder noch höhere; denn König Salomo und Jesus, der Sohn des Sirach, haben mit großer Beredsamkeit eine Menge der Reden aufgezeichnet, welche die Weisheit selbst von sich aus in verschiedener Weise gesprochen hat. Wenn ich aber an alle diese Reden denke, die man in ihren Schriften finden kann, da hält das mich zu langem Vortrag auf, und ich halte es nicht für notwendig, dieses Mal weiter in meiner Rede der Dinge zu gedenken, welche die Weisheit selbst ausgesprochen hat. Doch ist jeder König verpflichtet, genau alle die Reden zu kennen, welche die Weisheit selbst gesprochen hat oder etwa so kluge Männer wie die vorhergenannten, und jeden Tag einen Teil dieser Reden zu überdenken, wenn er einige freie Zeit gewinnt vor andern notwendigen und pflichtmäßigen Geschäften.

LVII

EIN IN DER FASSUNG DES URTEILS BEDÄCHTIGER KÖNIG

Sohn: Da es nun gewiß die Pflicht und Schuldigkeit des Königs ist, sich jeder Einsicht angehend Mannesklugheit zu befleißigen, so ist es sicherlich klar, daß diese Weisheit, über die Ihr eben gesprochen habt, für ihn die erstrebenswerteste sein muß, denn es ist anzunehmen, daß von dieser Weisheit aus er die meisten Erkenntnisse sammeln kann, ob er seinen Sinn auf die Macht der göttlichen Gewalt richten will oder auf die Nöte der Menschen. Weil Ihr nun meint, über diese Dinge nicht länger reden zu sollen, will ich Euch darum bitten, daß Ihr noch mit einigen Worten weiter darüber sprecht, an welche Dinge der König zu denken hat, wenn er sich auf seinen Richterstuhl setzt und über die Rechtssachen der Leute urteilen soll.

Vater: Gewiß ist es seine Pflicht, wie du sagtest, alle die Reden sorgfältig und mit eindringlichstem Verständnis zu durchforschen, über die ich gesprochen habe. Denn wenn er diese Reden in seinem Sinne verständig erläutert, da wird er in ihnen, wenn er überhaupt Verstand hat, alles finden, was sich auf die Macht der göttlichen Gewalt bezieht oder darauf, wie Gott seine Gaben unter den Menschen und der übrigen Schöpfung verteilt hat; und es kann jeder König sich selbst erkennen und jeder andere kluge Mensch, wer er ist und wer er sein soll, wenn er dem nachstreben will, wozu er von Gott her bestimmt ist. Wenn du aber fragst, welche Gedanken er sich über Gerichte machen soll, wenn er Urteile über die Leute auszusprechen hat, so habe ich dir das schon früher in unserer Unterredung mit einigen Worten erklärt, als ich darüber sprach, welches Urteil Gott über den Bruch des Bundes zwischen ihm und Adam fällte und welche Richter er mit sich zum Richterstuhl geleitet hat. Ferner zeigte ich dir mehrere Beispiele, wie Gott seine Urteile abfaßte gegen später Lebende, gegen König Pharao und alle die andern, die ich weiterhin in meiner Rede nannte, und gewiß sollte jeder König seinen Sinn darauf richten, was den Beispielen zu entnehmen ist. Darüber muß er auch sorgfältig nachdenken und sich klar werden, wo er der Strafe bedarf und der Strenge in seinen Urteilen und wo er im Urteil nachgeben soll. Denn nicht in allen Fällen sollen die Urteile gleich streng sein, aber in allen Urteilen muß Gerechtigkeit sein und Beachtung der Billigkeitsgrenzen. Hierfür kann ich wohl ein Beispiel anführen.

Es war einmal ein König, den ich meine vor allem in dieser Besprechung zum Beispiel anführen zu sollen, ein vortrefflicher und mächtiger Herr, wohlgebildet in aller Mannesklugheit und selbst gerecht in allen Urteilen. Täglich kam eine große Menschenmenge vor ihn, über deren Notsachen er urteilen sollte, und er saß jeden Tag lange Zeit auf seinem Richterstuhle, um über die Rechtssachen der Leute zu urteilen, und mit ihm die Weisen, die, wie er gefunden hatte, die klügsten und willigsten für solche wichtige Geschäfte waren. Und während sich der König in der Gerichtssitzung befand und die Weisen, die er sich dazu ernannt hatte, waren außerhalb des Hauses bewaffnete Ritter aufgestellt, die dafür zu sorgen hatten, daß der König in vollem Frieden säße. Dieser König hatte sehr viele Söhne, doch war einer ihm der liebste von allen, denn dieser hatte es gern, so oft als möglich bei seinem Vater zu sein; er war auch oft mit dem Könige bei den Gerichtssitzungen. Es war die Eigenart dieses Königs, langsam in der Wortwahl bei seinen Urteilen zu sein, und die Leute, die rasch fertig in ihrem Denken waren, redeten das untereinander, der König würde schneller seine Urteile verkünden und die Streitigkeiten der Leute schlichten, wenn er wirklich klug wäre. Dieser Rede stimmte auch sein Sohn zu und manche andere von seinen weisen Männern, und diese Sache wurde in ihrem Munde so viel besprochen, daß der König selbst dessen gewahr wurde, was sie sagten. Einmal geschah es, daß der König nach seinem Aderlaß ruhen mußte, und zu gleicher Zeit kam eine große Menge von Leuten, die ihre Rechtssachen vor den König bringen wollten. Der König rief seinen Sohn, der gewohnt war, mit ihm im Gericht zu sitzen, zu sich, mit ihm zu sprechen, und sagte zu ihm: ›berufe du meine Weisen, die gewohnt sind, mit mir zu Gericht zu sitzen, und geht in meine Gerichtshalle, und setze du dich heute auf meinen Stuhl, und entscheidet die Rechtssachen so vieler Leute, als ihr es heute nur fertig bringt.‹ Es geschah so, wie der König befohlen hatte. Als ihnen nun die Sachen vorgetragen wurden, da schien es ihnen so, als würden sie schnell die Sachen entscheiden können. Wie nun der Königssohn im Begriff war, die Entscheidungen der Rechtssachen zu verkünden, die dort vor ihn gebracht worden waren, da schienen ihm drei junge Männer vorzutreten, schön anzusehen und doch furchterregend; zwei setzten sich ihm zu Füßen nieder, je einer zu seinen beiden Seiten. Der eine von beiden führte viele Urkunden bei sich, und in diesen Urkunden waren alle die Sachen verzeichnet, die an dem Tage erledigt werden sollten, auf jeder Urkunde immer eine Sache. Der andere trug eine Waage, die Schalen schienen ihm so empfindlich zu sein, daß, wenn nur ein dünnes Haar hineingelegt würde, sie dementsprechend nachgeben würden. Er, der die Schalen trug, hob sie in die Höhe, und der, welcher die Urkunden hatte, legte in die eine Schale die Urkunden, die vom Kläger stammten, und in die andere die Urkunden, die dem zugehörten, der auf die Klage zu antworten hatte, und es schien dem Königs-

In einem grausamen Hinterhalt

sohne, als wenn die Schalen niemals in gleicher Höhe stehen könnten. Dann schien es ihm, als würden die Urkunden vorgebracht, auf denen die Entscheidungen und beschlossenen Urteile verzeichnet waren, so wie er sich gedacht hatte, sie aufzusagen, und zu denen alle die Weisen ihren Rat gegeben hatten. Als diese Urkunden in die Schalen gelegt wurden, da kamen diese durchaus nicht besser ins Gleichgewicht als früher. Als der Königssohn das sah, da kam ihm der Gedanke, was wohl der dritte junge Mann vorhatte, und er sah, daß dieser ihm nahe stand mit gezogenem Schwerte und bereit, zuzuschlagen. Das Schwert war scharfschneidig und so furchterregend, daß es ihm schien, als brenne ein Feuer aus beiden Schneiden. Da erkannte er als gewiß, wenn er die Urteile verkünden würde, bevor die Schalen im Gleichgewicht stünden, würde das Schwert des jungen Mannes ihm sofort in den Hals fahren. Da blickte er vor seine Füße nieder und sah, wie dort unten sich die Erde vor ihm geöffnet hatte, er sah unter sich die Hölle mit klaffendem Rachen, als wenn sie darauf wartete, daß er dorthin kommen würde. Als der Königssohn dies gesehen hatte, da hielt er inne mit seiner Rede und der Verkündigung der Urteile. Die Weisen drängten darauf, daß die Urteile bekanntgegeben würden; er rief sie zu sich und jeder, der herantrat, sah alles das, was ich eben geschildert habe, und keiner von ihnen getraute sich nunmehr, die Urteile aufzusagen, denn die Schalen des jungen Mannes kamen niemals ins Gleichgewicht, und keine Rechtssache wurde an diesem Tage entschieden. Aber von da ab wunderte sich niemand mehr darüber, daß der König langsam war in der Verkündigung von Urteilen.

Es gibt noch ein anderes derartiges Beispiel, wie ich dir früher in unserer Unterredung sagte, als ich über den Ort in Irland sprach, der Themar genannt wurde, und ich darf wohl etwas von derselben Schilderung wiederholen, wenn es dir gut scheint.

THEMAR IN IRLAND

Es war ein Hauptort in Irland, es befand sich dort der Hauptsitz des Königs, und man kannte keinen berühmteren Ort auf Erden. Wenn auch das Volk des Landes heidnisch war und in jener Zeit nicht den rechten Glauben an Gott hatte, so stand das Volk doch so fest in seiner Überzeugung, daß es darauf vertraute, niemals würde von dem Könige, der in Themar saß, ein gerechtes Urteil gebeugt werden; denn kein Urteil wurde in Irland gefällt, das man für rechtsgültig angesehen hätte, bevor der König von Themar es verkündet hätte. Es traf sich nun einmal, daß eine Rechtssache vor den König, der in Themar saß, gebracht wurde, bei der auf der einen Seite Verwandte und Freunde von ihm beteiligt waren, auf der andern hatten Leute Anteil an der Sache, mit denen der König in Feindschaft lebte. Der König beugte nun das Urteil, mehr nach seinem Willen als nach dem Recht. Da offenbarte sich die Vergeltung dafür, indem drei Nächte später die Halle des Königs und alle andern Häuser, die er bewohnte, sich umkehrten, so daß die Fundamente nach oben wiesen, die Zinnen und Wände in die Erde versanken; und gleich fing die Burg an zu veröden und wurde niemals wieder aufgebaut.

Daran soll man merken, daß Gott deshalb solche Dinge unter den Menschen offenbar werden läßt, weil er will, die Menschen sollen erkennen, solche Dinge seien jeden Tag für die Menschen in Bereitschaft, geistig und unsichtbar, die nicht das Recht beachten wollen und die wahrhaftigen Entscheidungen, wenn sie über die Rechtssachen der Leute zu Gericht sitzen.

LVIII

Sohn: Diese Beispiele sind recht geschaffen für die, welche habgierig sind oder gewalttätig oder beides.

Vater: Das sollst du als gewiß annehmen, wo das Recht für Geld verhandelt oder mit Gewaltsamkeit niedergeworfen wird, da mangelt niemals die Vergeltung und die Strafe von Gott, entweder geistig oder körperlich, und dafür soll noch ein Beispiel gezeigt werden, wenns beliebt.

STEPHANUS IN ATHEN

Ein vortrefflicher Bürger in Athen, der Stephanus hieß, war Richter über alle die Sachen, die innerhalb der Stadt vorgingen. Man hielt ihn nicht für einen unrechtlichen Mann. Es geschah nun, daß Stephanus aus dem Leben verschied, da kamen ihm zwei Scharen von Engeln entgegen, die einen, die ihm in seiner Sache beistehen wollten, die andern, die viele und schwere Anklagen gegen ihn erhoben und ihn mit sich zum Tode führen wollten. Während nun der Streit zwischen ihnen geführt wurde und weder die einen noch die andern nachgeben wollten, da sagte ein Engel, sie sollten Stephanus dem Richter vor die Knie führen, und das Gericht sollte die Sache zwischen ihnen entscheiden. Und als sie zum Gericht kamen, da riefen die Ankläger laut und sagten, sie hätten eine große Anklage gegen Stephanus vorzubringen; sie behaupteten, er habe durch falsches Urteil der Kirche des heiligen Laurencius ein Land entzogen. Der Richter gab den Bescheid, Laurencius sollte die Aussage darüber feststellen, wessen er beraubt sei. Während Laurencius hinging, um zu hören, wie es mit der Sache zugegangen war, sprach ein Engel zu Stephanus: ›warum rufst du jetzt nicht den heiligen Priester Justinus, den du so geehrt hast, indem du ihm eine Kapelle nahe deiner Wohnung errichten ließest, und dem du so viel gedient hast auf mancherlei Weise. Es wäre nun wohl an ihm, dir in deiner Sache zu helfen bei solcher Not.‹ Justinus kam zu der Zeit, als diese Sache dem heiligen Laurencius vorgetragen wurde, und nach beendetem Vortrag fragte Laurencius, warum Stephanus ihn beraubt und durch Urteil seiner Kirche ein Land entzogen hätte. Stephanus antwortete darauf, er habe nicht mit Willen dieses falsche Urteil gefällt, sondern gemeint, es sei ein gerechtes Urteil. Darauf faßte Laurencius den Stephanus in die Seite und kniff ihn sehr heftig. Da trat Justinus für ihn ein, er bat den Laurencius, in der Sache Verzeihung zu gewähren, sowohl seiner Fürbitte wegen als auch deshalb, weil Stephanus nicht gewußt habe, daß er ein falsches Urteil fällte. Stephanus aber meinte, während der heilige Laurencius ihm an die Seite griff, wenn er in gleich langer Zeit Pein in der Hölle hätte erdulden müssen, so hätte ihm die Qual nicht schmerzhafter sein können als das Kneifen des Laurencius. Und sobald Justinus für Stephanus gebeten hatte, da ließ Laurencius ihn los und vergab ihm seine Schuld. Als aber die Ankläger das hörten, daß sie mit dieser Sache abgefallen waren, da riefen sie noch viel lauter und sagten, sie hätten noch eine schwerere Anklage gegen Stephanus. Ein Römer, so sagten sie, mit Namen Tarkvinus, war in Athen angelangt, und weil er ein Ausländer war und ohne Verwandte dorthin gekommen, so meinte er, in allen Angelegenheiten, die ihn angingen, die Hilfe des Stephanus nötig zu haben, weil dieser ein Richter und Herr über die ganze Stadt war, und Stephanus bekam von ihm ein gutes Pferd, daß er ihm zu Gesetz und Recht verhelfen sollte. Da sprach nun das Gericht, wenn Stephanus das Recht gegen Gut verhandelt hätte, sollte er selbst dem Gewinn zum Verderben folgen. Als nun Stephanus gefragt wurde, ob diese Anklage zuträfe oder nicht, da leugnete er die Schuld ab und sagte, er

Fliegen und Stechmücken in den Wässern
und Ländern des Nordens

erinnere sich nicht, daß er jemals Geld oder ein Geschenk im Gericht angenommen habe. Und weil Stephanus die Schuld ableugnete, wurde bestimmt, daß Tarkvinus dorthin kommen und selbst die Sache richtigstellen sollte. Als Tarkvinus kam, sagte er, die Beschuldigung gegen Stephanus entspreche nicht der Wahrheit, denn, sagte er, Stephanus habe, soweit er wisse, niemals Geld zum Zwecke des Urteils angenommen: ›aber weil ich als Ausländer dorthin gekommen war‹, sagte Tarkvinus, ›so glaubte ich die Freundschaft eines solchen Mannes nötig zu haben und schenkte ihm mein Pferd aus eigenem Willen, aber nicht auf seine Anregung.‹ Als die Ankläger hörten, daß sie mit dieser Anklage abgefallen waren, da schrien sie noch viel lauter und sagten, sie hätten gegen ihn eine noch viel schwerere Anklage vorzubringen, als diese beiden waren. Sie sagten, daß Stephanus drei Männer der Hinrichtung mit Gewaltsamkeit gegen das Recht entzogen hätte, die Gesetz und Recht und gerechtes Urteil verdammt hätte. Als Stephanus gefragt wurde, ob er dieser Sache schuldig sei, gestand er ein, daß er die

Männer vom Tode befreit habe, und er sagte, er habe das immer bereut, sie mit Gewaltsamkeit gegen das Recht frei gemacht zu haben. Da erging das Urteil, wenn er sie mit Gewalt vom Tode befreit habe, die vom Recht zum Tode verurteilt waren, solle er selbst den Tod dafür erleiden, außer er büße dort, wo er sich vergangen habe. Da bat der Priester Justinus den heiligen Laurencius, er möge ihm in seiner Sache helfen, da er ihm ja die Klagesache verziehen habe, die er gegen ihn hatte, und da ihm keine andere Schuld als wahr nachgewiesen sei als die eine eben angegebene. Da gingen Laurencius und Justinus eilig zu der Königin, fielen ihr zu Füßen und baten sie, sie möge durch ihre Fürbitte erwirken, daß aus Erbarmen das Urteil gemildert würde und daß dem Stephanus gestattet werde, dort zu büßen, wo er sich vergangen hatte. Und sobald die Königin für Stephanus gebeten hatte, da wurde das bewilligt, worum sie bat. Darauf wurde Stephanus nach Athen zurückgebracht, und er stand auf zu derselben Zeit, als man seinen Leichnam zum Begräbnis zu tragen gedachte; er lebte dann noch drei Jahre und büßte diese seine Schuld nach dem Rate des Bischofs, der über die Stadt bestellt war.

Es gibt viele solche Beispiele, wenn es nötig wäre, noch mehr Beispiele in dieser Besprechung anzuführen. Du kannst nun nach dem, was ich früher dir zum Ausdruck brachte, begreifen, daß man die Urteile sehr sorgfältig zu bedenken hat, die hier gefällt werden, und daß es viel darauf ankommt, daß von denen, die den Gerichten vorstehen, darauf geachtet wird, die Urteile mit den rechten Ausdrücken abzufassen und ebenso zu verkünden. Denn du hast nun gehört, wie sehr die Urteile dem Königssohne schwergemacht wurden, als die Waagschalen erhoben wurden und sich durchaus nicht ins Gleichgewicht stellten, wie der Tod ihm angedroht wurde, wenn er andere Urteile fällte als solche, bei denen die Schalen ins Gleichgewicht kämen. So hörtest du auch, wie Gott den König und auch den Ort Themar bestrafte, weil der König das rechte Urteil gebeugt hatte. Obgleich das Volk nicht den rechten Glauben an Gott hatte, so verhängte er doch diese Strafe, weil das Volk glaubte, daß ein falsches Urteil niemals aus Themar ergehen könne. Und in dem letzten Beispiel hörtest du, wie von Stephanus erklärende Rechenschaft für alle von ihm gefällte Urteile gefordert wurde, wie man ihn deshalb verklagte, weil er von seinem Freund ein Geschenk angenommen hatte. Und ein Todesurteil wurde ihm zuteil, weil er Männer vom Tode befreit hatte. Manche würden meinen, das sei eher eine gute Tat als eine schlechte.

LIX

PFLICHTEN DES RICHTERS

Sohn: Um so schwieriger scheint mir die Aufgabe derer, die den Gerichten vorstehen, je mehr Beispiele ich höre. Deshalb will ich Euch bitten, daß Ihr mir gewisse Merkmale deutlich macht, damit ich sehe, wo die Urteile streng sein müssen und wo sie glimpflicher ergehen sollen.

Vater: Das ist schwierig für mich mit deutlichen Worten auseinanderzusetzen: aber alle Urteile müssen eine gewisse Entscheidung der Sachen enthalten, welche vor diejenigen gebracht werden, die Urteile zu fällen haben. Ich meine, vor allem befreit es sie von großer Schuld gegenüber Gott, wenn sie so urteilen, wie sie es am besten verstehen, denn das befreite den Stephanus von der Schuld, durch sein Urteil der Kirche des heiligen Laurencius Land entzogen zu haben, daß er sich nicht bewußt war, ein falsches Urteil abgegeben zu haben; er blieb nicht ganz ohne Strafe, doch erhielt er eine bedeutend mildere, als er bekommen hätte, wenn er bewußt falsch geurteilt hätte. Es sind vier Dinge, die der Richter draußen lassen soll, wenn er in die Gerichtshalle geht, und die er niemals innerhalb der Türen oder zum Richterstuhl darf zu sich kommen lassen: erstens Geldgier, zweitens Feindschaft, drittens Gewalttätigkeit, viertens Freundschaft. Du hörtest ja, daß Stephanus aufgefordert wurde, sich zu rechtfertigen, daß er nicht deshalb von Tarkvinus ein Geschenk angenommen habe, damit er des Gutes wegen ihm Recht verschaffen sollte. Und das Urteil ging dahin, wenn er Geld genommen hätte für Recht, daß er dann mit dem Gelde zugrunde gehen sollte. Ferner hörtest du auch, daß er zum Tode verurteilt wurde, weil er mit Gewalttätigkeit Männer gegen das Recht vor dem Tode rettete. Du hörtest auch in dem früheren Beispiel, daß der König in Themar und auch der Ort zugrunde ging, weil er das gerechte Urteil beugte aus Freundschaft gegen die einen und großer Feindschaft gegen die andern. Aus diesen Gründen müssen diese Dinge draußen gelassen werden, damit nicht wegen eines dieser Dinge das gerechte Urteil gebeugt werde.

STRENGE UND MILDE

Weil du nun gefragt hast, wo man mit dem Urteil nachgeben soll und wo sie streng sein müssen, so muß das nun mit einigen Worten erläutert werden. Man soll sehr darauf achten, wie die Umstände der Sache des Angeklagten liegen. Wird ein Mann angeklagt, der gern friedlich sein möchte, jedoch durch Begehrlichkeit und Gewalttätigkeit (eines andern) zum Unfrieden gedrängt wird, erscheint ihm aber seine Sache schlecht und will er gern Buße leisten, da hat man mit dem Urteil nachzugeben in der Sache eines Mannes, mit dem es so steht. So auch, wenn jemand sich gegen das Gesetz vergeht, der beschränkt ist und nicht weiß, daß er einen Gesetzes-

Zähmung der Bienen und Imkerskunst

bruch begeht, der aber die Tat nicht begangen haben würde, wenn er gewußt hätte, daß es eine Verletzung des Gesetzes sei, da soll man auch mit dem Urteil nachgeben. Und wenn es auch Anklagen sind, die als die häßlichsten unter den Menschen gelten, Raub oder Diebstahl, da muß man doch darauf sehen, auf welche Weise die Schuld zustande kommt. Wenn jemand sich in solcher Not befindet, daß er kein Essen bekommen, es auch nicht kaufen und er auch nicht arbeiten kann, und der Hunger und die leibliche Natur quält ihn so, daß er es nicht ertragen kann, da hat das Urteil ihm nachzugeben, wenn er auch in der Schuld ergriffen worden ist. Immer, wenn die Not jemanden zur Schuld oder zum Gesetzesbruch drängt, da soll man mit dem Urteil nachgeben.

Wenn aber Leute angeklagt werden, die aus Gewalttätigkeit handeln oder um sich einen Namen zu machen, aus Geiz oder Begehrlichkeit, da müssen die Urteile streng sein, doch soll man bei allen Urteilen sich an das Gesetz des Landes und das Recht halten. In solchen Fällen, die ich zuletzt genannt habe, sollen die

Urteile so scharf zugreifen, wie es nach dem Gesetz möglich ist, doch in den Fällen, die ich vorher anführte, da soll die Anwendung des Gesetzes so sein, daß die Notlage ermessen wird, die gewirkt hat, und man soll mit den Urteilen in dem Maße nachgeben, als man die Größe der Notlage in Betracht zieht.

AUFSCHUB DES URTEILS

Wenn der König oder irgendein Landesfürst, der ein Richter und ein zur Strafe berechtigter Herr ist, die Todesstrafe verhängt, da soll er es immer schwernehmen und in seinem Sinne Schmerz über den Tod und das Unglück des Verurteilten empfinden. Doch soll er nicht bei sich denken, er töte ihn aus eigener Grausamkeit oder aus Zorn oder aus Haß gegen den, der sterben muß. Vielmehr tötet er ihn um der gerechten Strafe willen und aus Liebe zu denen, die leben; denn er will, daß sie in größerer Freiheit leben und ein besseres Leben führen, wenn sie das Unglück und den Tod jener Leute sehen; und er will, daß die Furcht und die Bestürzung, die ihnen durch das Unglück eines andern verursacht wird, diejenigen zur Rechtlichkeit und zu guten Sitten hinlenke, bei denen es die Natur wegen ihrer allzugroßen Begehrlichkeit oder Kurzsichtigkeit nicht vermag. Das setzte ein vortrefflicher Mann, ein berühmter und rechtlicher Kaiser, fest für königliches Strafverfahren: wenn ein König auf jemanden so zornig würde, daß er ihn zu töten gedächte, und es läge bei ihm nicht eine so offenbare Schuld vor, daß sie ihn mit Recht zu raschem Tode verurteilen dürfte, da solle man den Mann im Königshofe oder im Gewahrsam vierzig Tage bewachen, ehe in seiner Sache ein endgültiges Urteil gefällt würde. Es wäre das vernünftigste, daß alle Könige sich an diese Bestimmung hielten, damit sie ihre Urteile mit Gerechtigkeit und einsichtigem Bedenken einrichten und nicht in hastigem Zorn. Wenn jemand angeklagt wird, der nach Gesetz und Recht zu einer Geldbuße, aber nicht zum Tode verurteilt wird, da hat der König oder der Fürst, der das Land regiert, sein Geld der gerechten Strafe und des Landesgesetzes wegen einzuziehen, nicht aber aus Habgier und Selbstsucht. Wenn nun alles das beachtet wird, was ich jetzt besprochen habe, da, glaube ich wohl, werden diejenigen, welche den Gerichten vorstehen, am wenigsten sich Gott gegenüber schwer verschulden.

LX

MOSES ZERTRÜMMERT DIE GESETZESTAFELN

Sohn: Es ist sehr wahrscheinlich, daß das Land eine gute Regierung hat, über das ein Fürst herrscht, der auf diese Dinge genau achtet, und mit Recht wird das Volk seine Regierung hochschätzen. Doch möchte ich, wenn es erlaubt ist, noch weiter darnach fragen, was ich über die Gerechtigkeit der Urteile erfahren möchte. Ihr erwähntet etwas, was mir durchaus einleuchtete, daß es eine gute Gesetzesbestimmung sei, die ein Kaiser, betreffend königliches Strafverfahren, gab, man solle dem Manne, der sich den Zorn des Königs zugezogen hätte, vierzig Tage Frist in dem Gewahrsam des Königs geben, damit nicht aus heftigem Zorne ein allzu hastiges Urteil in seiner Sache ergehe, und ich meine, es gehört große Gutmütigkeit dazu, wenn jemand in seinem Zorn einen andern schonend behandeln soll. Ein so gerechtigkeitsliebender und heiliger Mann, wie Moses war, konnte doch seinen Zorn nicht bezwingen, als er ergrimmt zum Volke Israel kam, da mir berichtet worden ist, er sei so furchtbar zornig geworden, daß er die Steintafeln, die er in seinen Armen hielt und auf die Gott selbst mit seinen Fingern die zehn Gebote geschrieben hatte, daß Moses die gegen einen Stein warf und in seiner Wut ganz zertrümmerte, und er stürzte gleich zu den Waffen mit allen seinen Gefolgsleuten und tötete an dem Tage viele hundert Mann. So habe ich auch das gehört, daß den Mann, der aus der Schlacht kam, in der Saul fiel, und die Kunde von Sauls Tode brachte, daß David in seinem hastigen Zorn befahl, diesen Mann sofort zu töten, nicht aber ließ er ihn in Gewahrsam halten, um zu überlegen.

Vater: Erinnere dich daran, was ich dir vorher sagte, daß das Gesetz (des Aufschubs) für diejenigen bestimmt ist, die nicht eine so offenbare Schuld haben, daß Gerechtigkeit sie zu schnellem Tode verurteilt. Moses aber war von Gott so weggegangen, daß er dessen Zorn gegen das ganze Volk Israels kannte, er verübte ein Liebeswerk und nicht ein Werk der Erbitterung, als er sie mit dieser Strafe von der Verirrung und den schlechten Sitten zurückführte. Ich sagte dir auch, der König müsse bei seiner Strafe der Liebe folgen und nicht der Erbitterung. Denn jede Strafe, die aus Erbitterung verhängt wird, die ist Totschlag, aber jede Strafe, die der Liebe und des Rechts wegen verhängt wird, die ist heiliges Werk und nicht Totschlag.

LXI

Sohn: Nun will ich mit Eurer Erlaubnis eine genaue Frage über Urteile stellen. Nur wenige werden sich das sagen lassen, es sei ein gutes und heiliges, ein Liebeswerk, daß Menschen getötet werden, und so tut es mir not und so manchem andern außerdem, daß Ihr mit einigen Worten erklärt, wieso es ein gutes und berechtigtes Werk sei, Menschen in rechtlicher Bestrafung zu töten, denn alle milden und friedlichen Menschen entsetzen sich sehr vor dem Töten und halten es für schlecht und sündig.

DAVID TÖTET DEN MANN, DER IHM DIE NACHRICHT VON SAULS TOD BRINGT

Vater: Eine offenbar erklärende Antwort darauf, worüber wir gerade sprachen, ist das Verhalten des Moses. Ein so heiliger und rechtlicher und in jeder Weise mildgesinnter Mann, wie er war, wenn er gewußt hätte, daß sein Strafen ebenso sündig sei wie ein anderer Totschlag, hätte er dies nicht getan. Wenn er so hastig in heftigem Zorne gewesen wäre, daß er diese Tat mehr aus Übereilung als dem Rechte nach verübt hätte, da würde Gottes Gerechtigkeit ihn mit schwerer Ahndung und harter Züchtigung bestraft haben wegen so vieler Totschläge, die er verübte; denn Moses befahl jedem, der mit ihm zu den Waffen griff, es sollte niemand seinen Vater, seine Brüder oder andere Verwandte verschonen, wenn einer in dem Verhalten angetroffen würde, wegen dessen Gott über sie erzürnt war. Die Rechtlichkeit des Moses zeigte sich dreifach bei dieser Bestrafung, denn die, welche mit Moses die Bestrafung vollzogen, heiligten ihre Hände durch das Blut derer, die getötet wurden, denn sie erwiesen Gehorsam gegen ihren Herrn und Achtung vor dem hei-

Edelsteine und Perlen, die in den Flüssen zu finden

ligen Gesetz in ihrem Tun; die aber, welche am Leben blieben, bereuten den Gesetzesbruch und wandten sich dann zur Buße wegen des gebrochenen Gesetzes; diejenigen, die getötet waren, wurden gereinigt in ihrer Reue und der Pein, die sie in ihrem Tode erduldeten, und es war für sie weit besser, einen kurzen Schmerz in ihrem Tode zu erleiden als eine lange Pein in der Hölle. Ebenso verhält es sich nun mit den Strafen der Könige, denn der König reinigt sich in dem Blute der Schuldigen, wenn er sie in gerechter Strafe und mit Beachtung des heiligen Gesetzes tötet. Viele sind so geartet, daß sie die Strafe fürchten und Gesetzesbruch begehen würden, wenn sie nicht Scheu vor der Strafe des Königs hätten. Der aber, der das Strafurteil erdulden soll, geht zur Beichte und bereut seine Missetaten, über die er keine Reue empfinden würde, wenn er nicht den schnellen Tod vor Augen sähe; so hilft ihm die Reue und der Schmerz, den er in seinem Tode erleidet, und es ist besser für ihn, hier eine kurze Strafe auf sich zu nehmen als Qual und Pein ohne Ende, denn Gott bestraft nicht zweimal dasselbe. Es wird daher die Strafe des Königs zu einem guten Werk und zu einem Liebeswerk denen allen gegenüber, die unter ihm stehen, da er will, daß der von der Strafe Betroffene lieber hier eine kurze Pein für seine Schlechtigkeit erdulde, als daß er in der andern Welt ewig verlorengehe. Zugleich befreit er die Rechtschaffenen und Friedfertigen liebevoll von der Begierde und Bosheit des Friedenstörers. Ebenso aber ist auch zu merken, daß eine Strafe (nur dann) ein gutes Werk ist, wenn sie nach der Gerechtigkeit verhängt wird, denn dem Könige Saul wurde deshalb seine Herrschaft abgesprochen, weil er nicht so strafte, wie ihm Gott befohlen hatte, als er gegen Amalech und Amorea zu Felde zog.

LXII

Sohn: Nun will ich Euch fragen, warum David den Mann tötete, von dem wir zuerst sprachen, der ihm die Nachricht brachte, daß Saul gefallen war, und ob das Gerechtigkeit war, daß er ihn tötete; oder geschah es aus jähem Zorn?

DIE MÖRDER DES YSBOSETH

Vater: David fragte den Mann, der die Nachricht gebracht hatte, woher er es wisse, und jener sagte, daß er (selbst) seine Waffe gegen Saul auf dessen eigenen Wunsch gebraucht habe. Als David das hörte, da sprach er so: ›ein Elender bist du, daß du gewagt hast, Hand an den Gesalbten des Herrn zu legen, und es ist besser für dich, hier eine kurze Strafe auf dich zu nehmen, als daß diese Schuld dir nachgehe in die Hölle für immerdar.‹ Darauf befahl David, daß man den Mann töten solle. Als jener aber sah, daß ihm der Tod zugedacht werde, während er meinte, daß ihm Freude bevorstünde für seine Nachricht und gute Geschenke, da bereute er es, daß er sich eine Schuld erlogen hatte, und wollte gern seine Worte zurücknehmen, wenn er könnte, aber David sprach so: ›dein eignes Zeugnis verurteilt dich, nicht ich; denn du hast dich selbst beschuldigt, daß du den Gesalbten Gottes getötet hast.‹ Ein anderes derartiges Beispiel geben die Männer, die Ysboseth, den Sohn Sauls, töteten und meinten, sie würden dadurch sich die Freundschaft Davids erwerben, die dann zu David kamen und ihm sagten, sie hätten seinen Feind umgebracht, der sich gegen ihn und seine Herrschaft erheben wollte. Aber als David diese Kunde vernahm, da antwortete er auf folgende Weise: ›ihr seid Elende wegen eurer Tat, daß ihr euren Herren tötetet, denn ihr wart Mannen des Ysboseth, ihr habt Verrat gegen euren Herrn und ein Neidingswerk verübt, als ihr Hand an euren Herrn legtet, nicht als wäret ihr meine Mannen und hättet das aus Treue gegen mich getan. Nun tut es euch not, schnelle Vergeltung und eine rasche Strafe auf euch zu nehmen, damit diese Schuld euch nicht zu ewigen Qualen ziehe.‹ Darauf befahl David, daß man ihnen Hände und Füße abhauen sollte, und ließ sie dann bei einem Teich an dem Orte aufhängen, der Ebron heißt.

LXIII

DAVID UND URIAS

Sohn: Ich will es wagen, noch eine Frage zu stellen, betreffend die Fälle, in denen Gott mir scheint das Urteil sonderbar gewendet zu haben; ich will gerade deshalb fragen, weil ich nicht recht verstehe, aus welchen Ursachen und Umständen diese Urteile sich erklären, nach denen ich nun fragen will. Ihr erwähntet vorher in Eurer Rede, Gott habe deshalb Saul seiner Herrschaft beraubt, weil er zu milde im Töten gewesen sei, und viele würden doch meinen, dies sei nicht gerade eine große Übeltat, denn das wäre ein leichtes, übergenug viele Menschen umzubringen, wenn das ein besseres Werk sein sollte, als sie leben zu lassen. Aber ihm wurde das als eine so schwere Schuld angerechnet, daß Gott sagte, er bereue es, Saul zum König über sein Volk erwählt zu haben, und gelobte gleich, was er dann auch ausführte, daß die Königswürde nicht weiter in seinem Geschlecht verbleiben sollte, und er erwählte gleich, während Saul noch lebte, einen andern, der nach seinen Tagen König sein sollte. Folgendes aber ist die Schuld Davids, in die er verfiel, als er König geworden war, die man doch für nicht geringer ansehen sollte, daß er die Frau des Urias, eines seiner Ritter, verführte, eines guten und treuen Mannes, und dann durch seinen Anschlag dessen Tod verursachte, nicht aus einem Rechtsgrunde, sondern nur deshalb, weil er dessen Frau besitzen wollte. Aber sobald Nathan diese Schuld David vor-

Der gefährliche Fischfang in den Gewässern Norwegens

hielt und er sie eingestand, da wurde sie ihm gleich vergeben, und es sieht fast so aus, als sei nach dieser Tat seine Herrschaft mehr befestigt, als sie vorher war. Ich weiß nicht, welche Schuld größer war, einen schuldlosen Mann zu töten und seine Frau zu verführen oder jemandem das Leben zu schenken, der voller Schuld war. Nun werden viele es so erklären, die das Wesentliche nicht erkennen, Gott habe David mehr geliebt als Saul, und das habe bewirkt, daß die Schuld Davids als die geringere galt. Da Gott aber stets nach dem Recht urteilt und keinen Unterschied in den Personen macht, so ist es klar, daß die Leute diese Sache nicht richtig auffassen, und es wird besser sein, wenn Ihr mir dies mit einigen Worten erklärt, wenn Ihr nicht glaubt, ich frage töricht. Es kann auch wohl sein, daß große Herrscher, die Gerichten vorstehen, dadurch ein besseres Verständnis gewinnen, wenn dies genau erklärt wird.

Vater: Diese Frage ist so beschaffen, daß sie eine lange Auseinandersetzung erfordert, wenn man die Sache gut verstehen will. Weil aber die Frage gestellt ist, so will ich gern die Auseinandersetzung vornehmen, so gut ich kann, doch auch so kurz, als es mir möglich ist. Es muß nun daran erinnert werden, was ich in früherer Rede erwähnte, als wir über die Urteile sprachen, wo sie streng und wo sie milder sein sollten. Ich sagte dir, wenn ein guter und friedfertiger Mensch etwas verschuldete und ihm seine Verfehlung übel erschiene und er sie gern büßen wollte, da sollten die Urteile ihm nachgeben, der menschlichen Natur wegen; denn die menschliche Natur ist so schwach, daß niemand sich so in der Gewalt hat, daß er niemals in Schuld verfiele. Einige verfallen so in Schuld, daß sie damit sich groß machen wollen und sich nicht davor hüten, gleich in eine andere Schuld zu geraten. Es war nun die Natur Davids, daß er im Gebrauch der Waffen der Tapferste von allen in den Schlachten und allerdings hart im gerechten Strafen war; doch auch ein gutmütiger Mann, lieb gegen jeden und voller Mitgefühl bei dem Unglück eines jeden, ein treuer Mann in jeder Beziehung, redlich und zuverlässig in der Freundschaft und allen Versprechungen und so gewissenhaft, daß er an sich selbst keine Verfehlung wissen wollte; es gab nicht seinesgleichen in Israel, denn Gott bezeugte es, als er David zum König erwählte, mit diesen Worten, daß er sagte, er habe einen Mann nach seinem Sinne gefunden. Aber die menschliche Schwäche bewirkte, daß David in die Schuld verfiel, von der wir vorher gesprochen haben, daß er die Frau des Urias verführte; und gleich, nachdem er in diese Schuld verfallen war, da bereute er sie tief mit Seufzern und mit Tränen, wenn er allein war. Weil aber die Bestimmung des Gesetzes dieses Vergehen als eine häßliche Sünde beurteilte, wenn es im Volke bekannt wurde, da griff David zu dem Gedanken, daß er lieber davon schweigen wolle und daß Gott seine Reue sähe, dem Volk aber sein Gesetzesbruch verborgen bliebe und ihm seine Sünde nicht zum Vorbild würde, so daß die Leute sich minder scheuen möchten, in Sünde und Gesetzesbruch zu verfallen, wenn ihnen seine Sünde bekannt würde. Mit folgender Erfindung aber wollte David seine Sünde verbergen: sobald er wußte, daß Bersabe, die Frau des Urias, empfangen hatte, sandte er nach Urias und wollte den Totschlag vermeiden. Er wollte, daß Urias selbst mit seiner Frau verkehrte, damit das Kind als das seine gelten sollte; er selbst wollte die Sünde der Verführung heimlich büßen und niemals mehr der Frau des Urias nahe kommen. Als er aber sah, daß es nichts damit war, daß Urias Verkehr mit seiner Frau haben wollte, da griff er zu einer Erfindung, wodurch er seine Verfehlung vor den Menschen verbergen mochte, obgleich er seine Sünde vor Gott vermehrte. Als nun der Prophet alle diese Verschuldung David vorhielt, da antwortete David, indem er sich gewissermaßen selbst verurteilte, mit folgenden Worten: ›meine Sünde ist so schlimm und schwer, daß ich wegen dieser Schuld den Tod verdiene. Ich bin ein Elender, daß ich dem Volke Gottes ein solches Beispiel gegeben habe, während er mich zum Lenker und Richter über sein Volk gesetzt hat, und ich will gern lieber nun einen raschen Tod erdulden, als daß ich mit dieser Sünde zur Hölle fahre. Weil ich nun frevelhaft ein sündiges Beispiel vor dem Volke Gottes gegeben habe, bin ich bereit, nach dem Willen meines Herren die Strafe zu erdulden, zur Warnung, damit das Volk nicht in solche Sünde verfalle.‹ Als Wahrheit und Gerechtigkeit die Reue Davids erkannten, da überließen sie die Abfassung dieses Urteils dem Mitleid, denn der Prophet Nathan antwortete: ›Gott erkennt deine Reue, und er will nicht, daß du den Tod für deine Sünde erleidest, aber er wird dir deine Handlung mit einer entsprechenden Strafe vergelten, bevor du stirbst.‹ Nun mußt du wissen, daß Gott diese Sünde dem David nicht so vergeben wollte, daß er sie nicht nach Gerechtigkeit bestrafte. Denn folgendes war die erste Strafe, die David von Gott erhielt: das Kind, welches er mit Bersabe erzeugt hatte, war ein Sohn und so überaus schön, daß David gern wollte, es bliebe am Leben. Gott aber wollte es ihm nicht gönnen, daß er sich dieses Kindes erfreute, das er so sündlich erzeugt hatte. Da lag David fastend und in Trauerkleidern sieben Tage lang auf der Erde und flehte zu Gott um das Leben dieses Kindes, Gott aber wollte sein Gebet nicht erhören, und das Kind starb am achten Tage. Das war die zweite Strafe, daß Gott es von David nicht annehmen wollte, daß er ihm einen Tempel erbaute, Gott nannte David einen Totschläger, weil er durch seinen Anschlag Urias des Lebens beraubt hatte. Und was die Verführung der Frau des Urias angeht, so erlitt er dafür die Schmach, daß sein Sohn Absalon vor den Augen des ganzen Volkes hinging und mit seinen (Davids) Nebenfrauen schlief und seinem Vater diese Schmach vor dem ganzen Volke antat.

Was deine Frage angeht, ob die Schuld größer war, daß David den schuldlosen Urias tötete und seine Frau verführte, oder die Sauls, der nicht so überaus viele in Amalech töten wollte, so sollst du sicherlich wissen, daß die Schuld Sauls die größere war. Denn keine Schuld ist schwerer als Ungehorsam dem Herrn und Gebieter gegenüber, wie Saul sich verging. Du kannst das noch heutzutage bei den Klosterleuten sehen: wenn ein Mönch seinem Abte ungehorsam ist, der dem Kloster vorsteht, oder dem Prior, wenn er da ist, da soll er gleich aus der heiligen Regel und aus seinem Kloster ausgestoßen sein und als Laie angesehen werden. Ebenso auch, wenn ein Priester dem

Zähmung der Bären zur Arbeit in den Rädern

Bischof, seinem Vorgesetzten, nicht gehorchen will, da wird er gleich der geistlichen Würde entkleidet, der Messedienst ist ihm verboten und jedes andere Amt ihm abgenommen. Ebenso wenn der Bischof seinem Vorgesetzten nicht gehorsam sein will, ob er (der Bischof) nun mächtig ist oder ohne Macht, da ist er gleich seiner Würde und seines ganzen Amtes beraubt und wird dann unter allen Geistlichen wie irgendein Laie ohne jedes Ansehen betrachtet. Noch eher also sollst du überzeugt sein, daß es dem Saul nicht erlaubt sein konnte, seinem Vorgesetzten ungehorsam zu sein, der Gott selbst ist, als er ihm befohlen hatte, gegen Amalech und Amorea zu ziehen und alles zu töten, was lebendig wäre. Gott nahm seine Strafrute, legte sie dem Saul in die Hand und befahl ihm, Rache zu nehmen für seinen Zorn und nichts Lebendiges zu verschonen, die Burgen und Wohnstätten zu verbrennen, die Kleider und alles, was da war, zu vernichten. Er sollte das ganze Land reinigen mit Schwert, Streitaxt und Feuer. Saul aber führte die ihm befohlene Bestrafung so aus, daß er alles vernichtete, was weder schön noch von Wert war, alles aber, was ihm begehrenswert, besonders schön und wertvoll erschien, das verschonte er, verteilte es unter seinen Leuten und führte es heim in sein Land. Und als Samuel zu Saul kam und ihm den Zorn Gottes verkündete, da antwortete Saul, als ob er sich verteidigte: ›gelobt sei Gott, daß ich sein Gebot ausgeführt habe. Ich zog nach Amalech und verwüstete das ganze Reich mit Feuer und Schwert; aber ich führte hierher den König Agag, denn ich wollte so den Befehl Gottes ehren, daß er hier sterben soll, wenn Gott will, daß er stirbt; fette Ochsen und schöne Schafe sind dazu hierhergebracht worden, daß man soviel davon Gott opfere, als er annehmen will, und die Kinder mächtiger Männer habe ich hierhergeführt, daß sie uns ehrenden Dienst leisten, sie selbst aber in Knechtschaft und Unfreiheit leben sollen.‹ Da erwiderte Samuel: ›wie mag Gott das hier als Opfer annehmen, das er selbst in seinem Zorn verflucht hat; Gott will gesegnetes Opfer empfangen, aber nicht verfluchtes. Du sollst in Wahrheit wissen, daß Gott Gehorsam lieber hat als irgendein anderes Opfer.‹ Wahrheit stand dabei und sprach: ›warum soll man verheimlichen, was Saul bewog, daß er nicht verfuhr, wie Gott ihm befohlen hatte? Saul glaubte nun so unumschränkt in seiner königlichen Macht zu sein, daß er meinte, eine solche Sache mehr nach seinem Willen als nach den Befehlen Gottes ausführen zu dürfen; darin zeigte sich Sauls Hochmut, daß er nicht bedachte, wer ihm die Macht verliehen hatte. Deshalb nahm er die guten Rosse, Ochsen, Schafe und andere Wertstücke, weil er darin mehr der Habgier seiner Ritter und dem Eigennutz seiner anderen Krieger nachgab, als daß er Gottes Gebote beachten wollte. Und darin brachte er eine Lüge vor, als er sagte, er habe deshalb die Rosse und Schafe und andere Wertstücke in sein Reich geschafft, weil er wollte, daß Gott davon Opfer dargebracht würden, denn er wußte, daß Gott verfluchte Opfer nicht würde annehmen wollen.‹ Da wurde das Urteil der Gerechtigkeit zugeschoben, und Gerechtigkeit sprach so: ›weil Gott seine Strafrute genommen und Saul in die Hand gelegt und ihm befohlen hatte, seinen Zorn an dem verfluchten Volke zu rächen, so treffe Saul und sein Geschlecht die Strafe, mit der er jene verschonte, an denen Gott ihm geboten hatte, sie zu vollziehen. Die Strafrute, die Saul in die Hand gegeben war, damit er sie über andere schwingen sollte, diese Strafrute soll nun ein anderer haben und über Saul und sein ganzes Geschlecht schwingen. Und weil er aus Eigennutz sich die Besitztümer aneignen wollte, die ihm verboten waren, da seien ihm die Besitztümer entzogen, die ihm früher gegeben waren.‹ Deshalb fiel das Urteil der Gerechtigkeit über Saul so hart aus, weil Gott seine Natur genau kannte. Und das war seine Natur, daß er hart und hochmütig vor Gottes Augen war, indem er sich so unumschränkt in der Sicherheit seiner Herrschaft dünkte. Er zeigte sich eigennützig und habgierig, wie diese Geschichte hier bezeugt.

DAVID SPIELT DIE HARFE VOR SAUL

Nun war ein Unterschied in der Sinnesart Davids und Sauls. Als der Prophet Nathan dem David seine Schuld vorhielt, da verdammte er seine Sünde, indem er sich fast selbst verurteilte; er bat um Erbarmen und stellte sich doch zu der Bestrafung gleichsam dankbar bereit, alles über sich ergehen zu lassen, was Gott wegen seiner Sünde über ihn verhängen wollte, und deshalb wurde ihm Gnade zuteil mit einer nachsichtigen Strafe des Mitleids. Doch starb sein Sohn für den Tod des Urias, damit er nicht selbst stürbe. Und für die Verführung der Frau des Urias wurde ihm die übergroße Schmach zuteil, mit der ihn sein Sohn vor den Augen des ganzen Volkes beschämte.

Als aber Samuel dem Saul seine Schuld vorwarf, da antwortete er wie sich selbst verteidigend und rühmte sich, daß er gut gehandelt habe, indem er so sich ausdrückte: ›gelobt sei Gott, daß ich das erfüllt habe, was er mir geboten hatte‹, und er wußte doch für sich, daß etwas anderes die Wahrheit war. Deshalb fiel er durch den Urteilsspruch der Gerechtigkeit, weil Gott sein hochmütiges Rühmen und seine verlogene Verteidigung durchschaute. Und doch offenbarte sich dann seine böse Gesinnung und sein Hochmut noch mehr, als er merkte, daß Gott auf ihn zornig war.

SAUL SUCHT DAVID BEIM HARFENSPIEL ZU TÖTEN

Denn Saul wurde krank, indem ihn hin und wieder Verwirrung im Kopf befiel, so daß man ihn hüten mußte, während die Krankheit sich bei ihm zeigte. Man ersann das zur Heilung, daß man ihm jemanden verschaffen sollte, der gut vor ihm auf der Harfe spielen könnte, die Krankheit würde ihn dann weniger quälen. Es fand sich demnächst ein junger und schöner Mann, der David hieß, der Sohn des Ysay in Bethlehem, der gut die Harfe zu spielen verstand. Er kam zum König, und sobald die Krankheit den König befiel, da trat David vor ihn, spielte auf seiner Harfe, und sogleich verließ ihn die Krankheit. Und als der König merkte, daß seine Krankheit gelindert wurde, da faßte er große Liebe zu David und machte ihn zu seinem Schildträger; und doch hatte ihn Samuel vorher heimlich zum Könige gesalbt, so daß es niemand wußte außer seinem Vater und seinen Brüdern. David war lange Zeit bei dem Könige Saul und diente ihm getreulich. Bei allem, was David tat, erkannten alle, daß Gott mit ihm war. Saul war auch gut zu ihm in der ersten Zeit, gab ihm seine Tochter und stellte ihm eine Schar zur

Verfügung, die er befehligte. Aber nach dem Siege, den König Saul über die Philister erfochten hatte, und als David den Riesen Goliath erschlagen hatte und sie von diesem Heereszug heimkehrten, da kamen Frauen aus den Burgen und Städten, tanzten ihnen entgegen und sangen ihr Lob wegen ihres Sieges, und so lautete es in dem Gesange: König Saul habe über Tausende gesiegt, aber David über Zehntausende. Sobald Saul das hörte, geriet er gleich in Zorn und Neid gegen David und sagte sich in seinen Gedanken: ›nun sehe ich, daß Gott es diesem Manne zugedacht hat, nach mir die Herrschaft zu ergreifen, und nicht meinen Söhnen. Ich werde versuchen, diesen Plan zu verhindern, wenn ich kann, aber so klug, daß niemand wissen soll, daß ich ihn wissentlich töte.‹ Einige Tage darauf überfiel Saul seine gewohnte Krankheit, David nahm seine Harfe und trat vor ihn und spielte auf der Harfe nach seiner Gewohnheit, damit die Krankheit des Königs abnehmen sollte. Saul hatte einen Speer in der Hand und schoß ihn nach David und hatte gemeint, ihn zu durchbohren und ihn dort an die Wand der Halle zu nageln. Er meinte, sich so von dem Totschlag zu reinigen, indem das Volk so erkennen würde, daß er es im Wahnsinn und nicht aus bösem Willen getan hätte. David wich aus, und es gelang ihm, der Lebensgefahr zu entfliehen. Als Saul sah, daß David entkam und er ihn nicht fangen konnte, da sandte er David auf viele Kriegszüge unter den heidnischen Völkern und meinte, er würde dabei fallen. Aber je öfter David auf Heerfahrten auszog, desto mehr Siege gewann er und desto berühmter wurde er, und Gott machte David groß in den Augen des ganzen Volkes. Aber Saul verfolgte David um so mehr mit seinem Neid, je mehr er sah, daß es ihm immer besser erging.

JONATHAN SPRICH FÜR DAVID

Nun kannst du die Natur Sauls erkennen. Er hatte David nichts vorzuwerfen, nur Gutes von ihm erfahren. Aber weil er sah, daß Gott David wegen seiner Bescheidenheit und Treue sehr liebte, da mißgönnte er es David, so wie Kain es seinem Bruder Abel mißgönnte, daß Gott ihn liebte. Und die Feindschaft Sauls gegen David wurde so offensichtlich, daß er es vor niemandem mehr verbarg, daß er David töten wollte. Doch erinnerte sein Sohn Jonathan den König daran, daß es Sünde sei, einen schuldlosen Mann zu töten, und sprach so: ›Herr, warum zürnst du David, deinem Knechte? Kannst du ihm irgendeine Verschuldung nachweisen, die deine Herrschaft oder deine Ehre gefährdet, da wird jedermann, der bei Euch ist, seinem Leben nachstellen, und wir können ihn gleich festnehmen, wenn wir wollen, denn er nimmt sich nicht vor uns in acht, da er sich keiner Schuld bewußt ist. Er hat Euch lange gedient und ist in jeder Beziehung treu gewesen. Er griff einen weit überlegenen Feind an, als er Goliath tötete, und Gott hat Euer ganzes Reich durch den wunderbaren Sieg Davids gerettet, als er, ein waffenloser Mann, gegen einen Riesen kämpfte. Er hat Euch gedient in Euren schweren Krankheitszuständen, und wenn Ihr ihn an die Spitze Eures Volkes gestellt hattet, da hat er Euer Reich kräftig verteidigt, niemand kennt etwas anderes an ihm als Treue. Stille nun deinen Zorn, o Herr, und falle nicht vor Gott in die Schuld eines offenbaren Totschlags, indem du einen schuldlosen Mann tötest.‹ Saul ward durch alles das noch zorniger und klagte seinen Sohn und alle anderen, die für David ein gutes Wort einlegten, eines verräterischen Anschlags an;

DAVID FLIEHT NACH NOBE

David floh vor dem Zorn des Königs Saul, waffenlos und ohne Kleider, mit wenigen Begleitern und kam zu dem Ort,

Die Riesen aus den Erzählungen der Alten

der Nobe hieß. Dort waltete der Bischof Abimelech, der Sohn des Bischofs Achitob; aber Achitob war der Sohn des Ichaboth, des Sohnes des Phinus, des Sohnes des Bischofs Ely. Als David zum Bischof Abimelech kam, da sagte er, er käme in einem notwendigen Auftrage des Königs Saul, und bat ihn, ihm und seinen Begleitern etwas Speise zu geben, und für sich bat er um etwas zur Bewaffnung. Der Bischof Abimelech gab ihm solche Speise, als er hatte; Waffen aber konnte er ihm nicht geben außer dem Schwert, das Goliath gehabt hatte; das gab er ihm, denn er wußte nicht, daß er auf der Flucht war, vielmehr dachte er, David fahre im Auftrage des Königs, wie er selbst gesagt hatte. Und so groß war die Feindschaft des Königs gegen David, daß er den Bischof und sein ganzes Geschlecht gefangen nahm, sobald er erfuhr, daß der Bischof David Speise gegeben hatte, und daß er ihn eines verräterischen Anschlags beschuldigte. Da antwortete der Bischof so: ›ich gebe zu, Herr, daß ich David solche Speise gegeben habe, wie ich sie hatte, und das Schwert, das ich

SAUL WÜTET IN NOBE

hatte, denn er behauptete, in Euerm notwendigen Auftrage unterwegs zu sein. Wie sollte ich nicht einen solchen Mann hochwillkommen heißen, wie David ist, der größte und angesehenste von allen Euern Leuten, abgesehen von Euren Söhnen, dazu Euer Schwiegersohn, der Euch treu war in jeder Beziehung? Niemals

Krieg an den Gestaden des Meeres

habe ich auf Verrat gesonnen gegen Euch und Eure Ehre. Glaube das nicht, Herr, daß ich, dein Knecht, etwas gegen deinen Willen für David unternehme. Denn ich wußte nicht, aus welchem Grunde David in solcher Bedrängnis unterwegs war, vielmehr sagte er mir, er fahre in Euerm notwendigen Auftrage, und ich wußte nicht, daß er etwas gegen Euch verschuldet hatte.‹ Saul antwortete sogleich in heftigem Zorne: ›das schwöre ich, daß du heute sterben sollst und dein ganzes Geschlecht.‹ Und sogleich ließ er den Bischof und fünfundachtzig andere Männer töten, die alle mit der geistlichen Würde geschmückt waren. Dann ließ er die Stadt Nobe verbrennen und alles töten, was in der Stadt lebendig war, Kinder und Frauen.

Nun habe ich dir den grimmigen Sinn Sauls gezeigt, den Gott in seiner Brust erkannte, als er ihn von der Herrschaft stieß, und der später offenbar wurde, wie du gehört hast, abgesehen von vielem andern der Art, obgleich ich nur dies erzählt habe. Deshalb fiel auf den König eine so schwere Schuld, in die er Gott gegenüber geriet, weil Gott die begehrliche Härte in seiner Brust erkannt hatte, die später offenbar wurde. Er wollte den schuldlosen David töten, weil er sah, daß Gott ihn liebte; und den schuldlosen Bischof tötete er mit so großer Grausamkeit, daß er alles umbrachte, was in der Stadt lebendig war, und die Stadt dann verbrannte. Da, wo Gott ihm geboten hatte, solchen grimmen Sinn zu erweisen, da ließ er Schonung walten, hier aber tötete er Gottes Diener gegen Gottes Gebot. Deshalb wurde Davids Schuld geringer im Urteile Gottes; denn während Gott in der Brust Sauls diesen grimmen Sinn erkannte, da bemerkte er in der Brust Davids wahre Reue und milden Sinn, wie ich dir nun zeigen will.

ABIATHAR FLIEHT ZU DAVID, DER IHN ZUM BISCHOF ERNENNT

Abiathar hieß ein Sohn des Bischofs Abimelech, der in eine Berghöhle geflohen war, als alle getötet wurden, von denen ich dir vorher erzählt habe. Abiathar floh zu David und erzählte ihm dies alles. Als David diese Nachricht vernommen hatte, jammerte es ihn, und er sprach im tiefen Schmerz seines Gemüts: ›Gott in seinem Erbarmen möge mir diesen Totschlag vergeben, denn ich habe allzugroßen Teil daran, weil ich die Speise deines Vaters gegessen habe. Da du nun hierher gekommen bist, so bleibe bei mir, und wenn Gott mir das Leben schenkt, so wird er dich mit mir schützen, und alles möge über uns beide ergehen, was nach Gottes Willen geschehen soll.‹ Demnächst erhob David ihn zur Würde eines Bischofs, wie sie sein Vater gehabt hatte. Und als Davids Verwandte erfuhren, daß er draußen in den Wäldern sich aufhielt, da kamen sie zu ihm mit einer großen Menge, es war das eine Schar von nicht weniger als vierhundert Mann, und von da ab verstärkte sich David, so wie Gott es wollte. David war draußen in den Bergen mit dieser Schar und kämpfte immer gegen Sauls Feinde, aber niemals gegen ihn selbst oder gegen seine Freunde. Und wo immer Saul Kunde erhielt, daß David sich verbarg, da zog er zu ihm hin und wollte ihn töten. So geschah es einmal, als David sich in einer großen Höhle mit seiner Mannschaft verborgen hatte, daß Saul allein hineinging seiner Notdurft halber; da redeten Davids Gefährten darüber: ›nun hat Gott das erfüllt, was er dir verheißen hat, indem er dir deinen Feind in die Hand gegeben hat; wisse nun diesen Fang dir zu benützen.‹ David schlich sich heran und schnitt ein Stück aus dem Rockschoße des Königs Saul ab, ohne daß er es gewahr wurde, und ging so zurück zu seinen Gefährten. Da sagten die Gefährten Davids: ›wenn du nicht selbst Hand an ihn legen willst, da laß uns ihn töten.‹ David antwortete: ›gleich ist meine Schuld vor Gott, ob ich es tue oder ob ich es irgendeinem anderen befehle. Gott behüte mich vor dieser Tat und alle unsere Genossen, daß wir die Hand an den Gesalbten Gottes legen. Er ist mein Herr, ich habe ihm lange gedient; er ist auch der Gesalbte des Herrn, es wäre das eine große Missetat, wenn ich die Hand an ihn legte, da ich weder meinen Vater noch meine Brüder, noch andere Verwandte an ihm zu rächen habe. Es ist nicht so, als hätte er diesen Thron, auf dem er nun sitzt, meinen Verwandten durch irgendeinen Betrug oder mit Gewalt abgewonnen, vielmehr hat Gott ihn dazu erwählt und ihn sich als seinen Diener geheiligt und ihn mit seinem eigenen Namen geschmückt. Recht ist es, daß der ihn mit seinem Willen absetzt, der

DAVID UND SAUL IN DER HÖHLE

ihn dazu erwählt hat, aber nicht ich mit begehrlicher Keckheit. Und ich schwöre es heute, daß Gott ihn abrufen soll, entweder daß er im Kampf vor seinen Feinden falle oder daß Gott seine Seele fordere; sonst soll er vor meiner Hand viele Tage leben. Ich bereue es auch sehr, daß ich sein Kleid verletzt habe, wenn ihm das irgendwie übel oder als eine Schmach erscheint.‹ Und als Saul sich entfernt hatte und zu seinen Leuten gegangen war, da lief David auf eine Höhe und rief: ›kannst du mich hören, Herr, König Saul?‹ Und sobald der König sich umwandte und hören wollte, was der Mann sagte, da beugte David sogleich seine beiden Knie zur Erde und verneigte sich vor dem König und sprach zu ihm: ›übel handeln die Leute, die Euch sagen, Herr und König, daß ich Euer Feind sein will; denn hier halte ich nun den Beweis dafür in meiner Hand, daß ich heute dein Leben in meiner Gewalt hatte, als du allein von deiner Mannschaft in die Höhle gingst, und ich hätte ebenso die Möglichkeit gehabt, dir das Leben zu rauben wie ein Stück deines Kleides; denn hier halte ich in meiner Hand einen großen Teil deines Rockschoßes. Nun wird Gott zwischen uns beiden entscheiden. Ihr seht das nun, daß die eine Lüge sprachen, die gesagt haben, ich stelle deinem Leben nach.‹ Saul gab zu erkennen, daß er dies wohl verstünde, denn David sprach die Wahrheit, und er gelobte, daß er niemals von nun an David hassen würde. Es waren aber nicht viele Tage verflossen, da zog Saul aus, um David zu suchen, und so immer später. Nun geschah es ein andermal, daß Saul einen ermüdenden

DAVID IM LAGER SAULS

Zug unternommen hatte, David zu suchen, da schlief er und sein ganzes Heer. David ging in das Lager, wo Saul lag, ohne daß jemand von ihnen es gewahr wurde. Abisai hieß der Mann, der David begleitete und zu ihm sprach: ›nun kannst du sehen, daß Gott gewißlich dir diesen deinen Feind in die Hände liefern will; es ist nun rätlich, das nicht zu verschmähen, was Gott selbst dir anbietet. Ich werde nun meinen Speer durch ihn stoßen, wenn du es mir erlaubst, und dann wollen wir zu unsern Leuten zurückkehren.‹ David antwortete: ›das tut Gott, um mich zu versuchen. Er will wissen, ob ich meine Hand an seinen Gesalbten legen will. Ich werde nun so antworten wie früher, daß Gott entweder so ihm die Herrschaft abnehmen soll, daß er seine Seele fordert, oder sonst falle er vor seinen Feinden. Aber vor meinen Händen soll er viele Tage leben; denn ich habe gegen ihn keines großen Raubes oder eines Verlustes von Verwandten, wofür ich Rache nehmen sollte, zu gedenken, nur des einen, daß er das Land durch gerechte Bestrafung gereinigt hat. Und das ist weder meine gerechte Sache noch die irgendeines andern, dafür Vergeltung zu üben, denn das ist ein größeres Beginnen, als ein kluger Mann ermessen kann, Hand an den Gesalbten des Herrn zu legen, der zu Gottes Hand geweiht und geheiligt ist. Nun wollen wir seinen Trinkbecher und seinen Speer zum Wahrzeichen mitnehmen und dann zu unseren Leuten zurückkehren.‹

Nun kannst du die Natur der beiden erkennen, Sauls und Davids, so wie ich dir schon früher gesagt habe. David wußte, daß er von Gott zur Regierung des Reiches erkoren war, ein geweihter Gesalbter des Herrn, Gott geheiligt nicht minder als Saul; er wußte auch, daß Gott Saul verworfen hatte. Gott führte Saul in die Hände Davids, so daß er öfters, wenn er gewollt hätte, dessen Leben in seiner Gewalt hatte, und David bewies darin große Treue und Demut, daß, sooft David Saul erblickte, er sich vor ihm neigte und ihn begrüßte, als sei er selbst irgendein ungeweihter Laie, der nicht zu einer Herrenwürde erwählt sei. Obgleich Saul seinem Leben nachstellte, so diente David ihm und bekämpfte seine Feinde, wie er nur konnte. Saul aber hatte David nur das eine vorzuwerfen, daß er wußte, Gott habe ihn zum Könige erwählt, und er zeigte darin seine Grimmigkeit und seine böse Gesinnung, daß er ihn, den schuldlosen Mann, der ihm auch getreulich gedient hatte, töten wollte. Und darin zeigte er maßlosen Hochmut, daß er den Mann beiseite schaffen wollte, den Gott selbst zur Herrschaft nach ihm erwählt hatte. Nun wurden aus diesen Gründen harte Urteile von Gott über Saul gefällt, weil Gott in seiner Brust das erkannte, was die Menschen nicht erkennen konnten; doch ließ Gott dies vor den Augen der Menschen später offenbar werden. Deshalb aber waren die Verschuldungen Davids leichter vor Gott, weil Gott ihn treu erfand und immer bescheiden in allen Dingen, wie er später den Menschen zeigte. Und dafür gibt es

DAVID BEKLAGT DEN TOD SAULS UND JONATHANS

noch ein Zeugnis. Als David den Fall Sauls und seines Sohnes Jonathan erfuhr, da klagte er in tiefem Schmerz und mit ihm sein ganzes Heer, und er sprach so: ›verflucht möget ihr sein, ihr Berge Gelboe. Gott lasse niemals auf

Wie ein Schiff über Land zu transportieren ist

euch Tau oder Regen kommen oder wachsendes Gras, denn ihr botet dem Könige Saul und Jonathan trügerische Pfade der Flucht über euern Scheitel und wolltet ihnen nicht rettende Wege weisen, auf denen sie ihr Leben hätten vor den Händen der Feinde retten können, und nicht gestattetet ihr ihnen kriegerische Verteidigung auf euern Höhen. Ein bitterer Schmerz ist dies für das ganze Volk Israel, daß so ausgezeichnete Fürsten den Beratungen und der Regierung des Reiches entrissen sind, wie Saul und Jonathan waren. Große Stärke und Kraft ging an dem Tage verloren, als zwei so herrliche Fürsten umkamen, wie König Saul und Jonathan waren, und als manch guter Ritter mit ihnen und manch gute Waffe, manch gute Brünne mit ihnen verlorenging. Die Kleinen mögen sich vor dem Zorne Gottes hüten, da er nun heidnischen Völkern erlaubte, Hand an seinen Gesalbten zu legen. Klage das ganze Volk über solchen Verlust, daß so herrliche Reichslenker vor heidnischen Völkern fallen mußten.‹ Solche Worte und viele andere gleicher Art sprach David an diesem Tage und betrauerte so ihren Tod, nicht aber, daß er sich gefreut hätte, daß die Herrschaft an ihn und in seine Obhut gekommen war. Nun soll man daran erkennen, wie ehrlich sein Sinn war, wie gewissenhaft und rein von allen Lastern. Aber jedesmal, wenn er aus menschlicher Natur sich irgendwie versündigte, da bereute er es gleich tief und bat Gott um Gnade und Nachsicht, und Gott erkannte auch gleich seine wahre Reue.

DER TOD ABSALON

Ich erwähnte auch schon früher in meiner Rede, wie Absalon, der Sohn Davids, das ganze Land zum Aufruhr gegen seinen Vater erregte. Als die Ritter Davids dazu kamen, mit Absalon zu kämpfen, und David seinen Tod erfuhr, da begann er so zu sprechen: ›was soll es mir altem Manne, daß ich lebe, verfallend jeden Tag, und du, mein Sohn Absalon, mußtest sterben in deinem blühenden Alter. Wenn doch Gott geben möchte, daß ich nun lieber sterben dürfte, und du könntest leben, mein Sohn.‹

DAVID BEI DER PEST Nicht war Davids Schärfe gegenüber allen Menschen größer, als daß er lieber selbst den Tod erleiden wollte als den Tod eines andern ansehen, außer wenn er erkannte, daß um der Gerechtigkeit willen eine Strafe verhängt wurde. Dafür gibt es ein Zeugnis: als das ganze Reich Davids dem Zorn Gottes verfiel, da kam ein so gewaltiges Sterben über das ganze Land, daß die Menschen zu Tausenden tot niederfielen. Und als die Krankheit sich Jerusalem näherte, da sah David den Engel, der das Volk tötete, mit flammendem Schwerte zwischen Himmel und Erde stehen. Und als er den Engel mit geschwungenem Schwerte stehen sah, als sei er im Begriff, zuzuschlagen, da streckte David seinen Hals unter das Schwert und sprach: ›ich bitte dich, o Herr, daß dieses Schwert mir lieber in den Hals fahre, als daß das Volk Gottes nun weiter getötet werde. Möge der Zorn meines Herren sich lieber gegen mich wenden, der es verdient und dessen wert ist, und gegen mein Geschlecht, als daß das Volk Gottes durch meine Schuld vernichtet werde.‹ Als Gott die Reue Davids erkannte und seine ihm so wohlgefälligen Bitten hörte, da gebot Gott sogleich dem Engel, innezuhalten und nicht mehr Volk zu töten, und alsbald hörte die Krankheit im ganzen Reiche auf.

Nun kannst du aus diesen Dingen und vielen andern dieser Art erkennen, wie David voller Gnade und Güte war gegen alles Volk. Aber so wie Gott in seiner Brust Milde, Mitleid und Demut sah, so bemerkte Gott in der Brust Sauls Begehrlichkeit, Grimmigkeit und maßlosen Hochmut, und deshalb wogen bei Gott Sauls Verschuldungen schwerer als die Davids, weil ein Unterschied zwischen den Männern war. David war der mildeste und mitleidigste Mann und bat Gott um Gnade, sobald er in eine Schuld verfiel, aber Saul wurde dadurch immer grimmiger und bosheitskränker, in je mehr Sünden er verfiel und er sah, daß Gottes Zorn ihm näher rückte.

Wenn du nun meinst, daß diese Erwiderung auf deine Frage dich zu vollem Verständnis führt, dann, glaube ich, brauche ich nichts weiter über diese Sache zu sagen.

LXIV

DAS URTEIL DES SALOMO

Sohn: Ich verstehe nun nach dem, was Ihr vorher in Eurer Rede erzähltet, daß die Urteile für David milder ausfielen, weil er seine Sünden, in die er verfiel, bereute, aber deshalb für Saul schwerer, weil er um so weniger seine Missetaten büßen wollte. Nun ist eine Sache, über die ich gern Bescheid wissen möchte; mit Eurer Erlaubnis möchte ich Euch fragen über etwas, das später geschah, nach dem Tode Davids, wie zwei Frauen vor den König Salomon kamen und wegen eines Kindes miteinander stritten. Da befahl der König, man solle das Kind zerhauen und jeder von beiden die Hälfte geben. Ich will nun danach fragen, ob der König auch das Kind hätte zerhauen lassen oder nicht, wenn keine der Frauen etwas gesagt hätte.

Vater: Deshalb befahl der König, daß man das Kind teilen sollte, weil er Gewißheit darüber hatte, daß diejenige, welche die Mutter war, nicht dulden würde, daß man das Kind zerteilte.

Sohn: Meine Frage war die: wenn die Mutter dazu geschwiegen hätte, ob der König dann auch das Kind hätte teilen wollen.

Vater: Wenn die Mutter so erbarmungslos gewesen wäre, daß sie nicht um Schonung für das Kind gebeten hätte, da würde der König das Kind zwischen ihnen geteilt haben.

Sohn: Würdet Ihr das nicht für einen vollen Totschlag halten, wenn er das unschuldige Kind getötet hätte, und es wäre das doch keine Strafe gewesen?

Vater: Das wäre gewiß ein Totschlag, wenn er das Kind getötet hätte, doch fiele die Schuld nicht auf den König, sondern die Mutter trüge die Schuld, wenn sie nicht um Erbarmen für ihr Kind gebeten hätte, als sie vom Könige das Vergleichsurteil für sie beide hörte und sah, daß es für das Kind ein Todesurteil war; die Schuld würde auf sie fallen, wenn sie dem Kinde die mütterliche Liebe zur Rettung seines Lebens versagt hätte.

Sohn: Wie denkt Ihr über den Tod Joabs und Adonias, die König Salomon tötete? War das ein gerechtes Urteil oder nicht? Oder warum tötete Salomon den Semei dafür, daß er David, den Vater Salomons, verflucht hatte, während doch David seinerzeit diese Schuld dem Semei vergeben hatte?

Vater: Wenn Salomon dies getan hätte, ohne nach dem Recht zu strafen, so würde es ihm Gott mit gerechter Bestrafung vergolten haben wie einen Totschlag. Doch nach allen diesen Taten erschien Gott dem Salomon im Traume und bot ihm an, sich irgendeine Gabe von ihm zu wählen, so wie er wollte. Und Salomon wählte sich, daß Gott ihm Weisheit verleihen sollte und Einsicht in alle gerechten Urteile; Gott antwortete ihm so: ›wenn eine solche Wahl vielen (andern) freigestellt würde, da würden es viele sein, die sich Geld oder Macht oder langes Leben oder Frieden oder Siegesglück wählen würden. Weil du aber so gewählt hast, da sollst du das erhalten, was du dir zuerst gewünscht hast, und dazu alles dieses, was ich eben genannt habe.‹ Nun sollst du daraus erkennen, wie sehr Gott die Gerechtigkeit gefällt, da Gott dem Salomon

Bestrafung ungehorsamer Schiffleute

alle die höchsten Hauptgaben verlieh, weil er für sich die Gerechtigkeit erwählt hatte. So kannst du dir auch denken, wenn er mit einem falschen Urteil die vorher Genannten getötet hätte, dann würde Gott ihm nicht solche Hauptgaben verliehen haben, wie er es tat.

LXV

Sohn: Das ist gewiß wahr, was Ihr eben sagtet; wenn Salomon jene getötet hätte nach seiner Begier ohne Gerechtigkeit, da hätte er nicht nach der Verübung dieser Tat solche Hauptgaben von Gott erhalten, wie sie ihm nun zuteil wurden. Und doch möchte ich gern darum bitten, wenn es sein kann, daß Ihr mir die rechte Vorgangsweise dieser Gerechtigkeit darlegtet, damit es mir klarer vor Augen stünde und ebenso andern, die es hören, daß es gerecht war, als Salomon Semei tötete, während sein Vater David ihm die Schuld vergeben hatte.

SALOMO LÄSST SEMEI TÖTEN

Vater: Folgendes ist die erklärende Antwort dafür, daß Salomon mit Gerechtigkeit und nicht aus grimmigem Mute handelte: als Semei David verfluchte, tat er es aus Streitsucht und böser Gesinnung und nicht aus einem gerechten Grunde. Als er aber David um Verzeihung bat, tat er es mehr der Furcht wegen als aus Reue, denn er fürchtete, David würde ihn töten, so wie die Bestimmung des heiligen Gesetzes lautete. David aber antwortete ihm so, als er ihn um Verzeihung bat: ›nicht werde ich dich dieses Mal töten, da du um Vergebung bittest; du selbst aber achte darauf, ob du nicht eine Strafe für deine Tat erdulden wirst, außer du büßest in wahrer Reue.‹ Durch diese Worte zeigte David, daß Semei noch mit liebevoller Freundschaft für die Worte zu büßen hatte, die er in voller Feindschaft ausgesprochen hatte. Dann aber lebte Semei allezeit so, daß man (zwar) nicht erkannte, daß er Feindschaft gegen David hegte, es wurde aber auch nicht offenbar, daß er es mit Freundschaft vergalt, daß ihm David sein Leben geschenkt hatte, während das Gesetz ihn zum Tode verurteilte. Und als er nach dem Tode Davids zu Salomon kam, da sprach Salomon zu ihm: ›erinnere dich daran, Semei, daß du den Gesalbten Gottes verflucht hast, denn kein Mensch weiß es, ob du dafür später rechte Reue empfunden hast. Folgender Vergleich soll zwischen uns beiden zum Erweis deiner Reue geschlossen werden: du sollst nicht in gleicher Freiheit leben wie einer, der nicht diese Sünde begangen hat. Weil du nun große und gute Hallen und viele Häuser in Jerusalem besitzest, so lebe du innerhalb der Stadt in Freiheit und genieße alle deine Güter nach deinem Begehren; aber sobald du aus der Stadt herauskommst, da soll dir die gesetzliche Strafe über deinem Haupte hängen, weil du nicht daran dachtest zu bereuen, bevor ich dich daran erinnerte.‹ Als der König seine Rede beendet hatte, da erklärte Semei sich dankbar für diesen Vergleich und sagte, es schiene ihm das kein großes Unglück, nicht aus der Stadt herausgehen zu können, da er ja in Freiheit und mit der Freundschaft des Königs innerhalb der Stadt leben und selbst seine Güter genießen könne. Doch drei Jahre später vergaß Semei diesen Vergleich und ging aus der Stadt heraus, um sich zu belustigen, als wenn er sich seiner Dreistigkeit nach dem Bruch des Vergleichs rühmte. Sobald dem Könige diese Nachricht gebracht wurde, ließ er Semei festnehmen und sich vorführen und sprach zu ihm: ›du hast vergessen, dich wegen des Vertragsbruches zu schämen, eines Vertrages, den wir beide miteinander geschlossen hatten zum Erweise deiner Reue dafür, daß du den Gesalbten Gottes verflucht hast. Nun liegt eine zweifache Schuld auf deinem Haupte, und es ist besser für dich, hier eine rasche Strafe zu erleiden, damit auch andere sich dein Unglück zur Warnung dienen lassen, als daß diese Schuld dir für die Ewigkeit in den Tod folge und andere sich zu derartiger Bosheit erkühnen, wenn du ungestraft dein Leben endest.‹ Darauf ließ der König ihn töten und außerhalb der Stadt begraben, anderen zur Erinnerung und zur Warnung vor dem Bruch eines geschlossenen Vergleiches.

LXVI

AUFSTAND DES ADONIAS

Sohn: Nun will ich danach fragen, weshalb er seinen Bruder Adonias dafür töten ließ, daß er um die Verheiratung mit Abisag bat.

Vater: Adonias hatte es einst unternommen, wie du gehört haben wirst, sich gegen seinen Vater zu empören. In der Zeit, als David ein Greis und fast hinfällig vor Alter war, erwählte Adonias ohne Wissen seines Vaters sich selbst zum König. Er veranstaltete ein feierliches Mahl als eben geweihter König, ließ Boten in der Stadt umherlaufen mit Trompeten und Flöten und in der ganzen Stadt verkünden, daß nun Adonias König sei. Folgende große Herren waren bei seiner Unternehmung mit beteiligt: Joab, Davids Feldherr und sein Verwandter, der Bischof Abiathar und viele andere Herren. Als der Bischof Sadoch, der Prophet Nathan, Bananias, ein großer Herr, und die Königin Bersabe es David mitteilten und beklagten, daß ihm ein so bedeutendes Unterfangen verborgen geblieben war, da schwieg David eine Zeitlang und seufzte schwer, dann erwiderte er ihnen mit bekümmertem Sinne und sprach so: ›meine Söhne wollen nicht meine Natur an sich nehmen. Ich diente dem Könige Saul lange Zeit, während er mir nach dem Leben stand, und doch hatte Gott mich zum Könige erwählt, weil er dem Könige Saul zürnte. Ich aber wartete das Urteil Gottes ab, daß er ihm die Herrschaft abspreche, und ich wollte ihn nicht richten, obgleich er mein Feind war. Nun hat mein Sohn mir das getan, was ich meinem Feinde nicht tun wollte. Weil nun Adonias mir die Herrschaft, zu der mich Gott selbst erwählte, abgesprochen hat, bevor ich sie niederlegte oder bevor mich der hinwegnahm, der mich dazu erwählt hatte, deshalb soll er mit Schmach aus dieser Ehre zu Falle kommen, so wie der fiel, der zuerst aus Hochmut sich gegen seinen Herrn empört hat.‹ Darauf sagte David zu dem Bischof Sadoch: ›nimm mein Maultier und laß es ganz so ausstatten, wie es ausgestattet war, wenn ich es in meiner ganzen Würde ritt, setze meinen Sohn Salomon darauf und rufe zu dir den Propheten Nathan, den Herren Bananias und alle meine getreuesten Ritter. Reitet zu dem Zelte Gottes und hinein und salbe dort meinen Sohn Salomon zum Könige. Dann laß meine eigenen Posaunen nehmen und durch die ganze Stadt blasen mit feierlichem Ruf und verkünden, daß Salomon

DAVID ÜBERGIBT SALOMO DIE KÖNIGSWÜRDE

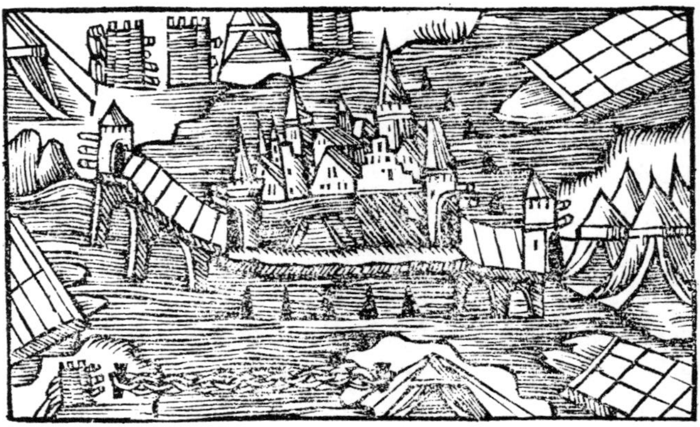

Befestigung der königlichen Stadt

König sei nach dem Willen Gottes und der Wahl Davids. Dann geleite meinen Sohn Salomon hierher zu mir, daß ich den König, der sich als Neuerwählter auf meinen Thron setzen wird, begrüßen kann.‹ Als David seine Rede beendet hatte, tat der Bischof alles, was ihm von David befohlen war. Als dann Salomon zurückkehrte im vollen Schmuck der königlichen Würde, da stand David selbst vor ihm auf und neigte sich vor ihm und segnete ihn mit folgenden Worten: ›gesegnet seist du, Gott, daß du es dir gefallen ließest, mich aus niedrigem Stande zu so hoher Ehre zu erheben, in der ich mich nun befinde. Du hast mir in vielen Gefahren geholfen und mich nun nach vielen Nöten und langer Mühe zu dem Troste geleitet, daß meine Augen heute ihn erblicken, hervorgegangen aus meinen Lenden, den du nun für den Ehrensitz bestimmt hast, der mir vorher von dir zugeteilt war, so wie du, Herr, es mir verheißen hattest. Darum bitte ich dich, Herr, daß du in diesem jungen Manne die Klugheit und Würde Davids verdoppelst und verdreifachst. Mache ihn zu einem vollkommenen Herrscher, dein heiliges Volk nach deinem Willen zu leiten.‹ Darauf küßte David Salomon und sprach zu ihm: ›der Gott, der den Himmel lenkt, gebe dir vielfältigen Frieden auf Erden über alle Könige und schenke dir mit dem Wachstum der Erde alle Glückseligkeit.‹ Und nach diesen Segensworten sprach David zu Salomon: ›weil ich erkenne, daß Gott dir Weisheit und Verstand verliehen hat, so führe du die Regierung des Reiches mit weiser Rechtlichkeit, doch bediene dich so etwa der Strafe, daß deine Herrschaft nicht steuerlos erscheine deiner allzugroßen Weichheit wegen. Harte Bestrafung wende mit passendem Maße an, daß du nicht mitleidlos erfunden werdest in übergroßer Grimmigkeit. Doch sollst du an Joab, deinen Verwandten, denken, der mir lange mit vieler Arbeit gedient hat. Es geziemt sich nicht, daß die sündlichen Verschuldungen, in die er verfallen ist, mit ihm zur Hölle fahren. Er tötete Abner und Amasa, die vortrefflichen Herren, in der von mir gewährten Sicherheit, die lange dem Könige Saul mit großer Treue gedient hatten; und es sind viele andere, die er aus übergroßer Gewalttätigkeit und nicht in gerechter Bestrafung getötet hat. Es ist besser, daß du ihn lieber hier eine rasche Strafe erdulden läßt, als daß er ewig in dieser Verschuldung verlorengehe. Halte auch die Versprechung, die ich Semei gegeben habe, obgleich er mich verfluchte, als ich vor der Übermacht deines Bruders Absalon floh, aber in der Weise, daß er eine gewisse Erinnerung an seine Sünde zur Bereuung behalte und der Fluch nicht ewig auf seinem Haupte laste, weil er mich, den Unschuldigen, verfluchte. Zeige auch verwandtschaftliche Milde gegen deinen Bruder Adonias, wenn du siehst, daß er es bereut, einen verräterischen Aufstand gegen seinen Vater unternommen zu haben. Gedenke daran, daß der Bischof Abiathar seinen Vater und alle seine Verwandten verloren hat, weil ich in Nobe gespeist wurde, als ich von dem Antlitz des Königs Saul geflohen war. Abiathar soll auch dessen genießen, daß er mit mir flüchtete und die Lade Gottes vor mir trug, als ich vor deinem Bruder Absalon floh. Doch sorge du dafür, daß Abiathar eine gerechte Mahnung zur Reue dafür erhalte, weil er sich bei dem verräterischen Anschlag gegen mich mit deinem Bruder Adonias beteiligt hat, damit diese Schuld ihm nicht in den Tod folge. Sei du kühn, mit harter Hand und doch maßvoll. Tue in allen Dingen den Willen Gottes, dann wirst du beides, zeitliche und ewige Glückseligkeit erwerben.‹ Darauf sprach David zu dem Bischof Sadoch und dem Propheten Nathan: ›geleitet nun den König Salomon in meine Halle und setzt ihn auf meinen Hochsitz mit aller feierlichen Huldigung und veranstaltet nun ein Mahl.‹ Und sie taten alles, wie David ihnen geboten hatte. Als das Mahl des Adonias vorüber war, da hörten sie schönen Klang von Flöten und Fröhlichkeit aller Art, als gäbe es einen neuen Jubel in der Stadt. Als aber Adonias fragte, was dieser Jubel bedeute, ob diese Fröhlichkeit seinetwegen und seiner Königswürde wegen entstanden sei oder ob es etwas Neues sei, da wurde ihm gesagt, der König David habe selbst Salomon seinen Titel übertragen und ihn zum Könige und zu aller königlichen Würde erwählt, Salomon sei nun zum Könige geweiht und säße auf dem Hochsitze Davids in allem feierlichen Schmuck und das ganze Volk begrüße dies Ereignis wie ein herrliches Fest. Als Adonias diese Kunde vernahm, geriet er in heftige Furcht und ebenso alle, die seine Genossen in seinem Unternehmen gewesen waren. Sie ergriffen die Flucht, jeder nach seiner Wohnung, Adonias aber flüchtete zu dem Zelte Gottes und legte seine Hand auf den heiligen Altar, als wenn er sich zum reinen Leben und zum

Dienste im heiligen Zelte Gottes gelobte. Demnächst sandte er einen Mann zum Könige und ließ sagen: ›hier will ich sterben, es sei denn, daß mein Herr, der König Salomon, mir eidlich gelobe, daß er mich, seinen Knecht, nicht töten wolle für das, was ich verbrochen habe.‹ Da antwortete König Salomon: ›Adonias ist mein Bruder der Verwandtschaft nach, ich will ihn gerne schonen, wenn er aufrichtig bereut, sich verräterisch gegen seinen Vater David empört zu haben, ich will mit ihm diese Bürde vor Gott tragen, unter der Bedingung, daß er sich immer als treu und demütig ohne alle Falschheit erweise. Wenn aber irgendeine hinterlistige Begierde bei ihm sich zeigt, dann darf er sicher erwarten, daß eine Strafe sein Haupt treffen wird. Nun kehre er heim zu seinen Besitztümern und möge sie allezeit genießen, solange er das hält, was nun festgesetzt ist.‹

Als die Zeit des Sterbens Davids näher kam, da besuchte König Salomon seinen Vater immer, bis er verschieden war, und beweinte seinen Tod viele Tage und veranstaltete sein Begräbnis mit aller königlichen Würde und dem Aufwand unzähliger Kostbarkeiten.

ADONIAS WIRBT UM ABISAG

Nach dem Tode Davids wandte sich Adonias an die Königin Bersabe mit der Bitte, sie möchte vom Könige Salomon verlangen, daß er ihm Abisag zur Gattin gäbe. Mit Abisag verhielt es sich so: als David alt geworden war, da kam eine solche Kälte in seine Haut, daß er durch Decken nicht warm werden konnte. Da war Abisag jung und das schönste von allen Mädchen im Reich und aus dem besten und größten Geschlecht; sie wurde zum Bette König Davids gebracht, nahe bei ihm zu liegen, ihn zu wärmen und ihm zu dienen, damit David sich erwärme durch ihre weiche Haut. Und David liebte sie sehr, wie seine Pflegemutter und nicht als Weib. Dadurch errang Abisag ein solches Ansehen, daß sie als eine Hauptkönigin vor allen Königinnen in den Augen des ganzen Volkes geehrt wurde. Ihre Würde wurde geheiligt durch das Zusammenliegen mit David. In der Absicht warb Adonias um sie nach dem Tode Davids, daß er so mit betrügerischer List meinte zur Herrschaft zu gelangen. Denn so würde das ganze Volk sagen, wenn er Abisag bekäme, der würde es am ehesten verdienen, auf dem Throne Davids zu sitzen, der am würdigsten wäre, in sein Bett zu steigen und an dem Busen zu liegen, den David durch sich selbst geheiligt hatte. Auch meinte er, es würde so sein, daß die Brüder der Abisag und alle ihre Verwandten ihm lieber die Herrschaft gönnen würden, wenn er sie zur Frau bekäme, als einem Manne, der ihnen nicht auf diese Weise verbunden wäre. Die Königin Bersabe übernahm den Auftrag des Adonias und suchte dann den König Salomon, ihren Sohn, auf. Sobald sie in die Halle des Königs kam, ging er selbst seiner Mutter entgegen und geleitete sie zum Sitz neben sich. Darauf offenbarte die Königin ihr Anliegen und sprach so: ›ich habe dir eine kleine Bitte vorzutragen, will sie aber nicht aussprechen, wenn du sie mir nicht vorher gewährst.‹ Der König antwortete: ›du bist meine Mutter, ich kann es dir nicht abschlagen, und gewiß ist mein Wille, daß du das erlangst, worum du bittest. Aber es ziemt dir allerdings zu überlegen, daß du um etwas bittest, das ich dir wohl gewähren kann.‹ Da sprach die Königin Bersabe: ›ich will darum bitten, daß du Adonias, deinem Bruder, Abisag zur Frau gibst.‹ König Salomon antwortete zornig: ›was steckt dahinter, daß für ihn Abisag zur Ehe gefordert wird? Wenn du aber ihm das Königtum eher gönnst als mir, so bitte für ihn um das Reich. Denn du weißt, daß Adonias, mein Bruder, älter ist als ich und sich selbst den Königsnamen mit der Zustimmung je-

Weber bei der Arbeit

ner vornehmsten Großen gegeben hat, ehe mein Vater mich zur Herrschaft erwählte mit dem Willen Gottes. Nun sind dieselben Männer noch heute in vollem Einverständnis mit ihm, Joab, der mächtigste Herr und Feldherr, und der Bischof Abiathar. Abisag stammt aus dem besten Geschlecht, das in der Stadt und im ganzen Reiche ist, verehrt von jedermann als höchste Königin wegen der Pflege, die sie meinem Vater in seinem Alter gewidmet hat. Wenn Adonias sie zur Frau bekommt, so wird das ganze Volk es für richtig halten, daß er der Nächste dazu ist, auf dem Throne Davids zu sitzen, weil er würdig ist, in seinem Bette zu liegen und an dem Busen, an dem David selbst lag. Weil Adonias Verrat gegen den Herren, seinen Vater, verübt hatte, da erbot ich mich, die Verantwortung vor Gott mit ihm zu tragen wegen unserer Verwandtschaft, nun aber verdreifacht er zum andern Male den Verrat gegen mich, seinen Bruder, den er zuerst gegen seinen Vater verübte. Deshalb schwöre ich bei Gott, der mich auf den Thron Davids setzte, daß Adonias seine Schuld tragen soll und jeder andere von denen, die an diesem Neidingsplan mit ihm beteiligt waren.‹

ADONIAS UND JOAB WERDEN GETÖTET

Darauf sprach König Salomon zu dem Herren Bananias: ›gehe du hin und töte meinen Bruder Adonias, denn lieber will ich, daß er hier eine kurze Strafe erleide, so wie die Bestimmung des heiligen Gesetzes sie für Verrat gegen den König festsetzt, als daß er das Neidingswerk mit sich zur Hölle nehme. Töte du auch Joab, meinen Verwandten, denn er hat zwei Neidingswerke gegen den König David begangen, indem er Abner und Amasa, vortreffliche Fürsten, trotz der gewährten Sicherheit und dem Versprechen Davids tötete. Und das ist seine dritte Schuld, und zwar bei weitem die größte, daß er Verrat gegen seinen Herren, den König David, verübte, indem er Adonias den Königsnamen gab, und er ist gewiß ewiglich verdammt in der andern Welt, außer er empfinde Reue in dieser bei einer gesetzlichen Bestrafung.‹ Hier gibt der König Salomon ein bedeutsames Beispiel dafür, daß man wohl berechtigt sein kann, ein Versprechen und eine Zusage zu verletzen, die gegen das Recht erbeten oder gegeben ist. Er gab sie der Königin Bersabe, seiner Mutter, als sie ihn bat, bevor er wußte, was es war; aber sobald er gewahr wurde, daß es eine verderbliche Bitte war, ließ er den Mann töten, der sie zuerst erhoben hatte.

SALOMO SETZT DEN BISCHOF ABIATHAR AB

Bananias tat, wie König Salomon ihm befohlen hatte, und tötete Adonias. So wie der Feldherr Joab und der Bischof Abiathar mit beteiligt waren bei dem Plane, Adonias den Königsnamen zu geben, so waren sie es auch bei dem Plane, daß er Abisag für sich zur Gattin verlangen sollte, und als sie den Tod Adonias' erfuhren, da erwarteten sie auch für sich den Tod. Bananias nahm den Bischof Abiathar fest und ließ ihn vor den König Salomon führen, aber Joab floh zu dem Landzelte Gottes und legte seine Hand auf das heilige Horn des Altars, als wenn er sich dem reinen Leben und dem Dienste in dem heiligen Zelte Gottes geloben wollte. Bananias kam zu dem Zelte Gottes und sprach: ›komm heraus, Joab, der König befiehlt dir, daß du aus dem Zelte Gottes herausgehst.‹ Aber Joab antwortete: ›weil ich nun mich hierher in die Sicherheit Gottes begeben habe, so will ich hier entweder den Tod erleiden oder in der Sicherheit sein.‹

Darauf ließ Bananias durch seinen Boten dem Könige diese Nachricht überbringen; und als der Bote vor den König kam mit dem Bischof Abiathar und dies alles berichtete, da antwortete König Salomon dem Boten: ›sage Bananias diese meine Worte, daß er Joab töten soll, wo er auch sei, denn seine Tat und das Urteil des heiligen Gesetzes tötet ihn und keiner von uns beiden.‹ Bananias tat, wie der König ihm befohlen hatte, und tötete Joab dort, wohin er sich geflüchtet hatte. Der König aber sprach folgendermaßen zum Bischof Abiathar: ›du weißt, daß du mit Recht nach der Bestimmung des heiligen Gesetzes ein Mann des Todes bist. Da du aber deinen Vater und dein ganzes Geschlecht an einem Tage in Nobe verloren hast, weil dein Vater meinem Vater David zu essen gab, so hast du auch die Lade Gottes vor ihm getragen, als er von dem Antlitz Absalons, meines Bruders, floh, deshalb gebührt es sich, daß du diesmal dessen genießen und keinen raschen Tod erleiden sollst. Damit aber sollst du dir nun das Leben erkaufen, daß du immer folgende Anmahnung zu deiner Reue über den Verrat bewahrst, den du gegen David, deinen Herren, verübt hast: begib dich nun zu deinem Landeigentum und lebe dort wie ein Ackersmann; genieße in der Weise deine Güter, daß du lebst wie irgendein Bauer. Aber sobald du deine Hand ausstreckst nach irgendeinem priesterlichen Amte, wisse, daß dann das gerechte Ur-

Wie das Salz gesiedet werden muß

teil des heiligen Gesetzes über deinem Haupte stehen wird.‹ Abiathar begab sich nach Hause und hielt später immer, was ihm der König geboten hatte, und lebte noch lange danach. Semei aber erlitt den Tod drei Jahre später, weil er das nicht hielt, was ihm befohlen war, so wie ich dir schon gesagt habe.

LXVII

Sohn: Nun ist noch einiges, was ich, wie mir scheint, noch nicht erfragt habe. Wie kam König Salomon dazu, die Sicherheit bei Joab zu verletzen, als dieser sich in die Sicherheit Gottes flüchtete und in das Haus, das Gott geheiligt war? Jetzt ist fast die ganze Welt mit Kirchen besetzt, und es gilt als Übeltat, jemanden in der Sicherheit der Kirche zu töten. Und ich dachte mir, daß man um so gewissenhafter die Würde des heiligen Gotteshauses würde beachtet haben, als es noch wenigere gab. Das andere, worum ich fragen möchte, ist: wie kam Salomon dazu, seiner Mutter das zu versprechen, worum sie bitten würde, und es dann nicht zu halten? Ich dachte vielmehr, ein so kluger Mann, wie der König Salomon war, würde lieber danach gefragt haben, was das sei, worum sie bitten wollte, bevor er etwas gelobte, als daß er das nicht hätte halten wollen, was er ihr versprochen hatte, wenn die Bitte auch nicht nach seinem Willen gewesen wäre.

HERODES UND SALOMO

Vater: Ich habe früher in meiner Rede gesagt, das sei Mannesklugheit des Bittstellers, um solche Dinge zu bitten, die passend sind und wohl gewährt werden können, und alle Zusagen sollen gesichert und deshalb von Nutzen sein, die mit Klugheit gegeben und ebenso erbeten sind. In diesem Falle aber gab König Salomon ein gutes und nützliches Beispiel, indem er vernünftigerweise seine Zusage zurücknahm, um die seine Mutter ihn in törichter Weise bat, obgleich er sie ihr vorher gegeben hatte. Folgendes Beispiel, das schlimmer war, fällt in eine weit spätere Zeit, das Herodes in Galilea bei einem Feste gab, als er seiner Stieftochter versprach, sie würde bekommen, worum sie immer bitten würde. Aber auf den Rat ihrer Mutter bat sie um den Kopf Johannes des Täufers. Herodes wußte, daß Johannes schuldlos und ein heiliger Mann war, und es reute ihn sehr, daß er ihr eine Zusage für ihre Bitte gelobt hatte. Aber seine Reue trug keine Frucht, denn er dachte nicht daran, seine Zusage aus Vernunft zurückzunehmen, da sie aus Torheit gebeten hatte, sondern er verübte die Missetat, um die sie ihn bat, und so wurden beide Teile verdammt, die Frauen wegen ihrer Forderung und Herodes für die Gewährung. Salomon aber schien es besser, den Zorn seiner Mutter anzusehen, weil er vernünftigerweise dazu nein sagte, wozu er vorschnell ja gesagt hatte, lieber, als daß er einen höchst frevelhaften Schaden erdulden wollte durch Gewährung einer törichten und ungerechten Bitte. Dennoch sollst du dir das vollkommen klar werden lassen, daß es keinem

Menschen gut ansteht, unzuverlässig mit seinem Worte zu sein, und um so häßlicher ist es bei jedem, je mächtiger er ist. Immer aber, wo große Verbrechen und große Verschuldungen dadurch verursacht werden, ist niemand damit entschuldigt, daß er etwas vorher versprochen hat.

LXVIII

VERSPRECHEN UND GEWÄHREN

Sohn: Ich will Euch nun bitten, daß Ihr mir noch genauer erklärt, was gehalten werden muß, wenn es versprochen wird, und was zu brechen ist, wenn es gelobt wurde.

Vater: Wenn ein mächtiger Herr um etwas gebeten wird, und die Bitte wird ihm klar vorgetragen, da hat er wohl zu überlegen, was das ist, worum er gebeten wird, ob es ihm zum Schaden oder zur Ehre gereicht. Wenn er sieht, daß es unschädlich für ihn ist, dann hat er zu bedenken, wem er die Bitte zusagt oder wieviel jedem zu gewähren ist, damit es ihm nicht ergehe wie Herodes, den ich vorher anführte. Denn dieser schätzte weder das Verdienst der Bittenden richtig ab noch beachtete er, ob es die rechte Zeit sei oder wieviel er gewähren sollte. Aber das kam für ihn dazu, daß er betrunken war, als er die Zusage gab. Er hatte für alle seine Fürsten ein großes Fest veranstaltet und kümmerte sich nicht um die richtige Zeit, denn es geziemte sich nicht für ihn, etwas in der Trunkenheit zu gewähren; keine Gabe wird mit der nötigen Mäßigung in der Trunkenheit gewährt. Und auch darin kehrte er sich nicht an das richtige Maß, daß er seiner Stieftochter eine so große Gabe zusagte, einer Frau, die ihm nicht einmal blutsverwandt war, indem er so sprach: ›was das auch sei, worum du bittest, werde ich dir geben, und wenn du auch mein halbes Reich verlangst.‹ Daran

Zugräder zur Gewinnung von Erz

kannst du nun merken, daß er vom Trunk halb irre war, als er so sprach, denn die Stieftochter hatte nichts weiter ihm zu Ehren getan, als daß sie vor ihm getanzt hatte, und ihr Spiel war nur einer viel geringeren Gabe wert, als er ihr gewährte. Er durfte nicht das Maß der Forderung und der Gabe unter eine fremde Zungenwurzel legen, indem er sprach: ›worum du auch bittest, das sollst du bekommen, wenn du auch mein halbes Reich verlangst.‹ Aber wenn er gesprochen hätte: ›worum du bittest mit Maß und Einsicht, wenn ich es gewähren kann, das sollst du erhalten‹, dann hätte er durchaus gut und vernünftig gesprochen und hätte die volle Macht gehabt, ob er nun zusagen oder verweigern wollte.

Nun muß ich dir noch weiter erklären, was die Dinge sind, welche die Herrscher zu gewähren haben, wenn sie darum gebeten werden. Alles ist zu gewähren, durch das den Herrschern kein Schaden und auch keinem andern geschieht und das doch dem Empfänger zur Ehre und Unterstützung gereicht. Auch wenn ein Herrscher gebeten wird, mit seiner Arbeitshilfe oder etwa seinem Gute beizustehen, so ist es dem Bittenden wohl zu gewähren, wenn für jenen damit keine Minderung der Ehre verbunden ist. Und wenn er ihm beides gewährt, Gut und Arbeitshilfe, so darf er es wohl tun, wenn er es dem zukommen läßt, der einer großen Ehrung wert ist. Aber wenn jemand um etwas gebeten wird, wodurch ihm eine Verringerung des Ansehens oder Einbuße an Ehre entsteht, da ist das nicht zu gewähren; und wenn er vorschnell zugesagt hat, ist es vernünftigerweise zurückzunehmen. Das ist auch zurückzunehmen, wenn jemand etwas Großes gewährt und der Empfänger wenig Wert darauf legt, und keineswegs braucht man für die Gewährung einer großen Gabe lange einzustehen, wenn jemand sie nicht recht anzuerkennen weiß; dann nimmt ihm die Gabe sein eigener Unverstand und seine geringe Rechtlichkeit ab, und nicht der Wortbruch des Gebers. Alle Gewährungen sind auch zurückzunehmen, wenn sie auch zugesagt sind, die der Bittsteller durch Lüge oder hinterlistige Schlauheit erreicht hat. Diese Gewährungen nimmt seine Lüge und Schlauheit zurück und nicht eine Unzuverlässigkeit des Gebers, wenn sie auch versprochen waren. Wenn also ein Herrscher vernünftig mit seinen Gewährungen verfahren will, so muß er das wohl überlegen, worum er gebeten wird und was der Bittende für ein Mann ist. Weil nicht alle einer gleich großen Gabe wert sind, so ist das zu bedenken, eine wie große Gabe jeder verdient oder zu welcher Zeit jede Gabe zu gewähren ist. Freilich, dem Gebenden soll so selten wie möglich nachgesagt werden, daß er seine Gaben zurücknimmt, damit er nicht als unzuverlässig mit dem Wort erfunden wird.

LXIX

DIE ZWEI HÄUSER DES KÖNIGS UND DES BISCHOFS

Sohn: Nun will ich darnach fragen, welche vernünftige Begründung dafür gegeben werden kann, daß es gerecht war, als König Salomon Joab im heiligen Landzelte Gottes töten ließ, wo er sich an den heiligen Altar Gottes hielt. Warum ließ er ihn nicht vorher fortführen und dann töten?

Vater: Diese von dir nun gestellte Frage wird deinen Augen nicht erhellt werden, wenn man nicht eine lange Erklärung dafür gibt, und zwar eine solche, die mehr einer Glossierung gleicht als der rechten Ausführung einer angefangenen Erzählung.

Als König Salomon das Urteil ausgesprochen hatte, man solle Joab töten, dort, wo er sich hingesetzt hätte, eher daß man ihn fortführe, da tat er das nicht ohne guten Grund, denn er wollte nicht in die gleiche Schuld fallen wie König Saul, als er Opfer brachte auf dem heiligen Altar Gottes. König Salomon wollte nicht, daß man ihm vorwerfe, daß er sollte auf dem heiligen Altar Gaben oder Opfer darbringen wie aus bischöflichem Amte, auch wollte er nicht mit Gewalt und als Beute etwas wegführen, das dem heiligen Altar Gottes so nahe gekommen war wie Joab, der den heiligen Altar angefaßt hatte. Salomon überlegte folgendes bei sich selbst: ›meine Aufgabe ist es, die Bestimmung eines heiligen Urteils auszuführen, wo der Mann sich befindet, über den das Urteil ergeht, aber es ist nicht meine Aufgabe, ihn mit Gewalt und Härte fortzuschleppen, nachdem er selbst zu der heiligen Stätte geflohen ist. Alle gerechten Urteile sind im Grunde Urteile Gottes und nicht meine; ich weiß in Wahrheit, daß der heilige Altar Gottes durch das Blut Joabs nicht befleckt und nicht entweiht wird, denn es wird in gerechter Bestrafung ihm zur Reue vergossen und nicht aus Haß als wie mit ungerechter Verurteilung.‹ Mit dieser Auffassung offenbarte Salomon, daß er die Scheidung, die Gott zwischen Moses und Aaron gemacht hatte, nicht verändern wolle, um sich nicht vor Gott zu verschulden. Gott hatte es so zwischen ihnen geordnet, daß Moses über die Bestimmungen der heiligen Urteile wachen sollte und Aaron die Aufsicht über die Opfer führen, die für den heiligen Altar bestimmt waren, und das sollst du als gewiß ansehen, daß diese Scheidung noch heutzutage nach dem Recht bestehen soll. Das wird dir klarer vor den Augen stehen, wenn ich es dir mit einigen Worten deutlich mache.

Die Erklärung ist die, daß Gott sich zwei Häuser auf der Erde eingerichtet hat, die er für die ihm zu widmende Amtsleistung bestimmte; das eine ist die Kirche, und beide kann man so nennen, wenn man will, denn der Name Kirche bedeutet soviel wie Thinghaus, wegen der Zusammenkunft des Volkes, das dorthin geht. Diese zwei Häuser sind Hallen Gottes, er hat zwei Männer dazu verordnet, diese Häuser zu betreuen. In eine dieser Hallen hat er seinen Tisch gestellt, es heißt das Haus der Nahrung, denn in diesem Hause kommt das Volk Gottes zusammen, um dort geistige Nahrung zu empfangen. In der andern Halle hat er seinen heiligen Richterstuhl aufgestellt, dort kommt das Volk zusammen, um die Auslegung der heiligen Urteile Gottes anzuhören. Für diese zwei Häuser hat er zwei Verwalter eingesetzt: der eine ist der König, der andere der Bischof. Der König ist dazu verordnet, das heilige Haus zu verwalten, in dem der heilige Stuhl steht, zur Wahrung der heiligen Urteile Gottes. Der König soll körperlich so unter den Menschen Urteil sprechen, daß er ewiges Heil dafür empfange, und ebenso alle die, welche dann die Urteile halten, die nach dem Recht gefällt sind. Gott hat ihm auch das Schwert der Strafe in die Hand gegeben, mit dem er, wenn es not tut, zuschlagen

Die kunstreichen Schmiede in den Bergwerken

soll, so wie ich vorher sagte, daß König Salomon tat, als er Joab unter das Schwert der Strafe zwang und so manche andere, die er mit rechter Bestrafung traf. Nun soll der König jeden schlagen ohne Haß mit gerechter Strafe. Wenn er jemanden des Hasses wegen tötet, da ist es Totschlag, und er hat die Schuld des Totschlages vor Gott zu verantworten. Auch das sollst du in Wahrheit wissen, daß alles, was Gott von Anfang an dieser Halle und diesem Hochsitze zugewiesen hat, kein Mensch ihnen entziehen kann, er wolle denn Gott selbst und seinen heiligen Richterstuhl berauben und aus Überbegehrlichkeit die Ordnung verändern, die Gott geschaffen hat. Wer nun für diesen Stuhl bestimmt ist, der muß sich sehr sorgfältig überlegen, welche Antworten er für sich zu geben haben wird, wenn er vor die Knie seines Richters kommen wird, denn er darf mit Gewißheit die Rede erwarten, mit welcher der höchste Richter jeden einzelnen ansprechen wird, der vor ihn tritt und der Verwalter dieser Halle gewesen ist: ›du bist mit meinem Namen geschmückt, denn du bist beides, König und Richter,

VERANTWORTUNG DES KÖNIGS

wie ich. Nun will ich, daß du Rechenschaft ablegst über deine Tätigkeit, denn du bist als Heerführer und Richter über mein Volk gesetzt.‹ Deshalb nun müßte jeder einzelne mit guter Prüfung und langer Überlegung sich klargemacht haben, wie er zu antworten hat, wenn er vor die Knie des Richters kommt. Wenn der Hauptengel, der ohne alle Gebrechlichkeit ist, mit Zagen und Zittern antwortet, wenn er von unserm Herren um Rechenschaft für seinen Dienst befragt wird, so kann man sich denken, wie ängstlich und bebend der gebrechliche und sündige Mensch dastehen wird, wenn er vor den Augen Gottes gefragt wird nach der Rechenschaft über seine Tätigkeit. Vor allem wird der, welcher Verwalter dieser Halle war, gefragt werden, wie er sich mit dem Urteilsprechen unter den Menschen verhalten hat. Und wenn er da sich nicht mit seiner Erklärung zu verantworten vermag, da kann er gleich sich auf folgende Worte gefaßt machen: ›du schlechter Knecht, da du nicht die Gerechtigkeit gewahrt hast, so fahre du dorthin, wo alle Urteile verkehrt verhängt werden; dein eigener Mund verurteilt dich zu dieser Stätte, denn er schämte sich nicht, falsche Urteile auszusprechen.‹ Wenn er aber mit guter Erklärung Rechenschaft für seine Rechtsprechung ablegen kann, dann kann er sich selig dünken auf Grund seiner Tätigkeit, und er wird dann diese Worte hören: ›da du nur auf gerechte Urteile bedacht gewesen bist, so hast du auch verdient, Gerechtigkeit in allem zu genießen.‹ Dann wird er auch noch um Erklärung, andere Dinge betreffend, befragt werden. Demnächst wird er gefragt werden, ob er mit Klugheit und Überlegung alles das in acht genommen habe, was Gott von Anfang an in bezug auf diesen Richterstuhl angeordnet hatte. Wenn er aber alle diese Dinge nicht in acht genommen hat, die Gott von Anfang an in bezug auf diesen heiligen Richterstuhl verordnet hat, dann wird er denen gegenübergestellt werden, die es in guter Weise getan haben, wie Melchisedech oder Moses oder David oder andere, die mit der gleichen Überlegung es in acht genommen haben wie die eben Genannten. Darauf wird er folgende Worte sprechen hören: ›hättest du in der gleichen Art die Ehre gehütet, die ich von Anfang an mit meinem heiligen Richterstuhl verbunden habe, so würdest du den gleichen Lohn dafür bekommen, wie diese nun erhalten. Aber soviel Ehre du unrechterweise meinem Richterstuhl entziehen ließest, soviel Ehre sollst du hier entbehren und um soviel geringer und niedriger sollst du hier erscheinen denen gegenüber, welche diese Ehre, die ihnen anvertraut war, unverletzt bewahrten. Nicht dazu war dir mein Richterstuhl anvertraut worden, daß dir die Gewalt gegeben wäre, in anderer Weise Dienste, Würden und heilige Ehren zu ordnen, als ich von Anfang an bestimmt hatte. Denn es war dir das Amt nicht gegeben wie ein ewiges Erbe, vielmehr war es dir auf Zeit verliehen, damit du dafür einen ewigen Lohn empfingest, wenn du es gut verwaltetest. Dazu war dir Gewalt verliehen, daß du weltliche Schätze, Gold und Silber, doch mit Einsicht, hingeben solltest, aber nicht Würden und Ehren meines heiligen Richterstuhles.‹ Wenn das die Prüfung ergibt, daß er mit Einsicht verfahren ist, kann er sich wegen seiner Tätigkeit für glücklich schätzen, doch wird er noch über mehreres befragt werden. Er wird darauf gefragt werden, wie er die Rute der Bestrafung gehandhabt hat, die ihm in die Hand gegeben war, und darauf käme alles an, daß bei der Bestrafung das Recht durchweg gewahrt geblieben wäre, und es ihm nicht so schlimm erginge wie dem Könige Saul, als er die gerechte Bestrafung unterließ, die er nach dem Befehle Gottes an dem Volke hätte vollziehen sollen, das Amalech bewohnte, und als er mit ungerechtem Urteilsspruch den Bischof Abimelech tötete und alle Priester, die in Nobe waren. Aber wenn es dem, der um Rechenschaft befragt wird für solche Bestrafung, so übel ergeht, daß er in eine Schuld wie die Genannten verfiele oder wie Saul gefallen war, da wird er bald folgenden Bescheid hören: ›führet ihn dorthin, wo der König Saul ist oder Herodes oder Nero oder die andern, die ihnen gleich sind, und er möge bei ihnen bleiben, denn er wollte ihnen gleich sein in seinem Grimm.‹ Doch wird es nicht vergessen werden, wenn er in irgendeinem Falle in seinem Urteil oder in der Strafe voller Mitleid gewesen ist. Und wenn es ihm gelingt, durch seine Erklärung sich von Verschuldungen freizuhalten, wie wir sie früher besprochen haben, da dürfte er sich für glücklich halten in bezug auf seine ganze Tätigkeit und würde bald folgende Worte hören: ›du bist willkommen, treuer Knecht und guter Freund; getreulich hast du deine kleine und zeitliche Ehre gehütet; du sollst nun in Freuden eine große, ewige und unveränderliche Ehre dein eigen nennen ohne alle Sorge und Gefahr.‹ Glücklich ist, wer es erlangt, diese Worte zu hören, aber elend der, welcher jene Zornesworte anhören muß, die ich vorher angeführt habe. Und daran darf niemand zweifeln, daß jeder, von dem Rechenschaft verlangt wird für seine Tätigkeit und Verpflichtung, entweder die einen oder die anderen hören muß.

LXX

ABSETZUNG DES BISCHOFS ABIATHA

Sohn: Ich verstehe es wohl, daß der vor eine sehr schwierige Aufgabe gestellt ist, der die Bestimmungen des heiligen Gesetzes zu beobachten hat und Gerechtigkeit in allen Fällen erweisen soll; auch das verstehe ich nun gut, daß der König Salomon sich nicht für die

Schuld zu verantworten brauchte, daß er Joab im Landzelte Gottes tötete, denn er tötete ihn ohne Haß in gerechter Bestrafung, nicht wie Kain seinen Bruder Abel mit Haß, und daß das Landzelt Gottes durch das Blut Joabs nicht befleckt wurde; denn es wurde ohne Haß vergossen, aber mit dem Blute Abels wurde die Erde befleckt, weil es mit Haß vergossen wurde. Es ist mir das ganz klar, der Haß verursacht Befleckung und Sünde, aber nicht die Strafe.

Was Ihr aber über die beiden Hallen sagtet, die sich Gott auf der Erde heiligt, da ist einiges, worüber ich fragen möchte. Ihr sagtet, in der einen Halle stehe der Richterstuhl Gottes, das habt Ihr mir nun erklärt und ebenso, was den Hüter betrifft. Ferner sagtet Ihr, daß in der andern Halle der Tisch Gottes stehe, von dem das Volk Gottes geistige Nahrung empfangen soll. Dann sagtet Ihr, der Bischof sei zu seinem Hüter eingesetzt. Deshalb will ich Euch nun fragen: mit welchem Recht nahm König Salomon dem Bischof Abiathar das Amt ab, in das er eingesetzt war, diese Halle zu verwalten, von der wir nun sprachen, und zwar in so drückender Weise, daß er niemals mehr von da an seine Hand nach dem bischöflichen Amte ausstrecken sollte, vielmehr sollte er immer später leben wie irgendein Ackermann und Bauer. Nun war ich der Meinung, daß keiner von beiden berechtigt sei, dem andern das Schutzamt abzunehmen, in das er eingesetzt war, und deshalb möchte ich hier eine erklärende Antwort haben, die mir es deutlich macht, wieso König Salomon den Bischof Abiathar von seinem Amte absetzen konnte ohne Strafe von Gott.

RECHTE DES KÖNIGS UND DES BISCHOFS

Vater: Ich wies dich darauf hin, daran zu denken, daß die zwei Hallen beide Häuser Gottes sind; beide, der König wie der Bischof, sind Diener Gottes und Verwalter dieser Häuser, aber sie besitzen sie nicht in dem Sinne, daß sie etwas von ihnen entfernen könnten, das ihnen von Anfang an zugewiesen war. Nun darf der König nichts dem Hause entziehen, über das der Bischof gesetzt ist, denn keiner von beiden soll den andern berauben, es soll kein Beutemachen zwischen ihnen stattfinden, denn einem nur, und das ist Gott, gehören beide, jeder hat dem andern beizustehen. Ferner habe ich dir gesagt, daß Gott dem Könige eine Zuchtrute in die Hand gegeben hat und ebenso dem Bischof. Aber die Zuchtrute, die dem Könige in die Hand gelegt wurde, ist ein zweischneidiges Schwert. Mit dem Schwerte ist er verpflichtet, jeden tödlich zu treffen, der dieser heiligen Halle, deren Hüter er ist, etwas entziehen will. Deshalb aber ist das Schwert des Königs zweischneidig, weil er ebenso verpflichtet ist, die Halle zu schützen, über die der Bischof gesetzt ist, wenn es der Bischof mit seiner Zuchtrute nicht vermag. Aber die Zuchtrute, die der Bischof hat, soll er in seinem Munde führen; er soll mit Worten schlagen und nicht mit dem Arm wie der König. Und dies ist der Schlag, den der Bischof schla-

Schwarze Kunst in den Nordreichen:
Drei Knoten an einem Riemen versprechen günstige Winde

gen soll, wenn jemand die Ehre der heiligen Halle, deren Hüter er ist, verletzen will, da soll er ihm den Tisch verbieten, der in das heilige Haus gestellt ist, und die heilige Nahrung, die er von diesem Tische empfangen soll.

Als König Salomon den Bischof Abiathar von der bischöflichen Würde und dem Amte absetzte, da sagte er, seine Schuld setze ihn ab und nicht er. Weil Abiathar den König David durch sein Urteil seines Thrones berauben wollte, ehe Gott ein Urteil über ihn gesprochen hatte, und weil er einen andern König über den Kopf Davids bei dessen Lebzeiten erwählt hatte, da war es gerecht, daß er sein bischöfliches Amt einbüßte, denn er wollte David seines königlichen Sitzes berauben. Dagegen war die Schuld Sauls eine schwere, als er den Bischof Abimelech tötete und alle die Priester, die in Nobe waren, denn das tat er ohne gerechte Ursache. König Salomon aber wäre ohne Strafe geblieben, wenn er den Bischof Abiathar getötet hätte, weil er der Halle Gottes den Herren rauben wollte, den Gott selbst zum Hüter eingesetzt hatte auf seinen heiligen Richterstuhl. Der Bischof Abiathar hatte nicht das Recht, jemanden einzusetzen oder jemanden wegzuschaffen, wie sich dann zeigte. Denn David wählte den zum Könige für seinen Thron, den er wollte, aber die Wahl, die Abiathar vornahm, war zu nichts nütze. Abiathar war so zu seiner bischöflichen Würde gekommen, daß David ihn dazu erhoben hatte.

Du sollst dir das klar sein lassen, welcher Unterschied ist in dem Wirken des Königs und des Bischofs. Der Bischof ist dazu bestimmt, ein Meister und Lehrvater und ein Ratgeber für den König zu sein, der König aber, ein Richter zu sein und ein harter Herr in aller Bestrafung, allen denen zu vollem Schrecken, die unter ihm stehen. Und doch hat der Bischof nicht weniger eine strafende Rute in der Hand als der König. Aber der Unterschied ist bei dem Schwerte, das der Bischof hat, gegenüber dem des Königs, daß das Schwert des Königs immer beißt, wenn damit geschlagen wird, und zu schwerem Schaden beißt, auch wenn es nicht mit Gerechtigkeit geschwungen wird, aber es dient dem Getroffenen zum Vorteil, wenn es mit Gerechtigkeit geschwungen wird. Das Schwert des Bischofs aber beißt nicht, außer es wird gerechterweise damit geschlagen. Wenn er in ungerechter Weise damit zuschlägt, da entsteht ein Schaden für den, der es schwingt, aber nicht für den, der getroffen werden soll. Wenn aber der Bischof in gerechter Weise schlägt, dann beißt es noch schmerzlicher als das Schwert des Königs. Wir wollen dir aber diese Dinge später noch genauer erklären, wenn es dir gut scheint ...

87 | *Lebenstätigkeiten* die beiden Wörter ***iprótt*** und ***sidr*** werden fortwährend gebraucht. Beide haben neben einem prägnanten Sinn auch eine unbestimmtere Bedeutung. ***sidr*** kann in streng ›sittlichem‹ Sinne gebraucht sein, daneben aber auch Gewohnheit, Lebensart, ganz allgemein das Verhalten in der Beziehung zur Umgebung bezeichnen. Je nach dem Zusammenhang mußten verschiedene deutsche Ausdrücke gewählt werden. Bei ***iprótt*** wird gewöhnlich an besondere Tüchtigkeit in irgendeiner Betätigung gedacht, doch kann dieser prägnante Sinn fehlen, so z. B. hier im Prolog, wo in der Not zu dem schwerfälligen ›Lebenstätigkeit‹ gegriffen wurde. Die Schwierigkeit liegt darin, daß bei der allgemeinen, unbestimmteren Anwendung der beiden Wörter die prägnante doch immer leise mitklingt.

88 | *Bonden* die vollfreien Bauern Norwegens

90 | *niedergeschrieben wird* gemeint: als das meine

93 | *Hauptweisheitslehrer* der wegen seiner Weisheit berühmte biblische König Salomo
das ist der Anfang der Weisheit Sprüche Salomonis 1, 7 (vgl. Psalm 110, 10)
liebe du Gott von deinem ganzen Herzen Lukas 10, 27

95 | *in heidnischen Ländern* gemeint sind die heidnischen Länder an den Ostseeküsten.

97 | *Kaufstadtrecht* die alte Bezeichnung ›Recht der Birkeninsel‹ wird im 13. Jahrhundert allmählich durch ›Stadtrecht‹ ersetzt.

99 | *Belichtung der Luft* ergänze: in den verschiedenen Jahreszeiten
königliche Gefälle z. B. Strafgelder, die zwischen dem König und dem Kläger geteilt werden.

99 f. | *den Winter über stehen* gemeint: im Schiffsschuppen

100 | *auf die Rollen kommt* auf denen es an Land gezogen wird

101 | *Wadmel* der im Land erzeugte Wollstoff, der gewöhnlich als Wertmesser herangezogen wurde.

104 f. | *von den winterlichen Sorgen zu lassen* die gute Jahreszeit ist unter dem Bild eines heiteren Sommertages vorgestellt. Für den Sommer schließen die Winde einen Friedensbund miteinander, auf den im folgenden mehrfach hingewiesen wird (vgl. das winterliche Gegenbild Kapitel XXII).

107 | *den geschlossenen Bund* den Bund der Winde

108 | *in dem Zwiste unter den Gebietern* während der Winterszeit

111 | *zwei Taghälften* der Tag zerfällt in zwei Taghälften zu je zwölf Stunden.

112 | *alle Horizontabschnitte* die Himmelsrichtung auf der hohen See wurde zunächst nach dem Polarstern bestimmt, doch verstand man auch am Tage die Sonne zu benutzen. Den Kompaß, der im Laufe des 13. Jahrhunderts im Norden bekannt wurde, erwähnt der Königsspiegel noch nicht.
das Hundert zu 120 gerechnet neben dem alten Hundert zu 120 kommt unter fremdem Einfluß das Hundert zu 10 × 10 auf.
der übrigen Rechnung nämlich 360

113 | *Wachstums der Sonne* mit ›Wachstum‹ und ›Zunehmen‹ der Sonne bezeichnet der Verfasser das Zunehmen des Tageslichtes, das Höherrücken des Bogens der scheinbaren Sonnenbahn innerhalb des Jahres (dem dann natürlich ein Absinken folgt) mit den entsprechenden Verrückungen der Orte des Auf- und Unterganges.
Ostenta Minuten
ein Zwölftel von diesem kleinen Zeitabschnitt also $5\,{}^{11}\!/_{12}$ Minuten

115 | *der Erdkreis kugelförmig* der Verfasser spricht von der Erde bald als von einem Kreis, bald als von einer Kugel.

116 | *Halogaland* die nördlichste Landschaft an der Küste Norwegens
Andarnes Andenes, Nordspitze von Andö

119 | *Wasserberge* gemeint sind die sogenannten ***hafgerdingar***, die unten vom Vater beschrieben werden. Ein Mann von den Hebriden, der 986 nach Grönland reiste, dichtete eine ***Hafgerdingadrápa***, von der ein paar Zeilen erhalten sind.

120 | *eine kleine Schrift* der Brief des Priesters Johannes an den byzantinischen Kaiser Manuel Kommenus (1143 bis 1180).

123 | *Möre* eine Landschaft an der Westküste Norwegens; hier ist der südliche Teil gemeint.

124 | *Wale* da es auch für den Fachmann nicht möglich sein dürfte, für die berühmte Aufzählung der Wale überall deutsche Bezeichnungen einzusetzen, hat der Übersetzer die nordischen im Text beibehalten.
hnydingar möglicherweise: Grindwal

125 | *hnisa* Tümmler
leiptr eine Delphinart
vognhvalr Schwertwal
andhvalr Entenwal
svínhvalr ungeklärt
hrafnhvalr ungeklärt
hvítingr Weißwal
skjaldhvalr ungeklärt
geirhvalr vermutlich Balaenoptera acutorostrata
bardhvalr Pottwal
fiskreki Kollektivname für fischejagende Wale

126 | *verboten, auf ihn Jagd zu machen* das Verbot galt nur während der Zeit der Heringsfischerei (Landrecht des Königs Mágnus Hákonarson VII, 64, 8).

búrhvalr möglicherweise: Buckelwal
sléttibaka Nordwal
hafrkitti eine nördliche Haiart

127 | ***hrosshvalr*** Walroß
raudkembingr ungeklärt, jedenfalls phantastisch übertrieben
náhvalr Narwal

128 | ***skeljungr*** eine Art der Buckelwale
nordhvalr Grönlandwal

129 | ***sein Magen ist rein und leer*** da sich der Wal nur von den kleinsten Tieren, besonders der Ruderschnecke nährt, findet man im Magen nur eine gelatineartige Masse.
reydr ein Kollektivname

130 | ***hafgufa*** ein Fabelwesen

132 | ***Dialogus*** der berühmte Dialog Gregors des Großen, verfaßt gegen Ende des 6. Jahrhunderts. Er wurde schon im 12. Jahrhundert ins Isländische übersetzt. Die angesprochene Stelle findet sich im vierten Buch.

137 | ***Fürst des Todes*** so wird der Teufel genannt, weil durch seine List der Tod in die Menschheit gekommen ist, Weisheit Salomonis 2, 24.
aber er hatte nur dazu Erlaubnis erhalten Hiob 1, 12

138 | ***mit dem Körper Hiobs*** Hiob 2, 6

139 | ***raudi*** Sumpfeisen; es war reichlich in den Mooren Islands vorhanden und wurde in alter Zeit auch zur Herstellung eines minderwertigen Eisens verwendet. Zur Zeit des Verfassers glaubte man offenbar, daß das Sumpfeisen verschwinden könne.
Bierquellen eine Art Mineralquellen

140 | ***Hitardalr*** Tal im westlichen Island; die dort einst vorhandene Mineralquelle ist längst versiegt.
Irland bisher ist es nicht gelungen, die Quelle für den Abschnitt über Irland, der ja wesentlich nur eine Reihe von

phantastischen Beschreibungen und Wundergeschichten bringt, nachzuweisen. Die ›Topographia Hibernica‹ des Giraldus Cambrensis, die 1188 veröffentlicht wurde, bringt einiges, das mit dem Königsspiegel übereinstimmt, ist aber nicht benutzt worden.

142 | *Logheehag* Lougneagh in Ulster
acrifolium Stechdorn, -eiche, -palme

143 | *Bladma* Sliabh Bladhma (Slievh Bloom) zwischen Kings- und Queenscounty

144 | *Logri* Lough Ree, zwischen Roscommon, Langford und Westmeath counties
Männer reinen Lebens Männer des mönchischen Lebens

145 | *Loghœrne* Lough Erne, Fermanagh county
Kertinagh Insel mit dem sogenannten purgatorium L. Patricii; man nimmt an, daß es vielmehr im Lough Derg nördlich vom Lough Erne (Donegal county) liegt.

147 | *Inisclodran* Iniscloghran im Lough Ree
Diermicius St. Diarmitius, Diarmid
Kewinus St. Kevinus
Glumelaga Gleanndaloch, Glendalough

148 | *Themar* Teamhar, der Sitz des irischen Oberkönigs, das heutige Tara (county of Eastmeath).

150 | *Patricius* St. Patrick, der Schutzpatron Irlands

151 | *gelt* eine mehrfach vorkommende Bezeichnung für Sinnesverwirrung durch Angst oder Schrecken. Das Wort stammt aus dem Irischen und bedeutet: wild, rasend.
Cloena Cluan mac nuais, Clonmacnoisa mit dem Heiligtum des St. Ciaran (Kings county).

156 | *hafgerdingar* bezeichnet eine über das Meer hin sich bildende Sperre. Das Wort findet sich im Titel eines Gedichts aus dem 10. Jahrhundert (vgl. Anm. S. 119). Man nimmt an, daß der im Königsspiegel natürlich phantastisch gesteigerten

Schilderung ein wirklicher Vorgang zugrunde liegt, der durch ein Meerbeben hervorgerufen wird.

158 | ***falljoklar*** Fallgletscher, Eisbrecher, die aus dem Gletschereis abbrechen.
náselar gemeint wahrscheinlich: der Seehund
œrcuselar Kegelrobbe
flettoselar phoca groenlandica, Seehundart
granselar phoca barbata, Seehundart

159 | ***opnoselar*** phoca groenlandica, Seehundart
skemmingr Ringelrobbe
rostungr Walroß

161 | ***svardreip*** Tau aus Haut; die Taue aus Walroßhaut dienten vor allem als Schiffstaue.
daß nur wenige die Größe des Landes kennen d.h. niemand; eine solche Milderung ist auch im Mittelhochdeutschen üblich.

167 | ***das leere Meer*** der Verfasser nimmt hier die Vorstellung von dem den Erdkreis umgebenden Meer auf. Es heißt ›das leere Meer‹ im Gegensatz zu dem Meer, das die von den Menschen bewohnten Festlande und Inseln enthält.

168 | ***Fensterhaut*** Glas kam spät nach dem Norden; man benutzte stattdessen durchsichtige Tierhäute.

170 | ***und hier niedergeschrieben ist*** Zusatz, der in einigen Handschriften fehlt.

173 | ***drei hinderliche Wege*** nach alten Vorstellungen drei am Himmel gedachte Streifen.

179 | ***einem gefährlichen Gericht ausgesetzt*** ohne die Möglichkeit der Beichte

187 | ***húskarlar*** Leute, die den Treueid in die Hand des Königs geleistet haben.

188 | *Handelsreisen nicht unternehmen können* König Hákon Hákonarson verbot Leuten, die nicht ein bestimmtes Vermögen nachweisen, die Handelsfahrt. Das Verbot wurde später ins Landrecht aufgenommen.

189 | *Untertanenbuße* sie betrug ursprünglich 40 Mark, wurde von Hakon Hakonarson auf ein Drittel, d. h. 13 Mark 8 Ertog herabgesetzt.

192 | *Begabungen* gemeint sind Landbegabungen; der Wert wurde durch den Pachtertrag bestimmt.

202 | *Strümpfe und Schuhe* Langstrümpfe aus Leder trug man besonders beim Reiten ohne Schuhe.
Rock unter dem Rock trug man das Hemd, so daß man gelegentlich den Rock nicht anzog.
Leder zu Strümpfen vgl. Anm. Strümpfe und Schuhe
Scharlach gemeint: feines, ausländisches Tuch, nicht nur rot, sondern auch grün oder blau.
Hemd das Hemd wurde gewöhnlich über den Hosen getragen.

205 | *dem Könige zur Hand gehen* den Treueid in die Hand des Königs leisten.

206 | *lieber ohne Mantel* nach dem Saxo grammaticus stammt diese neue Sitte aus Deutschland.

207 | *guten Schutz gegen heimlichen Trug* Anspielung auf Eyvindr, der sein Schwert unter dem Mantel versteckt hielt, vor König Knut trat, den Mantel zurückwarf und den König durchstach.

210 | *sieben Götter* gemeint die sieben römischen Wochengottheiten

216 | *skjadak* lolium temulentum, ein Unkraut, das sich leicht mit dem Korn vermengt und dann Krankheiten hervorrufen kann.

220 | *daß alle zugleich mit der Würde und dem Namen eines Königs geschmückt werden* so geschah es nach dem alten Königsrecht.

223 | *verschwägerte Frauen* eine verschwägerte Frau zu heiraten war nach den Geboten der Kirche und nach dem Landrecht verboten.

236 | *Buckler* ein kleinerer Rundschild; die Bezeichnung stammt aus dem Deutschen.

237 | *den Stein zu schleudern* das Steinschleudern ist eine alte germanische Kraftübung.

239 | *Stoßbalken* Balken mit Eisenspitzen
Flintsteinstäbe altertümliche Waffe; ein Stab, an dessen Spitze ein scharfer Feuerstein befestigt ist.

240 | *Brünnen aller Art* Brünnen sind das Ringgeflecht aus Metall.
Panzer Panzer wurden aus Leinen angefertigt.

241 | *das Pferd soll man so sichern …* die ganze folgende Schilderung entspricht nicht der altnorwegischen Wirklichkeit, wo die schwergerüsteten Reiter im Kampf überhaupt nicht verwendet werden konnten. Das Idealbild ausländischer, schwerbewaffneter Ritter steht hinter diesen Angaben.

246 | *Panzerdornbusch* Waffe, die sich mit ihren Dornen in die Brünnen einhakt.

248 | *krummer Schildriese* man nimmt an, daß hiermit eine Vorrichtung zum Schleudern des griechischen Feuers gemeint wird. Den Namen kann der Verfasser nicht erfunden haben. Übertreibende Erzählungen von Männern, die im byzantinischen Kriegsdienst gewesen waren, könnten zugrunde liegen.

258 | *als Josef nach Ägypten verkauft wurde* Genesis 39

261 | *Scirus* der Perserkönig Kyrus
Christo meo Sciro … Mein Gesalbter Scirus, den ich bei seiner rechten Hand ergreife, daß ich die Heiden vor ihm unterwerfe und den Königen das Schwert abgürte, auf daß vor ihm die Türen geöffnet werden und die Tore nicht verschlossen bleiben. Jesaja 45, 1.
Assverus diesen Namen hat die Vulgata an dieser Stelle.
auf eine lange Heerfahrt der Verfasser hat den kurzen Bericht der Bibel erweitert und umgebildet. Die Bibel weiß von dieser Heerfahrt nichts, auch nichts von dem Festmahl der Königin.

263 | *Mardocheus zu hängen gedachte* Buch Esther 5, 14

272 | *den Namen Gottes selbst* gemeint die Bezeichnung ›Herr‹
das Maul des Fisches Matthäus 17, 26
ein Herr über alle seine Apostel Petrus, als erster Bischof von Rom

273 | *der Herr herrscht über das Himmelreich …* Psalm 115, 16

274 | *fürchtet Gott und ehret euern König* 1. Petrus 2, 17

276 | *vier Schwestern* Anspielung auf die im Mittelalter beliebte Legende von den vier Töchtern Gottes. Der Verfasser kommt mehrmals auf die vier Schwestern zurück.

277 | *Friedfertigkeit* hier zu verstehen als ›Friede‹ im Rechtssinn als Sicherung der Person und ihrer Freiheit.

280 | *Diebstahl und begehrlichen Raub* Diebstahl und Raub werden rechtlich unterschieden. Beim Raub braucht aber Gewalt nicht angewendet zu sein; jede offene, widerrechtliche Aneignung gilt als Raub.

281 | *Odel* Landbesitz, hier: der Besitz des Paradieses
Friedloser außerhalb des Rechtsfriedens stehend

286 | *Lucifer genannt* Jesaja 14, 13

288 | ***die Schlange mit einem Mädchenangesicht*** so lautete die weitverbreitete mittelalterliche Anschauung.

291 | ***dich siegend überwinden*** gemeint: die Jungfrau Maria
einer von seinen Söhnen die biblische Geschlechterfolge führt Jesus von Nazareth in direkter Linie auf Adam zurück.
ein dürrer Baum gemeint: das Kreuz von Golgatha

299 | ***er wolle seinen Sitz ebenso hoch setzen*** Jesaja 14, 13

301 | ***einige bekommen nur eine einzige dieser Gaben*** frei nach 1. Korinther 12, 8 ff.

304 | ***Abiron und Dathan*** Numeri 16; Psalm 105, 17
die Leute, welche die Stadt Jericho Buch Josua 6

305 | ***Amalek*** 1. Samuelis 15

306 | ***Bischof Aaron und Ur*** Exodus 32; Hur (Exodus 17, 10) wird an dieser Stelle nicht erwähnt.
und bereuten innigst ihren Frevel Exodus 32, 22; in der Bibel ist nicht davon die Rede, daß Aaron Reue zeigte.
nach dem Tode des Urias 2. Samuelis 11, 12

307 | ***da nahmen sie eine Frau*** Johannes 8, 3 ff.
der Apostel Petrus hatte mit übergroßen Worten Matthäus 26, 33 ff. und 69 ff.

308 | ***kam dem einen von ihnen die Reue*** Lukas 23, 42 und 43, 1 ff.

311 | ***da versündigte sich fast das ganze Volk*** Exodus 32

313 | ***er schickte den Propheten Jonas*** Buch Jonas 1–3
Ezechias 2. Könige 20, 1–6; vgl. Jesaja 38, 1 ff.

315 | ***Lazarus*** Johannes 11, 1 ff.

317 | ***immer werde ich meinen Herrn*** Psalm 15, 8.

318 | ***stiege ich auch zu den Himmeln auf*** Psalm 138, 8 ff.

320 | *verleihe mir die sieben Hauptgaben* Weisheit Salomonis 9, 5

327 | *welche die Weisheit selbst gesagt hat* obwohl sich in diesem Hymnus der Weisheit, der ganz der mittelalterlichen Tradition entspricht, zahlreiche Anklänge an biblische Vorlagen finden, ist der Wortlaut doch mit großer Freiheit gestaltet.

329 | *und verurteilten mich zum Tode* Christus wird als die Sapientia dargestellt. Er steigt zur Hölle hinab, zerbricht ihre Tore und führt die Gerechten als Heerbeute fort.

332 | *Es war einmal ein König …* eine Quelle für die folgende Geschichte war bislang nicht nachzuweisen.

337 | *Stephanus* die Legende vom Athener Stephanus findet sich in der ›Legenda aurea‹.

340 | *zu der Königin* gemeint die heilige Jungfrau

345 | *sein Geld … einzuziehen* es handelt sich um den Anteil des Königs an den Strafgeldern bei Verletzung des Rechtsfriedens.

347 | *es sollte niemand seinen Vater … verschonen* Exodus 32, 27

349 | *David fragte den Mann* 2. Samuelis 1, 5 ff.; vgl. 1. Samuelis 31, 4
darauf befahl David 2. Samuelis 4, 12

350 | *daß Gott sagte, er bereue es* 1. Samuelis 15, 11

353 | *daß Urias selbst mit seiner Frau verkehrte* 2. Samuelis 11, 8 ff.
meine Sünde ist so schlimm … 2. Samuelis 12, 13; dort auch das folgende.

355 | *gegen Amalech und Amorea* 1. Samuelis 15, 4 ff.

358 | ***und als der König merkte*** 1. Samuelis 16; die ganze folgende Passage bezieht sich auf 1. Samuelis 16 bis 26.

364 | ***da ich weder meinen Vater … zu rächen habe*** charakteristischer nordischer Zusatz, von dem die Bibel nichts weiß.

367 | ***und dafür gibt es noch ein Zeugnis*** 2. Samuelis 1, 21

368 | ***Absalon, der Sohn Davids*** 2. Samuelis 15; siehe auch das folgende bei 2. Samuelis 18 und 24.

370 | ***wie zwei Frauen*** 1. Könige 3

372 | ***als Semei David verfluchte*** 2. Samuelis 16, 7

373 | ***David aber antwortete*** 2. Samuelis 19, 23; der Schluß der Antwort ist eine Erfindung des Verfassers.
und als er nach dem Tode Davids … 1. Könige 2, 36 ff.; die ganze folgende Passage bezieht sich auf 1. Könige 1 und 2.

374 | ***nun liegt eine zweifache Schuld*** Psalm 7, 17

375 | ***wie der fiel, der zuerst*** gemeint: Lucifer

385 | ***Herodes in Galilea*** Markus 6, 21 ff.

389 | ***als König Salomon Joab … töten ließ*** 1. Könige 2, 31
als er Opfer brachte 1. Samuelis 13, 9 ff.

390 | ***Aaron die Aufsicht über die Opfer*** Exodus 28, 1 ff.
der König soll körperlich d. h. in diesem Leben

395 | ***wieso König Salomon den Bischof Abiathar***
1. Könige 2, 27

NACHWORT

von Rudolf Meissner

Sobald im 17. Jahrhundert das wissenschaftliche Interesse im Norden sich der eigenen Vergangenheit zuwandte, wurde auch schon dem norwegischen Königsspiegel besondere Aufmerksamkeit geschenkt. Begreiflicherweise war es zunächst das Stoffliche, mit dem man sich beschäftigte, vor allem die Beschreibungen von Island, Grönland und Irland, die Nachrichten über die umgebenden Meere, die Aufzählung der Walfisch- und Robbenarten u. ä. Im Jahre 1768 erschien die erste Ausgabe des Königsspiegels, eine für die Zeit beachtenswerte Leistung.* Der Herausgeber Hálfdan Einarsson (1732 bis 1785) war Rektor der Lateinschule in Hólar, bekannt durch seine Sciagraphia historiae Islandicae (Kopenhagen 1786), einen mit Sorgfalt abgefaßten Grundriß des isländischen Schrifttums. Hálfdan Einarsson ist zwar auf dem Titelblatt als der alleinige Herausgeber bezeichnet, ein großes Verdienst bei der Ausgabe gebührt aber dem berühmten Rechtsgelehrten und Oberbibliothekar der Königlichen Bibliothek in Kopenhagen Jón Eiríksson (1728 bis 1787), der den Druck des Buches besorgte und ausführlich über die Entstehung der Ausgabe und seine eigene Arbeit Rechenschaft abgelegt hat. Der norwegische Text wird begleitet von einer lateinischen und einer dänischen Übersetzung. Erstere, die sehr frei ist, rührt von Hálfdan Einarsson her. Vortrefflich aber ist die dänische Übersetzung von Jón Eiríksson und lesenswert der Abschnitt seiner Einleitung, in dem er die Grundsätze auseinandersetzt, die ihn dabei geleitet haben. Dieser Einleitung geht eine lateinische Rede voraus, die Finnur Jónsson (1704 bis 1789), der Verfasser der isländischen Kirchengeschichte, im Jahre 1766 gehalten hatte. Während Jón Eiríksson für die sprachliche Eigenart des Königsspiegels offenbar ein gewisses Ver-

** Kongs-skugg-sio utlögd a Daunsku og Latinu. Det kongelige Speil … udgivet af Hálfdan Einersen, Sorøe 1786.*

ständnis besitzt, begnügt sich der Bischof in seiner Rede mit einer Inhaltsangabe und ergeht sich dann in Vermutungen über die Abfassungszeit des Königsspiegels und die Person des Verfassers. Eine zweite dänische Übersetzung von F. Magnusen (1811) verzeichnet Möbius in seinem Catalogus librorum isl. et norveg. (1856) S. 122. Im Jahre 1848 gaben die Norweger R. Keyser, P. A. Munch und C. R. Unger den Königsspiegel heraus und ließen dabei schon im Titel ihre Ansicht über die Abfassungszeit erkennen: Speculum regale. Konungs-Skuggsjá. Konge-Speilet, et philosophisk-didaktisk Skrift, forfattet i Norge mod Slutningen af det XII. Aarhundrede ... Christiania 1848. In der Ausgabe von O. Brenner (1881) ist die in Norwegen im letzten Viertel des 13. Jahrhunderts geschriebene, leider lückenhafte Haupthandschrift wortgetreu abgedruckt, die Lücken sind durch jüngere Handschriften ausgefüllt, aber im Druck kenntlich gemacht. Das Oldskrift-Selskab in Kopenhagen hat dann durch Finnur Jónssen eine kritische Ausgabe des Königsspiegels veranstaltet, die 1920 bis 1921 in Kopenhagen erschienen ist. Finnur Jónsson veröffentlichte 1926 eine dänische Übersetzung nach seinem Texte. Zu erwähnen ist noch eine englische Übersetzung: The kings mirror translated by L. M. Larson (New York 1917) und eine Umsetzung in Landsmaal: Kongespegelen, umsett fraa gamalnorsk ved K. Audne. Oslo 1913.

Die früher vertretene Ansicht, daß der Königsspiegel im 12. Jahrhundert entstanden sei, ist jetzt allgemein aufgegeben. Der Königsspiegel gehört in das 13. Jahrhundert. Er ist jünger als die alte Übersetzung historischer Bücher des Alten Testaments, die in der sogenannten Stjórn enthalten ist. Dieser Teil der Stjórn wird in die ersten Jahrzehnte des 13. Jahrhunderts gesetzt (Finnur

Jónsson, Litt. historie 2, 975). Und der Königsspiegel ist ferner älter als die Hirdskrá, das Rechtsbuch der königlichen Gefolgschaft *(hird)*, und als das Landrecht des Königs Magnús Hákonarson. Die uns erhaltene Fassung des Hirdskrá ist etwa zwischen 1273 und 1277 anzusetzen, indessen ist es natürlich möglich, sogar wahrscheinlich, daß die von König Magnús gegebenen Bestimmungen in eine schon vorhandene Hirdskrá eingearbeitet sind.

Die Hirdskrá wird wie der Königsspiegel von dem Gedanken des Königs Hákon Hákonarson (1217 bis 1263) beherrscht, die königliche Gefolgschaft, die ursprünglich nichts als eine ausgesuchte, stets schlagfertige, unverbrüchlich treue Haustruppe war, zu einem ›Hofe‹ im Sinne der westlichen und südlichen Reiche umzubilden; in beiden wird daher besonderer Wert auf das äußere Verhalten und das gesittete Benehmen der Gefolgschaftsleute gelegt. Es fehlt auch nicht an wörtlichen Anklängen. Über das Verhältnis der Hirdskrá zum Königsspiegel finden sich treffende Bemerkungen schon in der Ausgabe des Königsspiegels von 1768. Im Königsspiegel wie in der Hirdskrá wird betont, daß das Verhalten des Königs und seiner Gefolgschaft vorbildlich für das ganze Land, zunächst für die höhere Schicht der Bevölkerung sein soll. Diesem Grundgedanken gerade in Norwegen Geltung zu verschaffen war gewiß eine schwere, kaum lösbare Aufgabe, und die Bemühungen des Königs Hákon werden gerade in der Gefolgschaft auf Widerwillen gestoßen sein. Das Landrecht des Königs Magnús Hákonarson (1263 bis 1281) übernahm aus dem Königsspiegel die Vorstellung von den vier Töchtern Gottes, die bei jedem gerechten Urteil mitwirken müssen (Kapitel IV). Vor allem aber ist die Auffassung des Königtums im Landrecht die gleiche wie im Königsspiegel, der den

König im ganzen letzten Teil als den obersten Richter zeigt. Diese Vorstellung ist dem alten norwegischen Rechte ganz fremd, aber im Landrecht deutlich ausgesprochen. Hier steht der bedeutsame Satz: *hann* (der König) *er yfir login skipadr;* der König ist über das Gesetz gestellt.

Die Schilderung des Lebens am Königshofe im Königsspiegel ist wohl mehr ein Wunschbild als ein Abbild der Wirklichkeit. Der Gefolgschaftsmann, wie er nach den Lehren des Vaters sein soll, entspricht durchaus dem Ideal, das dem Könige Hákon vorschwebte. Das ist nicht mehr der kriegerisch rauhe und trunkfeste *hirdmadr* der früheren Könige, sondern der gesittete, ritterliche, sich zierlich benehmende Mann nach den Vorschriften der höfischen Kultur des Auslandes, einer Kultur, der Norwegen sich nach der Ansicht des Königs nicht entziehen durfte, wenn es den Rang innerhalb der Mächte einnehmen sollte, der dem Lande nach seiner Stärke gebührte. *sidsemd* und *kurteisi (hæverska)* sind Schlagwörter im Königsspiegel wie in der Hirdskrá. Damit steht natürlich nicht im Widerspruch, daß der Vater von diesem verfeinerten *hirdmadr* die volle Waffentüchtigkeit verlangt. Ein nach den Zuständen des Auslandes aber entworfenes Wunschbild ist dabei wiederum der mit der Stoßlanze kämpfende Ritter. Denn Reiterei als Kampftruppe, die im Auslande die Schlachten entschied, war in Norwegen kaum zu brauchen, mochten Reiter auch sonst militärische Verwendung finden, wie unter Hákon auf seinem Vermelandzuge (1225).

Majestät und mystische Weihe, wie sie die Herrscher des Auslandes besaßen, das Gottesgnadentum, wollte Hákon auch dem norwegischen Königtume und ihm damit auch eine erhöhte staatsrechtliche Stellung erwerben. Für sich wie für seinen Sohn erwirkte er Krönung und Salbung durch die Kirche, und zwar durch einen päpstlichen Legaten, und scheute dabei beträchtliche Opfer nicht. Die Salbung hat nach norwegischem Recht keine staatsrechtliche Bedeutung, sie ist ungermanisch, alttestamentarisch. Der Königsspiegel aber gibt dem Königtum mystische Weihe (Kapitel XLIII). Der Verfasser des Königsspiegels leiht dem Könige absolute Gewalt (Kapitel XLIII) (ein Anspruch, der allerdings bis auf die Zeit des Königs Harald *hárfagri* zurückgeht). Christus selbst, obgleich Gott, beugt sich in seinem irdischen Leben vor dem Kaiser, indem er ihm Zins zahlt. So steigert der Königsspiegel den stolzen Königsgedanken Hákons ins Ungemessene.

Die Sprache des Königsspiegels setzt ebenfalls Bestrebungen des Königs Hákon Hákonarson voraus, der wie seine Zeitgenossen den ritterlichen Romanen des Auslandes Erziehungswert im höfischen Sinne beimaß und deshalb Übersetzungen dieser Dichtungen anordnete oder beförderte. Bei der Übertragung in die Sagaform wurde wohl die poetische Form aufgegeben, nicht aber die Gehobenheit der Sprache. Damit trat diese Sprache in bewußten Gegensatz zur Sagaprosa, die jeden poetischen Ausdruck, jedes schmückende Epitheton grundsätzlich meidet. Strebt die Sagaprosa zur Strenge und Prägnanz, so die norwegische Übersetzungsprosa zur Fülle und zum Reichtum des Ausdrucks und einer gewissen Lässigkeit ohne Scheu vor Wiederholungen; ist jene ruhig und kühl, so ist diese erregt und warm und steht unter dem Einfluß des gehobenen geistlichen Stils, z. B. in der reichlichen Anwendung der Paarformeln. Man darf sie wohl die norwegische Hofsprache nennen, denn für die Umgebung des Königs sind die von ihm angeordneten Übersetzungen zunächst bestimmt. Es handelt sich hierbei aber mehr um ein Streben, als daß eine wirklich feste Sprachform erreicht worden wäre. Die handschriftliche Überlieferung bewirkt dann wiederum eine Angleichung mit dem hergebrachten Stil, nur norwegische Handschriften gestatten es, die Besonderheiten der höfischen Prosa zu studieren.

Die norwegische Hofsprache gewährt der Subjektivität eine Freiheit, die in der strengen Sagaprosa unmöglich ist; dieser Freiheit verdanken wir im Königsspiegel Ausbrüche einer tiefen dichterischen Empfindung, einer schwärmenden Phantasie, denen das gesamte Mittelalter nichts auch nur ähnliches an die Seite stellen kann und die uns darüber hinwegsehen lassen, daß die Fülle der Rede gelegentlich zur lästigen Breite wird. Es ist nicht Ungeschick, sondern Absicht, wenn sich der Verfasser behaglich gehenläßt, so daß auch gelegentlich Anakoluthe entstehen. Im Deutschen der Gegenwart würde auch das unbekümmerte Wiederholen desselben Wortes als widrig empfunden werden. Ein krasses Beispiel findet sich am Schlusse des Kapitels LVI, wo das Wort *rœda* innerhalb weniger Zeilen siebenmal wiederholt wird. Es ist für den Isländer Finnur Jónsson charakteristisch, der an die strenge Zucht der Sagaprosa gewöhnt war, wenn er im Vorwort zu seiner dänischen Übersetzung des Königsspiegels sagt: ›man wird sehen, daß der Text voll ist von überflüssigen Worten und Sätzen.‹ Die lässige Schreibweise zeigt sich auch in der bequemen und immer wieder angewandten Anknüpfung der Sätze mit *en* oder *ok*.

Dürfen wir den Königsspiegel nach Inhalt und Sprache mit einiger Sicherheit der Zeit des Königs Hákon Hákonarson zuweisen, so fragt es sich, ob in dem Werke

Anzeichen vorhanden sind, die eine genauere Bestimmung innerhalb der langen Regierungszeit des Königs zulassen. Eine bestimmte Ansicht wage ich nicht auszusprechen. Im folgenden sollen nur einige erwägenswerte Momente zusammengestellt werden. Im Landrecht des Sohnes wird berichtet, daß König Hákon die ihm für jeden getöteten Norweger zustehende Buße von vierzig Mark auf dreizehn Mark und acht Ertog herabgesetzt habe. Der Königsspiegel aber weiß noch nichts von dieser Herabsetzung. Es ist anzunehmen, daß der König, der zu Anfang seiner Regierung arge Not litt, zu einer so einschneidenden Maßregel erst nach Befestigung der Regierung und Sicherung des königlichen Einkommens gegriffen haben wird. – In der Verwendung des Ausdruckes *húskarlar* ist der Königsspiegel altertümlicher als die Hirdskrá, indem er mit *húskarlar* nach altem Brauch noch alle Königsmannen umfaßt, während die Hirdskrá diesen Ausdruck für die königliche Gefolgschaft nicht mehr verwendet. Er bezeichnet nunmehr Gefolgschaftsleute minderen Ranges, denn die Hirdskrá bestimmt, daß die *lendir menn*, die Männer der obersten Gesellschaftsschicht, sich zwar eigene Gefolgschaften bilden können, aber nur unter der Bezeichnung von *húskarlar*. – Das Kapitel XXXVI des Königsspiegels schildert die unheilvollen Folgen einer Reichsteilung und die Schrecken des Bürgerkrieges. Diese Schilderung ist mit einer so starken inneren Erregung geschrieben, daß die Eindrücke der Unruhen und Kämpfe, die das Land aufwühlten, dem Verfasser noch in frischer Erinnerung gewesen sein müssen. Es ist weniger wahrscheinlich, daß dieses Kapitel in den letzten ruhigeren Jahren der Regierung Hákons entstanden ist, als eine Reichsteilung gesetzlich ausgeschlossen und damit der Hauptanlaß eines Bürgerkrieges beseitigt war. Der Schluß des Kapitels XXXVI deutet dagegen auf den Beginn der besseren Zeit, die mit dem Tode Skúlis (1240) und der Alleinherrschaft Hákons eintrat. Hj. Falk (Einleitung zur Ausgabe von Finnur Jónsson) hält es jedoch nicht für wahrscheinlich, daß der Königsspiegel nach 1240 verfaßt sein könnte, da man wohl ein Mannesalter zwischen Königsspiegel und Hirdskrá legen müsse. Er vermutet, daß der Königsspiegel zwischen 1220 und 1230 entstanden sei.

Der Verfasser hat im Prolog den Grund angegeben, warum er seinen Namen nicht nennt. Er befürchtet, daß Neid, Mißgunst oder Feindschaft die Wirkung des Buches beeinträchtigen könnte. Man kann sich denken, daß dies nur vorgeschützt ist. Sollte die Anonymität im Ernst gemeint sein, so liegt schon dadurch die Vermutung nahe, daß der Verfasser ein Mann höherer Lebensstellung war, der befürchtete, wegen Ansichten, die er in seinem Werke ausgesprochen hatte, angefeindet zu werden. Das könnten eigentlich nur seine Ansichten über das Verhältnis zwischen Königtum und Kirche sein, wie sie mit großer Schärfe am Schluß des Buches zum Ausdruck kommen. Eine der Hauptstreitfragen in dem Kampfe zwischen Staat und Kirche betraf die Bischofswahlen. Im Königsspiegel wird der Fall des ›Bischofs‹ Abiathar, der von David eingesetzt und von Salomo seines Amtes enthoben wurde, ausführlich besprochen und ist doch offenbar wie die anderen Beispiele der Bibel vorbildlich gemeint. Ausdrücklich beschränkt der Verfasser den Bischof auf das geistliche Gebiet und wahrt dem König ein Aufsichtsrecht über sein Wirken. Höchst bezeichnend für die Meinung des Verfassers ist der Satz, daß der zu Unrecht ausgesprochene Bann des Bischofs wirkungslos ist und auf ihn selbst zurückfällt. Man sieht, hier steht der Verfasser durchaus auf dem Standpunkte des Königs Sverrir. Das ganze Schlußkapitel des Königsspiegels konnte in streng kirchlichen Kreisen nur Anstoß erregen.

Nach der herrschenden Ansicht war der Verfasser ein Geistlicher; seine Bibelkenntnis und sonstige theologische Bildung geht allerdings weit über das Maß hinaus, das man einem Laien zutrauen möchte. Er benutzt bei der Darstellung des Sündenfalls Kommentare zur Genesis und erwähnt im Kapitel XLVIII Kommentare zu den Psalmen und Evangelien. Paasche z. B. hat in der Festschrift für Hj. Falk (Oslo 1927) vermutet, daß wir in dem Erzbischof von Nidaros Einar Gunnarson Smjorbak, der 1263 gestorben ist, den Verfasser des Königsspiegels zu sehen haben. Eine Entscheidung ist in dieser Frage kaum zu treffen, denn auch die höchste Bildung eines Laien mußte in jener Zeit wesentlich eine theologische sein. Die Kenntnis des Lateinischen verlangt der Königsspiegel bekanntlich neben dem Französischen auch von einem Laien, und es darf daran erinnert werden, daß lateinische, d. h. doch im wesentlichen theologische Bildung für die Nachkommen des Königs Sverrir charakteristisch ist. Hákon, der Sohn des Königs Hákon Hákonarson, der schon 1257 starb, soll die Geschichte Barlaams und Josafats aus dem Lateinischen mit großer Freiheit übersetzt und Stücke aus seiner theologischen Bildung hinzugefügt haben. Andererseits ist es durchaus möglich, daß ein hochstehender Geistlicher die reiche weltliche, selbst die kriegerische Erfahrung sich erwerben konnte, die in dem Werk niedergelegt ist. Im Kapitel XXXIII sagt der Verfasser: ›unsere Lehrväter werden besser über alle Dinge Auskunft geben können, die sich auf die Gottheit beziehen, als ich.‹ Finnur Jónsson hält ihn dieser Stelle wegen für einen Laien (Einleitung zu seiner Ausgabe S. 49). Die Stelle beweist nicht unbedingt, daß hier ein Laie spricht. Auch ein Geistlicher konnte aus Bescheidenheit im Gedanken an die großen Kirchenväter sich so ausdrücken. Mag nun der Verfasser ein Geistlicher oder ein Laie gewesen sein, er ist frei von pfäffischer Dumpfheit und Beschränktheit, fromm zwar, aber nicht frömmelnd, lebensklug und reich an Erfahrung, mit empfänglichem Sinn für die Erscheinungen der Natur und die Wunder der Welt, befangen wohl in dem naiven Glauben seiner Zeit, dabei aber doch nachdenklich, alles prüfend, nicht ohne Scharfsinn, ein verständiger Beobachter, ein freimütiger und aufrechter Mann, den wir liebgewinnen. Die tiefe Anteilnahme, mit der er die Leiden innerer Zwietracht und die Folgen des Bürgerkrieges schildert, zeigt, daß er sein Heimatland liebt und ein treuer Freund eines starken Königtums ist. So reich auch sein Wissen und seine Lebenserfahrung ist, er läßt den Sohn seine Überlegenheit nicht fühlen und geht bereitwillig und gütig auf dessen Zweifel und Bedenken ein, gesteht auch unumwunden, wenn er nur die Meinungen anderer vorzutragen hat; bescheiden gibt er z. B. zu, daß er die Erscheinung des Nordlichts nicht sicher erklären kann (Kapitel XIX). Im übrigen ist dabei sehr auffallend, daß der Verfasser vom Nordlicht wie von einer ihm unbekannten Erscheinung spricht. Daß man sich immer wieder nach einer bestimmten Persönlichkeit umsieht, ist wohl zu verstehen, aber über bloße Vermutungen kann man nicht hinauskommen.

Aus dem Prolog sehen wir, daß das Werk nicht vollendet ist, es fehlen die beiden letzten Teile, in denen der Geistliche und der Bonde behandelt werden sollten. Daß sie je vorhanden gewesen sind, ist unwahrscheinlich, es würde sich bei dem starken Interesse, das dem Werk, besonders auch in Island, zuteil wurde, doch wohl eine Spur davon erhalten haben. Der erste Teil, das Leben eines Kaufmannes und Seefahrers behandelnd, hat von jeher besonderes Interesse erregt, denn er enthält unter vielem anderen auch die Beschreibung von Irland, Island und Grönland und die berühmte Aufzählung aller Walfischarten und Robben. Wenn der Verfasser sagt, er sei eher ein Königsmann als ein Kaufmann gewesen, so ist trotzdem wohl anzunehmen, daß er auch selbst einige Handelsfahrten unternommen hat, vielleicht im Auftrage des Königs, denn auch die Könige (Kapitel XXVII) wie die Bischöfe trieben Handel auf eigene Rechnung. Man hat an der Stelle Anstoß genommen, wo der Vater dem Sohn den etwas summarischen Rat gibt, sich in seiner Geschäftsgebarung im Ausland nach dem Verhalten der besten Kaufleute zu richten, und hat deshalb dem Verfasser eigene Erfahrung absprechen wollen. Mir scheint jener Satz in dem Zusammenhang ganz passend und natürlich. Vor allem ist doch die Voraussetzung für den Rat zu beachten: ›und wenn dir der Handelsverkehr in dem Orte unbekannt ist‹ (Kapitel III). Es fehlt im ersten Teil auch nicht an sachlichen Einzelvorschlägen, und so möchte ich denn doch glauben, daß die Lehren, die der Vater dem Sohn erteilt, auch hier z. T. wenigstens auf eigenen Erfahrungen des Verfassers beruhen. Dagegen ist der Verfasser (Kapitel XIX), wie er selbst zu erkennen gibt, in Grönland nicht gewesen, aller Wahrscheinlichkeit nach auch nicht in Irland und Island. Für Irland scheint er eine schriftliche Quelle benutzt zu haben, mündliche Berichte für die beiden andern Länder und die umgebenden Meere. Ganz vortrefflich waren jedenfalls die grönländischen Gewährsmänner, einem solchen oder einem Isländer verdankt er auch die Beschreibung der Walfische. Die klimatischen Erscheinungen des nördlichen Norwegens hat er aufmerksam beobachtet und weiß sie vortrefflich darzustellen, aber die Theorien kosmologischer Art über die Bewegung der Sonne, das Jahr, die Gestalt der Erde, die Verteilung der Klimazonen auf der Erde usw. entnahm er den für das ganze Mittelalter maßgebenden Quellen, bei aller Abhängigkeit doch selbständig denkend und immer bemüht, zu völliger Klarheit durchzudringen. Theoretisch hält auch er das Erbe der Antike, die Vorstellung von der Kugelgestalt der Erde fest, wie besonders das Bild des von einer Kerze beleuchteten Apfels zeigt, daneben aber ist doch auch immer nach mittelalterlicher Weise die Anschauung der *heimskringla*, des Erdkreises, wirksam. Die Durchführung dieser theoretischen Auseinandersetzungen zeigt ein gewisses Geschick, denn der Verfasser nimmt die Einwendungen und Zweifel des Sohnes immer wieder zum Anlaß genauerer Darlegung und erneuter Beweisführung.

Der zweite Teil (Kapitel XXIV–XLII), eine unschätzbare Schilderung des Lebens in der königlichen Gefolgschaft, beruht nun ganz auf eigener Erfahrung des Verfassers. Er befindet sich zwar nicht mehr in der Umgebung des Königs, vgl. die Stelle, wo er von der Haar- und Barttracht spricht, die zu seiner Zeit unter den Mitgliedern der *hird* üblich war (Kapitel XXX), sondern lebt auf einem Landgut, dessen Lage schon Jón Eiríksson mit ziemlicher Sicherheit festgestellt hat; es muß sich etwas nördlich vom Trondhjemfjord befunden haben. Trotzdem blieb er auch dort noch ein *hirdmadr*, denn die königliche Gefolgschaft war eine Lebensgemeinschaft.

Über die Auffassung des Königsdienstes und die Gedankengemeinschaft mit der Hirdskrá habe ich oben schon gesprochen. Auf eine Stelle möchte ich hier noch hinweisen, die für den Einfluß der fremden höfischen Kultur und die veränderten Anschauungen bezeichnend ist. Der Vater verlangt von dem gesitteten *hirdmadr*, daß er wohl verstehe mit Frauen, jungen und alten, zu sprechen (Kapitel XL). Eine solche Forderung an die rauheren Gefolgsleute der alten Zeit zu stellen, hätte man schwerlich Anlaß genommen, es ist ein leises Zeichen für die Einwirkung des fremden Kultus der Frau. Auch das ist bezeichnend, daß der *hirdmadr* ermahnt wird, sich im Gespräch vor unanständigen Scherzen zu hüten. Der höfische Mann soll vor allem die Eigenschaften haben, die Frauen hochzuschätzen, es wird von ihm eine gewisse Verweiblichung verlangt. Dem starken Trunk, den der Germane liebt, soll er vor allem entsagen, wie ja auch die Helden des höfischen Romans erschrecklich nüchtern sind. Immer und immer wieder mahnt der Königsspiegel, sich vor dem Rausch zu hüten (Kapitel XXXVII), während doch das Trinkgelage in der Königshalle die eigentliche Lust der Gefolgschaft war, woran auch Könige sich eifrig beteiligten. Während in alter Zeit der Skalde oder der Sagaerzähler für die Unterhaltung der *hirdmenn* in der Königshalle zu sorgen hatte, tritt später der Vorleser dafür ein. Eine Stelle der Elissaga zeigt, daß auch zur Zeit des Königs Hákon Hákonarson der Vortragende im Lärm der Zechenden mitunter einen schweren Stand hatte. Ein abstoßender Zug der alten Zeit aber ist, daß auch Frauen an dem Gelage teilnahmen und daß Berauschtheit der Frau ohne besondere Mißbilligung erwähnt wird. In der Atlakvida wird hervorgehoben, daß Gudrun an dem Gelage nicht teilgenommen hat und daher nüchtern geblieben ist.

Freilich, die Begründung, die der Vater an der ersten Stelle seiner Mahnung hinzufügt, zeigt, daß er den Rausch weniger aus moralischem Abscheu als aus einem praktischen Grunde verbietet, weil er nämlich zu Geschäften unfähig macht. Geholfen allerdings hat die Mahnung zur Nüchternheit allem Anschein nach kaum etwas, wie gerade die Saga des Königs Hákon Hákonarson an mehreren Stellen beweist.

Der Königsspiegel fordert vom Gefolgsmann Bescheidenheit, Zurückhaltung, die echt höfische Tugend der *maze*, ja der Demut wird hohes Lob gespendet, einer christlichen Tugend, die den Männern der alten Zeit durchaus nicht besonders ansteht. Hier verwendet der Verfasser nun schon Exempla, auf die unten hingewiesen werden soll, um zu zeigen, wie Demut belohnt und Überhebung bestraft wird. Es ist oben schon erwähnt, daß der Verfasser vom *hirdmadr* volle Waffentüchtigkeit fordert, aber von der alten heroischen Auffassung, daß der Kampf die höchste Betätigung des Mannes ist, hat er sich schon sichtlich entfernt. Daher läßt er den Sohn sagen (Kapitel XXXVII): ›ich möchte Gott bitten, daß Frieden bliebe, Ruhe und gute Zeit, solange mein Leben währt.‹ Während es in der alten Zeit den Mann ehrt, einen persönlichen Feind zu töten, wird im Königsspiegel, wenn auch die Rache zulässig bleibt, betont, daß der Totschlag an sich verwerflich ist (alle Totschläge laß dir über alles verhaßt sein, Kapitel XXXVII); der Sohn sagt: ›ich habe gesehen, wenn jemand einen andern tötet, daß alle rechtschaffenen Menschen dann einen Abscheu vor ihm haben wie vor einem Heiden; es gilt als große Sünde, einen Menschen zu töten‹ (Kapitel XLIII). Etwas anderes ist es, wenn es auf Befehl des Königs geschieht, der Vater spricht: ›im allgemeinen Kampfe nach dem rechtmäßigen Gebote deines Herren, da sollst du dich vor Totschlägen ebensowenig scheuen wie vor irgend etwas anderem, von dem du weißt, daß es ein gutes und rechtes Werk ist‹ (Kapitel XXXVII).

Ausführlich behandelt der Verfasser in diesem Teile

Waffen und Rüstung, Waffenübungen, den Kampf zu Lande und zur See, die Belagerung und Verteidigung fester Plätze. Daß er auch hier mindestens z. T. aus eigener Erfahrung spricht, steht meiner Ansicht nach außer Frage. Nun ist es wohl richtig, daß bei den Kriegen der Norweger der Kampf um Festungen wenig in Frage kommt, ganz ohne Erfahrungen waren die Norweger doch nicht, man denke nur an die Kämpfe um die von Sverrir in Bergen errichtete Feste. In diesem Zusammenhang darf erwähnt werden, daß gerade von König Hákon Hákonarson starke Kastelle, feste Steinbauten im Land angelegt wurden, um als Stützpunkte bei inneren Unruhen zu dienen; die Festung in Bergen wurde wiederhergestellt, Tunsberg durch Mauern und Kastelle gesichert, Stensholm in Ringsaker befestigt u. a. Es war also nicht sinnlos, daß der Sohn über den Festungskrieg unterrichtet wurde. Gewiß mochten den Norwegern die raffinierten Künste der Belagerung und Verteidigung, alle die Maschinen und Bauten, die der Verfasser in aller Ausführlichkeit beschreibt, aus eigenem Gebrauch nicht bekannt sein. Es ist also wohl anzunehmen, daß hier schriftliche Quellen benutzt sind, doch auch immer zu bedenken, daß Norweger im Ausland, z. B. im byzantinischen Dienst, Gelegenheit genug hatten, die fortgeschrittene Technik der Belagerung und ihrer Abwehr zu beobachten. Der Verfasser selbst, wißbegierig und scharfblickend, wie er ist, könnte selbst solche Eindrücke mit heimgebracht haben.

In einer gründlichen Abhandlung hat sich Hj. Falk mit dem militärischen Abschnitt des Königsspiegels befaßt (Einleitung bei F. Jónsson, S. 68–97). Seiner Ansicht nach hat der Verfasser selbst schriftliche Quellen nicht benutzt, wenn solche auch den Berichten, die dem Verfasser über fremdes Kriegswesen zugekommen sind, teilweise zugrunde liegen mögen.

Der Verfasser schweigt darüber, welche Stellung er seinerzeit am Hofe des Königs eingenommen hat, wohl absichtlich, wenn seine Anonymität ernst gemeint ist. Doch ist schon an sich nicht anzunehmen, daß ein Mann von solcher Bedeutung unbeachtet als gewöhnlicher *hirdmadr* seine Zeit in der Gefolgschaft zugebracht haben soll. Wir dürfen glauben, daß er sich zu höherem Rang erhoben hat und von dem Herrscher seinen Fähigkeiten entsprechend verwendet worden ist. Eine Stelle kann andeuten, daß er in Sizilien gewesen ist (Kapitel XI). War aber der Verfasser in Sizilien, so liegt es nahe, anzunehmen, daß er dorthin als Gesandter des Königs gekommen ist, denn wir wissen ja, daß König Hákon die Verbindung mit Friedrich II. pflegte und mehrfach Gesandtschaften an den sizilischen Hof schickte. Aus den Worten, mit denen der Sohn seinen Vater begrüßt und so das Gespräch einleitet, geht hervor, daß der Vater in der Umgebung seines Ruhesitzes als besonders klug und welterfahren galt und daß man bei ihm in schwierigen Fällen sich Rat holte. Folgender Satz weist ferner darauf hin, daß er einst eine hohe Stellung eingenommen hat: ›ferner höre ich, wie es war, als ihr euch bei Königen aufhieltet, daß in eurem Munde alle Landesfürsorge lag, sowohl Gesetzentscheidung als Sühnevergleiche und kluger Rat aller Art‹ (Kapitel II).

Mit dem Kapitel XLIII beginnt der eigentliche Königsspiegel, denn nunmehr beschäftigt sich der Vater mit den Eigenschaften, die der König haben soll. Der Zusammenhang mit dem vorhergehenden Teil wird zunächst dadurch festgehalten, daß der König Vorbild für seine Umgebung sein soll. Schon oben ist gezeigt worden, daß die Auffassung von der Würde des Königs durch Gedanken beherrscht wird, die aus dem Ausland übernommen und den Anschauungen der älteren Zeit fremd sind. In alter Zeit wurde der Königsname auf dem Thing vom Volk übertragen, jetzt ist der König von Gott eingesetzt, er gebietet unumschränkt über Land und Volk, ist Herr über Leben und Tod (Kapitel XLIII), man neigt sich vor ihm wie vor Gott (Kapitel XLIII), und vor allem ist er der oberste Richter, ›er sitzt auf dem höchsten Richterstuhl auf Erden‹. Dieser letzte uns erhaltene Teil ist charakterisiert durch die große Anzahl meist der Bibel entnommener Beispiele, die vor allem zur Belehrung des obersten Richters dienen sollten. Einige sind aber schon in dem vorhergehenden Teil verwendet, für die bereits erwähnte Lehre, daß Demut belohnt wird, Hochmut zu Fall kommt.

Nicht alle diese Geschichten bringen Beispiele der Urteilsfindung oder des Waltens der göttlichen Gerechtigkeit, die Lust zu fabulieren führt den Verfasser weiter, die mageren Berichte der Vulgata werden zu ausgeführten Erzählungen, besonders ist die Geschichte Sauls, Davids, die Erhebung Salomos in größter Breite dargestellt. Bei der Beurteilung dieser Erzählungen muß man bedenken, daß dem mittelalterlichen Menschen die historischen Bücher des Alten Testaments ein Teil der Offenbarung waren, die abstoßenden Züge dieser Geschichten sieht er nicht, David und Salomo sind ihm königliche Idealgestalten, ihre Urteile sind vorbildlich, Gottes Urteile natürlich erst recht.

Wenn Finnur Jónsson in seiner Literaturgeschichte sagt, alle biblischen Beispiele habe der Verfasser der Stjórn entnommen, so ist das nicht so zu verstehen, als habe er die Vulgata nicht gekannt und bei den Erzählungen nicht benutzt. Verglichen werden mit der Übersetzung in der Stjórn können überhaupt nur die Beispiele aus den Büchern Samuelis und der Könige.

Der Königsspiegel bringt aber auch Beispiele aus dem Neuen Testament, aus Genesis, Exodus, Esther, Hiob, Jonas. Er zitiert den Psalter und die Episteln des Neuen Testaments und benutzt die Proverbia, den Ecclesiasticus und den Liber Sapientiae. Es fehlt auch nicht an Irrtümern, indem der Verfasser manchmal aus dem Gedächtnis erzählt, ohne sich immer über den Wortlaut des Bibeltextes zu vergewissern. – Sehr auffallend ist im Königsspiegel, daß Aron den Juden ›zwei Rinder aus Gold‹ gießen läßt (Kapitel L). So wenigstens in der norwegischen Haupthandschrift. Wir wissen freilich nicht, wie weit die alte Übersetzung reichte und ob sie nicht dem Verfasser des Königsspiegels in größerem Umfange vorgelegen hat. Wenn Josef im Königsspiegel seine abweisende Rede gegen Potiphars Frau mit dem Sprichwort schließt: *illt er at eiga þræl at einkavin* (Kapitel XLII), schlimm ist es, einen Knecht zum einzigen Freunde zu haben, so könnte man darin ein Anzeichen sehen, daß auch die Genesis und dann vielleicht der ganze Pentateuch in die alte Übersetzung einbezogen war.

Die Geschichte der Esther ist außerordentlich frei behandelt, hier war ein ganzes Buch der Bibel in eine kurze Erzählung zusammenzufassen; selbst wenn dem Verfasser auch hier die alte Übersetzung vorgelegen hätte, würde sie ihm wenig dabei geholfen haben. Von der Heerfahrt des Königs weiß die Vulgata nicht, sie kennt auch nicht das Festmahl der Königin.

Wie vertraut der Verfasser mit der Vulgata ist, zeigt sich besonders in dem Hymnus der Weisheit im Kapitel LVI. So frei und kühn er auch gestaltet ist, so finden sich doch immer wieder Anklänge an biblische Stellen, nicht nur an Ecclesiasticus 24, woran der Verfasser zunächst anknüpft. Vor allem aber beherrscht er den gehobenen, hymnischen Stil der Bibel.

Die Art, wie die Berichte der Bibel umgebildet und erweitert werden, ist dieselbe bei dem alten Übersetzer und dem Verfasser des Königsspiegels; hauptsächlich erfolgt die Erweiterung durch breitere Ausführung der in der Bibel enthaltenen Reden oder durch Erfindung von Reden, natürlich fehlt es auch nicht an Zusätzen in der eigentlichen Erzählung.

Jón Helgason hat in seiner Literaturgeschichte (Kopenhagen 1934) über den dritten Teil, den eigentlichen Königsspiegel, das Urteil gefällt (S. 215): ›dieser Teil des Werkes, der durch lange Erzählungen aus der Bibel erläutert wird, ist nicht von so großem Wert wie die andern.‹ Gewiß nicht dem Inhalt nach, insofern als der überreichen Fülle kulturhistorischer Nachrichten in den andern Abschnitten hier nichts Gleichwertiges gegenübergestellt werden kann. Wir dürfen aber nicht vergessen, daß die bunte Fülle der Erzählungen auf die Menschen des Mittelalters ganz anders wirken mußte als auf uns, daß sie sich ferner mit Ehrfurcht durch Geschichten belehren ließen, die wir ablehnen müssen. Daher mochte dieser letzte uns erhaltene Teil im 13. Jahrhundert mindestens so anziehend erscheinen wie die vorangehenden Partien des Buches. Mit welcher Bewunderung wurde im Mittelalter die Geschichte von Barlaam und Josafat aufgenommen! Der ehrliche Finnur Jónsson aber, dem allerdings jedes Verständnis für den Katholizismus des Mittelalters abgeht, bezeichnet dieses Hohelied der Askese einfach als grundlangweilig.

Jedenfalls zeigt sich der Verfasser in diesem letzten Teil von einer Seite, nämlich als gewandter Erzähler, für die in den beiden ersten Teilen nur wenig Gelegenheit sich geboten hatte. Im Kapitel LIV ist ein langes lateinisches Gebet eingeschoben, das der König regelmäßig beten soll; dem lateinischen Text folgt eine nicht immer genau entsprechende Übersetzung. Es ist wahrscheinlich, daß eine lateinische Vorlage benutzt wurde, wenn auch dem Stil nach der lateinische Text vom Verfasser herrühren könnte. Der erste Teil ist allgemein gehalten und bringt deutliche Anklänge an die Psalmen, die als Gebete Davids gelten. Der zweite Teil, in dem der König als solcher spricht, muß, wenn eine Vorlage benutzt ist, vom Verfasser umgebildet worden sein, denn ein Gedanke tritt hier besonders hervor, der dem König Hákon Hákonarson vor allem am Herzen lag, die Sicherung der königlichen Erbfolge. Der König soll Gott bitten, ihm einen gesetzlichen Erben zu schenken und es so zu fügen, daß die Königswürde immer nur vom Vater auf den Sohn übergehe und niemals einem fremden Herrscher zufalle. König Hákon hatte schwer unter dem Makel seiner unehelichen Geburt zu leiden gehabt. Selbst als durch das Gottesurteil, dem sich seine Mutter unterzog, seine Abkunft von Hákon Sverrisson festgestellt war, hatte er sich der Mitbewerber zu erwehren, von denen es dem einen, Skúli, sogar gelang, sich den Königsnamen geben zu lassen. In langwierigen Verhandlungen mit dem päpstlichen Stuhl wußte Hákon sich dann schließlich auch die Bestätigung durch die Kirche zu verschaffen. Durch eine Bulle vom 8. November 1246 erklärte Innocenz IV., daß Hákons uneheliche Geburt sein Recht und das seiner gesetzlichen Nachfolger auf das norwegische Reich nicht mindere. König Hákon hatte vor seiner Verheiratung mit der Tochter Skúlis schon einen unehelichen Sohn Sigurd, der noch zu Lebzeiten Hákons starb. Der König setzte in der Erbfolge den unehelichen Sohn unmittelbar nach dem ehelichen, in der Thronfolgeordnung von 1273 aber steht der uneheliche Sohn an siebenter Stelle.

Im Prolog sagt der Verfasser, er habe seinem Buch einen ›schönen Namen‹ geben wollen und es deshalb Speculum regale genannt. Er hat es dadurch in eine für das Mittelalter charakteristische Literaturgattung eingereiht. Berges in seinem Buch ›Die Fürstenspiegel des hohen Mittelalters‹ (1938) widmet dem norwegischen Königsspiegel eine ausführliche Besprechung, allerdings wesentlich vom staatsrechtlichen Gesichtspunkt aus. Wie den Namen für sein Werk, so wählte der Verfasser auch die dialogische Form nach ausländischen Mustern. Häufiger als zwischen Vater und Sohn findet das Gespräch zwischen Meister und Schüler statt. In der Disciplina clericalis sind beide Formen angewandt. Daß die Belehrung an einen Sohn gerichtet wird, ist an sich natürlich, doch hat wohl auch die wiederholte Anrede an einen Sohn in den gnomischen Büchern des Alten Testaments gewirkt. An einen Sohn sind auch die Disticha Catonis gerichtet. Die Belehrungen knüpfen an die vom Sohn gestellten Fragen an, sehr oft beruhigt sich der Sohn aber nicht bei der ersten Auseinandersetzung, mit der sein Vater die gestellte Frage beantwortet. Das gibt Veranlassung, Einzelheiten zu erörtern, Zweifel und Einwürfe zu erledigen. Ist dann ein Gegenstand erschöpft, so gibt der Sohn oder auch der Vater öfters noch einmal eine Zusammenfassung des Besprochenen, ehe ein neues Thema im Gespräch aufgenommen wird (vgl. z. B. den Schluß der Kapitel XLII, LVIII). Die Unterhaltung der beiden erhält zwar auf diese Weise einen natürlichen Verlauf, doch sind dabei störende sachliche Wiederholungen nicht zu vermeiden. Der Verfasser hat vor der hierdurch entstehenden Breite nicht die geringste Scheu. Das zeigt sich besonders im letzten Teil, wo z. B. immer und immer wieder vom Vater der Unterschied in den Charakteren der beiden Könige Saul und David geschildert wird. Der Verfasser kann nicht Worte genug finden bei der undankbaren Aufgabe, dem Sohn die verschiedene Behandlung der beiden durch Gott begreiflich zu machen, und scheut hierbei sogar vor einer Fälschung der Erzählung nicht zurück, indem er die Reue Sauls verschweigt. Auch die ersten Todesurteile Salomos bedurften einer Verteidigung, die nicht leicht war und in dem Falle des verdienten Feldherren Joab, den Salomo am Altar erschlagen läßt, sophistisch genug ausfällt. Im letzten Teil benutzt der Verfasser die schon im ersten (Kapitel XV) erzählte Geschichte von dem Untergang des irischen Königssitzes Themar, um die Folgen ungerechter Urteile zu zeigen, aber statt sich mit einem kurzen Hinweis zu begnügen, erzählt er die ganze Geschichte noch einmal, teilweise mit denselben Worten (Kapitel LVII). Es ist wohl zu verstehen, wenn jemand sich durch die unnötigen Wiederholungen, den Wortaufwand und die Lässigkeit des Stils abgestoßen fühlt. Und doch haben wir es mit einem Meister der Sprache zu tun, und im letzten Teil muß uns für die oft lästige Breite die Kunst der Erzählung entschädigen, die aus den in wenigen Linien gezeichneten Skizzen der Bibel farbenreiche Bilder gemacht hat. Weit über das hinaus, was die Stjórn ihm bot, hat er die Erzählungen ausgestaltet und durch ausgeführte Reden belebt. Ein Glanzstück ist die Darstellung des Sündenfalls (Kapitel XLV bis XLVII), deren Wirkung freilich wiederum dadurch abgeschwächt wird, daß die ganze Geschichte zweimal erzählt wird; der Verfasser versucht allerdings die Wiederholung zu begründen. Die vier Töchter Gottes, die jedes Urteil bestätigen sollen, Wahrheit, Gerechtigkeit, Friedfertigkeit, Mitleid, treten hier zuerst bei dem Gericht über Adam und Eva auf; der Verfasser benutzt diese Vorstellung dann aber auch später noch gelegentlich. Wahrhaftigkeit und Gerechtigkeit verurteilen Judas (Kapitel XLIX) und Pharao (Kapitel LI), es ist dabei zu denken, daß in einem solchen Fall die beiden anderen Schwestern zustimmen, wie der Verfasser ausdrücklich bemerkt, Petrus und der bußfertige Schächer werden durch Friedfertigkeit und Mitleid freigesprochen, und ›doch haben dem Urteil zugestimmt Wahrheit und Gerechtigkeit‹ (Kapitel LII), alle vier Schwestern zusammen bestimmen das Urteil über die Juden, die sich versündigt haben (Kapitel LIII). Bei der Reue Davids überlassen die andern Schwestern die Abfassung des Urteils dem Mitleid, während über Saul nur die Gerechtigkeit entscheidet (Kapitel LXIII).

Schon mehrfach wurde bemerkt, wie durch die norwegischen Übersetzungen ausländischer Dichtungen und unter dem Einfluß der geistlichen Prosa eine besondere Sprache sich bildete, die im Gegensatz zur Prosa der Saga Wortfülle, gesteigerten Ausdruck und den Schmuck poetischer Elemente annahm. Das Höchste, was eine echte dichterische Begabung in dieser Form leisten konnte, bietet nun doch der Königsspiegel. Während die Sagaprosa Bilder und Vergleiche lieber vermeidet, führt der Verfasser des Königsspiegels Bilder bis ins einzelne aus. So vergleicht er die Klugheit, die ein Mann haben soll, einem Baum (Kapitel XL), einem starken Stamm, der aus den Wurzeln aufwächst und sich dann bis in die feinsten Zweige verästelt. Kleinere und größere sind unter den Menschen verteilt. Die Mehrzahl bekommt nur kleine Zweige, manche Leute auch nur Blätter oder gar nichts. Weniger deutlich ist die Verwendung des gleichen Bildes an einer anderen Stelle (Kapitel XLVIII): ›die Glossierungen einer Rede sind wie die Äste und Zweige eines Baumes.‹ Alles, Stamm, Äste und Zweige, alles zieht die Nahrung aus den Wurzeln des Baumes!

So soll auch Rede und Glossierung in einem natürlichen Zusammenhang stehen, nichts Fremdartiges der Erklärung zugesellt werden. Der Verfasser liebt überhaupt bildlichen Ausdruck und Belebung und scheut sich dabei nicht vor gewagten Wendungen, z. B.: das Gut wendet sich von jemandem ab und zeigt keine Gegenliebe (Kapitel XLI); ›daß Gott selbst den Griff des Steuers in der Hand hat, mit dem er die Herzen der großen Herrscher neigt und wendet‹ (Kapitel XLII; vgl. auch Kapitel XXXVI: rollendes Rad, das sich um die Achse des Unfriedens dreht). Sein Buch ist eine Almende (Kapitel I); Belebung des Meeres, es ist freundlich, zornig, tückisch (Kapitel V); die Erde freut sich, wenn über ihr Antlitz die Sonne ihre Strahlen breitet (Kapitel V); Belebung des Gletschers (Kapitel XX). Das Reich, das unter mehrere Könige geteilt wird, ist ein steuerloses Schiff (Kapitel XXXVI). Bei Unfrieden im Land hoffen die Gewissenlosen auf gute Ernte und setzen ihre Pflüge ein (Kapitel XXXVI).

Es gibt nun einige berühmte Stellen, an denen sich die Sprache des Königsspiegels zu einer Großartigkeit steigert, die für jene Zeit ein fast unbegreifliches Phänomen ist. Hierher gehören vor allem die Schilderungen der lachenden Sommerzeit und der finsteren Winterzeit (Kapitel V und XXII). Der Verfasser zeigt hier eine Kraft der Phantasie und vor allem eine Sprachgewalt, die hinreißend wirkt. Die Schilderung der acht Winde, die bald in Freundschaft, bald in Zwietracht zueinander stehen, mutet wie ein Mythos an, die Winde erscheinen durchaus wie Göttergestalten. Mindestens auf gleicher Höhe der Erfindung und des Ausdrucks steht der Hymnus der Weisheit (Kapitel LVI). Er ist wohl angeregt durch das poetische Stück Ecclesiasticus 24, 5 ff., den Gesang der Sapientia, aber ganz frei gebildet; in der Bibel tritt die Beziehung auf das jüdische Volk und Land deutlich hervor, das hat der Königsspiegel natürlich vermieden und den Hymnus in das Allgemeinmenschliche und, man darf sagen, das Kosmische gewendet. Dabei bedient sich der Verfasser mit staunenswertem Geschick des Stils der Psalmen, ein erhabenes Pathos beherrscht das Ganze, die Gedanken folgen überraschend aufeinander, alles ist kernhaft, kein Wortgepränge. Finnur Jónsson hat durchaus recht, wenn er von den beiden zuerst genannten Stücken sagt, es sei ein sprachliches Feuerwerk, dem weder aus früherer noch aus späterer Zeit etwas an die Seite gestellt werden könne, eine lyrische Dichtung in Prosa.

Der Überlieferung nach scheint sich der Verfasser einmal der Ironie zu bedienen (Kapitel XII): sobald Satan von Gott die Erlaubnis erhalten hat, Hiob selbst anzugreifen, zeigt er gleich, wie ›gutwillig‹ er ist, indem er den ganzen Leib Hiobs mit Ausschlag beschlägt.

In meinem Aufsatz über den Sündenfall (Deutsche Vierteljahrschrift 21, 369) habe ich von der Möglichkeit gesprochen, daß der Verfasser vielleicht nicht mehr dazu gekommen sein könnte, den uns erhaltenen Teil seines Werkes einer letzten, entscheidenden Durchsicht zu unterziehen. Die behagliche Breite, der Aufwand an Worten ist gewiß für den Verfasser charakteristisch, doch gehen die Wiederholungen, sprachliche wie sachliche, bisweilen so weit, daß man gern glauben möchte, das sei noch nicht die endgültige Fassung. Wenn auch die Wiederkehr desselben Ausdrucks oder derselben Sache durchaus nicht gemieden wird, so gibt es doch Stellen, wo das allenfalls erträgliche Maß überschritten ist. Es finden sich im Text außerdem, und gerade in der norwegischen Haupthandschrift, Unebenheiten, die nur z. T. durch Abschreiber verursacht sein können. Ganz auffallend ist eine Stelle im Kapitel LXIII, wo David neu eingeführt wird, als sei von ihm noch gar nicht ausführlich die Rede gewesen. Von einem Schreiber kann das nicht herrühren. Anderes dagegen braucht nicht dem Verfasser zur Last zu fallen. Auf dem langen Weg des Königsspiegels durch die Jahrhunderte ergaben sich Abweichungen in den Quellen, bei denen sich der Herausgeber bemühte, den ursprünglichen Sinn zu rekonstruieren. Der Übersetzung liegt der Text der Ausgabe von Finnur Jónsson zugrunde, doch sind an einigen Stellen unter Benutzung von Varianten Verbesserungen vorgenommen. Die unbekümmerten Wortwiederholungen sind nur in besonders schweren Fällen nicht wiedergegeben. Auch in der Verknüpfung der Sätze ist gelegentlich deutscher Gewohnheit Rechnung getragen, im übrigen aber ist die Übersetzung so wörtlich wie möglich.

INHALT

Der Königsspiegel *(Konungs skuggsjá)* ist im September 2019 als vierhundertsiebzehnter Band der ANDEREN BIBLIOTHEK erschienen.

Die Herausgabe lag in den Händen von Christian Döring.

Zusammen mit Ron Mieczkowski hat er diesen Band redigiert.

Die Übersetzung aus dem Altnorwegischen von Rudolf Meissner sowie sein Nachwort und seine Anmerkungen sind im Jahre 1944 in Halle an der Saale zuerst erschienen.

Die Einleitung von Sverre Bagge, für deren Übertragung ins Deutsche wir Thomas Esser sehr danken, ist der norwegischen Ausgabe des *Konungs skuggsjá* (Bokklubbens Kulturbibliotek, 2000) entnommen. Für die vorliegende Ausgabe ist sie um einen Abschnitt ergänzt worden.

Die den Text aus dem 13. Jahrhundert illustrierenden Abbildungen entstammen der *Historia de gentibus septentrionalibus* des Erzbischofs von Uppsala, Olaus Magnus, die 1555 erstmals – in lateinischer Sprache – in Rom erschienen war. Eine Auswahl aus dem umfangreichen Werk ist unter dem Titel *Die Wunder des Nordens* in die ANDERE BIBLIOTHEK aufgenommen worden (erschlossen von Elena Balzamo und Reinhard Kaiser, Band 261, September 2006). Die Holzschnitte dieser *Beschreibung der Völker des Nordens* sind in ihren unterschiedlichen Ausgaben seit dem 16. Jahrhundert kopiert und variiert worden. Nicht ohne Vorbild ist die Konfrontation des altnorwegischen *Königsspiegels* mit den Holzschnitten der *Historia* von Olaus Magnus (etwa: Gustav Kiepenheuer Verlag, Leipzig und Weimar 1978). Für die vorliegende Ausgabe wurde jedoch eine völlig neue Auswahl der Illustrationen vorgenommen und ausschließlich auf jene Holzschnitte zurückgegriffen, die als Beigabe des altnorwegischen Texts die mittelalterliche Bilderwelt des Nordens zu erschließen vermögen.

Sverre Bagge (geb. 1942) ist ein international renommierter Historiker, der an der Universität von Bergen mittelalterliche Geschichte lehrte.

Diese Ausgabe und die Erstübersetzung von Sverre Bagges Einleitung wurde mit Unterstützung von NORLA, Norwegian Literature Abroad, veröffentlicht.

NORLA
NORWEGIAN LITERATURE ABROAD

Dieses Buch wurde von zero-media.net, München, gestaltet
und ausgestattet.
Den Satz übernahm Dörlemann Satz, Lemförde, mit den
Schriften Guardi, Caviar Dreams und PerryGothic.
Die Herstellung betreute Katja Jaeger, Berlin.
Das Memminger MedienCentrum druckte auf 100 g/m²
holz- und säurefreies, ungestrichenes Munken Pure.
Dieses wurde von Arctic Paper ressourcenschonend hergestellt.
Den Einband besorgte die Verlagsbuchbinderei Conzella in
Aschheim-Dornach.

Die Originalausgaben der ANDEREN BIBLIOTHEK
sind limitiert und nummeriert.

1.– 4.444 2019

Dieses Buch trägt die Nummer:

0355 *

ISBN 978-3-8477-0417-1
AB – DIE ANDERE BIBLIOTHEK GmbH & Co. KG
Berlin 2019

Die Andere
Bibliothek